Ed McCarthy
Formateur

Mary Ewing-Mulligan
Master of Wine

Ivan-Paul Cassetari
Laure Liger
Pour l'adaptation française

Le Vin pour les Nuls
Titre de l'édition américaine : Wine for Dummies

Publié par
Wiley Publishing, Inc.
111 River Street
Hoboken, NJ 07030 - 5774
USA

Copyright © 2000 Wiley Publishing, Inc.

Pour les Nuls est une marque déposée de Wiley Publishing, Inc.
For Dummies est une marque déposée de Wiley Publishing, Inc.

© Éditions Générales First, 2004 pour l'édition française, 2005 pour l'édition de poche.
Publiée en acord avec Wiley Publishing, Inc.

Tous droits réservés. Toute reproduction, même partielle, du contenu, de la couverture ou des icônes, par quelque procédé que ce soit (électronique, photocopie, bande magnétique ou autre) est interdite sans autorisation par écrit des Éditions Générales First.

Le Code de la propriété intellectuelle interdit les copies ou reproductions destinées à une utilisation collective. Toute représentation ou reproduction intégrale ou partielle faite par quelque procédé que ce soit, sans le consentement de l'Auteur ou de ses ayants cause est illicite et constitue une contrefaçon sactionnée par les articles L335-2 et suivants du Code de la propriété intellectuelle.

ISBN 2-75400-087-9
Dépôt légal : 3ᵉ trimestre 2005
Nous nous efforçons de publier des ouvrages qui correspondent à vos attentes et votre satisfaction est pour nous une priorité. Alors, n'hésitez pas à nous faire part de vos commentaires :

Éditions Générales First
27, rue Cassette
75006 Paris - France
e-mail : firstinfo@efirst.com
Site internet : www.efirst.com

Traduction : Gaston Demitton
Production : Emmanuelle Clément
Mise en page : Stéphane Angot
Imprimé en France

En avant-première, nos prochaines parutions, des résumés de tous les ouvrages du catalogue. Dialoguez en toute liberté avec nos auteurs et nos éditeurs. Tout cela et bien plus sur Internet à : www.efirst.com

Sommaire

Introduction..1

Première partie : Pour commencer avec le vin........................5

Chapitre 1 : Mise en bouche 7
D'où vient le vin ?...8
Qu'y a-t-il de plus naturel ?..8
Puis vint le viniculteur 9
Le principal ingrédient 9
De quelle couleur est votre appétit ? 10
Ce qu'est le vin blanc 10
Peut-on boire du vin blanc avec n'importe quoi ? 11
Vin rouge, le bien nommé 13
Une rose est une rose, mais le rosé est du blanc 15
Bulles et degrés 17
Vins de table et degrés d'alcool...17
Au-delà des vins de table 18
VDN – Vin doux naturel 19
VDL – Vin de liqueur (de dessert) 19
Champagne et vins mousseux ou vins effervescents 19
Régions viticoles 21

Chapitre 2 : Les papilles de l'émotion 23
La mystérieuse technique de la dégustation ou le goût du vin.....24
Les deux règles complexes du dégustateur 24
Les yeux : la robe du vin..25
Le nez pour tout savoir ou l'odeur du vin..............................27
La bouche : les saveurs ou le goût du vin 29
Le principe du plaisir : découvrir ce que l'on aime 33
On vous donnera ce que vous demandez 34
Do you speak la langue des vins ? 34
Comment décrire le goût..35
La question de la qualité : qu'est-ce qu'un bon vin ?......................39
Et qu'est-ce qu'un mauvais vin ?..43
Le jugement dernier : l'aimez-vous ? 44

Chapitre 3 : Une culture cultivée **45**
    Jargon et techniques du vin..46
    Un but, un seul : un vin délicieux...46
        Quelques mots clés de la viticulture......................................47
        Termes techniques de la vinification 49

Chapitre 4 : Les secrets des cépages **53**
    Au commencement était le raisin 53
        Genres ou espèces ? 54
        Une variété de variétés 55
    Mais que fait le cépage ? 56
        Traits de personnalité des cépages..56
        Facteurs de performances des cépages.................................58
        Tel raisin, tel vin...59
    Noblesse et tiers état au royaume du raisin..................................60
    Un abécédaire des principaux cépages blancs 61
    Un abécédaire des principaux cépages rouges............................67

Chapitre 5 : Noms de cépages ou noms de terroirs ? **73**
    L'identification des vins...74
    Les deux modes de dénomination 75
        Bonjour, je m'appelle Chardonnay 75
        Bonjour, mon nom est Bordeaux ! 78
        Autres méthodes de dénomination 83

Deuxième partie : Rencontres du troisième cep **87**

Chapitre 6 : Pour acheter du vin en magasin **89**
    Acheter du vin peut être intimidant...89
    Les lieux de commercialisation du vin..91
        Hypermarchés 91
        Grandes surfaces spécialisées 92
        Boutiques spécialisées...94
        L'intérieur d'une boutique 94
    Comment choisir le bon détaillant ?..95
        Prix..95
        Choix disponible 96
        Qualité des conseils...96
        Service 97
        Stockage du vin 97
    Stratégies pour acheter du vin au détail..99
        Goûtez à l'aventure 99
        Sachez décrire vos désirs 100
        Annoncez une fourchette de prix 101

Chapitre 7 : Commander du vin au restaurant 103
Acheter du vin dans un restaurant..................................103
Comment le vin est vendu dans les restaurants............................104
    La cuvée maison..105
    La carte des vins sélectionnés...................................106
    La carte des vins standard 107
Comment analyser une carte des vins.................................108
    Analyse de la structure de la carte............................108
    Comment naviguer parmi les tarifs.........................109
    Comment deviner ce que la carte ne dit pas 110
    Pour juger de la présentation de la carte des vins 111
Comment demander conseil..111
Comment survivre au rituel de présentation du vin....................113
Si vous êtes livré à vous-même 115
Conseils pour boire le vin au restaurant 116

Chapitre 8 : Ouvrir une bouteille et servir le vin 119
Tout d'abord : faire sauter la capsule..............................120
Offrez-vous des débouchés...121
    Le tire-bouchon qu'il faut posséder............................121
    Autres tire-bouchons conseillés................................122
    Garçon, il y a du bouchon dans le vin ! 125
Une ouverture solennelle : le champagne...........................127
    N'imitez pas les pilotes de Formule 1 ! 127
    Un « psitt » vaut mieux qu'un « pop » 128
Le vin respire-t-il ?...129
    Comment aérer votre vin......................................129
    Quels vins doivent être aérés ?..............................130
Doit-on choisir les verres avec soin ?..............................132
    Tout d'abord, la bonne couleur................................133
    Contenance, épaisseur et forme..............................133
    Combien de services à vin doit-on prévoir ? 136
    Le lavage des verres en cristal................................138
Température de service : ni trop chaud, ni trop froid 138
Conservation des bouteilles entamées..............................140

Chapitre 9 : Savoir lire les étiquettes 141
Ce que raconte l'étiquette d'un vin..................................142
    L'avant et l'arrière d'une bouteille ronde......................142
    Les mentions obligatoires......................................143
    Vins de table..147
Les informations facultatives 148
    Millésime 150
    Réserve..151
    Mise en bouteilles à la propriété 152
    Noms de vignobles ou de climats............................152
    Autres mentions facultatives sur les étiquettes 153

Troisième partie : Un voyage autour du monde du vin............155

Chapitre 10 : La France, pays du vin 157
La terre où naissent les vins de référence........................157
   Comprendre la loi française sur le vin 158
   Des distinctions particulières 160
   Les grandes régions viticoles de France..................161
Bordeaux : l'incomparable 164
   Les sous-régions des bordeaux rouges....................165
   La mosaïque du Médoc 166
   La Classification de 1855 167
   Les très grands vins qu'il faut avoir goûtés 171
   De grands bordeaux..174
   Conseils pour boire les bordeaux rouges 175
   Mais le bordeaux se fait aussi en blanc 176
Bourgogne : l'autre très grande région française................177
   Chardonnay, Pinot Noir et Gamay 178
   Elle boit des districts partout… 179
   Du régional au sublime...180
   La Côte d'Or..184
   Des bourgognes abordables : la Côte chalonnaise.............190
   Chablis : un vin blanc unique 191
   Mâcon : des vins blancs abordables 192
   Beaujolais : gouleyants et abordables....................194
En descendant la vallée du Rhône 197
   Nobles vins du nord : Côtes du Rhône septentrionnaux....197
   Généreux vins du sud 199
La vallée de la Loire : un paradis du vin blanc 200
Les vins d'Alsace : résolument français 203
Autres pistes 204

Chapitre 11 : Les vins italiens 207
Italie : premier vignoble mondial 208
   L'ordinaire et l'extraordinaire................................209
   Les régions viticoles de l'Italie 209
   Les appellations de vin italiennes 211
Les vins rouges dominants du Piémont 212
   Des rouges pour tous les jours................................215
   Et pourquoi pas des blancs piémontais ?................216
Beautés de la Toscane 217
   De Chianti en Chianti...217
   Brunello di Montalcino, célèbre en une nuit.........218
   Encore deux rouges et un blanc de Toscane 220
   Les super-toscans 221
Un bouquet du Nord-Est italien..222
   Pour faire honneur à Roméo et Juliette.................223

Une alliance austro-italienne 223
La pointe nord-est : le Frioul-Vénétie Julienne....................225
Une brève visite des autres régions d'Italie 226

Chapitre 12 : Autres vins d'Europe 229
Espagne : d'étonnants nectars 230
    Honneur aux pionniers : le Rioja............................231
    Ribeira del Duero 233
    Quatre autres régions espagnoles à suivre 234
Portugal : ce n'est pas que du porto 236
    Le vin blanc « vert » du Portugal............................236
    Quelques rouges portugais remarquables 237
Allemagne : l'individualiste de l'Europe...........................239
    Maître Riesling et sa cour 240
    La législation viticole allemande............................240
    Comment berner Mère Nature 242
    Sec, demi-sec ou amical ? 243
    De la noblesse dans la pourriture ?........................244
    Les régions viticoles d'Allemagne 245
La Suisse : passez donc nous boire 248
L'Autriche : vers une nouvelle qualité..............................249
Les vins d'Europe et des pays de l'Est..............................251
    Grande-Bretagne...251
    Hongrie et Slovaquie..251
    Russie et pays de l'ex-URSS 251
    Grèce..251

Chapitre 13 : Les nouveaux mondes du vin 253
Le Chili, histoire et évolution 254
    Un isolement salvateur...255
    Cépages exotiques 256
    Saveurs du Chili..257
L'Argentine : Buenos Vinos 258
L'Australie : les vins des antipodes 259
    Viniculture, cépages et terroirs.............................260
    Régions vinicoles de l'Australie 262
La Nouvelle-Zélande..265
L'Afrique du Sud : un nouvel espoir 265
    Régions vinicoles principales de l'Afrique du Sud 267
    Steen, Pinotage et compagnie 268
    Sélection de producteurs sud-africains 269

Chapitre 14 : C'est l'Amérique ! 273
L'Amérique, un Nouveau Monde pour le vin..................274
    Des méthodes inventées sur place.......................274
    Un jeu d'appellations original 275

La Californie 276
    Les régions de vins fins de Californie 277
La vallée de Napa : petite et fameuse...279
    Les cépages de la vallée de Napa 281
    Sélection de producteurs dans la vallée de Napa 281
La diversité de terroirs de Sonoma 283
    Les appellations AVA de Sonoma 284
    Sélection de producteurs du comté de Sonoma...................285
Comtés de Mendocino et Lake County 287
La baie de San Francisco..288
Les montagnes de Santa Cruz...289
Le pittoresque comté de Monterey 289
Sierra Foothills et sa ruée vers l'or...290
San Luis Obispo : la montagne rencontre la mer..........................291
Santa Barbara : un paradis en Californie du Sud 292
Ailleurs encore en Californie 293
L'Oregon : la zone aux deux Pinot..294
    L'autre Pinot de l'Oregon 294
    Willamette Valley..295
    Deux autres régions viticoles de l'Oregon............................296
L'État de Washington : des vins de désert.....................................297
    Les régions viticoles de Washington.....................................298
    Le who's who de Washington 299
New York et ses vins 300
    L'histoire de Long Island..301
    Quelques producteurs de l'État de New York....................301
Le Canada viticole 302
    Ontario...302
    Colombie-Britannique..303

Chapitre 15 : Beautés pétillantes **305**
    Tout ce qui brille n'est pas du champagne 306
    Les styles de vins mousseux 307
Méthodes de production des vins mousseux 309
    Une économie d'échelle… 310
    … ou une échelle pour le paradis ?..311
    L'élaboration du champagne...312
    Le goût : fruité ou souplesse 315
La Champagne et la magie de ses vins..315
    Un peu de magie dévoilée..316
    Les champagnes non millésimés 317
    Champagnes millésimés..318
    Les blancs de blancs et blancs de noirs...............................320
    Les champagnes rosés 321
    Catégories de douceur 322
    Notre sélection de producteurs de champagne 323

Les autres vins mousseux 326
    Les vins mousseux de France..326
    Les vins mousseux des États-Unis...326
    Les vins mousseux espagnols (Cava).......................................327
    Les vins mousseux allemands (Sekt) 327
    Le spumante italien : sec et doux...328
    Étoiles du Sud..329
Le service du champagne et des mousseux..................................329

Quatrième partie : Vous êtes devenu œnophile *331*

Chapitre 16 : Salles des ventes, clubs et vente directe 333
Les vins difficiles à trouver..333
Autres stratégies pour débusquer les vins rares...........................335
    Acheter aux enchères en salle des ventes.............................335
    Acheter du vin par correspondance 336
    La vente par correspondance..336
    Les clubs d'œnophiles...337
    L'achat de vin par télématique..338
    Acheter en direct chez le producteur 338
    Acheter du vin via l'Internet..339

Chapitre 17 : Mariage des vins et des plats (et comment recevoir) ...341
Marions-les !..341
    La dynamique des mariages 342
    Similitude ou opposition ? 345
    La sagesse des anciens 346
Les vins de vos réceptions..348
    Au début était le vin 349
    En prévoir trop ou pas assez..349

Chapitre 18 : À boire et à ranger (ou à vendre) 351
On collectionne le vin comme M. Jourdain fait de la prose.........352
    Le non collectionneur résolu 353
    Le petit collectionneur 353
    Le grand collectionneur 354
La recherche des candidats...355
    Une cave équilibrée 355
    Les vins quotidiens 356
    Les vins de garde 357
Combien de chaque ?...358
Une carte bien ordonnée pour la paix de l'esprit..........................361
La chambre à coucher de vos vins..362
    La cave naturelle 363
    Les lieux qui peuvent devenir caves à vins..........................363
    Ni naturelle, ni aménagée ? 367

Boire (être) ou investir (avoir) ?..368
    Les vins dans lesquels nous suggérons d'investir 369
    Ce sont toujours les meilleurs qui partent les premiers....371
Revendre ses vins...371

Cinquième partie : La Partie des Dix 373

Chapitre 19 : Les réponses à dix questions fréquentes sur le vin 375
Qu'est-ce qu'un bon vin ?...375
Quand ce vin sera-t-il bon à boire ?...376
Le vin fait-il grossir ?..376
De quel cépage ce vin est-il issu ?...377
Quel millésime doit-on acheter ?...377
Existe-t-il des vins sans dioxyde de soufre ? 378
Existe-t-il des vins « bio » ?..378
Qu'est-ce que le chêne neuf ?..379
Qu'est-ce qu'un expert en vin ?...380
Quand le moment est-il venu d'ouvrir mon vin vieux ?...............381

Chapitre 20 : Dix mythes sur le vin à détruire 383
Le vin est réservé aux experts 383
Un vin cher est toujours bon 384
Les vins importés sont inférieurs aux vins français.....................384
Le blanc pour le poisson et le rouge pour la viande....................385
Les notes attribuées aux vins ne mentent jamais..........................386
Le millésime compte / le millésime ne compte pas du tout.........386
Les spécialistes du vin sont des experts 387
Les vieux vins sont les meilleurs 388
Les grands vins doivent être mauvais s'ils sont bus jeunes 388
Les vieux champagnes : des bulles plus vieilles que nous...........389

Sixième partie : Annexes...391

Glossaire 393

Index 403

Introduction

ans certaines régions de la planète, les gens ont une attitude tout à fait intéressante vis-à-vis du vin : ils le boivent.

Dans les restaurants de ces régions, les serveurs se contentent de demander au client s'il désire du rouge ou du blanc. Ils apportent ensuite une bouteille ou une carafe de vin, et tous les convives boivent. Il arrive même que le vin soit servi dans de petits verres trapus qu'on réserve ordinairement au jus d'orange. Lorsque, par hasard, un invité donne son avis sur ce qu'il boit, il emploie une expression très suggestive telle que : « Il est bon ! »

Mais cette spontanéité s'est quelque peu perdue. Tous ceux dont la sophistication, l'érudition ou la recherche d'un statut sont telles qu'ils ont fait du vin quelque chose de si complexe induit que la plupart des gens sont trop intimidés pour en boire. La jungle des cépages, des millésimes et des notes d'appréciation donne le vertige à celui qui désire acheter une bouteille de vin sans l'assistance rapprochée d'un œnologue personnel.

Cela dit, le côté intellectuel de la consommation du vin ne se serait jamais développé s'il n'existait pas effectivement des vins totalement fabuleux. Ce sont ces vins-là qui font de la dégustation une œuvre d'art. En effet, certains vins inspirent de l'enthousiasme, voire de la passion. Comment dès lors s'étonner que tant de monde occupe tout son temps libre à collectionner des vins, comparer des millésimes, visiter des caves et dévorer la presse spécialisée ? *Mais tous les vins ne justifient pas qu'on les aborde ou les consomme avec tant de sérieux.*

Certes, le vin et son univers sont un sujet complexe, mais sachez qu'en tirer du plaisir ne nécessite pas de tout en connaître. L'envie de découvrir ce monde fascinant et celle d'en apprendre quelques principes fondamentaux peuvent vous conduire sur le chemin d'une merveilleuse expérience.

Comment utiliser cet ouvrage

Ce livre est conçu à la fois comme un ouvrage général sur le vin, un manuel au service du consommateur et un ouvrage de référence.

À l'attention des lecteurs qui ignorent tout ou presque sur le vin, il contient des informations générales, mais également des conseils, des suggestions et des informations techniques pour les consommateurs occasionnels qui désirent approfondir leur connaissance du vin. Les différents chapitres de ce livre vous sont destinés en fonction de vos connaissance et expérience personnelles.

Première partie : Si vous êtes novice

Les cinq chapitres de la Première partie sont conçus pour faire de vous un goûteur de vin quand bien même vous n'auriez encore jamais vécu une telle expérience. Nous vous y expliquons comment goûter le vin, vous y apprenons quels sont les cépages utilisés de par le monde et comment est fabriqué le vin. Un guide des appellations officielles complète cette mise en bouche.

Deuxième partie : Rencontres du troisième cep

Voici une partie éminemment pratique : nous y verrons comment se préparer à choisir du vin dans un magasin ou dans un restaurant. Vous y glanerez des conseils pour gérer au mieux les difficultés relationnelles que crée l'attitude parfois hautaine des serveurs ou des vendeurs, y verrez quels gadgets sont véritablement utiles à faciliter l'ouverture d'une bouteille. Et cette partie apportera les réponses aux questions que vous vous posez dans votre perplexité face aux différents mots et phrases inscrits sur les étiquettes des bouteilles.

Troisième partie : Un voyage autour du monde du vin

Cette partie constitue le cœur du livre. Nous vous y proposons une visite guidée des principales régions viticoles de la planète renseignée des identités des vins les plus importants produits dans chacune d'elles. À tout seigneur, tout honneur. Aussi commencerons-nous notre périple par la France, puis poursuivrons par l'Italie et les contrées d'Europe, avant d'explorer les nouvelles régions viticoles (États-Unis, Australie, Chili, Argentine, etc.). Les champagnes et autres pétillants fermeront la marche.

Quatrième partie : Vous êtes devenu œnophile

Vous trouverez une foule de conseils et de recommandations pratiques dans cette partie. Vous verrez comment acheter du vin autrement que chez votre détaillant. Nous donnerons quelques références bibliographiques et autres adresses sur l'Internet. Vous apprendrez à attribuer des notes aux vins que vous goûtez, comment écrire des notes de dégustation, comment stocker vos vins de garde et comment marier les vins et les mets.

Cinquième partie : La Partie des Dix

Un ouvrage de la série Pour les Nuls ne serait pas complet sans cette section. Elle rassemble quelques conseils et recommandations au sujet du vin pour confirmer les suggestions données dans le reste de l'ouvrage. Nous sommes particulièrement heureux de pouvoir réduire à néant dix mythes persistants qui encombrent la science du vin afin de vous permettre de devenir un consommateur averti et satisfait.

Les icônes utilisées dans cet ouvrage

Ce personnage est à considérer comme l'enfant de deux ans qui demande sans cesse : « Papa, pourquoi ? Dis… pourquoi ? » et qui sait que vous n'avez peut-être pas autant de curiosité que lui. Quand vous le voyez, sachez que vous pouvez ignorer les informations techniques correspondantes ; le vin n'en sera pas moins bon.

Cette icône en forme de cible est faite pour attirer votre attention sur les conseils et les informations qui feront de vous un goûteur plus avisé

La consommation modérée d'alcool ne risque pas de vous causer un quelconque embarras, mais vous pouvez aisément gâcher un vin merveilleux (et cher!) et avoir ainsi une grosse déception. Ce symbole vous avertit des moyens d'éviter les pièges les plus courants.

Certains principes concernant le vin sont si essentiels qu'ils méritent d'être répétés. Nous les signalons par ce symbole.

Les consommateurs de vin snobs utilisent différentes astuces pour entretenir un sentiment d'infériorité chez les autres consommateurs. Ils cesseront de vous intimider si vous comprenez à quoi correspond cette poudre aux yeux (cela vous permet même d'en profiter pour les remettre à leur place!).

Les vins cités dans un paragraphe marqué de ce symbole sont à notre avis de bonnes affaires, offrant un rapport qualité/prix intéressant.

Certains vins sont difficiles à trouver, et leurs prix s'en ressentent, mais la joie d'en dénicher une bouteille en est d'autant plus forte. Cette icône placée devant les paragraphes citant de tels vins vous avertit que votre quête peut être longue.

Première partie

Pour commencer avec le vin

« Le vin me fait penser à l'opéra.
J'apprécie toujours,
même si je ne comprends pas tout. »

Dans cette partie...

*P*our pouvoir tirer profit des informations qui suivent, il est essentiel d'avoir un minimum de connaissances : ce qu'est une grappe de raisin, et où se trouvent votre langue et votre nez.

Si vous maîtrisez ces principes fondamentaux, vous êtes fin prêt à découvrir la science et l'art du vin, quand bien même vous n'en auriez jamais goûté auparavant. Nous allons avancer lentement pour que vous puissiez profiter du paysage pendant la découverte.

Chapitre 1
Mise en bouche

Dans ce chapitre :
- Ce qu'est exactement le vin
- Quelques mots barbares tels que fermentation et sulfites
- Ce qui distingue le vin rouge du vin blanc
- Toute la vérité à propos du rosé
- Législation des vins de table, pétillants et fortifiés

Les deux co-auteurs de ce livre passent leur temps à visiter caves et vignobles, et chaque visite se termine en général par une discussion avec le maître des lieux au sujet de ses méthodes de production. L'un d'eux se passionne pour ces conversations, car elles lui permettent d'en apprendre plus encore sur les raisons pour lesquelles chaque vin possède ce goût si particulier. En revanche, l'autre se lasse vite de ces discussions : pourquoi s'enquérir des méthodes de fabrication du vin dès lors qu'il est merveilleux à boire !

Il semble donc qu'il y ait deux catégories d'amoureux du vin : les « hédonistes », qui ne veulent rien d'autre que goûter à ses plaisirs et découvrir de plus en plus de vins agréables, et les « intellectuels », qui se passionnent pour le mystère de leur fabrication. Notre famille compte un représentant de chacune des deux catégories.

Si vous êtes un intellectuel, vous prendrez plaisir à découvrir ce qui fait les différences entre les vins. Si vous êtes un hédoniste, un minimum de connaissances pourra vous aider à découvrir de nouveaux vins auxquels vous prendrez plaisir. Évidemment, c'est un intellectuel qui vous le dit.

D'où vient le vin ?

La recette permettant de transformer des fruits en vin est à peu près celle-ci :

1. **Rassemblez une grosse quantité de grappes de raisin mûres**

   Vous pourriez aussi utiliser des framboises ou d'autres fruits, mais 99,9 % de tous les vins du monde sont issus du raisin.
2. **Versez les grappes dans un récipient propre et inoxydable**
3. **Écrasez les grappes pour en extraire le jus**

   Autrefois, on foulait le raisin avec les pieds.
4. **Attendez.**

En simplifiant, faire du vin n'est rien d'autre que cela. Une fois que les grappes sont écrasées, des levures (de tout petits organismes unicellulaires qui se trouvent naturellement dans la vigne et donc sur les grappes) entrent en contact avec le sucre du jus du raisin. Ces levures transforment graduellement le sucre en alcool. Elles produisent également du dioxyde de carbone qui s'évapore. Dès que le travail des levures est achevé, le jus de raisin est devenu du vin. Le sucre qui se trouvait dans le jus de raisin n'existe plus ou presque ; il a été transformé en alcool. (Plus les grappes sont mûres et sucrées, plus le vin sera fort en alcool.). Ce processus se nomme *fermentation*.

Qu'y a-t-il de plus naturel ?

La fermentation est un processus entièrement naturel qui ne requiert pas la main de l'homme, sauf pour verser les grappes dans un conteneur et pour en extraire le jus. (Le jus peut aussi s'extraire de lui-même des grappes s'écrasant les unes contre les autres sous leur propre poids.) Le même genre de fermentation se produit dans le jus de pomme que vous oubliez dans le réfrigérateur, et cela sans votre aide. Le lait, qui contient une autre sorte de sucre, fait également l'objet d'une fermentation avec transformation en alcool s'il reste toute une journée sur la table de la cuisine.

Puisque nous parlons de lait, rappelons que c'est Louis Pasteur qui a découvert la fermentation au XIXe siècle. Il l'a découverte, non inventée. Certaines des pommes paradisiaques du jardin d'Eden avaient sans doute eu largement le temps de fermenter avant que Pasteur ne vienne au monde. Mais était-ce bien un paradis, ce lieu où il n'y avait pas de vin ?

Puis vint le viniculteur

En fait, si les viniculteurs et autres producteurs de vin se contentaient de la recette schématique que nous venons de décrire, nous en serions réduits à boire une piquette infâme qui aurait eu bien du mal à nous fournir suffisamment d'inspiration et de courage pour écrire un ouvrage à son sujet.

Les viniculteurs ont autant de tours dans leur sac que Pantagruel a d'appétit. C'est une des raisons pour lesquelles deux vins ne peuvent jamais avoir exactement le même goût.

Les hommes et les femmes qui élèvent le vin peuvent choisir le type de récipient dans lequel ils laissent s'opérer la fermentation (les deux types principaux sont l'acier inoxydable et le chêne), la taille du récipient et la température du jus de raisin pendant la fermentation. Chaque choix dans ces étapes a des répercussions sur les saveurs et les qualités du vin.
La fermentation achevée, ils peuvent choisir la durée de maturation du vin (l'étape pendant laquelle le vin adopte ses traits de caractère), ce qui dépend également du type de récipient dans lequel cette maturation a lieu.
La fermentation peut durer entre trois jours et trois semaines, et la maturation de quelques mois à quelques années. Si vous avez des difficultés à prendre des décisions, n'envisagez jamais d'exercer le métier de producteur de vin.

Le principal ingrédient

Il est évident que le facteur primordial qui fait qu'un vin est différent d'un autre est la nature du matériau de départ : le jus de raisin. Les grains peuvent être plus ou moins mûrs ou plus ou moins sucrés, ce qui détermine le degré d'alcool. Plus important encore, il existe différentes variétés de raisin, différents cépages (par exemple, Chardonnay, Cabernet-Sauvignon ou Merlot) ; les vins qui en sont issus sont très différents.

Le raisin est l'ingrédient de base du vin ; toute la science que le producteur peut appliquer, il l'applique au jus de raisin. Le chapitre 4 aborde en détail certains cépages en indiquant les vins qui en sont issus.

De quelle couleur est votre appétit ?

L'enfant qui sommeille en vous sera heureux d'apprendre qu'en ce qui concerne le vin il est tout à fait normal de préférer certaines couleurs à d'autres. Alors qu'il est devenu socialement intenable d'annoncer qu'on n'aime pas la nourriture verte, passé l'âge de six ans on ne risque nullement de faire croire qu'on retombe en enfance en affichant clairement des préférences exclusives pour le blanc, le rouge ou le rosé.

Ce qu'est le vin blanc

Celui qui a décidé de l'appellation « vin blanc » devait être daltonien. Il suffit de le regarder pour constater que le vin blanc est jaune. Mais cette expression est devenue universelle et on dit donc du vin blanc (le responsable du choix de cette couleur ne devait pas vivre dans un pays de neige).

Le vin blanc est un vin sans couleur rouge (ou rose, qui est de la famille des rouges). Un vin tel que le *White Zinfandel* n'est malgré son nom pas un vin blanc, mais un rosé assez goûté aux États-Unis. En revanche, les vins jaunes, les vins dorés et les vins sans couleur sont tous des vins blancs.

Pour que le vin devienne blanc, deux possibilités se présentent. La première consiste à utiliser du raisin blanc, qui n'est d'ailleurs pas blanc, lui non plus. Les grains de raisin blanc sont verts, entre vert et jaune, jaune d'or ou même parfois jaune rosé. Fondamentalement, est dit raisin blanc tout type de raisin qui n'est pas rouge foncé ou rouge-bleu. Si vous fabriquez du vin à partir de raisin blanc, c'est un vin blanc.

La seconde méthode pour obtenir du vin blanc est un peu plus complexe. Elle consiste à utiliser du raisin rouge, mais seulement son jus, sans les peaux des grains. On obtient ainsi du vin blanc, tout simplement parce que le jus de raisin rouge n'est pas rouge, la couleur se trouvant dans la peau.

Si vous fabriquez du vin uniquement avec le jus d'un raisin rouge, vous pouvez obtenir du vin blanc. En réalité, très peu de vins blancs sont fabriqués à partir de raisins rouges (le champagne est une notable exception ; nous verrons au chapitre 15 comment on se sert de raisin rouge pour sa fabrication).

Notez que la peau des raisins est éliminée soit en pressant de grandes quantités de grappes pour faire couler le jus en abandonnant les peaux dans la presse, ce qui ressemble au pressage d'un fruit, soit en broyant les grappes en les faisant passer dans une grosse vis qui brise les peaux et récupère le jus.

Peut-on boire du vin blanc avec n'importe quoi ?

Vous pouvez boire du vin blanc en toute occasion, ce qui signifie pour la plupart des gens qu'ils peuvent en boire en dehors des repas ou avec un en-cas.

Les vins blancs sont souvent considérés comme des vins d'apéritif, c'est-à-dire des vins de début de repas au même titre que les cocktails. Si vous questionnez un employé de l'administration des États-Unis ou du Canada chargé de définir ces termes, il vous dira qu'un vin d'apéritif est un vin auquel on a ajouté des parfums, comme le vermouth. À moins que votre métier ne consiste à rédiger les textes des étiquettes de bouteilles de vin, vous n'avez pas besoin de vous en soucier. Au sens commun, un vin d'apéritif correspond à ce que nous venons de dire.

Nombreux sont les individus qui aiment boire du vin blanc par temps chaud car il semble plus rafraîchissant que le rouge et se sert généralement frappé.

Le vin blanc se sert frais mais pas glacé. Dans un restaurant où vous serait servi un vin blanc trop froid, attendez pour le boire que le vin se réchauffe un peu. Si vous aimez le vin froid, tout va bien, mais sachez que le boire légèrement moins froid vous y fera découvrir de nouvelles saveurs.

Une histoire sulfureuse

Le bioxyde de soufre est un corps composé, constitué de soufre et d'oxygène. Il s'en produit de manière naturelle pendant la fermentation, mais en petite quantité. Les viniculteurs en ajoutent au vin. En effet, le bioxyde de soufre est au vin ce que l'aspirine et la vitamine E réunies sont à l'homme : le remède miracle qui soigne toutes sortes d'infections et en évite nombre d'autres. Le bioxyde de soufre est un antibactérien qui évite au vin de tourner au vinaigre. Il inhibe l'action des levures, ce qui empêche les vins sucrés de poursuivre leur fermentation une fois mis en bouteilles. C'est un antioxydant, ce qui garde au vin sa fraîcheur et empêche son altération par le redoutable oxygène. Malgré ses propriétés magiques, les viniculteurs font tout ce qu'ils peuvent pour utiliser le moins de bioxyde de soufre que possible, car la plupart d'entre eux pensent que moins le vin en contient, mieux c'est. Par ailleurs, la plupart des consommateurs préfèrent ingérer le moins de médicaments possible.

Cette pratique raisonnable a pourtant été à l'origine d'une histoire sulfureuse aux États-Unis : de nos jours, les techniques de vinification ont tellement progressé que la quantité de bioxyde de soufre qui doit être ajoutée au vin a atteint des minimums historiques. Pourtant, les étiquettes des vins vendus sur le territoire des États-Unis portent la mention *Contains sulfites* (contient du bioxyde de soufre). Tout cela parce qu'en 1988 le Congrès des États-Unis a voté une loi qui rendait obligatoire la présence de cette mention sur les étiquettes des bouteilles. Un consommateur américain peut donc croire que le vin contenu dans ce type de bouteille contient plus de bioxyde de soufre que la normale. En réalité, il y en a sans doute moins que jamais auparavant.

Clé de l'énigme : environ 5 % des asthmatiques sont très sensibles aux sulfites. C'est pour les protéger que le Congrès a voté la loi qui édicte que toute bouteille de vin en contenant plus de 6 parties par million doit porter la sulfureuse mention sur son étiquette. Si l'on sait que le taux de 10 à 20 parties par million est atteint rien que par la fermentation naturelle, tous les vins sont donc concernés.

Vous trouverez des suggestions de mariage des mets avec les vins blancs dans le chapitre 17.

Les styles de vins blancs : il n'y a pas de standard

En dehors des vins mousseux et des vins de dessert sucrés, les vins blancs se classent en trois catégories principales. Si les mots que nous utilisons pour décrire les saveurs caractérisant chaque catégorie vous paraissent étranges, gardez patience car vous découvrirez toutes nos explications au chapitre 2. Voici ces trois catégories :

- Certains vins blancs sont secs et frais, sans saveur sucrée ni goût de chêne (voir chapitre 3 pour les effets du chêne). La plupart des vins blancs italiens tels que le Soave et le Pinot Grigio et certains vins français tels que le Sancerre et le Chablis appartiennent à cette catégorie ;

- D'autres blancs sont secs, avec beaucoup de corps et un fumet de chêne. Les vins blancs français et californiens les plus chers tels que les blancs de Bourgogne ou les Chardonnay de Californie à plus de 9 € appartiennent à cette catégorie (ces vins sont plus chers du simple fait que le chêne des barriques est très onéreux).

- Enfin, certains vins blancs sont demi-secs. Cette catégorie comprend de nombreux vins allemands, notamment les moins chers tels que le Liebfraumilch à moins de 8 € la bouteille (ce dernier est décrit au chapitre 12).

Vin rouge, le bien nommé

Dans le cas du vin rouge, le nom est correct. Les vins rouges sont rouges.
Ils peuvent bien être rouge-violet, rouge brique pâle ou rouge rubis, ils sont toujours rouges.

Les vins rouges sont obtenus à partir de raisins rouges ou rouge-bleu. Certains parlent de raisin noir, sans doute parce que le noir est l'opposé du blanc.

La principale différence apparente entre vin rouge et vin blanc est donc la couleur. La couleur rouge s'obtient lorsque du jus de raisin (incolore) est laissé en contact avec des peaux d'un raisin rouge pendant la fermentation, ce qui lui permet d'en absorber les pigments. En plus de la couleur, le contact avec les peaux donne au vin du tanin, substance essentielle dans la saveur du vin rouge (voir au chapitre 2 d'autres informations au sujet du tanin). La présence de tanin dans les vins rouges est ce qui constitue la différence fondamentale entre vin rouge et vin blanc.

De manière générale, les vins rouges tendent à être plus complexes que les vins blancs, conséquence logique de la présence dans un vin rouge d'au moins un élément de plus que dans un vin blanc : le tanin.

Styles de vins rouges : pas de standard non plus !

Voici trois styles de vins rouges parmi les plus répandus :

- Les vins rouges légers et fruités contenant peu de tanin. C'est le cas des beaujolais, du Valpolicella italien et de la plupart des rouges du continent américain, à moins de 8 € ;
- Les vins rouges moyennement charnus avec du tanin en quantité modérée. C'est le cas des bordeaux à prix modéré, du bourgogne, des vins du Languedoc et de nombreux rouges australiens ;
- Les rouges forts en tanin et charnus tels que les meilleurs bordeaux, le Barolo italien, les Côtes du Rhône septentrionaux et d'autres vins rouges.

Les styles des vins rouges sont bien plus variés que ceux des blancs, notamment en raison des nombreuses possibilités de personnalisation d'un vin rouge par le viniculteur (le nombre de paramètres permettant d'obtenir un vin spécifique). Ainsi, le viniculteur peut laisser le jus en contact avec les peaux plus ou moins longtemps afin d'obtenir un vin plus ou moins foncé et riche en tanin (il sera plus ferme en bouche comme du thé fort ; les vins forts en tanin peuvent presque vous amener à faire la grimace). Si le jus est séparé des peaux plus tôt, le vin sera plus doux et moins fort en tanin.

Un vin rouge aura bien plus tendance à être consommé au cours des repas qu'en dehors.

Vous trouverez toujours un vin rouge pour accompagner n'importe quel type de nourriture et pour n'importe quelle occasion pour laquelle vous désirez boire du vin (sauf si vous désirez du vin mousseux, qui est très généralement blanc ou rosé). Nous vous donnerons quelques conseils pour marier vins rouges et mets dans le chapitre 17.

Une méthode radicale pour gâcher tout le plaisir d'un vin rouge consiste à le boire trop froid. Les tanins que contiennent les vins rouges peuvent prendre un goût véritablement amer lorsque le vin est trop froid, comme un thé fort froid. À l'inverse, de nombreux restaurants servent le vin rouge trop chaud (on se demande où ils le stockent, peut-être à côté du piano, en cuisine?).
La bonne température d'un vin rouge est facile à deviner s'il semble tout juste frais lorsque vous prenez la bouteille dans votre main.

Une rose est une rose, mais le rosé est du blanc

Bien que les rosés soient faits à partir de raisins rouges, le vin qui en résulte n'est pas rouge, tout simplement parce que le jus est laissé très peu de temps au contact des peaux des grains, quelques heures au plus – ce qu'on appelle vin de saignée –, alors que l'on compte ce temps en jours ou en semaines pour les vins rouges. La brièveté de ce contact jus/peau fait qu'une infime quantité de tanin est absorbée par le jus. C'est pour cette raison que vous pouvez sans problème boire votre rosé très frais, comme du vin blanc.

Au début des années 70, les rosés étaient très populaires. Alors qu'en Europe la consommation n'a pas diminué depuis, son actuelle reprise succède à un ralentissement sur le continent nord-américain, mais sous une autre appellation : les gens n'appellent plus cela du rosé.

Aux États-Unis, les négociants en vins ont constaté un jour que le vin dit « rosé » ne se vendait plus assez ; ils ont alors inventé le terme *blush wine* (« vin rougeaud »). Bien que l'on soit en droit de supposer que ce terme de *blush* est un pur synonyme de rosé, l'étiquette mentionne pourtant « vin blanc ». Même un enfant peut voir qu'un vin tel que le White Zinfandel est en réalité rosé.

Sensibilité au vin

Vous avez peut-être déjà entendu des personnes se plaindre qu'elles ne pouvaient pas boire soit du vin rouge, soit du vin blanc sans souffrir de maux de tête ou se sentir malades. Souvent, elles mettent en cause les sulfites du vin. Bien que nous ne soyons ni médecins ni scientifiques, nous pouvons affirmer que les rouges contiennent bien moins d'anhydride sulfureux que les blancs. Rappelons que le tanin du vin rouge assure sa conservation, alors que celle-ci est confiée à l'anhydride sulfureux dans le cas du vin blanc. Les vins rouges contiennent aussi des histamines et autres substances provenant de la peau des grains, qui peuvent être éventuellement suspectées en cas d'allergie. Il est en tout cas fort peu probable que le désagrément soit dû à l'anhydride sulfureux.

En ce qui concerne le blanc, il est vrai que certains vins à bon marché ont été, dans le passé, mal chaptalisés (enrichis en sucre car trop faibles en alcool), mais cette pratique est dorénavant inusitée.

Ces fameux *blush wines* qui se prétendent blancs sont assez doux. Les vins dits rosés aux États-Unis sont doux aussi, mais il existe de merveilleux rosés en Europe (et quelques rares aux États-Unis) qui sont secs, ce qui n'est pas pour étonner puisque les Européens boivent surtout le rosé sec. Les grands amateurs de vin boivent rarement du rosé. Malgré tout, nous apprécions d'ouvrir de temps à autre une bonne bouteille (de rosé sec !) en été.

Le conditionnement est tel aux États-Unis qu'un vin intitulé rosé – même s'il est sec – est considéré comme doux par nombre de consommateurs, tout simplement parce que les Américains associent instinctivement le rosé à du vin doux.

De ce fait, de nombreuses personnes boivent du White Zinfandel en croyant boire un vin sec parce que l'étiquette ne dit pas que c'est un rosé. Allez comprendre!

Bulles et degrés

Nous nous plaisons à poser à nos amis cette question : « Quel vin emporteriez-vous sur une île déserte ? » Autrement dit, quel vin pourriez-vous boire jusqu'à la fin de vos jours sans jamais vous lasser ? En ce qui nous concerne, c'est le champagne. Le vrai, avec un C majuscule (nous verrons plus loin les détails de cette distinction).

D'une certaine manière, c'est un choix étrange car, bien que nous adorions le champagne, nous n'en buvons pas en dehors des circonstances appropriées. Il sert à accueillir les invités, à célébrer une occasion particulière à la maison et à porter un toast lors de l'anniversaire de chacun de nos chats. Nous n'avons pas besoin d'excuses pour boire du champagne, mais le champagne n'est pas un vin que l'on consomme chaque soir.

Ce que nous buvons quotidiennement est du vin normal, rouge, blanc ou rosé, mais sans bulles. Ces vins portent différents noms. Aux États-Unis, on les appelle *vins de table* et en Europe on les appelle parfois *vins tranquilles*. Nous employons également ce terme de vin tranquille pour désigner des vins qui n'ont pas de bulles (qui ne sont pas pétillants).

Vins de table et degrés d'alcool

Un vin de table est un jus de raisin fermenté dont le taux d'alcool reste dans les limites définies par la loi. Un vin de table n'est pas mousseux. (Certains vins de table montrent une très légère formation de bulles, mais qui ne suffit pas à les disqualifier en tant que vins de table.). En Europe, un vin de table doit titrer entre 8,5 et 14° d'alcool ; aux États-Unis, le taux d'alcool ne doit tout simplement pas dépasser 14°. En conséquence, si un vin n'a pas plus de 14° d'alcool (auquel cas cela signifierait que de l'alcool a été ajouté) et qu'il n'a pas de bulles, c'est un vin de table.

Le chiffre 14 n'est pas une fantaisie du législateur. Lorsque les grappes de raisin mûres sont mises en fermentation, le taux d'alcool résultant ne peut qu'exceptionnellement dépasser 14°, et il se situe plus généralement entre 12 et 13,5. C'est cette valeur de 14° qui est devenue la frontière entre les vins de table (sans alcool ajouté) et les vins doux (avec alcool ajouté). Voyez la section sur les vins de dessert, plus loin.

Mais de nos jours, les choses ne sont plus aussi faciles à distinguer qu'à l'époque où cette loi a été édictée. De plus en plus de vignobles sont plantés en climat chaud, ce qui leur permet aisément de mûrir, à tel point que les vins en sont plus sucrés. Après fermentation, le degré d'alcool dépasse dans ce cas souvent la frontière des 14°, et ce sans adjonction d'alcool. C'est le cas de nombreux Zinfandel, Cabernet et Chardonnay californiens rouges.

Les amateurs continuent de les considérer comme des vins de table, mais pas la loi : la réalité et la loi ne sont pas toujours en phase.

Pour en avoir le cœur net, sans voir flou

Vous déterminez le degré d'alcool d'un vin… en lisant l'étiquette. La loi y rend cette mention obligatoire (à quelques rares exceptions près). Le taux d'alcool est généralement exprimé en degrés (comme 12,5°) ou bien en pourcentage (comme 12,5 %).

Au-delà des vins de table

Bien que le vin de table constitue en quantité la principale catégorie de vin consommée, deux autres types de vins sont très appréciés d'une partie des connaisseurs (nous en sommes en ce qui concerne le champagne). Ces deux autres catégories de vins sont les vins mousseux (ceux qui ont des bulles) et les vins de dessert ou vins de liqueur (tous les vins titrant plus de 14° d'alcool).

VDN – Vin doux naturel

Un vin doux naturel est un vin viné, tel le Muscat de Beaumes de Venise qui n'a pas été muté en cours de fermentation mais qu'on a fortifié, c'est-à-dire viné après qu'il ait atteint 5 à 8° d'alcool. Lorsqu'un vin a plus de 14° d'alcool, il y a de grandes chances que de l'alcool ait été ajouté pendant ou après la fermentation. Bien que ce soit une méthode non naturelle de faire du vin, certaines régions du monde telles que celle de Xérès en Espagne et celle de Porto au Portugal en tirent leur réputation. En France, nous les appelons VDN (vin doux naturel) : Muscat de Beaune de Venise, Frontignan, Cap Corse. Maury et Banyuls, Macvin du Jura…

VDL – Vin de liqueur (de dessert)

Un vin de liqueur est un vin viné normalement, c'est-à-dire qui mute à l'alcool avant le début de la fermentation.

La terminologie légale aux États-Unis pour les vins fortifiés en alcool est « vins de dessert » sans doute parce qu'ils sont généralement doux et consommés en fin de repas. Nous estimons que ce terme est trompeur car tous les vins de dessert ne sont pas doux et ils ne se consomment pas nécessairement en fin de repas. Ainsi, le xérès sec fait partie de la catégorie des vins de dessert, mais, étant sec, il se déguste plutôt en apéritif. Nous préférerions le terme *vins fortifiés* qui suggère l'opération d'ajout d'alcool dans le vin. Mais tant que nous ne serons pas élus par le peuple pour prendre en charge cette classification, nous devrons nous satisfaire du terme « vin de dessert ».

Champagne et vins mousseux ou vins effervescents

Les vins mousseux ou effervescents sont des vins qui contiennent des bulles de dioxyde de carbone, un produit naturel de la fermentation, que le producteur décide d'emprisonner dans le vin. Une fois que le raisin a fermenté, le sucre est transfomé en alcool et en gaz carbonique. Si on empêche ce gaz de s'échapper en couvrant la cuve ou en fermant la bouteille, il se dissout dans le vin et forme alors des bulles ; c'est le principe de base de tous les vins effervescents. La méthode champenoise consiste à laisser le vin subir une seconde fermentation dans la bouteille dans laquelle il sera vendu après trois années au minimum.

En Europe, aux États-Unis et au Canada, le nom officiel de cette catégorie de vins contenant des bulles est « vin mousseux » – cet accord général est un pur bonheur !

Le plus fameux vin mousseux du monde est le *champagne*, et c'est sans doute le vin le plus célèbre entre tous. Le champagne est un vin mousseux particulier (fabriqué à partir de certains cépages et produit selon des méthodes spéciales dans une région délimitée). Le champagne provient de la région de France à laquelle il emprunte son nom. C'est le champion incontesté des vins à bulles. Nous avons également de très bons vins pétillants dans d'autres régions que nous appelons Crémant de Bourgogne, d'Alsace...

Malheureusement pour les Champenois, ce vin est devenu si célèbre que le nom *champagne* est utilisé à tort et à travers partout dans le monde. Ce mot est devenu un terme générique pour l'ensemble des vins mousseux. Aux États-Unis, au Canada et en Australie, par exemple, vous avez tout à fait le droit d'appeler « champagne » un vin mousseux tant que les bulles n'ont pas été ajoutées artificiellement (mais une indication de provenance géographique doit accompagner la mention tant convoitée, par exemple dans *Californian Champagne*).

Les Français n'ont évidemment pas ménagé leurs efforts pour que l'utilisation du mot *champagne* soit réservée aux seuls vins pétillants produits régulièrement dans la région de Champagne. Les législateurs européens ont donc interdit à tout autre pays membre de donner à ses propres vins mousseux le nom de champagne, allant même jusqu'à interdire certaines mentions qui pourraient suggérer le champagne, comme une impression en belles lettres sur l'étiquette précisant que le vin a été fait selon la méthode champenoise.
De plus, il est interdit de vendre sur le territoire européen des bouteilles de vin mousseux venant d'un pays non membre de l'Union européenne (tels que les États-Unis ou l'Australie) qui

porteraient la mention « champagne » sur l'étiquette. Les Français ne prennent vraiment pas leurs bulles à la légère.

Cette intransigeance nous semble tout à fait légitime. Vous ne nous verrez jamais utiliser le mot « champagne » comme terme générique pour les vins mousseux. Nous avons bien trop de respect pour les gens et les traditions de la Champagne, cette région qui produit les meilleurs vins mousseux du monde. Ce sont ces vins-là que nous désirons emporter sur notre île déserte et non n'importe quel vin mousseux d'une provenance quelconque qui usurperait le nom du champagne.

Si quelqu'un tente de vous impressionner en vous servant un pseudo-champagne, ne vous laissez pas faire. Dans les pays où il est autorisé d'appeler « champagne » n'importe quel vin mousseux, et notamment le moins bon, il y a de grandes chances que les vins de mauvaise qualité en profitent. C'est pourquoi les producteurs des meilleurs vins mousseux des États-Unis, par exemple, n'utilisent pas le mot « champagne » même s'ils en ont le droit, tout simplement par respect pour leurs collègues français. (D'ailleurs, la plupart des grandes maisons de production de mousseux de Californie appartiennent à des Français, qui n'ont nul intérêt à appeler ces vins-là « champagne ». Cela dit, les autres producteurs réputés ne le font pas non plus.).

Régions viticoles

De manière schématique, les régions viticoles du monde peuvent se diviser en deux :

- Les régions telles que celles d'Europe dans lesquelles la production de vin depuis des siècles, voire des millénaires, a permis de s'approcher de l'adéquation parfaite entre les différents paramètres du vin : ce sont les régions viticoles historiques ;
- Les régions telles que l'Amérique du Nord, du Sud, l'Afrique du Sud, l'Australie et la Nouvelle-Zélande, dans lesquelles on dispose d'une moins longue expérience dans la recherche de la combinaison idéale entre climat, cépage, mode de culture et de production : ce sont les *nouvelles régions viticoles*.

Des vins blancs très répandus

Voici quelques vins blancs parmi les plus répandus, avec une indication de provenances fameuses (mais non exclusives). Vous en trouverez des descriptions et des explications tout au long de cet ouvrage.

- **Chardonnay** : France, Californie, Australie, etc.
- **Tokay** ou **Pinot Gris** : Italie, France, Oregon, etc.
- **Riesling** : Allemagne, France, Californie, New York, Washington, etc.
- **Sauvignon Blanc** : France, Californie, Nouvelle-Zélande, Afrique du Sud, etc.
- **Soave** : Italie
- **Viognier** : France, États-Unis

Des vins rouges très répandus

Voici quelques vins rouges parmi les plus répandus, avec une indication de provenances fameuses (mais non exclusives). Vous en trouverez des descriptions et des explications tout au long de cet ouvrage.

Vins d'appellation

- Bourgogne : France
- Bordeaux : France
- Beaujolais : France
- Côtes du Rhône : France
- Chianti : Italie

Vins de cépage

- Cabernet-Sauvignon : Californie, Australie, France, etc.
- Lambrusco : Italie
- Merlot : Californie, France, Washington, New York, Chili, etc.
- Pinot Noir : France, Californie, Oregon, etc.
- Zinfandel : Californie, Afrique du Sud.

Notez que les six premiers sont des vins de terroir et les trois derniers des vins de cépage.

Chapitre 2
Les papilles de l'émotion

Dans ce chapitre :
▶ Comment humer et goûter
▶ Les arômes que vous devez trouver
▶ Les arômes que vous ne devriez pas trouver
▶ Saveurs acides, tanniques ou de framboises sauvages
▶ La charpente et le corps des vins
▶ Cinq mystères liés à la qualité d'un vin

Ceux de nos amis qui sont des gens normaux (par opposition à ceux de nos amis qui sont des passionnés du vin) prennent grand plaisir à se moquer de nous parce qu'ils nous voient faire des choses aussi étranges qu'apporter notre propre vin à un repas ou parcourir sans hésiter plusieurs centaines de kilomètres pour quelques bouteilles. En général, nous n'essayons même pas de nous défendre. Nous comprenons le ridicule que doivent avoir nos comportements.

Il fut un temps où nous pensions nous aussi que tous les vins avaient plus ou moins le même goût. Du vin, c'est du vin. Certains sentaient meilleur que d'autres, mais il nous semblait impossible de dire pourquoi. Tout cela a changé à partir du moment où nous avons commencé à goûter le vin comme le font les professionnels.

La mystérieuse technique de la dégustation ou le goût du vin

Nous ne connaissons que trop bien le discours de ces cyniques qui d'emblée annoncent : « Moi, je sais déguster le vin. Je pratique quotidiennement, et même trois à cinq fois par jour. Tout ce cérémonial des dégustateurs n'est qu'une manière pour ces soi-disant spécialistes de se faire mousser. »

Vu sous un certain angle, ces cyniques ont raison. Toute personne capable de goûter du café ou un simple mets est aussi capable de déguster du vin.
Il suffit juste d'avoir un nez, des papilles gustatives et un cerveau. À moins que vous soyez dans le cas malheureux d'une de nos relations qui a perdu totalement le sens du goût à force de respirer des produits ammoniaqués lorsqu'il professait la cosmétologie dans les années 60, vous possédez normalement toutes les capacités naturelles pour pouvoir déguster le vin correctement.

Vous avez aussi un potentiel pour apprendre le chinois ; mais avoir la capacité théorique de faire quelque chose n'équivaut pas à savoir le faire ni à savoir appliquer cette connaissance dans la vie quotidienne.

Les deux règles complexes du dégustateur

Le vin est avant tout synonyme de plaisir et de fête. La dégustation est la recherche, et la découverte, de tout ce qui se trouve dans une bouteille : arômes, parfum, essence…

Vous consommez des boissons tous les jours, et vous en goûtez la saveur lorsqu'elles passent dans votre bouche. Le vin est définitivement une boisson à part, car boire et goûter du vin se distinguent. Le vin est bien plus complexe que toute autre boisson ; autrement dit, la moindre goulée peut devenir un geste intense. La plupart des vins offrent une palette de saveurs et d'odeurs intimement mêlées ; ils vous donnent de multiples sensations en bouche, comme une étonnante combinaison de douceur et de fermeté.

Boire et déguster : quelle est la différence ? Dans le premier cas, on se contente de savourer son plaisir. Dans le second, c'est une affaire de concentration et la technique qu'elle demande est à la portée de tous. Si vous avalez votre vin comme de la limonade, sachez que vous ratez une bonne occasion de découvrir une vraie émotion. En revanche, si vous prenez goût à déguster, vous vous ouvrez un Nouveau Monde. Plus vous goûterez lentement et attentivement le vin, plus vous découvrirez de choses intéressantes.

Cela nous amène à édicter les deux règles fondamentales du dégustateur :

1. Prendre son temps ;
2. Être attentif.

Les yeux : la robe du vin

Nous prenons plaisir à admirer le vin dans nos verres, à noter le chatoiement de ses couleurs et la manière qu'il a de réfléchir la lumière, à décider précisément quelle nuance de rouge on doit lui attribuer et enfin à deviner s'il produirait une tache indélébile sur la belle nappe blanche si nous continuons à le faire tourner dans le verre trop vivement. (Une des techniques secrètes des dégustateurs professionnels pour reconnaître un vin blanc d'un vin rouge consiste à regarder le vin qui se trouve dans le verre.).

La plupart des ouvrages vous conseillent de regarder le vin avec attention pour vérifier s'il est limpide (des matières en suspension témoignent souvent d'un vin qui a mal tourné). Ce conseil n'est vraiment pas à l'ordre du jour. Depuis que la technologie s'est infiltrée dans l'industrie du vin, notamment pour les vins de bas et de milieu de gamme, il est aussi rare de trouver des défauts visuels dans un vin que de gagner à la loterie. Vous pourrez sans doute boire un vin différent chaque soir pendant un an sans en rencontrer un qui soit trouble.

Revenons à notre contemplation. Inclinez votre verre (à moitié plein seulement) vers l'arrière et jugez de la couleur du vin en vous plaçant devant un fond blanc (un fond coloré fausse le jugement). Les goûteurs sérieux préfèrent les nappes blanches

> ### Règles générales
>
> La couleur et la nuance d'un vin, qu'il soit blanc, rouge ou rosé, sont déterminées par les cépages et par le degré de maturation des raisins, la région de production, la méthode de vinification et l'âge du vin.
>
> Les vins secs et légers provenant de climats frais ont la robe la plus claire, tandis que les vins les plus corsés ou plus moelleux sont issus de régions plus chaudes et de coloration plus profonde.

aux nappes fantaisie, car elles leur offrent un fond blanc à portée de vue. Une feuille de papier blanc ou un mouchoir uni feront aussi bien l'affaire. Lors d'une soirée mondaine, nous avons repéré une personne fort distinguée, qui devait être un très sérieux amoureux du vin, retrousser la manche de son smoking pour juger de la robe de son vin en utilisant comme fond sa chemise immaculée !

En observant le vin dans votre verre incliné, notez si sa robe est sombre ou pâle ; essayez de lui attribuer une couleur et de la mémoriser. Vous commencerez à pouvoir noter des différences d'un vin à l'autre ; pour l'instant, contentez-vous d'observer.

Si vous voulez vraiment prendre votre temps, vous pouvez même continuer à faire valser le vin dans le verre (voyez la section suivante) pour juger de la manière dont il se met en place. Vous pourrez alors apprécier les fameuses larmes du vin. Il en va des vins comme des gens : certains « pleurent » plus que d'autres. Autrefois, on considérait les larmes du vin comme un signe de grande qualité. Mais de nos jours, nous savons que la formation de larmes sur les parois du verre est liée à un phénomène physique assez complexe combinant la tension de surface du vin et la vitesse d'évaporation de l'alcool qu'il contient. Si vous êtes passionné de physique, vous pouvez saisir là une occasion de montrer cette passion à vos collègues amateurs de vin. Si la physique ne vous émeut pas, vous pouvez tout aussi bien oublier les détails de ce phénomène.

Le nez pour tout savoir ou l'odeur du vin

Nous arrivons maintenant à l'étape véritablement agréable de l'appréciation du vin : faire tournoyer le vin dans le verre et humer. C'est au cours de cette étape que vous pouvez laisser courir votre imagination, personne n'osera jamais vous contredire. Si vous prétendez qu'un vin sent les crottes de lapin, qui pourra prouver le contraire ?

Avant de découvrir ce rituel, nous tenons à vous prévenir que :
a) vous n'êtes pas obligé d'appliquer cette procédure à tous les vins que vous buvez ;
b) vous ne passerez pas pour un fou, au moins aux yeux des autres amoureux du vin (nous ne pouvons rien dire au sujet des 90 % restants de la population humaine) ;
c) ce rituel peut s'avérer très pratique pour éviter une conversation avec quelqu'un avec qui on n'a pas d'affinité.

Blanc ou rouge, le vin a besoin de s'oxygéner pour développer ses arômes. C'est la raison pour laquelle on fait tourner le vin dans le verre.

Pour pouvoir humer avec précision, vous devez d'abord faire tournoyer le vin dans le verre, mais n'essayez pas si votre verre est rempli à plus de la moitié.

Posez votre verre sur la table et donnez au verre des mouvements de rotation afin que l'air se mélange avec le vin. Portez ensuite rapidement le verre à votre nez. Plongez le nez aussi loin que possible dans l'espace libre du verre (sans pour autant toucher le vin) et humez. Faites des associations comme bon vous semble. L'arôme est-il fruité, boisé, frais, cuit, intense, léger ? Le nez se fatigue rapidement, mais il récupère aussi très vite. Faites une pause et recommencez. Écoutez les commentaires de vos amis et voyez si vous trouvez les mêmes composantes olfactives.

Vous pouvez remettre votre nez en condition plus rapidement en allant sentir autre chose, de l'eau, un morceau de pain ou une manche de chemise. Préparez-vous aux regards perplexes de votre entourage.

Lorsque vous faites tourner le verre, les arômes du vin se diffusent dans l'air, ce qui vous permet de mieux les sentir. Le vin contient une telle quantité de composants aromatiques que ceux que vous arrivez à détecter ont très peu de chances d'être le produit de votre imagination.

Le but principal du rituel consistant à faire tourner le vin et à humer ses arômes est de vivre une expérience agréable, éventuellement fascinante, à laquelle vous devez prendre beaucoup de plaisir. Alors que se passe-t-il si vous détectez un arôme que vous n'aimez pas ?

Si vous tendez l'oreille dans des discussions entre amateurs de vin, vous entendrez certainement des mots tels que goudron, fumier, selle mouillée, allumette brûlée ou asperge, dans les descriptions des arômes d'un vin. Comment est-ce possible ? Bien heureusement, les vins concernés par de telles appréciations ne sont généralement pas ceux que vous boirez, sauf à devenir un goûteur passionné. Parce que, si vous devenez un passionné, votre point de vue pourra changer jusqu'à considérer que certains de ces arômes, lorsqu'ils se trouvent dans le vin approprié, peuvent devenir tout à fait agréables. Même si vous n'apprenez jamais à trouver du plaisir à ces arômes (pourtant, certains d'entre nous en trouvent, honnêtement !), vous pouvez les appréhender comme des traits significatifs de certaines régions ou de certains cépages.

Il y a aussi les mauvais arômes dont personne ne veut. Cela se produit rarement, mais on en rencontre parfois tout simplement parce que le vin est un produit naturel issu de l'agriculture et vivant sa propre existence. Lorsqu'un vin est sérieusement altéré, cela se sent immédiatement au niveau du nez. Les juges ont des termes pour de tels vins. Quant à nous, nous utilisons l'expression NPA, Ne Pas Avaler. Cela ne veut pas dire que ce vin puisse vous rendre malade, mais pourquoi feriez-vous souffrir vos papilles gustatives alors que votre nez vous a déjà averti du danger ? Il s'agit parfois d'un bouchon défectueux, d'un problème survenu lors de la fabrication du vin ou bien encore à cause de mauvaises conditions de stockage. Il suffit d'oublier cette expérience et d'ouvrir une autre bouteille.

Lorsqu'elles sont au pied du mur, de nombreuses personnes prétendent être incapables de reconnaître tous les arômes que contient le vin. L'appréciation des arômes du vin n'est pourtant qu'une question de pratique et de concentration. Si vous commencez à humer de manière plus attentive puis à mémoriser les différents parfums de votre environnement quotidien, vous arriverez de mieux en mieux à discerner les arômes du vin.

Conseils pour humer le vin

1. Soyez audacieux. Piquez votre nez franchement dans le verre pour en capturer tous les arômes diffusés dans la couche d'air.

2. Ne portez pas un parfum trop fort, son odeur entrerait en concurrence avec les arômes du vin.

3. Ne tentez pas de bien apprécier les arômes d'un vin s'il y a dans le voisinage de puissants arômes d'aliments. Vous pouvez très bien détecter une odeur de tomate dans le vin alors qu'il s'agit en fait de celle de la sauce du plat de votre voisin.

4. Devenez un humeur au quotidien. Sentez et mémoriser les odeurs des différents ingrédients de cuisine, sentez ce que vous mangez, les fruits frais et les légumes que vous achetez au marché, sentez les odeurs de votre environnement : le cuir, la terre humide, les cendres, l'herbe, les fleurs, votre chien mouillé, votre cirage, votre armoire à pharmacie. Garnissez la base de données de votre cerveau avec de nombreuses odeurs afin de les avoir à votre disposition le moment opportun.

5. Essayez différentes techniques pour humer. Certains préfèrent des prises rapides et courtes alors que d'autres inhalent une grande bouffée d'un coup. Il peut être utile de garder la bouche ouverte pendant que vous inhalez (certains vont même jusqu'à fermer du doigt une des deux narines pour inhaler avec l'autre ; nous trouvons cela un peu trop excentrique, notamment dans un restaurant familial).

La bouche : les saveurs ou le goût du vin

Après avoir admiré la robe du vin et apprécié ses arômes, vous êtes enfin autorisé à le goûter. C'est à cette fameuse étape que des hommes et des femmes très sérieux s'assoient autour d'une table avec des expressions étranges, sirotent une gorgée de vin puis le promènent dans les différentes parties de

> ### Les vins ont du nez
>
> Avec une poésie typique des dégustateurs, l'un d'eux a un jour rassemblé les différents arômes du vin sous l'appellation de *nez*, et cette expression est restée. Si quelqu'un vous dit un jour qu'un vin a un nez fort, cela signifie simplement que le vin a une forte présence olfactive. S'il vous dit qu'il a détecté la présence de citron sur son nez, cela signifie que le vin offre un arôme de citron. La plupart des goûteurs n'utilisent pas le mot odeur pour parler des arômes du vin car le mot *odeur* a une connotation péjorative ; ils parlent du *nez* ou de l'*arôme du vin*. Ils utilisent également le mot *bouquet*, mais il est d'abord réservé aux vins vieux, ces grands vins qui ont de la bouteille.

leur bouche avec une expression de concentration extrême. Vous pouvez vous faire un ennemi *ad vitam aeternam* si vous déconcentrez un goûteur de vin au moment précis où il rassemble toute son énergie sur les dernières gouttes d'un vin fameux. Moment qui se décompose en trois parties :

– **L'attaque**, qui peut être courte, franche ou agressive ;

– **La palette**, qui doit être harmonieuse : le vin circule de façon égale en bouche ;

– **La longueur** ou **la codalie**, qui représente le temps durant lequel les arômes restent en bouche avoir avoir bu : un maximum de 10 à 12 secondes.

Voyons donc comment cela se passe. Prenez en bouche une petite gorgée de vin. Maintenez-la en bouche, pincez vos lèvres et aspirez un peu d'air par-dessus le vin en vous servant de votre langue. (Faites très attention de ne pas avaler de travers ni baver car vous seriez suspecté de n'être pas connaisseur.). Promenez ensuite le vin dans votre bouche comme si vous le mâchiez. Avalez-le enfin lentement. L'ensemble du processus doit durer plusieurs secondes, la durée exacte dépend de votre degré de concentration sur le vin. (Si vous vous demandez sur quoi fixer votre concentration, attendez la suite du chapitre.).

> ### Les vins ont aussi un palais
>
> De même qu'un goûteur utilise le terme nez pour les arômes du vin, il utilisera le terme palais pour les saveurs du vin. Le palais du vin est l'impression globale que donne le vin dans la bouche et qui permet de désigner individuellement chacune de ses saveurs. Vous pouvez ainsi dire : « Ce vin a un palais harmonieux » ou encore : « Le palais de ce vin est un peu acide. » Lorsqu'un goûteur prétend qu'il a trouvé de la framboise sur le palais, cela signifie que le vin a, selon lui, une saveur de framboise.

Ce qui se passe réellement

Différentes zones de la langue sont spécialisées pour reconnaître différentes sensations : le côté sucré est perçu plus particulièrement par la pointe de la langue, l'acidité est reconnue par les bords latéraux et l'amertume par l'arrière de la langue. (La langue détecte aussi le salé, mais c'est une saveur que l'on rencontre rarement dans le vin.). En déplaçant le vin dans labouche, vous lui donnez une chance d'atteindre chacune de ces zones, ce qui permet d'analyser chaque caractéristique du vin (quand bien même l'acidité et l'amertume vous paraissent des caractéristiques que vous vous passeriez bien de reconnaître).

Un aliment ou une boisson dégagent toujours dans la bouche des vapeurs odorantes qui sont automatiquement transmises au nez par voie rétronasale. C'est ensuite le bulbe olfactif qui les examine. En faisant circuler le vin dans la bouche, vous vous donnez du temps. En effet, le cerveau a besoin de quelques secondes pour analyser ce qui se passe sur la langue et créer des associations. Les saveurs sucrées d'un vin sont détectées en premier, tout simplement parce qu'elles sont reconnues dans la première région que le vin rencontre dans la bouche. Vient ensuite l'acidité (ce que les gens normaux appellent l'amertume), puis vient en dernier l'amertume. Pendant que le cerveau décortique les différentes impressions de sucré, d'acidité et d'amertume, vous pouvez vous pencher sur d'autres sensations que le vin laisse dans votre bouche. Vous pouvez le trouver charnu, léger, sirupeux, raide, etc.

Comment goûter des arômes

Tant que vous ne faites pas intervenir votre nez dans cette troisième étape, vous ne pouvez rien analyser d'autre dans un vin que le sucré, l'acidité et l'amertume ainsi qu'une impression générale d'épaisseur et de texture.

Où sont donc passées toutes ces fraises sauvages ? Rassurez-vous, elles sont toujours dans le vin. Pour être parfaitement précis, les saveurs sont en fait des arômes que vous percevez, non par contact avec la langue mais en inhalant grâce au passage nasal postérieur interne, le conduit rétronasal (voir figure 2-1). Lorsque vous aspirez un peu d'air dans la bouche, vous vaporisez les arômes, un peu comme vous l'avez fait en faisant tourner le vin dans le verre (il existe heureusement une méthode pour réaliser cette opération surprenante : en gardant le vin dans la bouche, aspirez de l'air en maintenant vos lèvres presque fermées et, en même temps, faites tourner le vin dans tout le palais).

Au bout de cet exposé quelque peu technique, il est temps de tirer une conclusion : avez-vous aimé ce que vous avez senti ? Les différentes réponses possibles sont oui, non, un haussement d'épaules d'indifférence ou encore : « Je ne suis pas sûr, laissez-moi goûter à nouveau ! », cette dernière solution signifiant que vous êtes un excellent candidat.

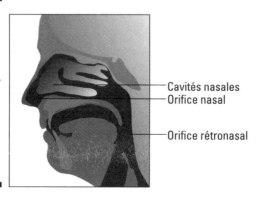

Figure 2-1 : La majorité des saveurs du vin sont des arômes qui se vaporisent dans la bouche et rejoignent le nez en passant par l'arrière de la bouche.

Cavités nasales
Orifice nasal

Orifice rétronasal

Dix arômes associés aux vins

1. Fruits
2. Épices
3. Légumes verts
4. Terre
5. Fleurs
6. Herbes
7. Tabac
8. Grillé
9. Fumé
10. Café ou chocolat

Dix odeurs jamais associées aux vins

1. Peinture
2. Sellerie de voiture neuve
3. Papier de télécopieur
4. Colle
5. Gorgonzola
6. Cannabis
7. Marqueur indélébile
8. Fumées d'éléphant (excréments)
9. Chanel n° 5
10. Assouplissant textile

Le principe du plaisir : découvrir ce que l'on aime

Cette gymnastique de dégustation du vin nous est devenue tellement naturelle que nous l'appliquons à n'importe quel vin que nous découvrons et à n'importe quelle gorgée de n'importe quel vin, sans même nous en apercevoir. Nous nous surprenons même à déguster de la bière ou du jus d'orange, ce qui est parfois embarrassant en public.

Nous nous sommes rendu compte que l'analyse attentive d'un vin pouvait avoir des inconvénients, en dehors du risque de provoquer l'étonnement de vos voisins. En goûtant un vin de manière exhaustive, vous en découvrez toutes les caractéristiques, les bonnes comme les mauvaises. Cela convient à la plupart des vins, mais il existe des vins dont il vaut mieux éviter d'effectuer une analyse approfondie.

Cela nous amène à l'objectif principal qui sous-tend cette opération : le plaisir. Si vous vous apprêtez à boire un vin médiocre, il est préférable de rester dans l'ignorance. Si vous pouvez choisir des vins corrects, leur analyse détaillée vous permettra de trouver progressivement ceux qui vous donnent le plus de plaisir. Si vous ne découvrez pas ce que vous aimez, comment pourriez-vous expliquer ce que vous voulez à un vendeur ?

On vous donnera ce que vous demandez

Nous devons avouer qu'il y a encore une étape entre savoir goûter du vin et parvenir à boire le vin que l'on aime. Il vous faut en effet apprendre à transformer vos sensations en mots.

Nous n'aurions pas besoin de nous soucier de ce détail si nous pouvions choisir nos vins de la même manière que nos fromages chez le fromager. (« Puis-je goûter celui-ci ?... Non, il ne me convient pas. Et celui-là ?... Parfait, je vous en prends une demi-livre. »)

La question de savoir si vous appréciez ou non un vin est vite tranchée une fois que vous avez le vin en bouche. Mais vous devez généralement avoir acheté la bouteille avant de pouvoir en tester le contenu. À moins d'accepter de boire le même vin pour le restant de vos jours, il vous faut décider des grandes lignes de ce que vous aimez et de ce que vous n'aimez pas dans les vins, afin d'être en mesure de communiquer ces informations à d'autres personnes qui pourront alors vous guider dans la bonne direction.

Do you speak la langue des vins ?

Trouver les mots pour décrire ce que vous aimez et n'aimez pas et parvenir à faire comprendre à une autre personne ce que vous voulez dire sont les deux défis qu'il vous faudra relever. Il sera bien très utile de se mettre d'accord sur le vocabulaire commun.

La langue du vin est hélas un dialecte peu organisé avec quelques tendances poétiques dont les définitions sont variables d'un individu à l'autre. Si vous êtes vraiment motivé pour devenir un spécialiste, nous vous donnerons quelques termes très spécifiques dans le chapitre 3. Pour l'instant, nous pouvons nous contenter de quelques mots de base et de quelques concepts.

Comment décrire le goût

L'aspect et l'arôme d'un vin ne sont pas les aspects les plus déterminants pour définir les vins que l'on aime. Lorsque vous préférez le blanc, le rouge ou le rosé, c'est en raison du goût du vin et non en raison de sa couleur (à moins que vous soyez très « à cheval » sur les mariages de couleurs avec les aliments). Quant aux arômes, ils suivent plus ou moins librement les saveurs.

Ce que vous devez donc parvenir à faire, c'est décrire le goût du vin dans votre bouche. Lors de nos premières séances de dégustation, nous avons remarqué que nous étions souvent dans l'une des deux situations suivantes, également difficiles :

- soit le vin était si simple que nous ne pouvions rien trouver à dire à son sujet,
- soit les saveurs du vin étaient si nombreuses et si intenses que nous n'arrivions même plus à faire le tri.

Nous avons appris à analyser les vins de manière progressive.

Les saveurs d'un vin se révèlent l'une après l'autre en fonction de la région de la langue concernée. Nous vous conseillons de conserver cet enchaînement naturel lorsque vous essayez de transformer en mots les saveurs que vous avez découvertes.

Douceur

Dans les premiers instants, sur le bout de votre langue, dès que le vin arrive dans votre bouche, vous pouvez vérifier la présence ou l'absence d'une saveur sucrée. En langage d'œnologue, l'opposé de sucré est sec. Vous pouvez donc classer le vin comme *sec*, *demi-sec* ou *doux*.

Sucré ou fruité ?

Les goûteurs débutants décrivent parfois le vin sec comme du vin doux parce qu'ils confondent la saveur fruitée et la saveur sucrée. Un vin est fruité lorsqu'il a des arômes de fruits reconnaissables. Le côté fruité est détecté par le nez ; vous le retrouvez en bouche grâce à l'orifice rétronasal interne.

La douceur est perçue par la langue. Pour en être sûr, maintenez votre nez fermé lorsque vous goûtez le vin ; s'il est réellement doux, vous devez pouvoir le détecter même si vous avez mis votre nez hors service (ce qui fait que vous ne pouvez plus détecter son côté fruité).

Acidité

Tous les vins contiennent de l'acide (essentiellement de l'acide tartrique qui se trouve dans les grains de raisin), mais certains plus que d'autres. L'acidité est un critère de goût plus important dans le blanc que dans le rouge. Pour les vins blancs, l'acidité est la charpente du vin (c'est elle qui lui donne du corps et de la définition dans votre bouche). Un vin blanc ayant un taux d'acidité acceptable a une saveur vive. Ceux qui n'ont pas suffisamment d'acidité ont une saveur grasse et plate. Les deux côtés latéraux de la langue servent à détecter l'acidité. Vous pouvez également y découvrir les conséquences de l'acidité ou du manque d'acidité dans le style du vin : il peut s'agir d'un petit vin ou d'un vin généreux, par exemple. Classez le vin comme *vif, doux, plat* ou *âpre*.

Tanin

Le tanin est une substance qui se trouve naturellement dans la peau et dans d'autres parties du raisin (voir chapitre 1). Les vins rouges étant laissés bien plus longtemps au contact avec les peaux des raisins, leur taux de tanin est bien plus élevé que celui des vins blancs. Avez-vous déjà pris une gorgée d'un vin rouge foncé qui vous a donné l'impression de boire de l'encre en laissant rapidement une impression d'assèchement de la

En contact étroit...

La souplesse et la fermeté sont des *impressions de texture* d'un vin lorsque vous le goûtez. De même que la bouche peut sentir la température d'un liquide, elle peut en sentir la texture. Certains vins donnent véritablement une sensation de souplesse et de douceur dans la bouche alors que d'autres laissent une impression de dureté ou de fermeté. Dans les vins blancs, c'est essentiellement l'acide qui donne ces impressions de dureté ou de fermeté (ou de vivacité). Dans les vins rouges, c'est le tanin. Lorsque le taux de cet agent de texture est faible, le vin laisse une impression de douceur, voire de trop grande douceur. Le taux d'alcool et les sucres non fermentés contribuent eux aussi à l'impression de douceur.

bouche, comme si vous veniez d'avaler un buvard ? C'est l'effet du tanin. Pour le dire, quoique un peu schématiquement, le tanin est au vin rouge ce que l'acidité est au vin blanc : sa charpente. Le tanin laissant une impression d'amertume, vous le détectez dans la région postérieure de la langue, mais vous pouvez également la détecter ailleurs : sur la surface interne de vos joues et même entre les joues et les gencives, si le taux de tanin est important. En fonction de ce taux, un vin rouge peut être *astringent, ferme* ou *souple*.

De l'acide ou du tanin ?

Les vins rouges contiennent simultanément de l'acide et du tanin. Il peut être difficile de les distinguer au goût. Lorsque vous n'êtes pas sûr de distinguer du tanin ou de l'acide, il suffit de se concentrer sur l'impression qui reste en bouche une fois que vous avez avalé le vin. Le tanin et l'acide laissent tous deux la bouche sèche, mais l'acide provoque une salivation qui est une réaction naturelle, car la salive est une base et elle tente de neutraliser l'acide. Le tanin ne provoque pas de salivation et laisse seulement la bouche sèche.

Corps

Le corps d'un vin est l'impression que vous percevez de l'ensemble du vin en dehors des analyses des différents territoires de la langue. C'est une impression d'épaisseur et de volume dans la bouche. Nous disons « impression » tout simplement parce que deux centilitres d'un vin occuperont toujours exactement le même volume dans la bouche et la même épaisseur que deux centilitres d'un autre vin. Pourtant, certains vins semblent plus épais, plus lourds dans la bouche. Essayez de considérer le volume et l'épaisseur du vin lorsque vous l'avez en bouche. Ne dites pas à vos amis que vous effectuez cette analyse, mais imaginez que votre langue est une sorte de pèse-lettre pour tenter de tirer une impression générale du corps du vin. Classez ensuite votre vin comme ayant *peu de corps*, un *corps moyen* ou *beaucoup de corps*.

Arômes

Les vins ont des arômes (des arômes de bouche), pourtant ils ne sont pas disponibles en différents parfums. Alors que vous pouvez vous réjouir à l'idée de détecter un arôme de chocolat dans un vin rouge, vous n'irez pas chez un caviste pour commander un vin au chocolat (sauf à vouloir vous faire remarquer).

Pour analyser les arômes, préférez la manière qui consiste à se servir du concept de famille d'arômes. Il existe des vins fruités (ils font penser à divers fruits quand vous les avez en bouche), des vins terreux (arômes de champignons, de sous-bois, de terre du jardin fraîchement bêchée, de feuilles séchées, etc.), des vins épicés (arômes de cannelle, de clou de girofle, de poivre noir ou d'épices indiennes), des vins aux accents d'herbes aromatiques (menthe, herbe, foin, romarin, etc.), et d'autres encore. Il y a tant d'arômes dans le vin que nous pourrions longuement poursuivre cette description, mais vous avez déjà compris le principe.

Si vous aimez un vin et voulez en essayer un autre qui s'en approche tout en étant différent (et il sera toujours différent, nous vous le garantissons), essayez de définir les arômes du premier et de les décrire à la personne qui doit vous aider à trouver la prochaine bouteille. Dans la troisième partie, nous indiquerons des vins qui correspondent à différents groupes d'arômes définis.

Vous disposez maintenant de treize qualificatifs et de toute une série de familles d'arômes pour décrire les vins que vous désirez. (Si vous êtes superstitieux, vous pouvez ajouter un quatrième terme pour les vins doux très sucrés, c'est l'adjectif *liquoreux*.).

La question de la qualité : qu'est-ce qu'un bon vin ?

Vous avez peut-être remarqué que nulle part dans la description des termes que nous venons de faire nous ne parlons de qualité du vin, par exemple définie par *excellent*, *très bon* ou *bon*. Au lieu de décortiquer un vin pour en trouver la vivacité ou le côté fruité ou terreux, ne serait-il pas plus simple d'aller dans le premier magasin et de dire « Donnez-moi un très bon vin pour mon dîner » ? N'est-ce pas la *qualité* le but suprême, ou du moins le rapport *qualité/prix* ?

Bien sûr, la qualité est tellement importante que même nos chats pourraient témoigner des débats que nous engageons parfois lors d'un souper pour définir la qualité d'un vin. Il va sans dire que nous reconnaissons tout de même un grand vin lorsque nous le trouvons. En général, nous sommes d'accord. Ce qui reste en discussion est le degré de valeur de la qualité du vin, cela étant une affaire de goût personnel.

Des goûts et des couleurs...

L'instrument qui permet de mesurer la qualité du vin est le palais des êtres humains. Du fait que tous les hommes sont différents, nous avons tous des opinions diverses sur l'appréciation d'un bon vin. Une moyenne des opinions d'un groupe de palais entraînés et expérimentés (autrement dit, des dégustateurs professionnels) sert en général de jugement de valeur sur la qualité d'un vin. Cela ne garantit cependant pas que vous aimerez un vin qui a été noté comme très bon par les experts. Il nous est arrivé d'acheter des vins portant des notes prestigieuses et de les vider dans l'évier parce que nous ne les trouvions pas buvables.

Tout cela peut vous sembler quelque peu anarchique, chacun décidant pour lui-même ce qui est bon et ce qui ne l'est pas, mais c'est ainsi. Lorsque le but principal d'un vin est d'avoir bon goût, la seule personne qui peut décider si cela est vrai pour elle ou pas, c'est elle-même.

Il y a bien sûr des nuances entre bon et mauvais. Notre bonne vieille auto suffit largement à nos déplacements quotidiens, mais ce n'est pas pour autant ce qu'on appelle une bonne voiture ; elle ne nous épargne aucun nid-de-poule. Dans l'histoire de l'automobile, des standards de qualité se sont dégagés et ces standards précisent qu'une bonne voiture est silencieuse, qu'elle glisse sans heurt et qu'elle est facile à diriger, ce qui n'est vraiment pas le cas de la nôtre.

Il existe même des standards de qualité pour le vin. En revanche, il n'existe pas de pistes d'essai spécialisées comme celles des constructeurs automobiles pour mesurer chaque paramètre d'un vin à des standards de qualité. La mesure reste à la charge de votre palais.

Mais qu'est-ce donc qu'un bon vin ? C'est d'abord et avant tout un vin que vous aimez suffisamment pour le boire, qui donne envie qu'on le décortique, autour duquel se crée une alchimie entre rêve et voyage... C'est seulement ensuite que vous pouvez tenir compte de la valeur relative d'un vin par rapport à une série de critères plus ou moins affirmés qui sont établis par des experts entraînés. Ces critères mettent en œuvre des concepts très étranges tels que l'*équilibre*, la *profondeur*, la *complexité* et la *typicité*. Aucun de ces concepts ne peut pourtant être mesuré de manière objective.

Équilibre

Trois des termes que nous avons appris précédemment, *douceur*, *acidité* et *taux de tanin*, correspondent aux trois composants principaux du vin. Le quatrième est l'alcool. En mettant de côté l'influence de l'alcool sur l'activité mentale, c'est également un paramètre important de la qualité d'un vin.

L'équilibre indique les relations mutuelles entre ces quatre composants.
Un vin est équilibré lorsque aucun de ces paramètres ne prédomine, comme ce serait le cas dans un vin trop tannique ou trop doux. La plupart des vins semblent équilibrés à la plupart des gens. Si vous avez une forte répulsion pour une certaine sorte de goût d'aliment, par exemple si vous ne supportez pas les aliments trop acides ou trop sucrés, vous percevrez certains vins comme non équilibrés. Et si vous les percevez comme non équilibrés, c'est tout simplement qu'ils sont non équilibrés pour vous (les dégustateurs professionnels ont appris à connaître leurs propres inégalités de goût et à ajuster leur jugement en conséquence).

Rappelons que le tanin et l'acidité sont des composants qui durcissent le goût d'un vin, qui le rendent plus ferme en bouche, alors que l'alcool et le sucre (s'il y en a) l'adoucissent. L'équilibre général d'un vin correspond donc à la proportion entre son côté dur et son côté doux, et l'équilibre participe à la grandeur du vin. Un vin équilibré est forcément un bon vin puisqu'on plaisir à le boire.

La pratique de l'équilibre

Vous pouvez faire l'expérience suivante pour une première approche de la notion de l'équilibre dans le goût. Préparez du thé très fort. Lorsque vous le goûtez, vous remarquez son goût amer, dû à la présence de tanins. Ajoutez alors du jus de citron ; le thé va devenir âpre, parce que l'acide du citron et les tanins du thé se renforcent mutuellement. Ajoutez enfin une grande quantité de sucre. Le sucre contrecarre les effets de l'acide et du tanin, et le thé paraît plus doux.

Longueur

Lorsque nous disons qu'un vin est long ou court, nous ne parlons ni de la hauteur de la bouteille, ni de la vitesse à laquelle nous la vidons. La *longueur* permet de décrire le chemin que fait le vin tout au long du palais, un vin long pouvant être perçu sur toute la longueur de la langue sans s'arrêter à mi-chemin. Un vin qui possède une bonne longueur peut ainsi rencontrer tous territoires gustatifs de la langue et laisse même une présence une fois que vous l'avez avalé. L'omniprésence de la technologie et les fortes contraintes du monde moderne imposent à notre vie émotive un rythme heurté ; il n'est donc pas surprenant de voir apparaître de nombreux vins qui sont très courts en donnant une très grosse impression à la mise en bouche suivie d'un évanouissement rapide de la sensation. La longueur reste un signe certain de qualité.

Profondeur

La *profondeur* est un autre critère non mesurable désignant les vins de grande qualité. On dit qu'un vin est profond lorsque l'on perçoit clairement différentes couches de saveurs et non une sensation de saveur plate. Un vin plat ne peut jamais être un grand vin.

Complexité

Un vin est *complexe* seulement s'il est long en bouche et profond, et là seulement c'est un grand vin. Ce n'est pas un défaut pour un vin que d'être simple et direct, tout comme il n'y a aucune critique à apporter au discours philosophique de Fernandel : ils sont ce qu'ils sont. Cependant, un vin qui conserve des saveurs cachées et qui les dévoile au fur et à mesure de vos dégustations, autrement dit un vin qui a de la *richesse*, est considéré comme de meilleure qualité.

Typicité

Pour pouvoir juger de la fidélité d'un vin par rapport à sa race, vous devez au préalable connaître cette race. Vous devez pour cela connaître les traits de caractère formels des vins qui sont issus des principaux cépages et des régions les plus connues du monde (ainsi, le cépage Cabernet-Sauvignon se caractérise par un arôme et une saveur de cassis alors que le Pouilly-Fumé possède un léger arôme de pierre à silex – voir les chapitres 10 à 15 pour tous les détails).

Et qu'est-ce qu'un mauvais vin ?

Vous trouverez peut-être cela étrange, mais le fait que vous ayez le droit en votre for intérieur de dire qu'un vin est bon parce que vous l'aimez ne vous autorise nullement à dire qu'un vin est mauvais parce que vous ne l'aimez pas. Dans ce domaine, c'est vous qui définissez vos propres règles, mais vous ne pouvez pas pour autant forcer les autres à s'y conformer.

Dans la réalité, il reste très peu de mauvais vins sur le marché si l'on compare la situation actuelle à celle d'il y a vingt ans. Et encore, dans le cas de nombreux vins dits mauvais il s'agit plutôt de mauvaises bouteilles de vin, des bouteilles manipulées sans précaution ayant entraîné la ruine de leur contenu.

Voici quelques caractéristiques sur lesquelles tout le monde est d'accord pour désigner un mauvais vin. Nous vous souhaitons de ne jamais en rencontrer. Les risques sont d'ailleurs minimes.

- **Fruit blet** : il vous est sans doute déjà arrivé de manger une fraise trop mûre, avec un goût de vieux papier. C'est ce même goût que l'on peut trouver dans un vin s'il a été fait à partir de raisin qui n'était pas frais et sain au moment de la vendange. C'est du mauvais vin.
- **Vinaigre** : dans l'évolution naturelle du jus de raisin, le vin n'est qu'une étape sur le chemin menant au vinaigre. De nos jours, presque tous les vins s'arrêtent à cette étape grâce aux soins apportés par ceux qui les élèvent. Si vous rencontrez un vin qui a franchi la limite menant au vinaigre, c'est évidemment un mauvais vin.
- **Odeur chimique ou organique** : les plus communes de ces odeurs sont l'acétone (le dissolvant du vernis à ongles) et les différents sulfures (œuf pourri, caoutchouc brûlé, mauvaise odeur d'ail). Signes de mauvais vins.

- **Vins oxydés** : de tels vins ont une odeur fade ou même cuite et une saveur dans le même genre. Il a pu s'agir de bons vins, mais l'oxygène de l'air les a attaqués et détruits. Bouteilles défectueuses.
- **Arômes et saveurs de brûlé** : lorsqu'un vin a été entreposé ou transporté dans des conditions de température excessive, il prend un goût cuit. Cet accident est souvent accompagné de fuites au bouchon ou bien le bouchon est un peu remonté dans le goulot. C'est une mauvaise bouteille. (Hélas, toutes les autres bouteilles ayant subi le même sort seront sans doute dans le même état.).
- **Goût de bouchon** : ce défaut, le plus répandu, se caractérise par une odeur de carton mouillé qui empire au contact de l'air. La cause en est un bouchon défectueux. Même les meilleurs vins du monde n'en sont pas protégés. Bouteille défectueuse.

Depuis peu, on voit apparaître sur le marché des bouchons en plastique spécial alimentaire, pour éviter le goût de bouchon. Ils sont plutôt réservés aux vins de consommation courante.

Le jugement dernier : l'aimez-vous ?

Ne nous torturons pas davantage à donner la liste de tout ce qui peut aller mal pour un vin. Si vous tombez sur une bouteille ou sur un vin défectueux ou même sur un vin considéré comme bon mais que vous ne l'aimez pas, ne vous formalisez pas et passez à un autre. Vouloir boire un prétendu grand vin sans en tirer plaisir est aussi absurde que de s'entêter à regarder des films en japonais sous-titrés en sanscrit. Zappez, passez à autre chose, explorez le vaste monde ! N'oublions pas qu'ouvrir une bouteille de vin est toujours synonyme de plaisirs qu'on va partager avec d'autres personnes. Que découvrir un vin doit rester un exercice plaisant et naturel. Et que le pur plaisir ne nécessite pas de débusquer des parfums de fruits rouges de sous-bois dans les arômes tertiaires…

Chapitre 3
Une culture cultivée

Dans ce chapitre :
- Pour distinguer les termes techniques essentiels et les autres
- Différence entre fermentation en fût et vieillissement en fût
- ML, pH et autres lies remuées
- Pourquoi assembler et couper ?
- Quelques termes techniques pour épater vos amis

À propos du vin, le plus frustrant est le jargon technique que d'aucuns s'ingénient à employer pour en parler. Supposons que vous n'ayez qu'un seul objectif : trouver un vin vif et fruité pour le poulet grillé que vous avez prévu pour ce dîner entre amis. Il va vous falloir vous frayer un chemin dans la jungle des termes techniques employés sur les étiquettes, dans les discours des vendeurs et dans les différents panonceaux des boutiques. Pourquoi rend-on les choses si compliquées ?

Le problème est pourtant simplissime : le vin est un produit double. D'une part, c'est une boisson, qui doit donc être agréable à boire, point final. D'autre part, c'est une forme d'art, quelque chose dont les gens aiment discuter, qu'ils aiment étudier et analyser. Les personnes qui prennent plaisir au vin en tant qu'art (une forme d'art délicieuse) se passionnent tellement pour ce sujet qu'elles en arrivent à oublier que d'autres personnes ne sont pas spécialement initiées et finissent par vous abreuver de masses d'informations sur les techniques de vinification alors que vous n'aviez rien demandé.

Notre but va donc être de séparer le bon grain de l'ivresse en ne conservant parmi toutes ces informations que celles qui sont vraiment essentielles et en oubliant les détails sans importance. Voyons donc quels sont les critères techniques qui décident de la qualité du vin.

Jargon et techniques du vin

Les producteurs de vin emploient de nombreuses techniques qui dépendent des cépages et du type de vin qu'ils désirent obtenir. Ainsi, s'il s'agit de faire de grandes quantités d'un vin vendu moins de 3 €, il y a très peu de chances que ce vin puisse être élevé en fûts de chêne du Limousin, car le seul coût du chêne fait monter de 1,50 € le coût de revient.

Aucune des techniques utilisées pour la vinification n'est fondamentalement incontournable ; tout dépend du ou des cépages et du type de vin à obtenir. La qualité du vin se résumant en fin de compte à son goût, la complexité des procédures n'a aucun intérêt si elle ne permet pas de créer un vin qui satisfasse les consommateurs.

Le *goût* d'un vin dépend de son arôme, de son corps, de sa texture, de sa longueur et de bien d'autres éléments (revoyez le chapitre 2) et pas seulement de ses saveurs. Par ailleurs, le goût d'un vin comporte toujours une part de subjectivité.

Toutes les techniques ont d'une manière ou d'une autre un effet sur le goût du vin. La plupart des termes techniques utilisés dans les cercles de connaisseurs concernent des procédures qui ont réellement une influence sur le goût d'un vin. (Si nous poursuivons le raisonnement, même les fossiles des dinosaures ont une influence sur le goût du vin planté au même endroit.). Les termes techniques ne sont que des paramètres de la production d'un vin, des portions d'une image globale ; ils n'ont donc chacun qu'une signification limitée.

Un but, un seul : un vin délicieux

Tous les efforts des producteurs de vin n'ont qu'un objectif : faire le vin offrant le meilleur goût possible en fonction du contexte. Certains vins sont prévus pour être bons immédiatement et d'autres pour être bons plus tard, après maturation (voir le chapitre 18).

La production d'un vin consiste en deux étapes principales : la croissance du raisin, qui correspond à la **viticulture**, et la fabrication du vin, ou **vinification**.

Dans certains cas, ces deux étapes sont réalisées par la même entreprise, et c'est le cas des vins mis en bouteilles au domaine (voir chapitre 9). Dans d'autres cas, les deux étapes sont totalement indépendantes. Les producteurs de vin (les *chais*) les plus importants peuvent être liés par contrat avec des centaines de viticulteurs indépendants qui leur fournissent la matière première. Ces viticulteurs ne produisent pas de vin ; ils se concentrent sur la culture de la vigne afin de fournir le meilleur raisin au client offrant le meilleur prix à la tonne.

Quelques mots clés de la viticulture

Le domaine de la vinification comporte bien plus de termes techniques que celui de la viticulture. Malgré tout, vous pouvez rencontrer sur les étiquettes des bouteilles ou entendre dans les conversations quelques termes essentiels relatifs à la viticulture :

- **Faible rendement**. Un exemple : « Nos raisins proviennent de parcelles à faible rendement. » Ce signe de qualité est lié à un concept très simple : plus un même pied de vigne porte de grappes de raisin (plus son rendement est élevé), moins intenses sont les saveurs que l'on pourra en tirer et plus faible sera donc la qualité des vins.

  Dans la plupart des vignobles d'Europe, les rendements maximaux sont définis explicitement par la loi (mais ils sont souvent assez généreux). Aux États-Unis, aucune limite n'est fixée. N'importe quel producteur de vin peut annoncer qu'il utilise des raisins à faible rendement, sachant pertinemment qu'il n'est pas facile pour le consommateur de prouver le contraire. Lorsqu'un vin est faible en saveur ou fait songer à de l'eau, nos soupçons s'éveillent.

- **Maturité**. Un exemple : « Nous avons vendangé les raisins à maturité parfaite. » Réussir à vendanger au moment exact où les raisins sont parfaitement mûrs (une brève période entre vert et trop mûr) est un élément important dans la production du vin. Mais la maturité est un concept très subjectif.

  Dans les climats frais, la maturité complète ne se produit que lors de certaines années fastes. Le vin réussit à être excellent malgré tout et il n'est que meilleur ces années-là. Dans les climats chauds, la maturité est facile à atteindre ; la difficulté consiste à éviter au raisin de mûrir trop vite, car une maturité physiologique précoce ne permet pas le plein développement des saveurs (un peu comme un jeune homme physiquement développé mais un peu immature). Dans certains cas, le producteur vendange avant que le raisin ne soit parfaitement mûr afin d'obtenir plus d'acidité dans le vin. (Nous décrivons comment les raisins mûrissent dans le chapitre 4.). Il n'y a donc pas de définition exacte de la maturité parfaite.

- **Taille et palissage**. Un exemple : « Nous employons une taille Guyot pour assurer une qualité parfaite de nos raisins. » Si une vigne n'est pas conduite, elle se développe en tous sens, coure sur le sol, grimpe aux arbres, s'accroche partout où elle peut trouver prise (c'est une vigne, après tout !). Mais le viticulteur prend soin d'attacher les sarments des vignes à des fils courant le long des rangs ou à des treillis, ce qui permet un palissage. Cette conduite de la vigne permet d'exposer chaque grappe à un ensoleillement maximum afin d'amener le raisin à une maturité optimale. Cela permet également de faciliter le travail des vendangeurs.

  Dans la *taille en espalier*, le viticulteur utilise un treillis pour offrir le maximum d'exposition au soleil. La science de la taille des vignes permet de contrôler la proportion entre feuilles et fruits ainsi que leur position. Les viticulteurs veulent faire savoir aux consommateurs qu'ils font tous les efforts possibles pour obtenir une maturité optimale de leur raisin.

> **✓ Microclimat.** Un exemple : « Nos vignobles bénéficient d'un microclimat qui leur assure chaque année une maturité exceptionnelle. » Chaque région viticole a des conditions climatiques qui sont considérées comme la norme dans cette zone (quantité d'ensoleillement, de pluie, de vent, d'humidité, etc.). Au sein de chaque région, un lieu particulier comme le flanc d'une colline peut posséder un climat local différent de son environnement. Les conditions climatiques spécifiques à une ou plusieurs parcelles forment un microclimat. Bien sûr, chaque producteur de vin pense que son microclimat est idéal, du moins essaie-t-il de nous en convaincre.

Termes techniques de la vinification

La vinification comporte deux étapes essentielles : la *fermentation*, qui est la période pendant laquelle le jus de raisin se transforme en vin, et la *maturation* (ou finition), pendant laquelle le vin se repose et acquiert sa finesse, en somme, se fait beau pour être prêt à explorer le vaste monde. Selon le type de vin à réaliser, ce processus peut prendre trois mois ou cinq ans, voire davantage si le banquier du producteur a suffisamment de patience.

Les vinificateurs ont presque autant de possibilités de combiner des éléments que les grands chefs en cuisine! C'est sans doute une des raisons pour lesquelles tant de choses sont écrites au sujet des processus de vinification. Un des sujets les plus fréquemment traités est certainement la notion de vieillissement en fût de chêne.

La magie du bois

Les *fûts de bois* (qui contiennent environ 225 litres) restent le récipient de choix pour la fermentation et la maturation des vins. Le vin qui séjourne dans de tels fûts prend le goût du bois de chêne, et c'est un arôme que beaucoup de gens recherchent. Les fûts sont coûteux (environ 457 € pièce). Même les États-Unis ont une préférence pour les fûts en chêne français, qu'ils considèrent comme les meilleurs. L'augmentation du prix de revient qui en résulte fait que la mention du chêne est très rarement oubliée sur l'étiquette lorsqu'elle est applicable. Mais la qualité du chêne est variable. Les fûts peuvent se distinguer par l'origine du bois, leur état de conservation (une couche se forme à l'intérieur des fûts et ceux-ci perdent leur saveur de chêne avec le temps) et par leur propre contenance. Même si tous les chênes étaient comparables, un vin aurait un destin différent selon qu'il aurait séjourné dans un fût ayant renfermé auparavant du jus non fermenté ou du vin et selon la longueur de ce séjour.

Le chêne français n'a pas fatalement une qualité supérieure à celle du chêne américain, ce qui importe est la préparation du bois. Aux États-Unis, on utilise du bois scié, tandis qu'en France, on se sert de bois fendu. Le sciage rompt les fibres du bois et c'est ce qui donne au vin un caractère agressif. Aux États-Unis le chêne est séché en étuve, en France il l'est à l'air libre.

Ce sujet est tellement complexe que toute personne qui décrète qu'un vin est meilleur simplement parce qu'il a vieilli en fût de chêne est coupable de simplification grossière. *Il n'y a pas de corrélation automatique entre utilisation de fûts de chêne et qualité d'un vin.*

Fermentation ou maturation en fût de chêne ?

Dans votre exploration du monde du vin, vous croiserez tôt ou tard celui qui vous expliquera que sa dernière découverte a été fermentée ou élevée en fût de chêne, alors que vous n'aviez rien demandé. Ce qu'il dit est-il important et devez-vous en tenir compte ?

L'expression *fermentation en fût de chêne* signifie que le jus de raisin non fermenté a été placé dans les fûts (presque toujours en chêne) et qu'il s'y est transformé en vin. L'expression *maturation en fût de chêne* indique que du vin déjà fermenté a été versé ensuite dans les fûts et qu'il y est resté, pour sa maturation, pendant une période allant de quelques mois à quelques années.

De nombreux vins fermentent dans les fûts et y restent plusieurs mois après la fin de la fermentation, ce qui fait que fermentation et maturation de rejoignent et se succèdent. On peut donc en conclure que la mention spécifique *maturation en*

fût de chêne peut signifier que la fermentation n'a pas eu lieu en fût, mais très certainement dans une cuve en acier inoxydable.

La fermentation en fût n'est applicable qu'au vin blanc, pour une raison simple. Comme nous l'avons indiqué au chapitre 2, pour faire du bon vin rouge, le jus de raisin reste en contact avec les peaux qui lui donnent sa couleur. Imaginez le travail que cela représenterait d'enlever les peaux par le petit orifice d'une barrique en bois ! La fermentation des vins rouges est habituellement réalisée dans de grandes cuves en acier ou même en bois, puis la maturation s'effectue dans de petits fûts de chêne, une fois que le vin a été débarrassé des peaux. (Certains vins rouges légers et très fruités peuvent ne pas avoir du tout le goût de chêne.).

Vous pouvez avoir intérêt à vérifier si un vin blanc a été fermenté en fût ou s'il y a uniquement mûri. Paradoxalement, un vin dont seule la fermentation a eu lieu en fût de chêne peut offrir moins d'arôme de chêne qu'un vin dont la maturation s'est déroulée en fût de chêne, même s'il y a passé plus de temps. Par exemple, un Chardonnay fermenté et vieilli en fût peut avoir passé onze mois au total dans le chêne alors qu'un Chardonnay vieilli en fût peut n'avoir passé que cinq mois dans le chêne tout en ayant la même teneur en goût de chêne. En règle générale, les vins blancs fermentent et vieillissent en fûts. Les vins rouges fermentent en cuves (en acier inoxydable pour la plupart, le ciment n'étant plus trop usité) et sont élevés ensuite en fûts de chêne.

De nombreux spécialistes qui prétendent en connaître plus que vous sur le vin, et notamment les vendeurs chez certains détaillants, inversent la situation en prétendant qu'un vin qui a fermenté en fût a un goût de chêne plus prononcé. Si vous êtes très exigeant quant à la saveur du chêne dans votre vin, vous finirez par acheter le mauvais vin si vous suivez de tels conseils.

Chapitre 4
Les secrets des cépages

....

Dans ce chapitre :
- Genres, espèces, variétés et clones
- Les sols préférés des vignes
- Espèces menacées et mariages mixtes
- Principaux cépages et styles correspondants

....

Ne seriez-vous pas extrêmement déçu d'apprendre qu'un scientifique fou a inventé la formule permettant de fabriquer du vin sans utiliser de raisin ? Une idée à faire frémir, tant le raisin est une des choses les plus fascinantes de l'univers du vin.

La vue d'un paysage de vignobles est quelque chose d'unique pour un amoureux du vin. La conduite des vignes et les vendanges ont une signification rituelle pour les vignerons et les producteurs de vin du monde entier. Le raisin forme le lien physique et affectif entre la terre et le vin.

En outre, les raisins sont matière à un classement simple qui permet de ne pas se perdre parmi les milliers de vins qui existent.

Au commencement était le raisin

Un jeu qui prendrait le vin pour thème serait sans doute un grand échec commercial : le mystère est mince à propos des ingrédients qui donnent au vin le goût qu'il a. Presque tout vient du raisin. Sous la bienveillance de mère nature et grâce à la complicité d'un producteur, le raisin est responsable du style, de la personnalité et, en partie, de la qualité de chaque vin, car le raisin est le point de départ du vin. (Bien sûr, celui qui assure la vinification peut arriver à obtenir un vin dans lequel on ne puisse même plus reconnaître le raisin dont il est issu, par exemple en le faisant trop vieillir en fût de chêne ou en le laissant oxyder, mais le raisin reste la structure de base du vin et détermine la façon dont il va réagir à tout ce qu'on voudra lui faire subir.).

Essayez de vous remémorer le dernier vin que vous avez bu. De quelle couleur était-il ? S'il était blanc, il y a de grandes chances qu'il était issu de raisins blancs : s'il était rouge ou rosé, il provenait bien sûr de raisins rouges.

Avait-il un arôme d'herbe, de terre ou de fruits ? Ces arômes proviennent sans doute du raisin. Le vin était-il ferme ou fort en tanins, ou bien doux et voluptueux ? Cherchez-en l'origine dans les raisins (comme auprès des deux autres acteurs que sont la nature et le producteur).

Le ou les cépages qui sont à la base d'un vin forment la source principale des caractéristiques olfactives d'un vin, aussi bien au niveau de son aspect que de ses arômes, de son goût et de sa teneur en alcool, en tanins et en acides.

Genres ou espèces ?

Lorsque nous parlons de cépage, nous désignons le fruit d'un type spécifique de vigne : par exemple, il existe un cépage Cabernet-Sauvignon et un cépage Chardonnay.

Le terme scientifique pour cépage est *variété*. Une variété est une subdivision d'une espèce. La presque totalité des vins sont produits à partir de variétés qui appartiennent à l'espèce *vinifera*, une subdivision du genre *Vitis*.
Cette espèce a ses origines en Europe et dans l'ouest du continent asiatique ; d'autres espèces de vignes qui s'éloignent de vinifera tout en appartenant au même genre Vitis sont originaires du continent nord-américain.

Il existe des vins produits à partir de raisins d'autres espèces que *vinifera*. Par exemple, le cépage Concord sert à produire du vin du même nom ainsi que du jus de fruits et de la gelée ; il appartient à l'espèce qui pousse à l'état sauvage aux États-Unis nommée *Vitis labrusca*. Malheureusement, les raisins de cette espèce sont caractérisés par un arôme spécial dont aucun cépage de l'espèce *vinifera* n'est affligé : c'est le fameux arôme dit foxé ou encore noahté. Il existe très peu de vins faits avec des variétés autres que *vinifera* à cause de leurs arômes très impopulaires. Ces raisins sont parfaits pour faire du jus de raisin ou de la gelée, un point c'est tout.

Une variété de variétés

Les capacités infinies de variation de la nature ne se limitent pas aux flocons de neige et aux empreintes digitales. Au sein du genre *Vitis* et de l'espèce *vinifera*, il existe plus de dix mille variétés. Si vous pouviez vous procurer un vin de chacun de ces cépages et que vous en buviez un chaque jour, il vous faudrait vingt-sept ans pour les goûter tous !

La menace du phylloxera

S'il existait des listes d'espèces en voie d'extinction à la fin du XIXe siècle, *vinifera* en aurait certainement fait partie. Un minuscule insecte nommé *phylloxera* a infesté l'Europe, en provenance des États-Unis, puis infecté méthodiquement toutes les racines des vignes *vinifera*, et détruit un énorme pourcentage des vignobles du continent européen.

À ce jour, aucune parade n'a encore été trouvée pour protéger les racines de l'espèce *vinifera* contre le phylloxera. L'espèce a pu être sauvée, par greffe, de plants *vinifera* sur des racines d'autres espèces originaires d'Amérique du Nord qui étaient plus résistantes à ce parasite. Cette pratique consistant à greffer la partie porteuse de fruits de *Vitis vinifera* sur la racine d'une espèce résistante au phylloxera se poursuit dans toutes les régions du monde dans lesquelles le phylloxera sévit encore, ce qui permet heureusement de produire des vins fameux. (La partie portant les fruits se nomme le *scion* et la racine, la *souche*.). Chaque cépage maintient son caractère propre bien qu'il soit greffé sur une racine étrangère. De plus, les éventuels arômes désagréables de la souche ne sont pas transmis au scion.

Cette dégustation marathon ne sera pas nécessaire. Parmi ces dix mille variétés, certains cépages permettent de faire des vins extraordinaires, d'autres permettent de faire des vins corrects et d'autres enfin produisent des vins que vous pouvez oublier. Une grande partie des dix mille variétés sont des cépages inconnus ; les vins qui en sont issus entrent rarement dans les circuits commerciaux internationaux.

Un passionné doué d'un grand esprit d'aventure et disposant de beaucoup de temps peut aller explorer les petites routes d'Espagne, de l'Italie ou de la Grèce pour découvrir 1 500 variétés différentes (ce qui ne représente que quatre années de dégustation). Plus sérieusement, au cours d'une vie de dégustateur, le nombre de cépages que vous risquez de rencontrer dépassera rarement la cinquantaine.

Mais que fait le cépage ?

De nombreux attributs permettent de distinguer chacune des cinquante variétés principales de raisin. Ces attributs entrent dans deux catégories : la personnalité et les performances. Les traits de personnalité sont les caractéristiques du fruit, par exemple ses arômes. Les facteurs de performances permettent de considérer la croissance de la vigne et les modalités de maturation du raisin.

Les traits de personnalité et les facteurs de performances d'un cépage ont bien sûr une influence sur le goût et le style du vin qui en est issu.

Traits de personnalité des cépages

La première distinction entre les cépages concerne la couleur de la peau du raisin. Les cépages sont soit blancs, soit rouges (noirs) selon la couleur de la peau des fruits lorsqu'ils sont mûrs. Quelques cépages rouges se distinguent de plus par le fait qu'ils ont une pulpe rouge au lieu d'une pulpe blanche.

Les cépages se distinguent également par :

- **leurs composants aromatiques** : certains cépages comme le Muscat offrent des arômes floraux (qui sont transmis au vin) alors que d'autres cépages donnent des arômes végétaux (tel le Sauvignon Blanc).

  D'autres encore offrent des arômes très neutres et permettent donc de produire des vins assez neutres (c'est le cas du cépage Trebbiano employé dans de nombreux vins blancs italiens);

- **le taux d'acidité** : celui-ci diffère d'un cépage à l'autre. Certains cépages sont naturellement disposés à offrir des taux d'acidité élevés au moment des vendanges, ce qui influence évidemment le vin;

- **l'épaisseur des peaux des raisins et la taille des grains** : un raisin dont la peau est épaisse délivrera plus de tanins qu'un raisin à la peau fine, de même que les grains de petit diamètre contiennent moins de jus chacun.

Les peaux des raisins noirs, les pépins et les rafles (les grappes sans les raisins) contiennent du tanin, cette substance assez amère qui est une contribution essentielle au style des grands vins rouges. Les rafles sont en général mises de côté avant la fermentation, en sorte que leur tanin n'entre pas en ligne de compte. Les vins blancs sont généralement produits uniquement à partir du jus, sans contact avec les peaux, ni les pépins, ce qui écarte presque totalement la présence de tanin. En revanche, pour la fermentation des vins rouges, les peaux et les pépins restent en contact avec le jus et transmettent leur tanin au vin. Les tanins sont un ensemble complexe : certains d'entre eux sont bénéfiques au vin auquel ils donnent de la fermeté et du caractère, d'autres lui sont néfastes car ils le chargent d'arômes amers et astringents. C'est tout l'art du vinificateur de faire le tri entre bons et mauvais tanins. En employant la même méthode de vinification, un cépage ayant une peau épaisse ou de petits fruits (donc une proportion peau/fruit plus forte) produira un vin plus tannique.

Les traits de personnalité de chaque cépage sont aisément transmis dans les vins qui en résultent. Un vin produit avec du Cabernet-Sauvignon contient très souvent plus de tanins et un taux d'alcool légèrement inférieur qu'un vin issu du cépage Merlot, tout simplement du fait de la nature même des cépages.

Facteurs de performances des cépages

Les facteurs de performances des différents cépages ont une importance essentielle pour le vigneron car ils déterminent la facilité relative avec laquelle il pourra les cultiver sur ses terres. De plus, ces facteurs ont un effet sur la saveur et sur le style des vins, selon le lieu géographique où le cépage est planté.

À chaque cépage correspond une période idéale de maturité. Ainsi, un cépage caractérisé par un mûrissement lent, planté dans une région aux étés courts et frais, ne mûrira pas suffisamment ; le vin aura une saveur acide et végétale (comme les légumes verts). En revanche, un cépage qui mûrit rapidement, planté dans un climat très chaud, aura tendance à mûrir trop vite, ce qui donnera un vin ayant des saveurs surmûries (comme celles des fruits blets) et un fort taux d'alcool.

D'autres paramètres relatifs au raisin ont un impact direct sur le goût du vin :

- **la densité des grappes** : certains cépages se caractérisent par des grappes très denses et très compactes. À faire pousser un tel cépage dans un climat chaud et humide, mieux vaut se préparer à passer tout l'été à se battre contre le mildiou qui trouve là un terrain favorable pour progresser de grappe en grappe. Si les grappes ont réussi à moisir un peu malgré les efforts déployés pour les protéger, le vin aura un goût de poussière et de moisi ;
- **la quantité de feuilles** : d'autres cépages tendent à développer trop de feuilles et de pousses. Toute cette verdure peut créer de l'ombre inutile aux grappes et les empêcher de mûrir correctement, ce qui frustre les saveurs du vin. Si de plus le cépage donne un vin naturellement acide, le vin deviendra franchement âpre.

Les raisons qui font que certains cépages s'adaptent à merveille à certains endroits sont tellement complexes que les vignerons ne les connaissent pas encore exactement. La quantité de chaleur et de fraîcheur, de vent et de pluie et même l'angle selon lequel les rayons du soleil viennent frapper les coteaux cultivés affectent les performances du vin. Sachez simplement qu'il n'existe pas deux vignobles dans le monde qui offrent la même combinaison de facteurs. C'est d'ailleurs pour cela que l'on parle de terroir (voir chapitre 5). Dans ce domaine, aucune généralisation n'est possible.

Tel raisin, tel vin

Le producteur de vin dispose de différentes méthodes pour corriger, dans certaines limites, les déficiences et les excès du raisin. Il peut augmenter le taux d'acidité du jus si les raisins sont trop mûrs ou bien y ajouter du sucre pour simuler un

« Cher Chardonnay, que diriez-vous de ce sol calcaire ? »

Un des éléments principaux du terroir est évidemment l'adéquation entre cépage et nature du sol. Certaines compatibilités bien connues entre le cépage et le sol se sont établies au cours des siècles. Le Chardonnay apprécie les sols calcaires ou la craie, mais le Cabernet-Sauvignon préfère les sols pierreux (les graves). Le Pinot Noir adore le calcaire, et le Riesling, les schistes et les ardoises. Ce sont bien sûr les sols des régions dans lesquelles chacun de ces cépages parvient à exprimer le meilleur de lui-même.

La nature du sol affecte la vigne de plusieurs manières (en plus de lui offrir un support mécanique) : le sol représente le moyen de transport de l'alimentation de la vigne ; il influe sur la température du vignoble en conservant plus ou moins sa chaleur ; enfin, il fournit un système de drainage de l'eau. Parmi ces trois fonctions du sol, celle qui est considérée comme la plus déterminante est la fonction de drainage, l'influence sur la température étant considérée comme la moins importante.

Une généralisation prudente à ce sujet permet de dire que les meilleurs sols sont ceux qui offrent un bon drainage sans être particulièrement fertiles. (Un exemple extrême est le sol – si cela peut encore être appelé un sol – de la région de Châteauneuf-du-Pape dans la vallée du Rhône : ce n'est qu'une étendue de pierres.). L'expérience a montré que la vigne devait avoir besoin de se battre pour produire ses meilleurs raisins. Un terrain bien drainé et peu fertile pousse la vigne à se battre, quel que soit le cépage concerné.

niveau de maturité que la nature lui a refusé cette année-là. (Ce sucre ajouté deviendra lui aussi de l'alcool.) En stockant le jus ou le vin dans des fûts en chêne, il ajoute des arômes de chêne et autres saveurs qui ne sont pas à l'origine dans les raisins. Pour l'essentiel, c'est ce qui se trouve dans le raisin que l'on retrouve dans le vin. La personnalité de chaque cépage, tempérée par les performances que permet le lieu de culture, dessine le profil général du vin.

Noblesse et tiers état au royaume du raisin

Les abeilles ont leurs reines, les meutes de loups leurs meneurs, les gorilles leurs chefs et les humains leurs familles royales. Dans le royaume du raisin, il y a aussi des nobles. C'est ainsi que les hommes désignent certains des cépages dont ils tirent du vin. Les cépages nobles (ainsi appelés entre gens du milieu) sont ceux qui ont le potentiel de produire de grands vins et pas seulement des vins corrects. À chaque cépage noble correspond au moins une région du monde dans laquelle il exprime cette noblesse. La qualité des vins produits dans les régions de prédilection peut être telle que certains sont tentés de cultiver le même cépage dans des régions qui en sont très éloignées. Le cépage noble peut parfois conserver une certaine noblesse dans ces conditions. Mais le plus souvent ce n'est pas le cas. La facilité d'adaptation n'est pas un signe distinctif de noblesse.

Les cépages nobles s'expriment de manière somptueuse dans un certain nombre de régions :

- **Chardonnay** et **Pinot Noir** en Bourgogne et Champagne ;
- **Cabernet-Sauvignon** et **Merlot** dans la région de Bordeaux ;
- **Syrah** dans la vallée du Rhône ;
- **Chenin Blanc** dans la vallée de la Loire ;
- **Nebbiolo** dans le Piémont en Italie ;
- **Sangiovese** en Toscane ;
- **Riesling** dans les vallées de la Moselle et du Rhin en Allemagne et en Alsace.

À la recherche du cépage parfait

Si vous assistez à des discussions entre gens du métier, vous finirez sûrement par les entendre parler de *clones* et de sélection de *cépages*. Doit-on redouter l'arrivée du meilleur des mondes de la vigne ?

En termes de botanique, un clone est une subdivision d'une variété. Vous vous souvenez de ce que nous avons dit sur les différences d'un cépage à l'autre. Eh bien, la personnalité ne s'arrête pas au cépage. Dans un même cépage, tel que le Chardonnay, on peut trouver des différences d'une lignée à l'autre. Certaines vignes mûriront plus vite que d'autres ou produiront des raisins offrant des arômes légèrement différents.

La reproduction de la vigne est normalement réalisée de manière asexuée à partir d'une bouture (une marcotte à partir d'un pied mère) qu'on laisse prendre racine (jusqu'à ce que le nouveau plant soit suffisamment mûr pour être greffé sur une racine résistant au phylloxera). Les nouvelles pousses sont identiques à la plante mère au niveau génétique. Évidemment, les vignerons choisissent une plante idéale (en vitesse de maturité, saveur, résistance à la maladie, parmi d'autres critères). C'est ce qu'on appelle la sélection par *clonage*.

De nos jours, ces opérations sont en général réalisées dans des universités et autres instituts de recherche dans lesquels les plantes mères sont analysées à fin de recherche de virus avant tout clonage. Les pépinières s'approvisionnent en plantes mères dans ces institutions puis les vignerons achètent leurs plants de vigne dans ces pépinières en choisissant parmi les clones disponibles.

Heureusement, il n'en va pas encore de même pour les hommes !

Un abécédaire des principaux cépages blancs

Nous allons étudier les principales variétés de *Vitis vinifera* les plus utilisées de nos jours, et découvrir douze cépages blancs et douze cépages rouges. Nous en profitons bien sûr pour donner quelques indications sur les types de vins que chaque cépage permet de produire. Les vins peuvent exister soit comme vins de cépage, soit comme vins de terroir pour lesquels le cépage n'est même pas mentionné (pratique usuelle en Europe). Certains cépages sont également utilisés en partenariat avec d'autres, parfois de manière visible, parfois de manière cachée.

Les différences essentielles entre les variétés de raisin blanc concernent le taux d'acidité et les arômes et saveurs (voir le chapitre 2).

Chardonnay

La variété de raisin blanc la plus appréciée de nos jours est bien le Chardonnay. Cette popularité ne l'empêche pas d'être un régal, et le Chardonnay permet de produire les meilleurs vins blancs secs du monde comme les bourgognes blancs. De plus, le Chardonnay est un composant essentiel du champagne.

Le Chardonnay est cultivé dans presque toutes les régions viticoles du monde. Deux raisons à cela : cette variété s'adapte relativement bien à des climats très divers ; et le nom *Chardonnay* a un fort pouvoir de séduction commerciale de nos jours.

Les arômes du raisin Chardonnay se marient bien au goût des fûts de chêne. De plus, les bourgognes blancs (qui servent de modèles) sont en général vieillis en fûts de chêne et les amateurs apprécient souvent cette saveur. Pour ces différentes raisons, la majorité des vins issus du cépage Chardonnay reçoivent un traitement pour ajouter des saveurs de chêne, soit pendant, soit après la fermentation. Pour les meilleurs, ce traitement consiste à utiliser des fûts de chêne français ; pour les vins meilleur marché, on se contente de faire flotter des copeaux de chêne dans le vin ou même d'ajouter de l'essence de chêne liquide (voir chapitre 3 pour d'autres détails). En dehors des régions de Chablis et du Mâconnais ainsi que du nord de l'Italie, il est très difficile de trouver un vin à base de Chardonnay qui soit exempt de saveurs de chêne.

Le goût du chêne est si répandu dans le Chardonnay que certains amateurs le confondent avec les saveurs propres au cépage Chardonnay. Si votre verre de Chardonnay a des saveurs de grillé, de fumé, de noix, d'épices ou de vanille, ces saveurs sont à mettre sur le compte du chêne et non pas du raisin Chardonnay !

Le Chardonnay délivre des arômes de fruits qui vont de la pomme (dans les régions de production fraîches) aux fruits tropicaux, et notamment à l'ananas lorsque la culture est faite en climat chaud. Il peut également offrir des arômes de terre, de champignons ou de minéraux. Son acidité est moyenne à forte. Il est généralement riche et corsé.

Le Chardonnay peut être utilisé seul pour produire un vin ; d'ailleurs, les grands vins issus du Chardonnay (sauf le champagne et autres vins pétillants) sont produits à 100 % à partir de Chardonnay.

Riesling

Les grands vins allemands produits à partir du Riesling ont fait la réputation mondiale de ce noble cépage. Mais, en dehors de l'Allemagne, le Riesling ne montre cette grande classe que dans certains rares endroits. C'est le cas de l'Alsace, de l'Autriche ainsi que du district des Finger Lakes et de l'État de Washington aux États-Unis.

Le Riesling est aussi peu connu aux États-Unis que le Chardonnay y est populaire. La raison en est peut-être sa nature toute différente. Alors que le Chardonnay est généralement chargé d'arômes de chêne, ce n'est jamais le cas du Riesling ; alors que le Chardonnay est fortement charpenté et riche, le Riesling offre une structure légère et fraîche. Cette fraîcheur et cette vivacité du Riesling peuvent même donner en comparaison au Chardonnay une espèce de lourdeur.

Un préjugé très répandu consiste à croire que les Riesling sont des vins sucrés, et c'est fréquemment le cas ; pourtant de nombreux Riesling ne le sont pas. Ceux d'Alsace, par exemple, sont secs, comme de nombreux Riesling allemands et quelques-uns aux États-Unis. (Comme tous les autres vins, le Riesling peut être vinifié plus ou moins sec selon les objectifs du producteur.). Si vous préférez le Riesling sec, recherchez, sur une bouteille de Riesling allemand, le mot *trocken*, qui signifie sec, et le mot *dry* pour un Riesling américain.

Une forte acidité, un taux d'alcool moyen à élevé et des saveurs en fruits et fleurs, voire de minéraux, sont les traits caractéristiques des Riesling.

Le raisin susceptible d'être touché par le botrytis peut également donner des vins intensément moelleux.

Il est toujours préférable de choisir un Riesling grand cru, car c'est un signe d'une meilleure qualité. L'étiquette d'un Riesling indique parfois *White Riesling* ou *Johannisberg Riesling* qui sont deux synonymes. En ce qui concerne les vins d'Europe de l'Est, prenez le temps de lire les mentions en petits caractères : *Olazrizling*, *Laskirizling* et *Welschriesling* concernent en effet un tout autre cépage.

Si vous voulez sortir des sentiers battus, dirigez-vous plutôt vers le rayon des Riesling plutôt que vers celui des Chardonnay chez votre caviste préféré.

Sauvignon Blanc

Alors que le Chardonnay est apprécié par tous les amateurs, le Sauvignon Blanc est l'objet d'une controverse à propos de son caractère spécial.

Tout d'abord, le Sauvignon Blanc est très acide, ce qui est parfait si vous appréciez les vins âpres, mais beaucoup moins intéressant si vous ne les supportez pas. Par ailleurs, ses arômes et saveurs ont une forte connotation d'herbes, ce qui paraît délicieux et séduisant à certains amateurs, alors que d'autres considèrent que ces arômes sont trop envahissants.

Les vins issus du Sauvignon Blanc offrent une structure légère à moyenne et sont généralement secs. Les productions européennes sont fréquemment offertes sans goût de chêne. En Californie, un goût de chêne est souvent demandé et les vins sont parfois proposés en demi-secs, une sorte de tentative de les faire se rapprocher du grand frère Chardonnay.

En dehors des saveurs d'herbes, le Sauvignon Blanc délivre des arômes minéraux et végétaux et même, dans les climats chauds, des arômes de fruits tels que le melon mûr.

La France offre deux régions d'excellence pour le Sauvignon Blanc : le Bordelais et la vallée de la Loire. Dans le Bordelais, il sert à produire le bordeaux blanc - entre également dans les assemblages de Sauternes et de Barsac -, et dans la vallée de la Loire, deux des blancs les plus réputés, le Sancerre et le Pouilly-Fumé (tous ces vins sont décrits au chapitre 10). Dans le bordeaux blanc, le Sauvignon Blanc est parfois combiné avec le cépage Sémillon (voir le tableau 4-1) ; certains vins issus d'un mélange à parts égales de ces deux cépages sont parmi les meilleurs du monde. Le Sauvignon Blanc est également un cépage important dans le nord-est de l'Italie, en Californie, en Afrique du Sud et en Nouvelle-Zélande.

Pinot Gris ou Tokay

Le cépage *Pinot Gris* fait partie de la famille de variétés Pinot : il existe du *Pinot Blanc*, du *Pinot Noir*, du *Pinot Meunier* et du *Pinot Gris*. Autrefois, certains faisaient entrer le Chardonnay dans ce groupe en l'appelant *Pinot Chardonnay* ; nous savons dorénavant que le Chardonnay n'a aucune relation avec cette famille de cépages.

Du vin « bio »

Combattre sur tous les fronts pour protéger notre planète est une juste cause, mais l'orientation « bio » est difficile à trouver en ce qui concerne le vin. Le vin peut être considéré comme un produit biologique selon plusieurs aspects : il peut être produit à partir de raisins de culture biologique ou bien le producteur de vin peut avoir appliqué des traitements de culture biologique dans le sens où il n'a pas utilisé de produits chimiques. Mais peut-on dire que le dioxyde de soufre, qui est un dérivé des deux éléments simples que sont le soufre et l'oxygène, est un produit chimique ? Certaines des institutions qui délivrent des labels de conformité biologique autorisent l'emploi de SO2 dans la vinification et d'autres non (voir chapitre 1 pour un rappel au sujet du dioxyde de soufre). Cette cible restera mobile tant que ne sera pas fixée la définition de ce qu'est un vin biologique.

Le Pinot Gris, prétend-on, provient par mutation du Pinot Noir. Bien qu'il soit considéré comme un raisin blanc, la couleur de sa peau est assez sombre pour une variété blanche.

Les vins produits à partir de Pinot Gris sont fréquemment plus sombres que la plupart des autres blancs ; pourtant, les vins *Pinot Grigio* sont assez pâles. Les vins Pinot Gris ont un corps moyen à puissant avec une acidité faible et des arômes assez neutres. Dans certains cas, les saveurs et les arômes font penser à des peaux de fruits telles que les peaux de pêche ou les écorces d'orange.

Le Pinot Gris est un cépage très important dans le nord-est de l'Italie ; on le trouve également en Allemagne sous le nom de *Ruländer*. La seule région en France dans laquelle le Pinot a une certaine importance est l'Alsace – où on l'appelle Tokay - et il s'y montre sous son meilleur jour. De bons succès ont été rencontrés avec le Pinot Gris en Oregon et certains viticulteurs californiens s'y intéressent.

Gewurztraminer

Le nom de ce cépage signifie en allemand « cépage épicé en provenance du Palatinat en Allemagne », mais le monde entier continue d'appeler le cépage *Gewurztraminer*, introduit en France en 1871.

Ce cépage merveilleux permet de produire de grands vins blancs très aromatiques et de couleur très intense. Ses arômes font fréquemment penser à la rose et au fruit du lychee. Pour découvrir un bon Gewurztraminer, procurez-vous une bouteille en provenance d'Alsace. Malgré ses arômes de fleurs et de fruits et ses saveurs fruitées prononcées, il reste un vin blanc sec, fascinant et délicieux. Le climat alsacien permet de pouvoir maîtriser la maturation du raisin, et, tout en gardant une acidité exceptionnelle, on peut pratiquer des vendanges en surmaturation, appelées vendanges tardives. Il en existe trois voire quatre différentes : vendanges tardives, grains nobles, quintescence et *Eiswein* (vin de glace).

Le cépage Gewurztraminer a tendance à offrir un fort taux de sucre tout en restant peu acide. Les vins qui en sont issus sont donc forts en alcool mais pas trop secs. (Leur faible acidité leur permet de vieillir rapidement.). Ils offrent par ailleurs un fort taux d'extrait sec, qui équilibre la grande douceur sur le palais. (L'extrait sec est une notion difficile à exprimer : il correspond à la matière résiduelle obtenue après évaporation de l'eau et de toutes les matières volatiles du vin porté à ébullition. L'extrait donne sur le palais une impression de corpulence et de caractère.).

Un abécédaire des principaux cépages rouges

Présentons maintenant les principaux cépages rouges. Ils se distinguent pour l'essentiel par leur concentration en tanins, leur combinaison d'arômes et de saveurs et le taux d'alcool qu'ils peuvent fournir au vin.

Alias et synonymes

Le même cépage peut porter des noms différents selon les pays ou même selon les régions d'un même pays. Généralement, les différents synonymes sont exacts. Parfois pourtant, les viticulteurs donnent de bonne foi le nom d'un cépage à un autre en pensant que c'est ce qu'il cultive. L'erreur est découverte le jour où un botaniste spécialisé (un *ampélographe*) examine la vigne en détail et annonce la vérité. Par exemple, en Californie certaines des vignes de Pinot Blanc sont d'une autre nature : *Melon de Bourgogne*, qui se nomme également *Muscadet*. Au Chili, ce que la plupart des viticulteurs appellent Merlot est du Carmenère. Ce qui s'appelle souvent Cabernet Franc dans la région italienne du Frioul est également du Carmenère.

Si vous voulez en savoir plus sur les vignes, plongez-vous dans l'ouvrage de Jancis Robinson, *Le Livre des cépages* qui a été traduit en France chez Hachette. C'est une référence indispensable et fascinante.

Les cépages que nous décrivons ici servent aussi bien à des vins de cépage qu'à des vins de terroir (qui ne mentionnent pas nécessairement le cépage). Reportez-vous au chapitre 5 pour un tableau donnant les noms des cépages cultivés dans les terroirs les plus réputés.

Cabernet-Sauvignon

Non seulement le Cabernet-Sauvignon est un cépage noble, mais il s'adapte merveilleusement à de nombreuses régions pourvu que le climat ne soit pas trop frais. Il tient sa réputation des grands vins du Médoc (fréquemment issus d'un assemblage avec du Merlot et du Cabernet-Franc en proportions variables : voir le chapitre 10). De nos jours, la Californie est une autre région produisant beaucoup de Cabernet-Sauvignon, sans compter les vignobles du sud de la France, de l'Italie, de l'Australie, d'Afrique du Sud, du Chili, etc.

Le Cabernet-Sauvignon produit des vins forts en tanins et moyennement à bien corsés. Ses arômes sont généralement ceux du *cassis*. Le cépage offre également des nuances végétales lorsque le climat ou la latitude ne permettent pas de vendanger le raisin à pleine maturité.

Comme le Chardonnay, le Cabernet-Sauvignon a une telle réputation que son nom suffit à le vendre. En conséquence, le Cabernet-Sauvignon existe dans toutes les gammes de prix et de qualité. Les versions d'entrée de gamme sont en général douces, contredisant ainsi le caractère tannique du cépage, et offrent de vagues arômes de fruits (pas spécialement du cassis), avec au mieux un corps moyen. En revanche, les meilleurs vins sont riches et fermes avec une grande profondeur et toutes les saveurs caractéristiques du Cabernet. Un Cabernet-Sauvignon sérieux peut vieillir quinze ans ou plus.

Du fait de son côté très tannique (et suite aux expériences d'assemblage réalisées dans le Bordelais), le Cabernet-Sauvignon est souvent assemblé avec d'autres cépages moins tanniques, fréquemment le Merlot. En Australie, une pratique peu habituelle consiste à assembler Cabernet-Sauvignon et Syrah (voir aussi chapitre 13).

Merlot

Les vins issus du cépage Merlot se caractérisent par une couleur profonde, beaucoup de corps et d'alcool mais un faible taux de tanins. Les arômes et les saveurs sont ceux de la prune ou parfois du chocolat.

C'est le Merlot et non le Cabernet-Sauvignon qui est actuellement le cépage le plus répandu dans le Bordelais, mais cette domination est assez récente. Les bordeaux légendaires du XIXe siècle étaient des assemblages à dominante Cabernet. Ce n'est qu'après la seconde guerre mondiale que les bordeaux de la rive droite (l'est de la région), basés principalement sur le Merlot, ont pris le pas (vous trouverez tous les détails sur le bordeaux dans le chapitre 10).
Le Merlot est le cépage du célèbre Château Pétrus en Pomerol.

Le Merlot est d'une approche plus aisée que le Cabernet-Sauvignon parce qu'il est moins fort en tanins. (Certains producteurs considèrent le Merlot comme non satisfaisant à lui tout seul et l'assemblent avec du Cabernet-Sauvignon, du Cabernet-Franc et d'autres).

Le Merlot est également cultivé à grande échelle dans le nord-est de l'Italie, dans l'État de Washington, en Californie, à Long Island, et de plus en plus au Chili.

Pinot Noir

Feu André Tchelitscheff, producteur de certains grands Cabernets de Californie, nous confia un jour que s'il pouvait tout reprendre à zéro, il choisirait le Pinot Noir à la place du Cabernet-Sauvignon. Il n'est sans doute pas seul dans ce cas. Alors que le Cabernet est un vin qu'un producteur se doit de produire, bon, robuste, fiable, ne donnant pas trop de difficultés et offrant des qualités superbes, le Pinot Noir est délicat, troublant, énigmatique et stimulant. Un grand Pinot Noir peut être à l'origine d'un des meilleurs vins du monde, tel le Romanée Conti.

Les prototypes des vins issus du Pinot Noir sont les bourgognes rouges provenant de petits vignobles qui sont autant d'écrins renfermant des trésors constitués de 100 % de Pinot Noir. On trouve du bon Pinot Noir dans l'Oregon et en Californie. La production reste assez limitée car ce cépage est très délicat au niveau de la qualité du sol et du climat.

La couleur du Pinot Noir est paradoxalement plus pâle que celles du Cabernet ou du Merlot. Le taux d'alcool est assez fort, l'acidité est moyenne à forte, et les tanins sont moyens à faibles (le vieillissement en fût de chêne peut développer ses tanins). Les saveurs et les arômes peuvent être très fruités, une sorte de mélange de baies rouges, ou bien terreux et boisés, en fonction des conditions de culture et de vinification.

Syrah/Shiraz

C'est dans la partie septentrionale nord de la vallée du Rhône que le cépage Syrah donne le meilleur de lui-même. Les Côtes du Rhône tels que l'Hermitage et la Côte Rôtie ont servi de modèles pour des vins d'Italie, d'Australie, de Californie et d'Afrique du Sud issus de ce cépage.

Le Syrah produit des vins sombres et très charpentés, forts en tanin et offrant des arômes et des saveurs de viande fumée, de poivre grillé, de goudron ou même de caoutchouc brûlé (difficile à croire mais vrai). En Australie, ce cépage, nommé *Shiraz*, permet de produire une large gamme de vins : des vins doux à corps moyen et aux saveurs de fraise qui offrent un profil diamétralement opposé au majestueux Syrah des Côtes du Rhône (voir la section concernant l'Australie chapitre 13, pour d'autres détails au sujet du Shiraz).

Le Syrah ne requiert pas d'assemblage avec un autre cépage pour compléter ses saveurs, mais il peut être uni avec des cépages traditionnels du sud de la France (Grenache, Cinsault, Counoise ou Cabernet).

Zinfandel

Le *White Zinfandel* (un vin blanc) est tellement populaire aux États-Unis, bien plus en tout cas que le Zinfandel rouge, que ses amateurs peuvent en arriver à croire que le cépage Zinfandel n'est pas un cépage rouge. C'est pourtant le cas.

Le Zinfandel est un des plus vieux cépages de Californie, ce qui lui donne un certain prestige. De plus son histoire comporte bien des mystères : bien que le Zinfandel soit de manière certaine de l'espèce *vinifera* et non d'une espèce indigène du continent américain, les spécialistes ne sont pas certains de ses origines exactes. La théorie en vigueur prétend que le Zinfandel provient de Dalmatie, région de l'ancienne Yougoslavie.

Les grands amateurs du Zinfandel rouge l'appellent familièrement *Zin*.
Il produit des vins riches et très colorés qui offrent un fort taux d'alcool et un taux de tanin moyen à élevé. Ses arômes et saveurs peuvent être ceux de la mûre et de la framboise, avec une note épicée et des saveurs de confiture. Certains *Zin* doivent être consommés jeunes alors que d'autres sont conçus pour durer (le prix est une bonne indication de la durée de garde).

Nebbiolo

Nebbiolo est un noble qui ne fait aucun effort pour s'adapter ! En dehors de quelques sites clairsemés du nord-ouest de l'Italie, notamment la région du Piémont, le Nebbiolo ne sait produire aucun vin remarquable. Pourtant l'extraordinaire qualité du Barolo et du Barbaresco, deux vins du Piémont, montrent quelle grandeur on peut atteindre dans les conditions idéales.

Le cépage Nebbiolo est fort en tanins et en acide, dont il peut résulter un vin âpre. Il offre heureusement assez d'alcool pour adoucir les choses. Sa couleur est sombre lorsque le vin est jeune, mais des nuances orangées se font jour au bout de quelques années. Ses arômes sont fruités (fraise, confiture), terreux et boisés (goudron, truffe) et même herbeux (menthe, eucalyptus).

Les versions légères du Nebbiolo telles que le Nebbiolo d'Alba, le Roero ou le Nebbiolo delle Langhe doivent être bues jeunes, alors que les grands (Barolo et Barbaresco) méritent au moins six ans de garde.

Sangiovese

Ce cépage italien a fait ses preuves en Toscane, et notamment dans les districts de Brunello di Montalcino et Chianti (et sa popularité ne cesse de croître aux États-Unis).

Le Sangiovese produit des vins d'une acidité moyenne à forte et d'un taux moyen de tanins ; le corps peut être léger à fort en fonction du lieu exact de culture et des modalités de vinification. Les arômes et saveurs sont fruités, notamment de cerise avec des nuances florales de violette, le tout s'agrémentant parfois d'un soupçon de noisette.

Tempranillo

Le Tempranillo est le candidat espagnol pour les grands vins. Il donne au vin une couleur sombre, une faible acidité et un taux d'alcool modéré. Hélas, une grande partie de la couleur peut se perdre pendant le vieillissement et suite à l'assemblage avec des cépages manquant de couleur comme le Grenache, et cela se produit dans le district de Rioja en Espagne.

Chapitre 5
Noms de cépages ou noms de terroirs ?

Dans ce chapitre :
- L'information cachée derrière le nom des vins
- Le mythe des vins de cépage
- Le culte secret du terroir
- Les vins de marque et génériques et les noms de propriétaires

En France, les vins sont regroupés sous quatre types d'appellations :

- **Vin de table** (44 % de la production) ;
- **Vin de pays** (18 % de la production) ;
- **Vin délimité de qualité supérieure** (VDQS – 1 % de la production) ;
- **Vin d'appellation d'origine contrôlée** (AOC – 28 % de la production).

Les AOC sont des vins issus d'une seule région de production, avec un cahier des charges scrupuleux. Les appellations n'ont le droit d'utiliser que les seuls cépages autorisés dans des proportions établies à l'avance : les AOC – il en existe 400 différentes - sont garantes de la qualité des vins.

Il se peut quelquefois que certains vins de table soient de grands vins, tel le Domaine de Trévallon (13°) à Saint-Étienne-du-Grès dans la vallée des Baux, qui n'a pas l'appellation Vin de la Vallée des Baux : il est constitué du seul cépage Cabernet

Sauvignon alors que les cépages Syrah, Mourvèdre et Grenache sont obligatoires.

C'est le cognac qui représente les derniers 13 % de la production.

L'identification des vins

Toutes sortes de mentions peuvent apparaître sur les étiquettes des bouteilles de vin, et notamment :

- le nom du *cépage* dont le vin est tiré ;
- un nom de marque, qui est souvent le nom de la société ou du négociant éleveur qui a produit le vin (le *producteur*) ;
- parfois un nom de baptême dont le vin a été affublé (un *nom de propriétaire*) ;
- le nom du ou des *lieux géographiques* dans lesquels le vin a mûri (parfois le nom de la région, suivi du nom du vignoble).

Vient ensuite le *millésime* (l'année des vendanges), qui est intimement lié à l'identité du vin, et enfin une mention éventuelle du style « réserve » qui possède dans certains cas une signification légale mais n'a aucune valeur dans d'autres.

Maintenant que nous sommes entrés dans l'ère de l'information, plus un producteur est fier de ses produits, plus il vous donne d'informations sur l'étiquette de ses vins. Un producteur sérieux veut vous faire savoir qu'il n'a rien à cacher. Soyez vigilant face à une étiquette qui reste très discrète sur le contenu de la bouteille. Il est possible que le producteur essaie de vous induire en erreur.

Les connaisseurs apprécient ce flot d'informations sur les étiquettes, car ils savent comment les exploiter. Mais pour ceux qui font leurs premiers pas dans le monde du vin, il y a de quoi se perdre au milieu de tant d'informations. Pour reprendre cette image, tout en reconnaissant que le nom Jennifer ne suffit pas à identifier chacune des jeunes filles de la classe, il n'est pas nécessaire de tomber dans l'excès inverse : Jennifer Smith, « Jenny », fille de type caucasien, issue de l'union de Don et de Louise Smith, New York City, Upper West Side, 1980, etc.

Il n'est vraiment pas utile d'être aussi précis pour désigner une personne se prénommant Jennifer. Pourtant, dans le cas des bouteilles de vin, la réponse est définitivement affirmative : le mieux est l'information la plus complète.

Les deux modes de dénomination

Les vins que vous pouvez rencontrer chez votre caviste ou sur la carte des vins des restaurants se réfèrent à l'un des deux modes de détermination suivants : soit le nom est tiré du *cépage principal* servant à faire ce vin, soit il est tiré du *lieu de vendange*. En associant cette information au nom du producteur ou de l'éleveur, nous disposons d'une identification permettant de parler des vins.

Par exemple, le Cabernet-Sauvignon Robert Mondavi Winery est un vin produit par les chais Robert Mondavi dont le nom est tiré du cépage Cabernet-Sauvignon. (Rappelons qu'un cépage est une variété de raisin.).
Le Chianti Ruffino Classico est issu des chais italiens Ruffino et son nom indique qu'il vient de la région de Chianti Classico.

Vous distinguerez vite certains cépages (voir chapitre 4) et certains lieux d'origine, mais ne pas y parvenir immédiatement n'est pas une catastrophe. Toutes ces informations sont données dans les chapitres 10 à 15.

Bonjour, je m'appelle Chardonnay

Un vin de cépage (*varietal wine*) est un vin dont le nom est déduit du cépage principal ou du seul cépage à partir duquel il est produit.

Des conditions sont à remplir pour qu'un vin puisse porter le nom d'un cépage. Dans chaque pays (et, aux États-Unis, dans chaque État), des lois spécifiques définissent le pourcentage minimal du cépage qui peut transmettre son nom au vin. Le but est de donner au nom du vin une garantie d'authenticité.

Dans les pays de la Communauté européenne, le pourcentage du cépage principal doit être de 85 %. En Californie, il est de 75 % (en conséquence, un Chardonnay californien peut contenir jusqu'à 25 % d'autres cépages). Dans l'Oregon, le pourcentage minimal est de 90 % (sauf pour le Cabernet, pour lequel le pourcentage est de 75 %). Dans l'État de Washington, le pourcentage est de 75 % et en Australie de 85 %.

Certains vins sont même « monocépages ». Qui peut le plus peut le moins. La loi ne définit qu'un pourcentage minimal.

Pourquoi donner le nom du cépage à un vin ?

Le raisin est le matériau de base du vin. En dehors de ce qu'il absorbe lorsqu'il séjourne dans un fût de chêne (des arômes, des saveurs et du tanin) et de certains procédés de vinification (voir au chapitre 3), le vin provient essentiellement du jus de raisin. Il semble donc logique de déduire le nom du vin du raisin dont il est fait.

Cette coutume récente convient d'ailleurs aux consommateurs modernes qui aiment disposer de la liste des ingrédients des produits. Quel type d'huile est utilisé dans cette vinaigrette préparée ? Combien de matières grasses contient cette soupe ? Y a-t-il des nitrates dans ce jambon ? Quels sont les ingrédients de ce vin ? Les faits, rien que les faits.

De manière moins consciente, les noms de cépages permettent de mettre en place une certaine démocratie. Le Chardonnay est du Chardonnay et cela donne a priori autant de chances au Chardonnay d'un pays qu'à celui d'un autre. Dans le monde très hiérarchisé du vin, dans lequel certaines régions ont plus de prestige que d'autres grâce à leur longue histoire, les vins de cépages se présentent comme égalitaires (comme dans une société sans classe, mais non au sens où le vin n'aurait pas de classe).

Les vins de cépage ne sont pas une invention américaine, mais on pourrait le croire dans la mesure où ils sont extrêmement répandus aux États-Unis et qu'ils s'y vendent très bien. La grande majorité des vins de Californie, de New York, de Washington et de l'Oregon utilisent des noms de cépages. De même les nouvelles régions viticoles que sont l'Australie, l'Amérique du Sud et l'Afrique du Sud utilisent le nom du cépage principal. On voit même apparaître certains vins des régions viticoles historiques telles que la France qui utilisent ce mode d'appellation, notamment pour des vins destinés à être exportés aux États-Unis.

Les amateurs de vin (mais pas les grands connaisseurs) considèrent généralement qu'un vin de cépage doit être normalement meilleur qu'un vin sans nom de cépage. Nous pouvons comprendre l'origine de cet a priori, mais nous pensons qu'il est totalement injustifié. Le fait qu'un vin porte le nom d'un cépage ne donne aucune garantie de qualité.

Comment les États-Unis en sont arrivés là

Pendant plusieurs décennies après l'abolition de la prohibition en 1933, les vins produits aux États-Unis utilisaient les noms de certains vins européens tels que *Chianti*, *Bourgogne*, *Champagne* et *Chablis* (il en existe encore mais leur nombre décroît rapidement). Ces vins n'avaient pas nécessairement une ressemblance quelconque avec les véritables Chianti, bourgognes, champagnes ou Chablis, mais de tels noms permettaient de les repérer aisément dans les rayonnages. Les appellations n'étaient soumises à aucun contrôle gouvernemental. N'importe qui pouvait utiliser n'importe quel nom pour le vin qu'il produisait. De nos jours, nous appelons ces vins des *vins génériques* (voir en fin de chapitre).

Une rumeur circule selon laquelle certains producteurs n'hésitent pas à utiliser le même vin pour le mettre en bouteilles sous des noms différents. Un client pouvait donc acheter du « Chianti » ou du « bourgogne » américains selon ses goûts alors qu'il s'agissait du même vin dans la bouteille ! Nous étions trop jeunes à cette époque pour en avoir une expérience personnelle, mais nous ne serions pas du tout surpris de la véracité de cette rumeur. Une telle chose en Europe déclencherait un scandale général.

Il y a plusieurs décennies que les viniculteurs de Californie ont commencé à donner à leurs vins des noms de cépages et les amateurs avertis se sont alors sentis plus à l'aise avec les vins. Pourtant, à cette époque, si la loi exigeait une proportion de cépage principal qui ne dépassait pas 51 %, elle posait un repère aux consommateurs qui n'avaient ainsi pas l'impression de boire le produit d'une simple marque commerciale.

Les chais qui ont les premiers utilisé des noms de cépages étaient les plus innovateurs, ce qui signifie généralement qu'ils étaient producteurs des meilleurs vins. Aussi, les vins de cépage étaient-ils meilleurs, plus authentiques et plus intéressants que les vins génériques.

De nos jours, les vins de cépage sont très répandus aux États-Unis. Un vin de cépage que vous y achèteriez actuellement n'est plus nécessairement de grande qualité : vous êtes assuré d'acheter un vin produit par quelqu'un qui est conscient du pouvoir d'attraction commerciale du nom du cépage, et vous trouveriez dans la même situation que voici quelques décennies, c'est-à-dire sans savoir exactement ce que vous allez boire.

Bonjour, mon nom est Bordeaux !

À la différence des vins des *nouvelles régions viticoles* telles que les États-Unis, presque tous les vins européens tirent leur nom de la région ou de la localité (ou même de la parcelle de vignoble) où a poussé la vigne dont ils sont issus sans attacher grande importance (sur l'étiquette, s'entend !) au nom des cépages qui y sont plantés. En effet, la plupart des vins européens proviennent des mêmes cépages que les vins américains (Chardonnay, Cabernet-Sauvignon, Sauvignon Blanc, etc.), mais cela n'est presque jamais indiqué sur l'étiquette.

Quelques noms de lieux viticoles très connus

Alsace	Chianti	Rioja
Bardolino	Côtes du Rhône	Sancerre
Beaujolais	Languedoc	Sauternes
Bordeaux	Loire	Sherry (Xérès)
Bourgogne	Moselle	Soave
Chablis	Porto	Valpolicella
Champagne	Rhin (Rheingau, Rheinhessen)	

L'étiquette mentionne par exemple *Bourgogne*, *Bordeaux*, *Sancerre* et autres : le lieu où le raisin a mûri.

Serait-ce une volonté délibérée de rendre le monde du vin inaccessible à des amoureux ne connaissant que la langue anglaise, n'ayant jamais visité l'Europe et ayant séché plusieurs cours de géographie lorsqu'ils étaient étudiants ?

Au contraire ! Le système européen des appellations est en fait conçu pour fournir davantage d'informations sur les vins et une meilleure compréhension de leurs compositions. Mais pour en tirer le meilleur profit, vous devez apprendre à découvrir les différentes régions viticoles d'Europe (voir chapitres 10 à 15 pour toutes ces informations).

Et comment les pays d'Europe en sont arrivés là

Si le raisin est le matériau de base du vin, il faut bien qu'il pousse en de très nombreux endroits. Le même raisin va s'exprimer différemment selon le type de sol, la quantité d'ensoleillement, de pluie, la pente du terrain et bien d'autres paramètres spécifiques à chaque lieu. Et si le raisin est différent, le vin est différent. Un vin peut donc être considéré comme l'expression du lieu dans lequel a poussé le raisin.

Dire que le vin est différent suivant le lieu où il est né signifie deux choses. Tout d'abord, le même cépage, par exemple le Chardonnay, mûrit différemment selon le lieu, mieux dans un lieu que dans un autre, et un raisin plus mûr donne un vin plus alcoolisé et plus intense en saveurs de fruits mûrs, ou bien les grappes et les grains peuvent contenir des saveurs subtiles, notamment minérales, liées au sol dans lequel la vigne est plantée. D'une manière ou d'une autre, le lieu d'origine affecte toujours les caractéristiques du raisin.

Ensuite, à chaque lieu peuvent correspondre des cépages différents. Alors que les lois du commerce vous dictent en théorie que vous avez tout intérêt à planter du Chardonnay dans telle région, parce que c'est le vin qui sera le plus facile à vendre, ce même Chardonnay ne sera pas le cépage le plus approprié à une parcelle de terre considérée avec tous ses attributs (son climat et son sol, au passé, au présent et au futur). Il conviendra donc d'y planter un autre cépage qui produira un autre vin.

En Europe, les vignerons et les producteurs héritent de plusieurs siècles d'expérience dans la recherche des cépages qui conviennent le mieux à chaque terrain. Ont donc été définies de manière systématique et officielle les relations entre chaque lieu et des cépages puis mentionnées dans les textes des appellations contrôlées. Ainsi, le nom d'un lieu dédié à la viticulture et à la production de vin en Europe suffit à déterminer le ou les cépages qui permettent de produire du vin à cet endroit. L'étiquette sur les bouteilles ne mentionne généralement pas le ou les cépages. Ce qui pose à nouveau la question : est-ce une volonté de rendre le vin incompréhensible aux extra-Européens ?

Histoires de terroirs

Terroir est un mot profondément ancré dans le langage français. Il est d'ailleurs difficile d'en trouver des traductions fidèles, par exemple en anglais, et c'est pourquoi on utilise le terme français partout dans le monde. Ce n'est pas un signe de snobisme, mais juste un désir d'efficacité.

La définition du terroir n'est pas figée. Pour l'essentiel, on associe à ce concept une surface géographique, qui sera plus ou moins vaste selon les besoins. Le mot est dérivé du mot terre, dans le sens d'une petite portion de la surface de notre planète.

Mais le mot *terroir* sert à définir quelque chose de bien plus riche que le simple objet d'étude du géomètre. Le terroir est la combinaison unique de tous les facteurs naturels donnés : la nature du sol et du sous-sol, le climat (soleil, pluie, vent, etc.), la pente du terrain et son altitude, la somme de ces paramètres caractérisant un lieu particulier. Il y a de grandes chances qu'il n'existe pas deux vignobles sur toute la planète pour lesquels tous les paramètres soient identiques. Nous pouvons donc considérer le terroir comme la combinaison unique des facteurs naturels de l'environnement d'un vignoble. Le terroir est le principe fondamental qui régit le concept européen consistant à donner au vin le nom de l'endroit où le raisin a mûri. Le nom du terroir indique indirectement les cépages qui ont été utilisés pour ce vin (car les cépages sont définis pour chaque lieu par la loi) et, c'est ce qui est essentiel, chaque terroir influence le caractère des raisins de manière unique.

Les mariages des cépages et des régions les plus connus en Europe

Nom du vin	Pays	Cépages
Alsace	France	Riesling, Gewurztraminer, Tokay, Pinot
Bardolino	Italie	Corvina, Molinara, Rondinella*
Beaujolais	France	Gamay
Bordeaux rouge	France	Cabernet-Sauvignon, Merlot, Cabernet-Franc et autres*
Bordeaux blanc	France	Sauvignon Blanc, Sémillon, Muscadelle*
Bourgogne rouge	France	Pinot Noir
Bourgogne blanc	France	Chardonnay
Chablis	France	Chardonnay
Champagne	France	Chardonnay, Pinot Noir, Pinot Meunier*
Châteauneuf-du-Pape	France	Grenache, Mourvèdre, Syrah et autres*
Chianti	Italie	Sangiovese, Canaiolo et autres*
Côtes du Rhône méridionnaux	France	Grenache, Mourvèdre, Carignan et autres*
Côtes du Rhône septentrionnaux	France	Syrah
Moselle	Allemagne	Riesling ou autres (indiqué sur l'étiquette)
Porto	Portugal	Touriga Nacional, Tinta Barroca, Touriga Francesa,
		Tinta Roriz, Tinto Cão et autres*
Pouilly-Fuissé	France	Chardonnay
Rhin (Rheingau, Rheinhessen)	Allemagne	Riesling et autres (indiqué sur l'étiquette)
Rioja rouge	Espagne	Tempranillo, Grenache et autres*
Sancerre	France	Sauvignon Blanc
Sauternes	France	Sémillon, Sauvignon Blanc*
Sherry (Xérès)	Espagne	Palomino
Soave	Italie	Garganega et autres*
Valpolicella	Italie	Corvina, Molinara, Rondinella*

Indique que le vin est assemblé à partir de plusieurs cépages.

Le nom le plus approprié qu'un vin puisse donc porter est le nom de l'endroit où les raisins ont été cultivés, et pas seulement le nom de ces raisins.

Ce n'est visiblement pas un désir d'obscurantisme ; c'est une manière toute différente de voir les choses que celle qui consiste à nommer les vins selon les cépages.

Des noms de terroirs pour les vins des nouvelles régions vinicoles ?

La France a sans doute inventé le principe consistant à nommer les vins d'après les terroirs, mais ni elle ni la Communauté européenne n'ont le monopole de cette pratique. Des vins produits ailleurs qu'en Europe peuvent également tirer leur nom de leur origine, en général en indiquant un nom géographique quelque part sur l'étiquette (ce qui se nomme une *appellation d'origine* dans le langage du vin). L'utilisation de la notion d'appellation d'origine dans les nouvelles régions viticoles comporte quelques particularités.

Tout d'abord, vous devez lire attentivement l'étiquette d'un vin en provenance d'une des nouvelles régions viticoles pour en trouver l'origine (américaine, australiene, chilienne ou sud-africaine, par exemple). C'est le nom du cépage qui prévaut.

Il faut également savoir que les noms des lieux correspondent à quelque chose de bien plus précis en Europe que dans l'ensemble des nouvelles régions viticoles. Si l'étiquette d'un vin américain indique qu'il provient de Napa Valley, ce nom évoquera pour vous quelque chose si vous avez effectivement visité cette vallée, que vous avez apprécié ses restaurants et que vous rêvez de passer le restant de vos jours dans l'une de ces merveilleuses maisons en haut d'une colline du côté de Silverado Trail. Mais, au niveau légal, l'indication *Napa Valley* signifie seulement qu'au moins 85 % des raisins proviennent d'une zone définie comme la zone viticole de Napa Valley. Ce nom ne définit nullement le type de vin qui peut y être produit ni les cépages qui y sont cultivés, alors que c'est le cas pour un nom européen. (Soyons heureux que le nom du cépage soit écrit en gros sur l'étiquette.).

Une appellation d'origine comme par exemple *Californie* ne vous dit pratiquement rien de la provenance du vin. La Californie est un État gigantesque et les raisins peuvent venir de régions par trop différentes sans sortir des limites de cet État. Il en va de même pour tous les vins australiens ; par exemple ceux qui se nomment *South Eastern Australia* (sud-est de l'Australie), ce qui correspond à une zone à peine moins étendue que la France et l'Espagne *réunies*.

Des terroirs à tiroirs

En voyageant à l'étranger, on constate aisément que la perception de l'espace et de la distance varie selon le pays. Si quelqu'un nous indique le chemin d'un restaurant en répondant : « Vous y êtes presque, c'est tout droit », il est permis de supposer qu'il est situé trois rues plus loin, alors qu'il peut bien se trouver à plusieurs kilomètres.

La surface couverte par un lieu d'appellation pour un vin européen est très variable. Certains lieux correspondent réellement à une parcelle de cadastre de quelques centaines de mètres carrés alors que d'autres correspondent à des régions entières. Les mots utilisés pour décrire les terroirs permettent de deviner l'échelle à considérer. Voici les différents noms de lieux en ordre décroissant de tailles, autrement dit en ordre de précision croissant :

Pays ; Région ; District ; Sous-district ; Commune ; Vignoble ou parcelle.

Autres méthodes de dénomination

Vous pouvez rencontrer de temps à autre un vin dont le nom ne découle ni du cépage principal ni du lieu d'origine. Ces vins se classent en trois catégories : les *vins de marque*, les *vins thématiques* et les *vins génériques*.

Vins de marque

De nombreux vins comportent un nom de marque, même certains de ceux dont le nom dépend du cépage, comme Simi (nom de marque) *Sauvignon Blanc* (cépage), et ceux dont le

Des noms de cépages pour les vins européens

Alors que, parmi les vins européens, la plupart portent un nom qui dérive de leur lieu de naissance, d'autres indiquent un nom de cépage.

Par exemple, en Italie, certaines appellations d'origine comportent par tradition le nom du cépage : le nom *Trentino* (le lieu) *Pinot Grigio* (le cépage) est un exemple. Le nom d'un vin peut être également la combinaison d'un lieu et d'un cépage comme dans Barbera d'Alba, un cépage Barbera cultivé à Alba.

En France même, certains producteurs ajoutent délibérément le nom du cépage sur l'étiquette, ce qui n'en fait pas pour autant un vin d'appellation contrôlée.

Les vins allemands indiquent souvent le nom du cépage en complément du nom du lieu d'origine.

Même le nom du cépage est indiqué pour un vin européen, la partie essentielle du nom du vin pour ceux qui le produisent reste le lieu d'origine.

nom découle du lieu d'origine, comme *Bolla* (marque) *Soave* (lieu). Le nom de marque correspond généralement au nom de la société qui produit le vin, c'est-à-dire le chai. Mais du fait que les chais produisent généralement plusieurs vins, ce nom n'est pas suffisamment spécifique pour constituer le nom du vin ; il est donc suivi de celui du cépage principal.

Certains vins n'ont pourtant qu'un nom de marque. Nous avons ainsi rencontré une bouteille qui indiquait le nom *Salamandre* et la mention *Vin de table français*, sans autre information.

Les vins qui ne comportent qu'un nom de marque, sans nom de cépage ni de lieu (en dehors du pays d'origine), correspondent normalement aux vins les moins chers, qui sont très ordinaires. Dans le cas des vins européens de ce genre, ils ne peuvent porter la mention de l'année (le *millésime*) car les lois de la Communauté européenne interdisent à ces vins le privilège de porter un millésime ; on les appelle Vins de table.

Vins thématiques (virtuels)

De nos jours apparaissent des vins portant des noms tout à fait étranges : cardinal, Mythos, Trilogie, Liberté. On se demande s'il s'agit de quelque chose à boire ou d'un message à déchiffrer, et on ne perdra rien à ne pas en boire !

Ces vins sont des vins à thème (souvent avec une marque déposée) qui sont créés spécifiquement par des producteurs. Dans le cas des vins européens, ils peuvent être produits avec des raisins non autorisés dans la région de production, ce qui interdit de pouvoir utiliser l'appellation d'origine. Dans le cas des vins des nouvelles régions viticoles, les bouteilles contiennent généralement un mélange de plusieurs cépages (un coupage, *blend*) ; la bouteille ne peut donc pas mentionner le nom d'un cépage (rappelez-vous la règle des 75 % pour la Californie).

Un nom de thème ne s'applique qu'à un seul vin, alors qu'un nom de marque peut s'appliquer à toute une gamme de vins. Le négociant très connu Louis Jadot commercialise sous son nom du beaujolais, du Pouilly-Fuissé, du Mâcon-Villages et bien d'autres vins. De même Fetzer en Californie commercialise du Zinfandel, du Cabernet-Sauvignon, du Chardonnay et bien d'autres.

Lorsqu'un producteur crée un vin thématique, ses motivations se veulent élevées. Il désire réaliser une sorte d'œuvre d'art offrant un attrait exceptionnel ou encore exprimer sa personnalité en créant un vin qui s'élève au-dessus des normes de la région dans laquelle il est produit. Il élève son vin avec un soin particulier, l'amène à sa pleine maturité puis lui dédie une bouteille originale afin que le monde entier comprenne qu'il s'agit d'un breuvage unique. Le prix de vente de la bouteille confirme la grandeur des ambitions du producteur.

Les vins thématiques correspondent généralement à des séries uniques et sont assez chers (entre 15 et 61 € la bouteille) ; le contenu est généralement d'un haut niveau de qualité. Ils sont essentiellement destinés aux amateurs qui veulent marquer une certaine différence en étant les premiers à goûter de nouveaux vins sortant de l'ordinaire. Parfois ces vins commencent leur existence publique par des critiques peu élogieuses dans la presse spécialisée mais rencontrent ensuite un certain succès au niveau commercial. Dans d'autres cas, ils sont vite oubliés.

Vins génériques

Nous avons dit qu'un vin générique était un vin qui utilisait le nom d'un autre pour profiter de sa notoriété. Cette pratique est suffisamment ancienne dans les nouvelles régions viticoles pour que la signification d'origine en soit oubliée même par les instances gouvernementales (c'est exactement ce dont se méfient des marques telles que Kleenex, Mobylette et Scotch).

Tous les noms tels que *Bourgogne*, *Chianti*, *Chablis*, *Champagne*, *Vin du Rhin*, *Xérès*, *Porto* et *Sauternes* ne doivent normalement s'appliquer qu'à des vins qui sont réalisés selon les règles et dans les lieux correspondants. Mais ces noms ont été usurpés par de très gros producteurs de vin. Aussi bien aux États-Unis qu'au Canada, les instances gouvernementales ont fini par abandonner les usurpateurs en les reléguant comme *vins génériques*, non issus d'une région déterminée.

Rappelons que, lorsque vous achetez un vin générique, vous n'avez aucune idée de ce que vous achetez sauf qu'il s'agit d'un morceau d'histoire commerciale – ni de ce que vous allez boire.

Deuxième partie

Rencontres du troisième cep

Dans cette partie...

La précédente partie vous a permis d'acquérir les notions de base : cépages, types de vins et règles de dénomination. Vous voilà fin prêt à appliquer cette science sur le terrain. Partons à l'abordage des bouchons, verres à vin, cartes des vins des restaurants et autres boutiques spécialisées. Vous n'aurez plus rien à craindre à leur sujet une fois cette partie assimilée. Les plus fines inscriptions sur les étiquettes vous seront elles-mêmes devenues familières.

Chapitre 6
Pour acheter du vin en magasin

Dans ce chapitre :
- Comment se prémunir contre les forces d'intimidation
- Le problème du vin en supermarché
- Le choix d'un bon détaillant
- Le choix du bon vin

À moins d'entretenir une relation de dépendance permanente avec un connaisseur indulgent, un jour arrivera où vous serez seul au moment d'acheter une bouteille de vin ou d'en commander une dans un restaurant.
Si les circonstances sont favorables, le commerçant ou le sommelier sera un passionné pour lequel c'est un point d'honneur que de rendre le bon vin accessible aux autres. Cela dit, avec de la chance, vous pouvez aussi recevoir par surprise la légion d'Honneur ou bien apprendre que vous héritez d'une grand-tante inconnue. Les probabilités sont à peu près les mêmes.

Acheter du vin peut être intimidant

Le sens commun nous indique a priori qu'acheter quelques bouteilles de vin devrait être bien moins angoissant que de demander un prêt à son banquier ou se rendre à un entretien d'embauche. En effet, pourquoi s'en faire à ce point ? Ce n'est que du jus de raisin.

Mais notre propre expérience nous indique qu'il en va tout autrement. Nous nous souvenons très bien de ce détaillant qui refusait de nous reprendre une des deux bouteilles d'un vin allemand à bon marché que nous lui avions achetées une semaine auparavant, quand bien même nous lui expliquions le goût terrifiant de la première bouteille. (Était-ce nous qui nous trompions au sujet du vin ou était-ce lui qui avait si peu le sens du commerce ? Nous avons cherché longtemps.). Une autre fois, nous étions tellement sûrs de notre choix que nous décidions d'acheter une caisse de douze bouteilles d'un vin français en nous laissant influencer par la réputation générale de la marque. Nous n'avions pas compris que le millésime en question n'était vraiment pas à la hauteur de la qualité habituelle de ce producteur. (Pourquoi n'avons-nous pas tout simplement demandé conseil au vendeur ?). Souvenons-nous enfin de toutes ces heures passées à détailler ces étagères remplies de bouteilles dont les étiquettes auraient aussi bien pu être écrites en latin, tellement ce langage nous semblait impénétrable.

Heureusement, notre enthousiasme pour le vin nous a permis de persévérer. Nous avons fini par découvrir qu'acheter du vin pouvait être une activité agréable.

Nous avons également découvert une chose étrange concernant ces bouteilles de jus de raisin fermenté : l'activité qui consiste à rechercher, à acheter ou à vendre ces bouteilles peut facilement transformer des individus avenants et sensibles soit en victimes, soit en bourreaux, selon qu'ils essaient de vous prouver qu'ils en savent plus que vous ou qu'ils tentent de cacher ce qu'ils ne savent pas. Cette situation n'est pourtant pas inéluctable.

Les nombreuses informations concernant le vin évoluent constamment, un nouveau millésime arrive chaque année, avec des centaines de nouveaux intermédiaires, de nouveaux vins, des progrès dans la technologie de la vinification, etc. Ainsi, personne ne peut prétendre qu'il connaît tout à tout moment et personne ne doit se laisser submerger par le doute devant la masse d'informations qu'il ne contrôle pas.

Notre expérience personnelle nous a prouvé que le moyen le plus efficace de se sentir à l'aise et surtout de vivre des expériences agréables lors de l'achat de vin consistait à maîtriser l'étendue de ses propres connaissances, et rester conscient de ses lacunes. Éviter de prétendre savoir ce qu'on ignore permet d'éviter l'angoisse devant ce que, réellement, on ignore. Ainsi, acquérir une bouteille de vin peut devenir ce que cela aurait toujours dû être : un simple acte d'achat.

Les lieux de commercialisation du vin

Vous vous apprêtez à acheter du vin dans un magasin pour le consommer chez vous. Quatre choses sont importantes à connaître : les magasins offrent en général une plus large sélection de vins que les restaurants ; le vin y est meilleur marché ; vous avez la satisfaction de pouvoir tenir les bouteilles entre vos mains et comparer leurs étiquettes ; le vendeur ne reste pas à vos côtés pour écouter ce que vous en pensez lorsque vous le goûtez.

Parmi les inconvénients, notez que vous devez fournir vos propres verres et que vous devez ouvrir vous-même la bouteille (le chapitre 8 décrit tout cela). Par ailleurs, le vaste choix offert peut vous rendre perplexe.

Vous pouvez acheter du vin dans différents lieux de vente, de l'hypermarché au détaillant spécialisé, en passant par le supermarché et l'épicier du coin. Chaque type de magasin a ses avantages et ses inconvénients en termes de choix, de prix et de services.

Dans de nombreux pays, le vin fait l'objet de nombreuses lois concernant son négoce, et les gouvernements décident où et comment le vin peut être commercialisé (et même parfois avec des contraintes horaires). Votre liberté de choix sera donc aussi fonction de votre lieu de résidence.

Hypermarchés

Dans les véritables économies de marché libres, le vin est proposé dans les hypermarchés comme n'importe quel autre produit alimentaire. Les hypermarchés rendent le vin accessible à tout le monde. Si vous pouvez y acheter la nourriture pour votre repas, vous pouvez en même temps y acheter la bouteille de vin pour l'accompagner. Mais, en règle générale, n'achetez jamais de grands vins dans un supermarché, notamment les bourgognes et vins des Côtes du Rhône, car souvent ils sont le produit de négociants de seconde qualité.

Quand le vin est vendu en ces lieux, la mystique dont il fait naturellement l'objet s'évapore dans les rayons. Qui a encore du temps à perdre à hésiter sur le choix d'un vin lorsqu'il y a au même moment des choses bien plus critiques à gérer : le temps de répit qu'il vous reste avant que les enfants ne se transforment en monstres et la recherche de la file d'attente la moins longue aux caisses ? Les prix sont évidemment très raisonnables dans les hypermarchés.

Nous savons que certains professionnels et amoureux du vin désapprouvent la vente de vin en de tels lieux. Ils considèrent le vin comme un produit sacro-saint qui doit être traité comme une boisson toute spéciale. Consolez-vous en sachant que vous n'avez aucun risque de les rencontrer lorsque vous déambulez dans le rayon des vins de votre hypermarché favori.

Grandes surfaces spécialisées

Une deuxième catégorie de magasins offre une surface consacrée aux vins égale et même supérieure à celle des hypermarchés. Il s'agit des grandes surfaces spécialisées. En complément d'un grand choix de vins, vous y trouverez des alcools, des boissons gazeuses, des biscuits salés et différents accessoires pour organiser vos réceptions. Ces magasins sont spacieux et généralement très compétitifs.

Si vous décidez d'acheter votre vin dans ce type de magasin, vous aurez généralement beaucoup de choix, ce qui est appréciable, et vous pourrez profiter de prix imbattables.

En revanche, ne vous attendez pas à un quelconque service. Dans ces libres-services, vous aurez du mal à trouver quelqu'un pour vous guider et vous conseiller. En général, vous devrez vous débrouiller seul.

Pour pallier leur absence de vendeurs, les magasins mettent en place des panneaux d'information pour décrire chaque vin. Sachez que ces panneaux ont probablement été rédigés et mis en place par les négociants, plus tentés de vous convaincre d'acheter leurs bouteilles que de vous donner toutes les informations sur chacun des vins. Vous aurez droit à des phrases poétiques, à des adjectifs pompeux et à des expressions passe-partout telles que « délicieux avec les viandes blanches » (n'importe quelle viande blanche, quelle que soit sa préparation ?). Cette information ne vous sera pas d'un grand secours.

Voici un autre inconvénient des grandes surfaces spécialisées et autres entrepôts : en les fréquentant, vous constaterez que la prétendue vaste sélection de vins est en réalité limitée. En effet, la majorité des vins qui peuvent être mis en place dans de tels magasins doivent pouvoir être produits dans des quantités suffisantes pour assurer un suivi de l'approvisionnement. Cela ne pose pas de problème tant que vous ne cherchez pas un vin rare, comme un de ceux que les amoureux passent des heures à décrire en termes feutrés. (Certes, une rareté qui perdrait la plus grande part de sa magie si elle était achetée ailleurs que dans un magasin de prestige.).

En résumé, les grandes surfaces spécialisées sont idéales pour acheter son vin quotidien. Si vous désirez apprendre tout en achetant votre vin, ou si vous avez besoin qu'on vous propose une grande variété de vins pour satisfaire une curiosité insatiable, vous vous tournerez probablement vers d'autres types de magasins.

Kit de survie en supermarché

Si vous achetez votre vin dans un supermarché qui n'offre aucun conseil, en voici quelques-uns :

1. Essayez de vous rappeler le nom de quelques vins qui ont été recommandés dans le dernier article spécialisé. Mieux encore, ayez l'article ou la liste sur vous ;

2. Demandez conseil à un ami connaisseur ou demandez-lui de vous accompagner (en supposant que vous ayez des goûts similaires) ;

3. Choisissez le vin dont l'étiquette vous inspire le plus. Vous n'avez rien à perdre.

Boutiques spécialisées

Les boutiques spécialisées sont généralement de petite taille et vendent du vin, des alcools ainsi que des ouvrages sur le vin, des tire-bouchons (voir aussi chapitre 8) et des verres à vin. Vous pouvez également trouver quelques aliments, plutôt orientés gourmet que restauration rapide.

Si le vin devient pour vous une occupation sérieuse, ces détaillants seront vraisemblablement vos fournisseurs réguliers dans la mesure où ils offrent bien d'autres avantages que les grandes surfaces. Nous seulement vous y trouverez presque toujours du personnel compétent, mais aussi une bonne sélection de vins dans toutes les gammes de prix.

L'intérieur d'une boutique

Les boutiques de vins organisent en général la présentation des vins par pays d'origine et, dans le cas des grandes régions vinicoles telles que la France, par région (bordeaux, bourgogne, Côtes du Rhône, champagne, etc.). Les vins rouges et les vins blancs sont souvent séparés dans chaque zone. La plupart du temps, vous trouverez une section distincte pour les vins pétillants et une autre pour les vins de dessert.

Certaines boutiques prévoient une zone spéciale (ou même une pièce distincte) pour les meilleurs vins. Dans certains cas, il s'agit d'une cave voûtée et, dans d'autres, simplement de l'arrière-boutique.

Vous trouverez parfois, en général près de la porte d'entrée, une armoire réfrigérée avec des portes vitrées contenant quelques bouteilles de blanc et de mousseux. Les armoires conservent en général les vins entre 7 et 9°, la température idéale pour les déguster. Le temps de les ouvrir et de les verser, ils prendront 1 à 2° de plus.

Vers l'entrée du magasin, vous trouverez également des corbeilles ou des caisses de vins en promotion. Ces vins sont parfois accompagnés d'un carton décrivant leurs vertus. Souvenez-vous de nos mises en garde concernant les fiches descriptives des grandes surfaces spécialisées.

Cela dit, les fiches des boutiques spécialisées étant généralement plus grandes, il est probable que vous y trouverez malgré tout des informations utiles.

Comment choisir le bon détaillant ?

Comme pour tout autre détaillant spécialisé, les critères principaux restent le choix, le service, les conseils et les prix. Dans le cas du vin, pourtant, les conditions de stockage des bouteilles sont un critère supplémentaire essentiel. Les magasins Nicolas sont d'un excellent rapport qualité/prix et les gérants toujours de bon conseil.

Aucun détaillant ne semble correspondre à ces critères dans votre environnement habituel ? Voyez dans ce cas le chapitre 16 qui aborde la vente par correspondance (par téléphone, sur catalogue ou via l'Internet).

Prix

Tant que vous êtes acheteur débutant, la meilleure stratégie consiste à tenir d'abord compte des services et des conseils plutôt que des prix. Après avoir trouvé un marchand qui a pu vous conseiller plusieurs vins que vous avez appréciés, restez-lui fidèle, même s'il n'a pas les meilleurs prix. Il est toujours préférable d'acheter pour quelques dizièmes d'euros de plus des vins qui vous ont été recommandés par un spécialiste digne de confiance (ce sont des vins que vous aimerez sans doute) que d'acheter des vins au prix le plus bas en faisant une fausse économie, notamment si le magasin n'a aucun conseiller spécialisé ou si les conseils qu'il donne sont peu fiables.

Une fois que vous avez acquis une certaine connaissance du vin, vous pouvez vous aventurer dans des magasins sans vendeur spécialisé. Mais, même dans ce cas, vous devez considérer le prix en rapport avec les conditions de stockage (reportez-vous à la section Stockage du vin, plus loin dans ce chapitre).

Choix disponible

Vous ne pourrez pas déterminer lors de votre première visite si un magasin offre la sélection qui vous convient. Si vous remarquez qu'il propose de nombreux vins issus de plusieurs régions différentes dans plusieurs gammes de prix, vous pouvez lui accorder le bénéfice du doute. Lorsque cette sélection vous paraîtra trop limitée, vous pourrez toujours changer de magasin.

Qualité des conseils

En ce qui concerne la qualité des conseils, vous ne devez en revanche pas accorder cet avantage au vendeur. Certains vendeurs connaissent non seulement les vins qu'ils vendent mais également un grand nombre de vins en général. D'autres en connaissent moins que leurs propres clients. Vous attendez d'un marchand de vins qu'il maîtrise son sujet au moins aussi bien qu'un boucher sait trancher ses pièces. N'hésitez pas à poser des questions (comme : « Pouvez-vous me parler un peu de celui-ci ? », ou encore : « En quoi ces deux vins diffèrent-ils ? ») et jugez en conséquence avec quel enthousiasme et quelle précision votre interlocuteur peut vous répondre.

Cherchez à savoir si le vendeur a une connaissance personnelle et une véritable expérience des vins qu'il vous conseille. De nos jours, certains détaillants se reposent sur les notes d'appréciation données par quelques critiques célèbres dans les magazines. Ils font grand usage de ces scores en les indiquant sur leurs rayonnages et fondent sur eux leurs publicités (en général, il s'agit de nombres tels que 90 sur 100). Vous trouverez de telles publicités dans les magazines spécialisés. Bien sûr, cette manière de faire permet de donner une idée générale de la qualité d'un vin sans prendre de risques (rappelez-vous tout de même que cela ne signifie pas que vous l'aimerez). Mais si un vendeur ne se fonde pas sur sa propre connaissance et sa propre expérience et qu'il ne fait que citer les notations des dégustateurs professionnels, c'est qu'il ne prend pas plaisir à son métier et qu'il ne le fait donc pas correctement.

Service

La plupart des vendeurs sérieux sont fiers de pouvoir vous guider dans le labyrinthe des vins à la recherche de celui qui vous conviendra. Faites confiance une ou deux fois à un vendeur pour vérifier si ses choix vous satisfont. S'il n'a pas suffisamment de capacité d'écoute ou d'expérience pour vous conseiller un vin adéquat, il suffit de changer de vendeur. Cela ne vous coûtera qu'une ou deux bouteilles. Cela revient en tout cas bien moins cher que de choisir un mauvais médecin ou un mauvais avocat !

Puisque nous parlons de service, sachez que tout vendeur sérieux doit accepter de vous rembourser une bouteille s'il vous avait conseillé un vin qui ne vous convient pas ou si le vin semble altéré. Rien de plus naturel, s'il désire garder son client. Mais à tout droit correspond un devoir : soyez donc raisonnable. Ne rapportez une bouteille ouverte que si réellement vous pensez qu'elle est défectueuse (et ne la rendez pas vide !). N'attendez pas non plus plusieurs mois avant de rendre une bouteille non entamée. Le vendeur aurait bien du mal à se faire rembourser lui-même chez son grossiste. Après une semaine ou deux, le vin est à vous, que vous le vouliez ou non.

Stockage du vin

Vous ne devez jamais oublier une chose essentielle au sujet du vin : c'est une denrée périssable. Bien sûr, il ne va pas pour autant couler comme un camembert ni se transformer en nid de bactéries comme de la viande. D'ailleurs, certains vins, en général les plus chers, peuvent heureusement s'améliorer avec l'âge. Mais si le vin est mal stocké, ses saveurs en souffriront. (Pour tout conseil au sujet du stockage du vin à domicile, reportez-vous au chapitre 18.)

Au moment de choisir votre détaillant, si vous prévoyez d'acheter du vin en grande quantité ou des vins chers, vérifiez au plus tôt les conditions de stockage. Les vins ne doivent jamais être à proximité d'une source de chaleur, par exemple à côté d'un radiateur (qui leur permettrait de cuire à feu doux tout l'hiver), ni dans les combles (qui les laisseraient rôtir au soleil tout l'été). Les meilleurs magasins sont climatisés, mais ils sont minoritaires. Lorsque le magasin possède un bon système de stockage, le propriétaire des lieux sera ravi de vous le présenter, d'une part parce qu'il en est fier, et d'autre part parce qu'il a beaucoup investi dans la mise en place de ce système.

Dans toute boutique de bonne tenue, vous constaterez que les bouteilles sont stockées couchées (sauf pour les petits vins, qui n'en ont cure).

Ainsi, le bouchon reste humide, et donc étanche. En séchant, le liège finirait par laisser pénétrer l'air dans la bouteille, ce qui ferait tourner le vin.

Malheureusement, le problème des mauvaises conditions de stockage ne commence pas chez le détaillant. Il arrive que le grossiste ou le distributeur n'offrent pas les conditions de stockage optimales. Il est même possible que des conditions

Comment éviter de rencontrer un vin mal stocké

Si vous ne voulez pas prendre connaissance des conditions de stockage d'un vin (et, franchement, vous pourrez rarement les connaître), voici deux astuces pour diminuer les risques d'acheter une bouteille défectueuse.

Tout d'abord, donnez votre préférence aux marchands qui semblent prendre soin de leur marchandise et qui offrent un bon service à leurs clients. Ensuite, tenez compte de la saison lors de votre achat. En ce qui nous concerne, nous devenons très vigilants dans nos achats au cours d'un été très chaud, à moins que le magasin ne soit climatisé. Par ailleurs, nous ne nous faisons jamais livrer de vin (sauf pour de petites quantités depuis le magasin de notre quartier) en plein milieu de l'été ou de l'hiver.

Une manière simple de vous assurer que le vin que vous avez acheté est bon consiste à choisir un de ceux qui se vendent bien et qui sont très populaires, mais cela suppose que vous acceptiez de partager vos goûts avec d'autres personnes. Des vins qui circulent rapidement dans la chaîne de distribution risquent beaucoup moins d'être endommagés. Parfois, nous nous demandons si les vins les plus vendus ne sont pas en fait les plus achetés parce que ce sont les plus vendus...

météorologiques particulières aient endommagé le vin, avant même que celui-ci soit arrivé chez le distributeur. Le vin peut par exemple avoir été laissé sur les quais d'un port en plein hiver ou en plein été ou avoir mal apprécié la traversée du canal de Panama. Un bon détaillant vérifiera la qualité du vin avant de l'acheter et le renverra au lieu de le proposer à la vente s'il découvre des problèmes après avoir été livré. Il reprendra sans sourciller vos marchandises endommagées. (Pour plus de détails sur le stockage idéal, voyez le chapitre 18.)

Stratégies pour acheter du vin au détail

Une fois que vous avez vaincu les inhibitions liées à l'achat du vin, vous pouvez prendre beaucoup de plaisir à faire le tour des boutiques. Nous nous souvenons de l'époque où nous sommes devenus des mordus. Nous avons passé des samedis entiers à visiter tous les détaillants en vins proches de chez nous (et quand on est passionné, 50 kilomètres semblent une courte distance). Nous sommes allés dans d'autres villes pour explorer encore d'autres mondes. Tant de vins différents et si peu de temps…

Nous avons ainsi découvert des magasins fiables et d'autres que nous ne recommanderions qu'à nos pires ennemis (catégorie AFBAVE). Nous avons évidemment fait des erreurs d'appréciation tout au long du chemin, mais nous avons beaucoup appris.

Goûtez à l'aventure

Lorsque nous avons commencé à acheter du vin, l'étendue de nos connaissances était l'équivalent du vocabulaire d'un enfant de 2 ans. Nous achetions sans cesse les mêmes vins parce qu'ils représentaient des choix faciles ; nous savions ce que nous pouvions en attendre et nous les aimions suffisamment pour continuer avec eux. En fait, nous nous sommes ainsi enfermés par peur d'essayer des vins inconnus.

Nous avons alors réalisé que, pour que le vin soit réellement passionnant, il nous fallait partir à l'aventure.

Si vous voulez être en mesure de bien découvrir l'extrême variété des vins qui existent dans le monde, vous devez faire des essais. La découverte d'un nouveau vin est exaltante. De temps à autre, vous subirez une déception, mais vous vous consolerez en ajoutant ce vin à la liste de ceux qu'il ne faut plus acheter.

Sachez décrire vos désirs

La scène que nous relatons ci-dessous se produit – à peu de choses près – quotidiennement dans tout magasin de vins (et dix fois plus le samedi).

Le client : « Je me souviens que l'étiquette était beige. J'ai bu ça dans un petit restaurant la semaine dernière. »

Le marchand de vins : « Savez-vous de quel pays provenait ce vin ? »

Le client : « Non, mais je me rappelle seulement qu'il y avait une fleur sur l'étiquette. »

Le marchand de vins : « Vous rappelez-vous l'année ? »

Le client : « C'était un vin jeune, mais je ne suis pas sûr. En me promenant dans les rayons, je le reconnaîtrais peut-être. »

Il va sans dire qu'avec aussi peu d'indices il arrive très rarement que le client trouve ce qu'il recherche.

Chaque fois que vous faites la découverte, dans un restaurant ou chez des amis, d'un nouveau vin que vous appréciez, notez le plus d'informations possibles à son sujet. Ne faites pas confiance à votre mémoire. Le jour où vous y repenserez dans un magasin, il est fort possible que vous ne vous rappeliez plus les nombreux détails qui sont indispensables au vendeur. Dès l'instant où celui-ci peut comprendre ce que vous désirez, il peut vous donner ce vin, ou, s'il ne l'a pas, vous conseiller un vin qui s'en approche.

C'est toujours un grand avantage que de pouvoir expliquer au vendeur le plus précisément possible quel type de vin vous avez apprécié ou désirez essayer. Souvent, en indiquant le type de plat que vous souhaitez accompagner, vous lui donnerez des indices supplémentaires (le chapitre 17 aborde les mariages vins/mets).

Annoncez une fourchette de prix

Le prix d'une bouteille de vin peut varier de 1,50 à 150 €. Vous avez tout intérêt à annoncer la couleur au plus tôt en indiquant au vendeur ce que vous avez prévu de dépenser. Un bon vendeur offrant un choix correct doit pouvoir vous proposer plusieurs vins dans votre budget.

Un bon vendeur sait que son intérêt est de fidéliser sa clientèle plutôt que d'essayer de vendre à tout prix une bouteille qui dépasse les prévisions de dépense de son client. Si, par exemple, vous avez l'intention d'acheter du vin à 4 € la bouteille, campez sur vos positions. Il y a de nombreux vins tout à fait agréables dans cette gamme de prix.

Chapitre 7

Commander du vin au restaurant

Dans ce chapitre :
- Montrer que c'est vous qui commandez
- Comment survivre aux rituels du service du vin
- Choisissez le vin adéquat
- Dans un restaurant à l'étranger

Lorsque vous commandez du vin dans un restaurant, vous le goûtez immédiatement et obtenez aussitôt la juste récompense de votre bon choix. Vous recevrez les compliments de vos amis ou de votre famille pendant tout le repas et vous pourrez entrer chez vous la tête haute. En revanche, si vous avez mal choisi... un sentiment pénible va vous envahir : vous allez ruminer toutes sortes d'excuses dans votre tête pour tenter d'éviter le ridicule de la situation. Mais consolez-vous : à la prochaine occasion, vous ne referez pas l'erreur de commander ce maudit vin !

Acheter du vin dans un restaurant

De très rares restaurants possèdent une boutique de vins associée dans laquelle vous pouvez admirer les bouteilles, détailler les étiquettes, consulter des ouvrages ou des magazines sur le vin et enfin faire votre choix et faire apporter la bouteille élue à table. Mais dans la plupart des autres restaurants, vous devez vous contenter d'une feuille de papier qui vous indique le nom des vins et le prix de la bouteille. Souvent, même ces rares informations sont rendues incompréhensibles. Bienvenue dans la jungle des cartes des vins !

Ces cartes des vins peuvent véritablement rendre perplexe : soit elles n'en disent pas assez sur le vin, soit ce qu'elles disent n'a aucun sens. Soit il n'y a rien de bon à boire, soit le choix est tellement vaste que vous ne pouvez pas vous décider. De plus, les cartes ne sont en général pas à jour ; vous passez un quart d'heure à choisir le vin que vous allez commander pour vous entendre annoncer qu'il n'y en a plus ce soir (c'est peut-être le cas depuis plusieurs mois).

Lorsque vous lisez une carte des vins, il y a de grandes chances qu'un nombre important des vins mentionnés vous soient inconnus. Si la liste est longue, vous n'aurez sans doute pas le courage de la parcourir de bout en bout. Mais n'abandonnez pas trop vite. Avec quelques conseils et un peu d'aide, vous pouvez naviguer dans les flots tumultueux des cartes des vins.

Comment le vin est vendu dans les restaurants

Même si certains s'y prennent maladroitement, tous les restaurateurs veulent que vous achetiez leurs vins. Ils en retirent en effet un profit certain. Leurs serveurs gagnent mieux leur vie et deviennent plus accueillants, ce qui vous permet de mieux savourer votre repas puis de quitter le restaurant satisfait.

De nombreux restaurants font pourtant sans le savoir (par manque d'intérêt réel pour le vin) tout pour empêcher la vente de leurs vins. Mais les choses évoluent (hélas lentement). Les différents vins qui peuvent être proposés dans un restaurant se répartissent en trois catégories (mais tous les restaurants n'offrent pas les vins de chacune de ces catégories) :

- La *cuvée maison* : y correspondent en général un vin blanc et un vin rouge, et parfois un pétillant. Vous pouvez en commander un verre, à la carafe ou au pichet.
- La *carte des vins sélectionnés* : proposés au verre (mais aussi à la bouteille). Le choix est plus large que pour les cuvées maison et la qualité est généralement meilleure.
- La *carte des vins standard* du restaurant.

La cuvée maison

Le vaste choix d'une carte des vins peut vous faire hésiter. Vous finissez par demander le sommelier (avec un peu de gêne, car vous avouez ainsi que vous n'arrivez pas à vous frayer un chemin dans la carte proposée, ou alors avec assurance, pour montrer que vous n'avez pas de temps à perdre à lire cette carte illisible), et vous lâchez : « Donnez-moi un verre de vin blanc. » Idée lumineuse ou grossière erreur ? Vous aurez la réponse dès que le vin sera dans votre bouche. Il peut correspondre à votre attente, et vous aurez dans ce cas économisé le temps de l'analyse de la carte. Généralement, c'est plutôt l'autre scénario qui se produit.

En général, la cuvée maison ou cuvée du patron est un vin de qualité passable que le propriétaire achète en quantité suffisante pour réaliser une énorme marge. (Le prix à la bouteille est fréquemment le critère principal du choix des vins dans un restaurant.). Les cuvées maison sont proposées à des prix variant entre 1,50 à 6 € le verre. La règle de gestion de cette cuvée est simple : le prix d'achat d'une bouteille complète correspond peu ou prou au prix de vente d'un seul verre, sinon moins. Rien d'étonnant alors à ce que l'aimable serveur remplisse votre verre jusqu'au bord.

Vous faites toujours quelque économie en commandant la cuvée maison au pichet.

En revanche, si vous n'avez besoin que d'un verre de vin par exemple (si vous êtes le seul parmi tout le groupe qui veuille boire du vin au repas), demandez au serveur l'identité du vin de la maison. Ne vous contentez pas d'une réponse vague du style « c'est un bordeaux » ; demandez des détails. Quel bordeaux ? De quel terroir ? Demandez à voir la bouteille. Soit vos craintes sont confirmées (vous n'avez jamais entendu parler de ce vin ou bien il a une réputation détestable), soit vous aurez une agréable surprise (vous connaissez ce vin et il a bonne réputation). Tout au moins, vous saurez ce que vous avez bu, ce qui pourra servir ultérieurement.

La carte des vins sélectionnés

Le mot *sélection* n'a qu'une définition très vague dans le commerce du vin, même si vous pouvez avoir l'impression que cela dénote des vins de qualité supérieure.

Les vins sélectionnés vendus au verre sont des rouges et des blancs que le restaurant propose à un prix supérieur à celui de sa cuvée maison. Ces vins sont vendus entre 3,80 à 4,60 € le verre.

Selon le restaurant, vous aurez le choix entre un blanc et un rouge ou plusieurs vins de chaque catégorie. Les vins sélectionnés ne sont plus des vins anonymes comme les cuvées de la maison. Ils sont identifiables d'une manière ou d'une autre ; sur la carte des vins, sur une fiche spéciale, par information du serveur ou éventuellement par présentation de la bouteille. (Au prix où ils sont vendus, c'est la moindre des choses.). Dans les bars à vins, les vins vendus au verre sont notés sur une ardoise.

Consommer du vin au verre est une bonne idée, notamment si vous ne voulez boire qu'un verre ou deux ou si vous êtes un groupe d'amis qui voulez tester plusieurs vins. En ce qui nous concerne, nous commandons souvent un verre de vin blanc supérieur pour débuter un repas puis nous poursuivons avec une bouteille de vin rouge.

Vous devez donc faire attention lorsque vous commandez du vin au verre. Dès que vous commandez plus de deux ou trois verres, vous paierez plus cher que si vous aviez commandé une bouteille.

Pourquoi si peu de vins sont-ils vendus au verre ?

Ce serait idéal de pouvoir disposer d'un choix encore plus vaste pour les vins au verre (« Voyons voir, nous allons essayer celui-ci, puis celui-là, puis... »). Cela pose un grave problème au restaurateur qui doit conserver le vin dans un grand nombre de bouteilles entamées. Plus le choix de vins au verre est vaste, plus le restaurateur risque de terminer ses journées avec des bouteilles entamées de vin qui ne pourra pas être servi le lendemain.

La seule solution consiste à disposer d'un système de conservation du vin très onéreux (une machine injecte du gaz inerte dans les bouteilles pour en chasser l'oxygène). En général, le restaurateur ne parvient pas à vendre la totalité des bouteilles ouvertes et une partie de ses marges finit dans l'évier.

Si vous êtes deux ou trois à commander le même vin au verre et que vous envisagez d'en commander encore, demandez d'abord la contenance d'un verre (entre 12 et 15 centilitres) et comparez le prix au verre avec le prix d'une bouteille de 75 centilitres du même vin (le même vin peut généralement se commander à la bouteille). Fréquemment, la bouteille coûte l'équivalent de trois verres, voire moins.

La carte des vins standard

Dans la grande majorité des cas, vous aurez recours à la carte des vins du restaurant. Bonne chance !

Malgré leur nom, les cartes des vins ne sont jamais standardisées. Elles varient en format, en orientation, en précision et en intelligibilité (la notation de ce dernier critère allant de faible à nulle).

Si choisir un vin reste pour vous une épreuve, ne demandez pas même à consulter la carte des vins (reportez-vous plutôt à la première section du chapitre 6). Une fois que vous y êtes préparé, utilisez les conseils qui suivent pour commander un vin, sans angoisse.

Comment analyser une carte des vins

La première étape dans la confrontation avec la carte des vins consiste à jauger celle-ci. Regardez comment la liste est organisée.

Commencez par ne lire que les en-têtes des catégories de la carte, comme si vous lisiez la table des matières d'un livre avant de l'acheter. Repérez les catégories et la façon dont les vins sont classés dans chacune d'elles. Notez la quantité d'informations fournie pour chaque vin. Appréciez le style de la carte. Faites une estimation du nombre de vins proposés (il peut y en avoir 10 ou 200). (Un autre avantage de la technique consistant à promener professionnellement son regard sur la carte est de convaincre vos invités que vous maîtrisez votre sujet.).

Analyse de la structure de la carte

Il n'existe aucun moyen pour prédire ce que vous allez trouver sur une carte des vins, sauf qu'elle va comporter des prix. En général, les vins sont classés selon les catégories suivantes :

- **Vins rouges**
- **Vins blancs secs**
- **Vins de dessert** (doux)
- **Champagne et autres vins mousseux**.

Les apéritifs et digestifs, cognac, armagnac, whisky ou encore les liqueurs ne font généralement pas partie de la carte des vins. S'ils en font partie, ils forment une catégorie propre en fin de carte.

Certains restaurants créent des sous-catégories pour les pays d'origine, notamment pour les rouges et les blancs : les vins rouges français, italiens, d'Amérique du Nord, etc. Ces sous-catégories de pays peuvent elles-mêmes être subdivisées en régions viticoles. Pour la France, vous trouverez les bordeaux, les bourgognes, les Côtes du Rhône, etc. Aux États-Unis, la Californie, l'Oregon et l'État de Washington.

La lutte pour avoir sa carte des vins

Dans de nombreux restaurants, les serveurs ne vous laissent pas assez de temps pour étudier la carte des vins. (Les bons restaurants savent que le choix d'une bouteille peut prendre un certain temps et vous laissent choisir à votre gré.). Si le serveur semble impatient et vous demande « Avez-vous choisi votre vin ? », répondez simplement et fermement que vous avez encore besoin d'un peu de temps. Ne le laissez pas faire pression sur vous au risque de choisir un mauvais vin.

En général, une seule carte des vins est proposée par table. Selon un usage ancien, c'est l'hôte de la table (au masculin, bien sûr) qui doit se voir proposer la carte des vins. (Selon les mêmes usages, les menus que l'on propose aux dames ne comportent pas de prix.). Lorsque nous dînons à deux, ce sont deux clients curieux et deux personnalités différentes qui s'installent. Nous demandons donc toujours une seconde carte des vins.

Par ailleurs, la carte des vins est toujours proposée à l'homme le plus âgé ou paraissant le plus important de la même tablée. Si vous êtes une femme et que vous avez invité des clients à un repas d'affaires, cela peut être vexant. N'hésitez pas à demander un autre exemplaire de la carte des vins. Si le contexte le permet, absentez-vous discrètement de la table pour indiquer au serveur que c'est vous qui invitez.

Aucune carte des vins ne ressemble à une autre, sauf dans le cas des chaînes de restaurants ou encore lorsque la carte a été établie par le grossiste qui, dans ce cas, a évidemment mis en valeur les vins qu'il désire vendre.

Parfois, la carte des vins est étrangement brève. Dans ce cas, il devient difficile de passer beaucoup de temps à faire l'intelligent pour l'analyser.

Comment naviguer parmi les tarifs

Très fréquemment, les vins sont classés dans l'ordre ascendant des prix en commençant par le vin le moins cher de chaque catégorie. Le restaurateur fait le pari que vous n'oserez jamais commander le premier vin d'une catégorie, par peur de sembler avare. Il suppose que vous allez choisir le deuxième, le troisième ou le quatrième vin en descendant dans la colonne des prix ou que vous irez même plus bas encore si vous avez besoin d'augmenter votre assurance quant à la qualité du vin que vous allez commander (cela dit, il n'y a rien à dire sur le vin le moins cher).

Le prix du vin au restaurant

La plupart des restaurateurs tirent une partie importante de leurs bénéfices des ventes de vins et d'apéritifs. En général, le prix de vente correspond à deux à trois fois celui pratiqué dans un magasin de détail. Autrement dit, le restaurateur vend son vin trois à quatre fois plus cher qu'il ne l'achète.

En admettant que le restaurateur doive prendre en compte le stockage des vins, les verres, la casse, le service, etc., le total de ces coûts d'exploitation ne justifie pas, aux yeux de la plupart des amateurs de vin, cette extraordinaire envolée des prix.

Certains restaurateurs intelligents se sont rendu compte qu'en baissant le prix des vins ils en vendaient plus, et retiraient donc plus de bénéfices. Nous recommandons vivement cette pratique.

Comment deviner ce que la carte ne dit pas

La quantité d'informations qu'un restaurant fournit à sa clientèle sur les vins qu'il propose va de pair avec le sérieux du restaurateur dans l'intérêt qu'il porte au vin.

Voici ce que vous devez trouver sur toute carte de vins :

- **Le nom de la région de production**
- **L'appellation**
- **Le nom du propriétaire ou du négociant**
- **Le millésime**
- **Le prix**

Pour juger de la présentation de la carte des vins

Dans le passé, les cartes des vins étaient entièrement rédigées en lettres calligraphiées, la carte étant insérée dans une reliure épaisse en cuir avec les mots magiques *Carte des Vins* frappés en lettres dorées. De nos jours, de très bonnes cartes des vins peuvent avoir été réalisées sur imprimante laser ou tout autre moyen moderne qui sacrifie le romantisme à l'efficacité.

Plus une carte des vins semble figée et immuable, plus elle risque de ne pas être à jour. Une carte qui n'évolue pas est le signe que peu de clients de ce restaurant s'intéressent réellement aux vins. Il y a de grandes chances que de nombreux vins proposés ne soient plus en stock.

Dans certains cas, la carte des vins fait partie du menu du restaurant, notamment lorsque le menu est imprimé au moyen d'un ordinateur et qu'il est mis à jour chaque semaine ou chaque mois. Les restaurants qui offrent des cartes mises à jour fréquemment sont des lieux où l'on peut découvrir de bonnes bouteilles.

Comment demander conseil

Après avoir analysé la carte des vins, vous pouvez parfois vous trouver désemparé, aucun nom de vin ne vous ayant inspiré. Dans ce cas, demandez de l'aide.

Si le restaurant est bien conçu, demandez le sommelier qui doit normalement être un spécialiste du vin. C'est lui qui est chargé de mettre sur pied la carte des vins et de s'assurer que les vins qui y sont proposés s'accordent bien avec la cuisine du restaurant. (Les restaurants qui disposent d'un sommelier sont assez rares.).

Si le restaurant ne dispose pas de sommelier, demandez à parler au spécialiste des vins. Une personne de l'équipe, souvent le propriétaire lui-même, doit bien connaître la carte des vins.

Si une personne du restaurant connaît bien la carte, vous pouvez vous laisser guider. Elle saura vous conseiller le vin qui se mariera le mieux avec les plats que vous avez commandés. Il devrait normalement apprécier votre intérêt pour la carte des vins. Pour ces différentes raisons, nous demandons toujours à parler au sommelier, au propriétaire ou au spécialiste des vins du restaurant, quand bien même nous reconnaissons plusieurs vins sur leur carte. Nous obtenons ainsi des suggestions intéressantes.

Voici quelques astuces pour demander de l'aide sans perdre la face :

- Sélectionnez deux ou trois vins sur la carte et annoncez leur nom au serveur ou au sommelier en lui disant : « J'hésite entre ces vins. Pouvez-vous m'en recommander un ? » Incidemment, vous définissez en même temps votre fourchette de prix ;
- Demandez s'il existe des demi-bouteilles (37,5 cl) même si ce n'est pas mentionné sur la carte. Les demi-bouteilles offrent plus de possibilités

  dans votre commande : ainsi, si vous êtes quatre, commandez une demi-bouteille de blanc et une demi-bouteille de rouge (ou une entière) ;
- Rappelez quel plat vous avez choisi et demandez des suggestions de mariage du vin.

Donnez-vous du temps pour pouvoir en prendre

Demandez au serveur d'apporter la carte des vins dès sa première apparition. Ainsi, vous lui montrez que vous maîtrisez la carte des vins (que ce soit vrai ou non), mais surtout cela vous donne plus de temps pour l'étudier. Commandez votre vin en même temps que vos plats, ou même avant ; vous risquez sinon de commencer votre plat principal avec de l'eau.

Comment survivre au rituel de présentation du vin

Dans la plupart des restaurants, le service du vin fait l'objet d'un cérémonial qui peut vous faire croire que vous êtes revenu à votre première communion. Les gestes calculés du serveur et le sérieux de la situation pourraient vous donner envie de rire (ce qui serait aussi déplacé que de rire dans une église). Vous pourriez pour le moins avoir envie de dire au serveur : « Décontractez-vous ! Ce n'est qu'une bouteille de jus de raisin fermenté ! »

Pourtant, le rituel du service du vin possède une logique tout à fait fondée.

Voyons le déroulement de ce rituel (et de sa logique cachée), étape par étape.

1. **Le serveur ou le sommelier vous présente la bouteille pour vérification (à supposer que ce soit vous qui l'ayez commandée)**

Cette première étape permet de vérifier qu'il s'agit bien du vin que vous avez commandé. Étudiez l'étiquette avec soin. Vérifiez la température du vin en touchant la bouteille. Vous pouvez en profiter pour vous exclamer en feignant de reconnaître quelque chose sur l'étiquette, comme si ce vin était un vieil ami à vous (même si vous ne l'avez jamais vu auparavant).

2. **Le serveur débouche la bouteille puis vous tend le bouchon ou le pose devant vous**

Le but de cette opération est de vous permettre de vérifier par l'odorat et par inspection visuelle que le liège est en bon état (et qu'il semble bien être celui de la bouteille que l'on vous présente, si elle n'a pas été ouverte devant vous).

Il arrive, mais rarement, que le vin ait un tel goût de bouchon (voir chapitre 2) que le bouchon lui-même délivre une odeur désagréable. Plus rarement encore, le bouchon est détrempé ou très sec et friable. Dans les deux cas, vous devez en déduire que de l'air est entré en contact avec le vin et l'a endommagé.

Si l'examen du bouchon sème un doute dans votre esprit quant à la qualité du vin, attendez malgré tout d'avoir humé et goûté le vin avant de refuser la bouteille.

Lors d'un repas avec un ami connaisseur, le bouchon lui avait été présenté par le serveur. Très sérieusement, il a mis le bouchon dans sa bouche et l'a mâché pendant quelques instants avant de confirmer au serveur que le bouchon était en bon état.

3. Si le vin a besoin d'être décanté, le serveur effectue cette opération à ce moment

Pour plus d'informations sur la décantation, reportez-vous à la section Comment aérer votre vin, chapitre 8.

4. Le serveur verse une petite quantité de vin dans votre verre puis attend

À ce moment précis, vous n'êtes pas supposé dire : « C'est tout ce que vous me servez ? » Vous devez humer le vin, en boire une petite gorgée pour enfin acquiescer de la tête ou lui murmurer : « Il est bon. » Cette étape est cruciale, car si le vin a un défaut, c'est le moment idéal pour le refuser (n'attendez pas d'avoir vidé la moitié de la bouteille !). Revoyez si nécessaire notre exposé des techniques de dégustation au chapitre 2.

Si vous n'êtes pas certain de la qualité du vin, demandez l'avis d'un voisin de table puis prenez une décision en groupe. Imaginez que vous deviez refuser la bouteille ultérieurement parce qu'un des autres convives la considère comme impropre à la consommation. Ou imaginez-vous boire ce vin sans plaisir parce que vous savez que quelque chose ne va pas. Dans les deux cas, vous souffrez inutilement. Prenez donc le temps nécessaire pour faire le bon choix.

Si vous décidez que la bouteille n'est pas acceptable, indiquez au serveur ce qui semble ne pas aller en utilisant le langage le plus précis possible. (Deux termes très facilement compris sont tourné et éventé.). Ayez de la compassion pour le serveur à cause du travail supplémentaire que vous lui faites faire, mais ne vous confondez pas en excuses. (Après tout, ce n'est pas vous qui avez fabriqué ce vin !). S'il le désire, laissez-lui goûter ou sentir le vin, mais ne le laissez jamais vous culpabiliser.

Le sommelier ou le propriétaire des lieux peut convenir que le vin est défectueux ou croire que vous n'êtes pas en mesure de l'apprécier. Selon le cas, il vous apportera une autre bouteille du même vin ou bien vous rapportera la carte des vins pour que vous puissiez en choisir un autre. Dans les deux cas, le rituel du service sera repris de bout en bout.

   5. **Si vous acceptez le vin, le serveur en verse dans les verres de vos invités pour finir avec votre verre. Vous voilà enfin tranquille.**

Si vous êtes livré à vous-même

Si vous ne pouvez profiter de l'assistance de personne, gardez en mémoire les quelques règles suivantes qui vous permettront de choisir un vin se mariant avec votre repas :

- Évitez soigneusement un vin qui écrase le goût des aliments.
  Ne choisissez pas non plus un vin trop léger par rapport au plat. Dans le cas des plats de viande légers tels que le poulet ou dans le cas des poissons comme le saumon, choisissez un vin rouge relativement léger tel qu'un bourgogne. Avec des fruits de mer ou des poissons légers, vous vous tournerez vers un vin blanc pas trop charnu tel qu'un Chablis ou un Soave. Un blanc charnu tel qu'un Chardonnay sera idéal avec un homard. (Ces différents vins sont décrits en détail dans les chapitres 10 à 14.) ;

- Certains plats tels que le poulet ou les pâtes se marient aussi bien avec le blanc qu'avec le rouge. Informez-vous sur la sauce qui accompagne le plat pour vous aider dans votre choix. Sa texture et son épaisseur sont des critères déterminants. Ainsi, des pâtes préparées avec une sauce tomate à la viande seront meilleures avec du rouge alors que des pâtes avec une sauce à la crème légère et des légumes se marieront mieux avec un vin blanc ou un vin pétillant ;

- Les mets riches en saveurs, tels que les ragoûts, les rôtis, le gibier, le canard, se marient de préférence avec des vins rouges corsés ;

- Les mets épicés tels que ceux des restaurants chinois, indiens ou mexicains s'accordent bien au champagne ou aux vins d'Alsace comme le Riesling ou le Gewurztraminer (ou à la bière);
- Les différentes règles ci-dessus sont des suggestions. Suivez d'abord votre instinct et conservez un esprit d'aventure.

(Voyez le chapitre 17 pour des détails sur le mariage des vins et des mets.).

Quelques pratiques de vente forcée aux USA

Certains restaurateurs veulent d'abord engraisser leur compte en banque en formant leurs serveurs à pousser à la consommation de vin. Il existe donc des serveurs formés pour remplir les verres le plus souvent possible, en s'arrangeant pour que la bouteille soit vide avant le plat principal (cela peut se réaliser aisément si les verres sont de grande taille). En vidant la bouteille, le serveur peut vous demander : « Je vous en apporte une autre ? » En jugeant que la quantité de vin qui reste dans les verres de vos invités et de leur désir apparent d'en boire encore, vous pouvez décider de ne pas en commander d'autre bouteille. Vous aurez pourtant tendance à accepter pour éviter de paraître radin.

Une pratique encore plus perverse consiste à remplir à nouveau les verres en commençant par celui qui invite, en sorte que la bouteille soit vide avant d'avoir fait le tour de la table. Comment pourriez-vous refuser une autre bouteille dans ces conditions ? Vous êtes obligé d'en commander une autre, mais vous irez sans doute dire ce que vous avez sur le cœur au propriétaire lorsque vous quitterez le restaurant.

Conseils pour boire le vin au restaurant

Il y a tant de décisions à prendre quant au service du vin dans un restaurant qu'il faudrait presque un mode d'emploi. Doit-on laisser le vin dans un seau à glace ? Que doit-on faire si le vin est mauvais ? Peut-on apporter son propre vin ? Quelques conseils s'imposent :

- **Quand a-t-on besoin d'un seau à glace?** En général, le seau à glace est considéré comme nécessaire pour maintenir au frais les vins blancs et champagnes. Pourtant, la bouteille est parfois si froide lorsqu'elle vous est servie qu'il serait préférable de laisser plutôt le vin se réchauffer un peu sur la table. Si votre vin blanc a été placé dans un seau à glace par le serveur alors que vous pensez qu'il est trop froid, ôtez-le du seau ou demandez au serveur de le faire. Ce n'est pas parce que le seau est posé sur la table (ou près de la table) que la bouteille doit obligatoirement se trouver dedans!
- Parfois un vin rouge qui est trop chaud peut être placé cinq ou dix minutes dans le seau à glace. (Faites très attention! Il peut se refroidir très vite. Si le serveur vous regarde de travers parce que vous refroidissez un vin rouge, ignorez-le.).
- **Faut-il utiliser des petits verres?** Si vous avez à disposition plusieurs verres, vous pouvez choisir un autre verre que celui qui était prévu pour le vin. Si les verres prévus pour le vin rouge dans le restaurant vous semblent trop petits, utilisez le verre à eau.
- **Doit-on laisser le vin aérer?** Si le vin rouge que vous avez commandé semble avoir besoin d'être aéré pour adoucir un peu son tanin (voir chapitre 8), le fait d'avoir débouché la bouteille n'aura pas un effet suffisant (le goulot ne donne pas assez de passage d'air). La meilleure solution consiste à faire décanter le vin en le versant dans une carafe ou dans les verres. Cette recommandation est tout aussi valable pour les grands vins blancs que vous aurez à votre table.
- **Où est ma bouteille?** Nous préférons toujours avoir notre bouteille à portée de main. Nous pouvons ainsi admirer l'étiquette et nous ne dépendons plus du serveur pour remplir les verres. C'est une manière de garder le contrôle des opérations.
- **Et si le vin est défectueux?** Refusez toujours une bouteille qui a une odeur ou une saveur désagréable (sauf si vous l'avez apportée vous-même!). Un restaurant correct accepte toujours d'échanger une bouteille, même s'il pense que son contenu n'est pas défectueux.

Des vins à commander les yeux fermés au restaurant

Vins blancs

1. Mâcon-Villages ou Pouilly-Fuissé (secs, vifs, moyennement charnus).

2. Meursault (sec, de corps moyen, aux saveurs de miel et de noisettes).

3. Chenin Blanc, Vouvray ou Riesling (fruités, si vous n'aimez pas un blanc trop sec).

4. Sancerre, Pouilly-Fumé (vifs et secs, saveurs d'agrumes et goût de pierre à fusil).

5. Sauvignon Blanc d'Afrique du Sud ou de Nouvelle-Zélande (secs et légers mais pleins d'arômes).

6. Condrieu (sec, floral et très aromatique).

Vins rouges

1. Beaujolais pour un rouge simple et abordable (notamment quand il vient d'un négociant respectable tel que Louis Jabot ou Georges Dubœuf).

2. Bourgogne rouge (le plus répandu des vins français basés sur le cépage Pinot Noir, très fruité, parfum de cerise, légèrement poivré).

3. Bordeaux (charpenté, boisé, se mariant bien avec les viandes).

4. Côtes du Rhône (puissant, goût intense de fruits rouges, vin de soleil).

5. Languedoc (alliant l'élégance et la puissance, tout le Midi dans la bouteille).

(Voyez les chapitres 10 à 14 pour plus d'informations sur les vins.).

Chapitre 8

Ouvrir une bouteille et servir le vin

Dans ce chapitre :
- La phobie du bouchon et autres barrières à franchir pour accéder au vin
- Le fameux tire-bouchon à deux lames
- Quelques exercices de respiration pour vos bouteilles
- Tulipes, flûtes, ballons et autres noms pittoresques
- Conseils pour servir et stocker le vin

Ne vous est-il jamais arrivé de casser un bouchon ou de le voir s'émietter sous le regard navré de vos amis ? Cela arrive à tout le monde de temps à autre à partir du moment où vous prenez le risque de déboucher les bouteilles de vin.

Certains individus n'achètent que du vin en cubitainer (récipient en plastique contenant 3 à 5 litres protégé par un emballage en carton ; vous versez le vin grâce à un robinet). Les vins qui sont conditionnés de cette manière sont bon marché, ce qui est une bonne raison pour en acheter, le conditionnement est pratique car le cubitainer dure plusieurs jours et il est inutile de descendre les bouteilles à la poubelle. Nous suspectons un certain nombre de ces clients de préférer ce type de conditionnement pour une autre raison moins avouable : ils sont mal à l'aise lorsqu'il s'agit de déboucher une bouteille.

Peut-être ont-ils été traumatisés par une rencontre avec un bouchon rébarbatif, ce qui les a amenés à développer une phobie du bouchon. Nous compatissons à leur souffrance.

Non seulement ils ont vécu un traumatisme, mais ils s'interdisent l'accès à tous les meilleurs vins du monde, car tous ces vins sont contenus dans des bouteilles fermées par des bouchons en liège.

Il existe pourtant une solution : s'armer des outils adéquats.

Tout d'abord : faire sauter la capsule

Dans certains pays, les négociants font beaucoup d'efforts pour attirer votre attention quand vous parcourez les allées des magasins. La capsule est pour cela un élément déterminant. Certaines capsules peuvent avoir un aspect très agréable, ce qui est bien. En revanche, certaines capsules sont difficiles à ôter, ce qu'il l'est moins.

De plus en plus de chais, dans les nouvelles régions viticoles, utilisent des capsules en plastique coloré plutôt qu'en plomb afin d'écarter tout risque de recours d'un consommateur en cas de saturnisme (intoxication par le plomb). D'autres choisissent de coiffer le bouchon d'une pellicule transparente (se rencontre en France pour les rosés de pays).

Quel que soit son matériau constitutif, lorsque nous ouvrons une bouteille de vin, nous misons sur la sécurité en ôtant la totalité de la capsule. Ainsi, aucun contact n'est à craindre avec le vin. (Dans ce cas, nous préférons les véritables capsules en plomb, car elles sont plus faciles à enlever que celles en plastique.).

Une fois la capsule enlevée, nettoyez soigneusement le goulot avec un tissu humide car le bouchon a pu souffrir de la condensation qui s'est développée sous la capsule – signe que le vin a été stocké dans des conditions favorables pour que le bouchon reste humide (voir chapitre 18 d'autres informations concernant le stockage des vins).

Certains amateurs préfèrent ne pas enlever toute la capsule par respect pour la bouteille – ce qui correspond d'ailleurs à un usage très répandu. Certaines personnes utilisent un petit outil bien pratique qui permet de couper proprement le tour de la capsule, mais un couteau fait aussi bien l'affaire.

Offrez-vous des débouchés

Que l'on souffre de phobie du bouchon ou non, n'importe qui peut venir à bout de pratiquement tous les bouchons s'il est armé d'un tire-bouchon adéquat.

Nous supposons qu'il n'est pas très futé de notre part d'annoncer que nous utilisons trois tire-bouchons différents pour faire face à toutes les situations. Il en existe même différents types que nous n'utiliserions qu'en désespoir de cause avant de décider d'ouvrir une bière. Ne nous prenez pas pour autant pour des snobs ou des maniaques. Après tout, qui s'inquiète du tire-bouchon que vous avez utilisé à partir du moment où vous arrivez à extraire le bouchon afin que tout le monde puisse boire ? Reconnaissons que pouvoir accéder au contenu d'une bouteille de vin est une chose importante. L'étape qui mène à ce contenu est bien plus agréable si le tire-bouchon est adapté. Être obligé de se battre à mains nues avec un bouchon récalcitrant lorsqu'on est armé d'un mauvais outil n'est pas la préparation mentale la plus adaptée pour goûter ensuite le vin avec sérénité.

Le tire-bouchon qu'il faut posséder

Le seul tire-bouchon que toute maison doit posséder reste le tire-bouchon à vis Screwpull. Il a été inventé au début des années 80 par un ingénieur nommé Herbert Allen qui semblait apparemment fatigué de voir qu'un morceau de liège à 10 centimes pouvait lui tenir tête.

Le tire-bouchon à vis Screwpull mesure environ 15 centimètres de long. Il est constitué d'une tête solidaire d'une vis de 10 centimètres de long (voir figure 8-1). Pour l'utiliser, une fois que vous avez enlevé la capsule, vous posez les épaules sur le goulot et vous les maintenez tout en vissant la partie mobile et en poussant légèrement sur le bouchon. Vous faites ainsi descendre la vis dans le bouchon. Continuez à visser dans le même sens. Vous verrez le bouchon émerger comme par magie de la bouteille. Pour enlever le bouchon du tire-bouchon, maintenez les leviers et tournez dans le sens inverse.

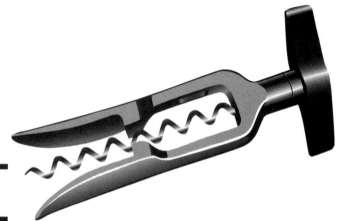

Figure 8-1 : Le tire-bouchon à vis.

Ce tire-bouchon peut être proposé en différentes couleurs et coûte de 8 à 16 € dans les boutiques de vins, les boutiques d'accessoires de cuisine et les catalogues de vente par correspondance. Son utilisation est très simple et ne nécessite pas une grande force musculaire, et il est approprié à 95 % des bouchons que nous rencontrons.

Autres tire-bouchons conseillés

Nous avons dit 95 %. Vous comprenez donc qu'il est utile de bénéficier d'un, voire de deux autres tire-bouchons pour les 5 % restants que le premier tire-bouchon ne sait pas enlever, sauf à risquer de se briser (les bouteilles à collerette élargie en sont un exemple).

Nos deux tire-bouchons de secours sont de plus petite taille. Vous pouvez facilement les glisser dans votre poche ou dans votre tablier. Leur taille réduite est la raison principale pour laquelle ils sont appréciés des serveurs dans les restaurants.

Le tire-bouchon à deux lames

Le surnom non officiel de ce tire-bouchon est « Ah oui ». En effet, les gens se demandent souvent comment il fonctionne et quand on leur en fait la démonstration, ils s'écrient : « Ah ! oui, c'est comme ça que ça marche ! » (certains le surnomment également « l'ami du majordome », mais qui a un majordome de nos jours ?).

Ce tire-bouchon est constitué de deux lames métalliques de longueur différente (voir figure 8-2). Pour l'utiliser, vous faites glisser les deux lames entre le bouchon et le goulot en commençant par la lame la plus longue. Vous exercez un mouvement d'avant en arrière en même temps que vous enfoncez avec souplesse l'appareil jusqu'à ce que le tire-bouchon repose sur le haut du bouchon. Il suffit ensuite de faire tourner lentement le tire-bouchon tout en tirant.

Le gros avantage du tire-bouchon à lames est l'extraction du bouchon sans le détériorer. Vous pouvez ainsi réutiliser les bouchons pour boucher vos bouteilles de vinaigre maison ou faire une très jolie collection de bouchons de grands crus.

Bien qu'il soit plus difficile à manipuler que les autres tire-bouchons, celui à lames excelle dans le cas des bouchons très durs, très serrés et où les autres tire-bouchons abdiquent. Il est également idéal dans le cas des bouchons fragilisés.

N'utilisez pas un tire-bouchon à lames avec un bouchon ayant trop de jeu dans le goulot. Vous ne feriez rien d'autre que de pousser le bouchon dans la bouteille. En pareil cas, il vous faut un autre outil pour récupérer le bouchon (nous en parlerons un peu plus loin).

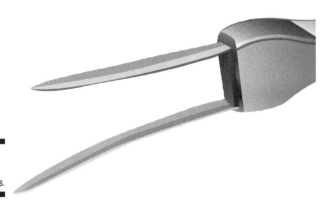

Figure 8-2 :
Le tire-bouchon à lames.

Le tire-bouchon à lames coûte de 4,50 à 8 €. Ce modèle semble très prisé dans certaines régions, notamment la Californie, sans que nous sachions le motif de cette préférence.

Le tire-bouchon des professionnels de la restauration

Le troisième tire-bouchon que nous commandons est celui qui est utilisé presque universellement dans les restaurants, c'est pourquoi il s'appelle tire-bouchon du sommelier. Sur son corps métallique se greffent trois pièces mobiles dans le style d'un couteau suisse. Un levier, une vis d'environ 5 centimètres de longueur utile et un petit couteau (voir figure 8-3). Ce couteau sert notamment à découper la capsule.

L'utilisation du tire-bouchon du sommelier nécessite un peu de pratique. (Peut-être est-ce encore une autre raison de la phobie du bouchon ?). Commencez par prendre fermement en main le goulot avec votre main secondaire (la gauche en général) ; l'astuce consiste alors à guider la vis au centre du bouchon grâce à une ouverture dans votre poing qui maintient le goulot. Une fois que la vis est totalement descendue dans le bouchon, placez le levier sur le goulot et appliquez un effet de levier pour extraire le bouchon. Terminez le débouchage en tirant verticalement le tire-bouchon.

Figure 8-3 : Le tire-bouchon du sommelier.

Si le bouchon se brise et qu'une partie reste dans le goulot, c'est le tire-bouchon du sommelier qui est le plus approprié pour enlever les parties restantes. Utilisez-le comme indiqué ci-dessus mais en insérant la vis en biais dans le goulot. Dans la plupart des cas, vous parviendrez à enlever les morceaux de liège restants.

Si vous n'y parvenez pas, poussez-les délicatement dans la bouteille. Vous pouvez ensuite utiliser un récupérateur de bouchon (décrit dans la section suivante).

Le tire-bouchon du sommelier est vendu environ 8 €.

Garçon, il y a du bouchon dans le vin !

De temps à autre, même si vous avez utilisé le tire-bouchon le plus approprié et que vous avez opéré correctement, vous pouvez finir par laisser des morceaux de liège dans le vin. Il peut s'agir de quelques tout petits éclats, de plus gros morceaux ou même de la totalité du bouchon.

Avant de vous traiter d'incapable, sachez que le syndrome du liège flottant est une expérience que nous avons tous vécue à un moment ou à un autre, quel que soit notre niveau d'expérience. Le liège n'endommage pas le vin.
Il existe un outil merveilleux permettant de récupérer le liège flottant (ne confondez pas ce nom anglais, *cork retriever*, avec un petit chien d'arrêt du sud de l'Irlande). Cet outil est disponible dans certains magasins spécialisés mais il reste difficile à trouver.

Le récupérateur de liège est composé de trois fils de métal d'environ 25 centimètres de long avec des crochets à chaque extrémité, il réussit très bien à extraire les morceaux de liège flottants. Nous avons même réussi à récupérer un bouchon complet qui était resté dans le goulot d'une bouteille (tout en priant que le goulot n'explose pas au moment où nous forcions le bouchon avec le récupérateur dans le goulot).

De manière plus simple, vous pouvez enlever les morceaux de liège avec une cuillère une fois que vous avez versé le vin dans les verres. (C'est dans ce cas qu'il est gênant de servir les invités d'abord car le premier verre contiendra plus de liège que les autres.). Sinon, il suffit de transvaser le vin dans une carafe de décantation en le faisant passer dans un filtre à café ou bien dans un tamis.

Quel génie a eu l'idée d'utiliser le liège ?

Nous avouons ne pas savoir comment se nomme le premier génie qui a choisi d'obturer une bouteille de vin avec un morceau de liège. Nous savons cependant que le moine français Dom Pérignon a répandu l'utilisation du bouchon de liège pour fermer les bouteilles de champagne.

Cette idée de génie est restée insurpassable. En effet, l'écorce du chêne-liège a des propriétés très intéressantes : elle est compressible (ce qui permet d'insérer le bouchon dans le goulot d'une bouteille) et elle est élastique (ce qui lui permet de reprendre forme pour obturer correctement le goulot). Le liège constitue donc un moyen idéal pour empêcher toute pénétration d'air dans les bouteilles de vin, ce qui permet de les garder pendant de nombreuses années. N'oubliez jamais de stocker les bouteilles de vin horizontalement afin de maintenir le bouchon de liège imbibé. Lorsque vous conservez une bouteille verticalement (notamment dans une atmosphère sèche) pendant plusieurs mois, le bouchon sèche, perd son élasticité, et finit par laisser l'oxygène entrer dans la bouteille et endommager le vin. En revanche, vous pouvez laisser une bouteille verticale pendant un mois sans causer de dommage au vin.

Le liège possède deux inconvénients : il peut développer des moisissures qui endommagent le vin, quelle que soit la position de stockage de la bouteille; puis le liège peut se transformer en une barrière frustrante entre l'amateur et son vin. Dans le cas des vins de carafe (les vins jeunes, qui ne se gardent pas plus de deux ou trois ans, et c'est le cas de nombreux vins blancs), on pourrait tout aussi bien utiliser une capsule à vis qui est plus simple à ouvrir et qui assure une aussi bonne étanchéité. Mais les traditions sont tenaces et le liège restera certainement le système d'obturation standard pendant encore de nombreuses années, même pour les vins à boire jeunes.

Une ouverture solennelle : le champagne

Ouvrir une bouteille de champagne est généralement une fête. Comment résister à l'atmosphère joyeuse qui se crée autour de ces verres frais et pétillants ? Peut-il exister une boisson plus solennelle ? S'il en existe une, nous ne l'avons jamais rencontrée.

N'imitez pas les pilotes de Formule 1 !

Une partie du plaisir que nous apportent les vins pétillants est le débouchage. Si la bouteille vient d'être transportée, il est préférable de la laisser reposer au moins une journée. En effet, il est difficile de contrôler la poussée du bouchon si le gaz a été remué. (Vous n'ouvririez pas non plus une bouteille de limonade chaude et venant d'être secouée. Les vins pétillants ont une pression bien supérieure aux limonades, il faut donc les laisser reposer plus longtemps encore.).

Si les circonstances ne vous permettent pas d'attendre, la solution de secours consiste à calmer quelque peu le gaz en trempant la bouteille dans un seau à glace pendant une demi-heure. (Remplissez le seau à moitié de cubes de glace et à moitié d'eau glacée.).

Dans tous les cas, soyez vigilant lorsque vous ôtez le muselet en acier qui maintient le bouchon. Nous avons toujours un trou dans le plafond de notre cuisine provoqué par un bouchon sauteur. Pour plus de sûreté, gardez une main fermement sur le dessus du goulot en même temps que vous ôtez la vrille du muselet. Arrangez-vous pour ne jamais pointer la bouteille en direction des autres personnes ou des objets fragiles.

N'utilisez évidemment jamais un tire-bouchon pour ouvrir une bouteille de vin pétillant. La pression du gaz en se libérant d'un seul coup risque de projeter le bouchon avec le tire-bouchon, éventuellement dans votre visage.

Un « psitt » vaut mieux qu'un « pop »

Si vous aimez entendre le fameux *pop*, tirez fortement sur le bouchon. Notez que vous perdez en général une petite quantité de ce précieux breuvage qui va s'écouler hors du goulot sous forme de mousse. Par ailleurs, le bruit peut interférer avec les conversations de vos invités. Enfin, dans certains milieux, ce n'est pas un signe de distinction.

Il est pourtant facile de déboucher une bouteille de vin pétillant en ne lui faisant émettre qu'un discret chuintement au lieu du *pop* attendu. Maintenez la bouteille à 45 degrés en utilisant un torchon humide, si elle est mouillée. (Essayer de bloquer le cul de la bouteille dans le creux de votre hanche.). Faites tourner la bouteille tout en maintenant fermement le bouchon, ce qui vous permet de mieux contrôler la poussée. Lorsque vous sentez que le bouchon commence à sortir, repoussez-le fortement comme si vous ne vouliez pas le laisser sortir. Vous arriverez ainsi à déboucher la bouteille lentement en lui faisant émettre un sifflement bref.

De temps à autre, vous rencontrerez un bouchon qui tient trop fermement. Vous pouvez passer le goulot de la bouteille sous l'eau pendant une minute ou deux. Cela permet généralement de ramollir le bouchon suffisamment pour permettre de déboucher la bouteille.

Le bon docteur fait des bulles

Nous n'oublierons jamais le vin d'honneur qu'un ami médecin donnait pour célébrer la naissance de sa fille. Au moment crucial où tous les invités regardaient, il a coincé la bouteille de champagne entre ses jambes pour la déboucher. Le bouchon est parti plus tôt que prévu, en propulsant la bouteille en arrière. La bouteille, telle une fusée, a zigzagué dans la pièce en répandant du champagne partout. Nous étions tous sur le point d'éclater de rire quand sa belle-mère lui dit froidement d'un air désapprobateur : « Vous ne saurez donc jamais rien faire de vos dix doigts, n'est-ce pas ? » Notre ami ne put que se figer, de la glace dans le regard.

Vous pouvez enfin acquérir des gadgets qui ressemblent à des pinces ; il en existe trois sortes : la pince à champagne, l'étoile à champagne et la clé à champagne. Vous devez les placer autour de la partie du bouchon qui dépasse du goulot ; tous les bouchons des vins pétillants ont une forme de champignon. Au pire, vous pouvez utiliser une pince crocodile, mais le fait d'avoir à fouiller dans la boîte à outils risque de casser un peu l'ambiance.

Le vin respire-t-il ?

La plupart des vins sont des matières vivantes : leur structure chimique évolue pendant le vieillissement. Le vin absorbe de l'oxygène et s'oxyde, comme nos propres cellules. Lors de la fermentation qui transforme le jus de raisin en vin, il y a dégagement de dioxyde de carbone, tout comme chez l'être humain au cours de sa respiration. C'est pourquoi on peut dire, d'une certaine manière, que le vin respire.

Mais ce n'est pas ce que le serveur veut dire lorsqu'il vous demande : « Dois-je déboucher et laisser respirer le vin, monsieur (ou madame) ? » Dans ce contexte, *respirer* correspond à l'action de laisser aérer le vin en l'exposant à l'air. Un vin très jeune peut parfois bénéficier d'une légère aération. Mais il ne suffit pas de déboucher la bouteille et de la poser sur la table. Le petit conduit que constitue le goulot de la bouteille ne suffit pas à permettre une aération efficace (mais il permet pourtant au vin de tourner en quelques jours).

Comment aérer votre vin

Si vous avez besoin d'aérer votre vin, procédez ainsi :

Transvasez le vin dans un flacon – une carafe à décanter – (récipient, généralement en verre, dont la contenance permet de recevoir une bouteille de vin tout entière).

Quels vins doivent être aérés ?

De nombreux vins rouges gagnent à être aérés. En revanche, seuls quelques vins blancs et certains vins de dessert en profitent. La plupart des vins blancs peuvent en effet être consommés dès qu'ils sont servis, à moins qu'ils ne soient trop froids. Nous aborderons cela plus tard.

Vins rouges jeunes très tanniques

Les vins rouges jeunes, notamment ceux qui sont très tanniques (revoyez le chapitre 2 au sujet du tanin), tels que les bordeaux, la plupart des Côtes du Rhône et des vins italiens ainsi que les Cabernet-Sauvignon et les Zinfandel rouges des nouvelles régions viticoles du monde, profitent d'une aération qui permet à leurs tanins de s'adoucir, ce qui arrondit le vin.

Plus le vin est jeune et fort en tanins, plus il doit être aéré longtemps. En règle générale, une heure d'aération suffit à la plupart des jeunes vins rouges très tanniques. Font exception à cette règle les Barolo ou Barbaresco jeunes (des vins rouges du Piémont en Italie décrits dans le chapitre 11) ; ces vins contiennent en effet tant de tanins que l'on pourrait presque croire qu'ils tiennent debout sans la bouteille s'ils ne sont pas décantés. Il est bon de les laisser aérer et décanter entre trois et quatre heures.

Vins vieux rouges avec sédiments

De nombreux vins rouges produisent des sédiments (le tanin et d'autres particules solides en suspension qui se solidifient avec le temps et tombent au fond de la bouteille). Ces matières deviennent visibles à partir de huit à dix ans de vieillissement. Les sédiments ont un goût assez amer (c'est d'abord du tanin). De plus, voir flotter des particules sombres dans le vin n'est pas du plus bel effet.

Pour contrôler au mieux ce processus, il est nécessaire de disposer d'une source de lumière vive placée derrière la bouteille. On utilise fréquemment des bougies pour réaliser cette opération ; elles donnent une ambiance romantique, mais une lumière halogène est encore plus efficace - la lumière est plus vive et reste fixe.

Plus le vin est vieux, plus vous devez faire preuve de délicatesse. Ne donnez pas trop d'aération à un vin vieux qui semble fragile. (Vérifiez la couleur du vin au travers de la bouteille avant de le décanter ; si la couleur est pâle, c'est que le vin est sans doute proche de sa durée de vie maximale.).
En effet, les saveurs des très vieux vins décroissent rapidement, au bout de dix à quinze minutes d'exposition à l'air.

Si le vin semble réclamer encore plus d'aération une fois qu'il a décanté, laissez-le respirer. Si sa couleur est sombre, c'est qu'il est sans doute encore assez jeune et qu'il peut respirer encore. Inversement, si sa couleur est rouge brique ou grenat, il est probablement arrivé à maturité et ne nécessite pas plus d'aération.

Quelques vins blancs

Certains très bons vins blancs secs, tels que les bourgognes et les bordeaux blancs ainsi que les meilleurs vins d'Alsace bénéficient d'une aération. Vous pouvez ainsi ouvrir un Corton-Charlemagne jeune (grand bourgogne blanc) et constater qu'il n'offre pas beaucoup d'arômes et de saveurs ; c'est qu'il a besoin d'aération. Décantez le vin et goûtez-le une demi-heure plus tard. Si la pièce n'est pas trop chauffée, il est inutile de placer le décanteur au réfrigérateur. Dans la plupart des cas, c'est un tout autre vin que vous allez découvrir.

Portos vieux millésimés (Porto Vintage) ou LBV

Un des vins fortifiés les plus fameux est le porto vieux millésimé. Ce porto vieux a besoin d'apprendre à respirer. En effet, un tel porto est tellement puissant en tanin qu'il demande de nombreuses heures d'aération (au moins huit heures). Même les portos vieux non millésimés nécessitent au minimum quatre heures d'aération. De plus, les portos vieux millésimés nécessitent une décantation, car ils sont remplis de sédiments (souvent 10 % de la bouteille). Vous devez donc laisser une bouteille de porto vieux millésimé debout pendant plusieurs jours avant de l'ouvrir, ou filtrer avec de la gaze en la décantant.

Exceptions à la règle de décantation du rouge et du porto

L'exception confirme la règle. Il existe une assez grande quantité de vins rouges que vous n'avez pas besoin de décanter ni aérer avant de les boire :

- Vins rouges à corps moyen et peu chargés en tanins, tels que les Pinot Noir, les bourgognes, les beaujolais, les Côtes du Rhône, les rouges italiens tels que les Dolcetto, les Barbera et les Chianti légers ainsi que les Zinfandel rouges légers. Ces vins ne possèdent pas beaucoup de tanins et ne nécessitent donc pas une aération poussée ;
- Les vins rouges à bon marché — moins de 4,50 € – pour la même raison que précédemment ;
- Les portos Tawny (fauves), et plus généralement tous les portos sauf les vieux millésimés. Ces vins ne doivent normalement pas contenir de sédiments (qui doivent être restés dans les barriques pendant le vieillissement) et sont donc prêts à boire dès que vous les versez.

Doit-on choisir les verres avec soin ?

Si vous consommez du vin pour vous rafraîchir pendant votre repas sans y prêter particulièrement attention, le verre que vous allez utiliser pour boire n'a pas vraiment d'importance. (Pourquoi pas un verre à moutarde ou un gobelet en plastique ?). Nous avons utilisé des douzaines de verres en plastique dans nos pique-niques et bien sûr dans les voyages en avion.

Les grands vins se mettent en valeur dans des verres qui leur sont appropriés. Essayez le même vin dans trois ou quatre verres de formes différentes, le résultat est surprenant : vous dégusterez trois ou quatre vins différents.

Cependant, pour déguster un bon vin dans une occasion particulière, lorsque vous avez invité des amis qui désirent parler avec vous du vin ou que vous avez invité votre chef de service, vous choisirez des verres à pied. Ce n'est pas une simple question d'élégance ou de convention : un bon vin se savoure mieux dans un bon verre. Essayez vous-même.

Vous pouvez comparer les verres à des haut-parleurs stéréo. N'importe quel vieux haut-parleur vous permet d'entendre la musique tout comme n'importe quel verre vous permet d'apporter le vin jusqu'à vos lèvres. Mais (à supposer que vous sachiez reconnaître la différence et que cela vous importe) vous n'apprécierez certainement pas aussi bien la musique au niveau esthétique et émotionnel que si vous utilisez de bons haut-parleurs. Il en va de même pour le vin et les verres à vin. Ce n'est que dans des verres à pied de bonne qualité que vous pouvez apprécier tous les arômes et toutes les saveurs complexes d'un vin. Autrement dit, qui veut la fin veut les moyens.

Tout d'abord, la bonne couleur

À moins que vous ayez envie de jouer à un jeu pervers avec vos amis connaisseurs, vous devez utilisez des verres à vin transparents. (Si vous souhaitez absolument utiliser des verres à moutarde affublés d'une décalcomanie, faites-le, à condition que le verre lui-même soit transparent.). Tous les jolis verres colorés sont du plus bel effet dans le salon chinois de votre tante, mais ils sont inadaptés à l'appréciation des véritables couleurs du vin. Enfin, les verres noirs qui ont eu une certaine popularité voici quelque temps sont plus appropriés à une cérémonie d'initiation à la magie noire qu'à la dégustation d'un vin.

Contenance, épaisseur et forme

Croyez-le ou non (nous n'y avons pas toujours cru non plus), la saveur d'un vin change selon le type de verre dans lequel on le boit. Nous avons failli déclencher une émeute lors d'une soirée de dégustation que nous avions organisée tout simplement parce que les dégustateurs croyaient que nous leur servions des vins différents alors que nous nous étions contentés de leur servir le même vin dans des verres très différents. Nous avons ainsi appris qu'en ce qui concerne les verres, trois paramètres sont déterminants : la contenance, l'épaisseur de la matière et la forme.

Contenance (taille)

Les petits verres constituent une hérésie pour les vins rouges et blancs secs; ils sont inutilisables dans la pratique. En effet, vous ne pouvez pas faire tournoyer le vin dans le verre sans qu'il déborde, et cela vous empêche de pouvoir réellement apprécier son bouquet. Par ailleurs, un petit verre est rapidement vide et il faut le remplir plus souvent. Vous n'utiliserez des petits verres que pour les vins fortifiés ou les vins de dessert qui offrent une telle quantité d'arômes que vous pouvez éviter de faire tournoyer le vin. Par ailleurs, ils se boivent en petite quantité.

En règle générale, plus le verre est large, mieux cil est adapté aux :

- ✔ Vins rouges : le verre doit pouvoir contenir 35 centilitres au minimum, les meilleurs vins nécessitant une capacité de 50 à 70 centilitres;
- ✔ Vins blancs : la capacité minimale est de 30 à 35 centilitres;
- ✔ Vins pétillants : une capacité de 25 à 35 centilitres suffit.

Épaisseur du verre

Les très fins verres en cristal sont bien plus chers que les verres en verre ordinaire. C'est une des raisons pour lesquelles peu de gens y ont recours
– et c'est également une raison pour laquelle certains les utilisent.

La meilleure raison qui peut pousser à utiliser des verres en cristal est que le vin a meilleur goût. Nous ne savons pas si l'élégance du cristal a simplement un effet sur l'ambiance esthétique de la dégustation ou s'il existe des raisons plus scientifiques.

Forme : tulipe, flûte, ballon et autres noms pittoresques

Une *tulipe* est une fleur, et une *flûte* est un instrument de musique, n'est-ce pas ? Eh bien, la tulipe est également le nom d'un verre qui sert pour les vins pétillants (figure 8-4). C'est un verre haut sur pied, allongé et resserré à son ouverture. Cette forme permet de mieux maintenir les bulles en les empêchant de quitter trop vite le vin (vous devinez donc que la fameuse coupe de champagne est à proscrire).

La *flûte* constitue également un verre adéquat pour boire du vin pétillant à cause de sa forme allongée et de son ouverture relativement étroite (figure 8-5) ; elle est légèrement moins bonne que la tulipe car elle ne se resserre pas à l'ouverture. La *trompette* s'ouvre, ce qui la rend moins appropriée aux vins pétillants, mais son esthétique est particulièrement agréable (figure 8-6).

Le verre *ballon* est tout à fait correct pour permettre l'aération de nombreux vins rouges tels que les bourgognes, le Barolo et d'autres grâce à sa forme ample.

Figures 8-4, 8-5 et 8-6 : La tulipe, la flûte et la trompette (de gauche à droite).

La plupart des vins rouges tels que les bordeaux, le Chianti et les Cabernet-Sauvignon, Merlot et Zinfandel s'apprécient mieux dans un verre légèrement ovale à l'ouverture rétrécie (figure 8-7). Cela correspond au verre à bordeaux. D'autres vins rouges, notamment les bourgognes, le Barolo et les Pinot Noir, préféreront un verre de plus grande contenance (figure 8-8). C'est le verre à bourgogne.

Figures 8-7 et 8-8 : Le verre à bordeaux et le verre à bourgogne.

Pour offrir une base de comparaison valable à tous les dégustateurs, l'Institut national des appellations d'origine (INAO), en collaboration avec l'AFNOR et d'autres instances de normalisation, a défini un verre standard pour la dégustation. Ce verre se nomme le verre INAO.

Combien de services à vin doit-on prévoir ?

Que doit faire l'amateur de vins : acheter plusieurs sortes de verres selon les catégories de vins ? Ce n'est heureusement pas nécessaire dans la mesure où vous pouvez utiliser des verres convenant également pour le vin rouge et pour le vin blanc qui combinent les meilleures caractéristiques de chaque type particulier. Et vous n'avez pas besoin de vous ruiner pour disposer de verres à vin corrects. Plusieurs sociétés proposent des verres en cristal dans toutes les tailles et formes imaginables à des prix abordables. Vous en trouverez chez les bons fournisseurs.

À moitié vide ou à moitié plein ?

Faire le plein est idéal à la station-service, mais ce n'est pas la meilleure manière de servir du vin. Nous sommes toujours ennuyés quand le serveur remplit nos verres jusqu'au bord. Cela lui évite sans doute de revenir trop souvent à la table. Peut-être est-ce aussi une manière de montrer sa générosité avec notre argent. Mais quand il s'agit d'entrer le nez dans le verre pour le humer, comment ne pas paraître maladroit ? Une fois, un enfant assis à la table voisine s'est écrié : « Regarde, maman, le monsieur boit avec son nez ! »

Pour conserver une marge de sécurité afin de faire tournoyer le vin et être capable de le humer, vous ne devez remplir les verres que partiellement. Un verre rempli au tiers de sa capacité est l'idéal pour apprécier les vins rouges. (Il assure une meilleure aération au vin.). Un verre de vin blanc peut être rempli à moitié et un verre de vin pétillant aux trois quarts. Si vous avez décidé d'utiliser des verres à moutarde, vous pouvez les remplir sans retenue !

Si vous désirez des verres plus raffinés, tournez-vous du côté de la cristallerie de Baccarat ou de la société Riedel Crystal. Riedel est une société autrichienne spécialisée dans la fabrication des verres les plus appropriés aux différentes catégories de vins. Riedel a effectué de longue recherches pour trouver le verre optimal pour chaque grande classe de vins : les bordeaux, les bourgognes, le champagne, les Chardonnays, etc.

Riedel produit trois gammes de verres à vin : une gamme abordable (environ 7 € le verre) qui est la série Overture, la gamme Vinum (de 9 à 16 € pièce) et la gamme supérieure Sommelier pour les connaisseurs avertis (lorsque le verre vaut de 38 à 61 €, il vaut mieux être averti !). Vous trouverez les gammes Riedel dans les catalogues des réseaux de vente par correspondance et chez certains détaillants.

Plus vous serez attentif aux saveurs du vin, plus vous le serez au verre dans lequel vous le buvez. Mais si vous parvenez à apprécier votre vin dans un verre à moutarde, aucun problème.

Le lavage des verres en cristal

Les produits de vaisselle laissent généralement derrière eux un film résiduel qui peut influer sur les arômes et saveurs des vins. Nous vous conseillons fortement de laver vos verres en cristal à la main en employant des cristaux de soude ou du bicarbonate de soude (les cristaux sont préférables car ils restent inertes). Ces deux produits ne laissent aucune trace dans les verres. Vous trouverez des cristaux de soude dans le rayon des lessives de votre supermarché. Achetez le produit générique qui ne comporte aucun parfum ajouté.

Température de service : ni trop chaud, ni trop froid

De même qu'un verre adéquat augmente le plaisir de la dégustation, la température idéale est un critère essentiel d'une bonne dégustation. Nous avons fréquemment goûté le même vin à différentes températures (et, croyez-le ou non, à différentes pressions atmosphériques) et nous avons apprécié le vin dans un cas mais pas dans l'autre !

La plupart des vins rouges se dégustent à une température de 16 à 18°C. Voici quelques dizaines d'années, cela correspondait à la température qui régnait dans les chambres (ainsi est né le terme *chambré*). De nos jours, les pièces sont plutôt à une température de 20 à 21°C, n'est-ce pas ? Un vin rouge servi après un tel chambrage manquera de vivacité et donnera en général l'impression d'être trop chaud, à cause de la sensation de brûlure due à l'alcool.

Certains placent la bouteille pendant une quinzaine de minutes dans le réfrigérateur pour redonner de la vivacité à un vin rouge qui a souffert de la chaleur. Il faut dans ce cas ne pas laisser le vin trop se refroidir. Un vin rouge servi trop froid se laisse envahir par les tanins et l'acidité, ce qui est véritablement désagréable. Les vins rouges légers et fruités tels que les beaujolais sont délicieux lorsqu'ils sont légèrement rafraîchis à environ 14 à 15°C.

Vous vous demandez peut-être comment savoir si la bouteille est à 14 ou à 15°C ? Vous pouvez vous procurer un thermomètre digital spécialement conçu pour être placé autour de la bouteille. Vous pouvez alors lire la température selon un code de couleurs. Vous pouvez également acheter un thermomètre plus classique que vous placez dans la bouteille ouverte (par son goulot). Nous disposons des deux modèles et nous n'utilisons ni l'un ni l'autre. Nous préférons juger de la température en prenant la bouteille à la main. La pratique mène à la perfection.

De même que de nombreux vins rouges sont servis trop chauds, de nombreux vins blancs sont servis trop froids si l'on en juge d'après les expériences faites dans de nombreux restaurants. Plus un vin blanc est de grande qualité, moins il doit être refroidi afin de vous permettre de bien en apprécier les saveurs.

- Les grands vins blancs se servent entre 14 et 16°C.

- Les vins blancs simples peuvent être servis plus frais, entre 10 et 13°C.

- Les rosés se servent à la même température que les vins blancs simples.

- Les vins doux et moelleux se servent également à la température des vins blancs simples.

- Les vins liquoreux ou vins de dessert tels que les Sauternes et le porto s'apprécient à une température identique à celle des meilleurs vins blancs (pour les Sauternes de 14 à 16°C) ou des meilleurs vins rouges (pour le porto de 16 à 18°C).

- Le champagne et les vins mousseux s'apprécient à 7°C.

Pour éviter d'avoir à boire du champagne tiède, ayez toujours à disposition un seau à glace. Vous pouvez également remettre la bouteille dans le réfrigérateur dès que vous avez fini de servir.

Conservation des bouteilles entamées

Un bouchon spécial permet de conserver efficacement le champagne ou tout autre vin pétillant pendant une journée au réfrigérateur. Mais que faire dans le cas d'une bouteille de vin rouge ou de vin blanc entamée ?

Vous pouvez essayer de reboucher la bouteille avec son bouchon si c'est possible puis placer la bouteille dans le réfrigérateur. Même les vins rouges peuvent se conserver ainsi ; il suffit de sortir la bouteille de celui-ci au moins une heure avant de servir. Il existe trois autres moyens qui constituent des méthodes plus sûres de conserver une bouteille entamée et d'éviter son oxydation :

- Si l'entame représente au maximum la moitié de la contenance de la bouteille, vous pouvez transvaser celle-ci dans une demi-bouteille propre que vous rebouchez ensuite. Nous achetons parfois du vin en demi-bouteille afin d'être sûr de disposer de quelques demi-bouteilles à portée de main ;

- Il existe une pompe miniature assez peu onéreuse et très pratique que vous pouvez acheter chez les détaillants. La pompe aspire l'oxygène de la bouteille, le bouchon en caoutchouc dont elle est dotée empêchant ensuite l'oxygène de revenir dans la bouteille. Vous pouvez ainsi conserver un vin pendant une semaine, mais cela ne fonctionne pas pour tous les vins ;

- Vous pouvez vous procurer des petites cartouches de gaz inerte chez certains cavistes. Il suffit d'injecter un peu de gaz dans la bouteille au moyen d'une paille livrée avec la cartouche. Le gaz forme une couche qui sépare le vin de l'oxygène de l'air et le protège ainsi contre l'oxydation. C'est une solution simple et efficace. Nous recommandons la marque *Private Reserve*.

Chapitre 9
Savoir lire les étiquettes

Dans ce chapitre :
- Le langage des étiquettes de vins
- La vérité sur les mentions impressionnantes comme « réserve » et « mis en bouteille au château »
- La différence entre région, district et commune
- Les vins millésimés et non millésimés
- Les sigles AOC, DOC, DO, QbA, VQPRD et autres

Imaginez-nous debout en train de patienter au poste de douane d'un aéroport pendant qu'un préposé sourcilleux étudie nos passeport. Les six heures d'avion durant lesquelles nous avons essayé de dormir un peu dans des sièges trop petits ont fini de nous éreinter. C'est pourtant maintenant que le préposé doit se faire une idée de qui nous sommes, et tout ce dont il dispose est un résumé de notre pedigree sur nos passeports et nos visages fatigués.

Il vous est peut-être déjà arrivé de jouer le rôle du contrôleur d'immigration lorsque vous étiez face à des rangées de bouteilles, tentant de vous faire une idée de celle qu'il fallait acheter d'après son étiquette. Sauf en de rares exceptions, l'étiquette ne donne pas beaucoup plus d'informations qu'un passeport, et la jolie image qui l'agrémente n'a pas plus de rapport avec le contenu que la photo de notre passeport n'en a avec notre figure défaite par la fatigue d'un long voyage.

Ce que raconte l'étiquette d'un vin

Toute bouteille de vin commercialisée doit porter une étiquette et cette étiquette doit donner un maximum d'informations sur le contenu. Certaines des informations sont obligatoires pour obéir à la législation du lieu de production du vin alors que d'autres informations doivent être fournies pour s'adapter à la législation du pays de vente. Lorsque les obligations sont différentes pour un vin exporté, cela peut rendre la vie bien difficile au rédacteur de l'étiquette!

L'avant et l'arrière d'une bouteille ronde

Beaucoup de bouteilles de vin comportent deux étiquettes. L'étiquette principale, placée sur le devant dans les rayons, donne le nom du vin et sert à attirer votre regard; l'étiquette secondaire, à l'arrière, donne des informations complémentaires qui vont de la suggestion très pratique telle que « Se marie merveilleusement avec tous les aliments » à des données toutes scientifiques telles que « L'acidité totale de ce vin est de 6,02 et son pH de 3,34 ».

Si l'on réfléchit un peu à la question, on peut se demander comment reconnaître l'avant et l'arrière d'une bouteille ronde!

Apparemment, plusieurs gouvernements dont celui des États-Unis n'ont pas résolu ce paradoxe. Ils rendent obligatoire la présence de certaines informations sur l'étiquette principale de toutes les bouteilles de vin, taux d'alcool, type de vin (rouge ou blanc) et pays d'origine, mais ils ne définissent pas ce qu'est l'étiquette principale. Il en résulte que certains producteurs placent toutes les informations obligatoires sur la plus petite des deux étiquettes et disent qu'il s'agit de l'étiquette de devant. Ils créent ensuite une étiquette toute en couleurs, très attractive et ne comportant presque rien d'autre que le nom du vin, et en font l'étiquette arrière. Vous imaginez facilement laquelle des deux étiquettes est mise devant dans les rayonnages par les vendeurs.

Cette situation n'est pas pour autant révoltante. Il est plus agréable de faire tomber son regard sur des étiquettes richement ornées que de naviguer parmi des séries infinies d'étiquettes austères. D'ailleurs, il est facile de prendre en main la bouteille désirée et de la tourner pour regarder l'autre étiquette. Enfin, nous nous réjouissons à l'idée que les producteurs et importateurs de vins parviennent à trouver un moyen de concilier leurs propres exigences avec celles des gouvernements. En effet, tous les mots et images placés sur les étiquettes sont décortiqués par les autorités pour vérifier qu'il n'y a ni connotation sexuelle, ni même la moindre suggestion selon laquelle le vin serait bon pour la santé (et ce, quelles que soient les découvertes positives de la science en ce domaine).

Contient des sulfites ? Pas en Europe !

Il est cocasse de constater que deux points d'information obligatoires sur les étiquettes des vins vendus aux États-Unis (et ce sont des mentions qui sont chères aux politiciens), la mention *Contains sulfites* et l'avertissement gouvernemental sur les dangers de la consommation d'alcool pour les femmes enceintes et autres conducteurs de machines, sont en revanche interdites sur une bouteille de vin des États-Unis destinée à la vente dans un pays membre de la Communauté européenne ! Les lois concernant les étiquettes des vins en Europe sont très simples : tout ce qui n'est pas explicitement autorisé à apparaître sur l'étiquette est donc interdit. Voilà qui a le mérite d'être clair.

Les mentions obligatoires

Puisque les auteurs de ce livre sont américains, commençons par les États-Unis. Le gouvernement fédéral des États-Unis rend la présence de certaines informations obligatoires sur toute bouteille de vin vendue sur le territoire américain (voir figure 9-1). Voici ces informations :

- Un nom de marque ;

- L'indication d'une classe ou d'un type (vin de table, vin de dessert ou vin mousseux) ;

✔ Le degré (pourcentage) d'alcool par volume ;

✔ Le nom et l'adresse de l'embouteilleur ;

✔ Le contenu net (en millilitres, la bouteille standard contenant 750 ml) ;

✔ La mention Contains sulfites (à de très rares exceptions près) ;

✔ Un avertissement du gouvernement (nous ne le répétons pas ici).

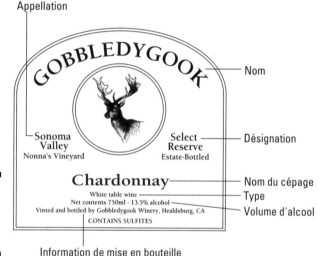

Figure 9-1 : L'étiquette d'un vin de cépage américain.

Les étiquettes des vins importés pour être vendus sur le territoire des États-Unis doivent également comporter la phrase *Imported by* suivie du nom et du siège de la société qui l'importe.

Les règles sont similaires au Canada. L'étiquette doit indiquer le nom commun du produit (c'est-à-dire vin), le contenu net, le taux d'alcool par volume, le nom et l'adresse du producteur, le pays d'origine du vin (75 % du jus de raisin doit provenir de ce pays) et la taille de la bouteille ou du contenant. La plupart de ces informations doivent être indiquées en anglais et en français.

Les normes européennes d'étiquetage

Certaines des informations obligatoires sur les bouteilles vendues aux États-Unis et au Canada sont également requises par la Communauté européenne pour les vins qui sont produits et/ou vendus dans les pays qui la composent. Mais d'autres informations sont rendues obligatoires en Europe.

La plus importante de ces informations est l'indication du niveau de qualité du vin, ce qui correspond réellement au statut de ce vin dans la hiérarchie définie par la CEE pour les noms de terroirs. Tout vin produit dans un pays membre de la CEE doit indiquer l'une ou l'autre des informations suivantes sur l'étiquette :

- Un nom d'origine répertorié, accompagné d'une phrase officielle confirmant que ce nom est bien un nom d'origine répertorié (voir plus loin à ce sujet) ;

- Une phrase indiquant que ce vin est du vin de table, ce qui correspond à un statut inférieur à celui mentionnant une origine contrôlée.

Pour les vins américains, la catégorie des vins de table comprend tous les vins tranquilles (non pétillants) qui ont moins de 14 % d'alcool, ce qui diffère de la définition européenne des vins de table.

Appellations d'origine

Un lieu de production répertorié correspond à une appellation d'origine. Elle définit non seulement des limites géographiques mais également des cépages autorisés, des méthodes de viticulture et des méthodes de vinification. Une appellation est donc une définition permettant de produire un vin déterminé. Les différents gouvernements des pays européens contrôlent les appellations des vins de différentes manières dans le but de s'assurer que ceux qui portent une appellation d'origine sont bien conformes aux définitions légales correspondantes.

Les vins européens en AOC correspondent à la catégorie des vins de qualité produits dans une région déterminée. Les différentes mentions que vous pouvez trouver sur les étiquettes des vins européens et qui confirment que le vin correspond à une appellation d'origine sont les suivantes :

- **France** : *Appellation d'Origine Contrôlée* (AOC). Les vins de statut légèrement inférieur portent la mention VDQS qui signifie : *Vin délimité de qualité supérieure*. Vin de pays – vin de table ;

- **Italie** : la mention *Denominazione d'Origine Controllata* (DOC) correspond à l'AOC française. Les vins de statut légèrement supérieur portent la mention *Denominazione d'Origine Controllata e Garantita* (DOCG) qui correspond à une AOC enrichie d'une garantie ;

- **Espagne** : la mention *Denominaciòn de Origen* (DO) correspond à l'AO français et la mention *Denominaciòn d'Origen Calificada* (DOCa) correspond au français AOC (il n'existe qu'une région DOCa, celle de Rioja) ;

- **Portugal** : la mention *Denominação de Origem Controlada* (DOC) correspond à l'AOC. La mention *Indicação de Proveniencia Regulamentada* (IPR) peut se traduire par « indication de provenance réglementée » et s'applique aux autres lieux d'origine non DOC ;

- **Allemagne** : la mention *Qualitätswein bestimmter Anbaugebiete* (QbA) désigne un vin de qualité produit dans une région déterminée. La mention *Qualitätswein mit Prädikat* (QmP) se traduit en vin de qualité avec mention et correspond aux meilleurs vins. (Vous trouverez de nombreux détails sur le complexe système d'appellation allemand au chapitre 11.).

Le tableau suivant récapitule les différentes classes d'appellations des vins européens.

Tableau 9-1 : Classification européenne des vins.

Pays	VQPRD	Vin de table avec indication géographique	Vin de table sans indication géographique
France	AOC VDQS	Vin de pays	Vin de table
Italie	DOCG DOC	IGT Vino da tavola (suivi du nom de lieu)	Vino da tavola
Espagne	DOCa DO	Vino de la tierra	Vino de mesa
Portugal	DOC IPR	Vinho de mesa regional	Vinho de mesa
Allemagne	QmP QbA	Landwein	Deutscher Tafelwein

Vins de table

Les phrases que l'on peut trouver sur une étiquette de vin européen qui correspond à un vin de table varient selon le pays. Chaque pays offre deux mentions officielles pour les deux niveaux de qualité (la catégorie haute fait suivre la mention de l'indication géographique ; pas la catégorie basse) :

- **France** : 1) *Vin de pays* (région). 2) *Vin de table* ;

- **Italie** : 1) *Indicazione Geografica Tipica* (IGT) suivi d'un nom de région ou bien *Vino da tavola* suivi du nom de région. 2) *Vino da tavola* ;

- **Espagne** : 1) *Vino de la tierra* (nom de région). 2) *Vino de mesa* ;

- **Portugal** : 1) *Vinho regional* (nom de région). 2) *Vinho de mesa* ;

- **Allemagne** : 1) *Landwein* (nom de région). 2) *Deutscher Tafelwein*.

Les appellations dans les nouvelles régions viticoles (États-Unis, Australie ou Amérique du Sud) correspondent à des zones viticoles dites AVA (*American Viticultural Areas*). Ces mentions n'apparaissent pas sur les étiquettes des vins de ces nouvelles régions viticoles (voir figure 9-1).

La figure 9-2 montre un exemple d'étiquette de vin italien.

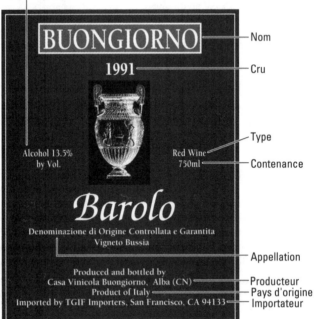

Figure 9-2 : Étiquette d'un vin européen tel que vendu aux États-Unis.

Les informations facultatives

De nombreuses autres informations peuvent figurer sur une étiquette de vin en complément de celles qui sont obligatoires. Ces informations peuvent n'avoir aucun autre fondement que celui visant à persuader le client qu'il va acquérir un vin de qualité supérieure. Il peut aussi s'agir d'informations utiles sur le contenu. Parfois, le même mot peut être utilisé à bon ou à mauvais escient. Le problème est que l'utilisation de certaines mentions est strictement contrôlée dans certains pays mais pas du tout dans d'autres.

La hiérarchie des vins de la CEE

Bien que chaque pays de l'Union européenne ait ses lois quant à l'appellation des vins, ces lois doivent s'harmoniser avec le cadre général de la CEE. Ce cadre offre deux niveaux auxquels tous les vins produits dans chaque pays membre doivent correspondre :

Vins de qualité : Les vins portant une appellation d'origine définie et contrôlée par le pays européen de production (chaque loi d'appellation définit une zone géographique, les cépages à utiliser, les méthodes de viticulture, les techniques de vinification et de vieillissement, etc.). Cette catégorie supérieure correspond au sigle VQPRD (vin de qualité produit dans une région déterminée). Les vins des types AOC, DOC, DO et QbA entrent dans cette catégorie.

Vins de table : Tous les autres vins produits dans la CEE entrent dans cette catégorie inférieure qui comporte en fait deux sous-catégories. Lorsqu'un vin de table mentionne une indication géographique précise telle que *Vin de pays* ou *Vino de la tierra*, cela lui donne un plus (il est autorisé à porter un millésime ou un nom de cépage) par rapport aux vins de table qui ne mentionnent que le pays d'origine (qui n'ont droit ni au millésime, ni au cépage).

Tous les autres vins vendus mais non produits dans la CEE sont rassemblés dans une troisième catégorie :

Les vins qui sont produits en dehors de la CEE tels que ceux des nouvelles régions viticoles (États-Unis, Canada ou Australie, etc.). Si le vin comporte une indication géographique plus précise que le pays d'origine, cela lui offre un statut supérieur.

Millésime

La mention du millésime (année de vendange) est l'élément facultatif le plus fréquemment indiqué (voir figure 9-2). Le millésime apparaît généralement sur l'étiquette de devant et parfois sur une petite étiquette du goulot, mais aussi parfois sur l'étiquette arrière.

Le *millésime* n'indique rien d'autre que l'année des vendanges. Il n'y a pas de corrélation entre l'indication du millésime et la qualité du vin. Cependant, le millésime étant perçu par les consommateurs comme une indication de qualité, la Communauté européenne a interdit aux vins de table simples d'indiquer leur millésime.

La plupart des vins que vous pouvez acquérir chez les cavistes ou dans les supermarchés et commander au restaurant sont des vins millésimés. (Aux États-Unis, un vin a le droit de porter un millésime si 95 % du raisin dont il est issu a été vendangé cette année-là.). Un vin non millésimé peut donc être un vin composé de vins issus de plusieurs vendanges. Dans la mesure du possible, les vins d'entrée et de milieu de gamme portent un millésime, dans le but de leur conférer un fort pouvoir d'attraction.

Un vin millésimé peut fortement varier en style et en qualité d'une année à l'autre sous l'influence des conditions météorologiques qui affectent la croissance du raisin. Au niveau général, vous n'aurez besoin de vous soucier du millésime d'un vin (bon ou mauvais millésime) que si vous recherchez un vin de grande qualité. Par ailleurs, s'intéresser au millésime n'a d'intérêt que dans les régions du monde dans lesquelles les variations météorologiques d'une année à l'autre sont conséquentes, autrement dit, en Europe.
Il existe bien sûr de telles variations en Californie et en Australie mais elles restent très faibles, en tout cas bien moindres qu'en Europe. Dans le cas des vins d'entrée de gamme (à moins de 4,50 €), les différences d'une année à l'autre sont en général insignifiantes.

Pourquoi mélanger les années ?

Dans deux cas de figure un producteur peut être poussé à mélanger des vins issus de plusieurs vendanges différentes. Lorsque la région viticole présente des caractéristiques climatiques qui ne permettent pas d'atteindre une maturité complète du raisin chaque année (certaines régions d'Allemagne, ou la Champagne, qui sont des régions de climat continental) ; le producteur peut décider de conserver du vin d'une année à l'autre au cas où une maturité suffisante ne serait pas atteinte l'année suivante. La décision dépend de considérations aussi bien financières que qualitatives : le producteur doit pouvoir offrir chaque année un vin de qualité assez constante.

La seconde raison qui pousse à créer un vin issu de plusieurs vendanges est le prix. Lorsque les chais achètent du vin sur le marché du vrac (ce que font les grandes sociétés pour compléter leur production), elles peuvent réduire les coûts en achetant en grandes quantités certaines années pour stocker.

Réserve

Le mot *réserve* a lui aussi été largement usurpé sur les étiquettes de vins. Cette mention est destinée à convaincre les clients que le vin que contient la bouteille a quelque chose de spécial. Cette astuce fonctionne souvent parce que le mot a un certain prestige. Par ailleurs, le mot reste utilisé à bon escient par certains producteurs. Il conserve donc globalement une connotation positive, notamment aux États-Unis, même lorsqu'il ne signifie rien.

En Italie et en Espagne, par exemple, le mot réserve (sa traduction dans la langue locale reste très proche du mot français) correspond à un vin qui a subi un vieillissement supplémentaire dans les chais. Ce vieillissement suppose une amélioration de qualité. Un Chianti Classico Riserva est considéré comme meilleur qu'un Chianti Classico standard du même producteur. Un Rioja Gran Reserva (et l'Espagne a plusieurs degrés de réserve) est meilleur que le Rioja Reserva du même producteur, lui-même meilleur que le Rioja standard du même. Tout cela semble parfaitement logique.

En France, l'utilisation du mot *réserve* n'est pas contrôlée, mais elle reste souvent en relation avec une notion de qualité minimale.

Mise en bouteilles à la propriété

Le mot *propriété* sert à désigner de manière élégante une exploitation viticole combinant culture de la vigne et vinification. La mention *mis en bouteilles à la propriété*, au domaine ou au château, sur une étiquette de vin signifie que la société qui a mis le vin en bouteilles a également cultivé le raisin et fabriqué le vin. Cette mention suggère donc l'existence d'un contrôle ininterrompu de la chaîne de production du vin, du cep au verre. Les vignes n'appartiennent pas nécessairement au producteur, mais celui-ci assure le contrôle de la vigne et réalise sa conduite.

La notion de mise en bouteilles à la propriété est un critère essentiel pour tous ceux qui pensent qu'il est impossible de faire un bon vin si l'on ne tente pas d'abord de produire les meilleurs raisins. Si nous étions nous-mêmes chargés de produire du vin, nous ferions tout pour pouvoir contrôler également la vigne qui donne naissance à sa matière première.

Les vins français comportent souvent la mention *mis en bouteilles au château* ou *mis en bouteilles au domaine*. Ces mentions sont strictement équivalentes à une mise en bouteilles à la propriété.

Noms de vignobles ou de climats

Les vins de milieu et haut de gamme (valant au minimum 8 € la bouteille) comportent souvent le nom d'un vignoble spécifique dont sont issues les grappes. Certains producteurs de vin commercialisent plusieurs vins qui ne se distinguent que par le nom de la parcelle de vignoble. Chaque vin se caractérise par le terroir. (Vous trouverez une explication du terroir au chapitre 5.).

Pour les vins des nouvelles régions viticoles, le nom du vignoble est parfois suivi de la mention *vineyard* (vignoble).

En Italie, la production de vins est résolument orientée vers les vins très locaux, issus de parcelles isolées. Ils comportent donc fréquemment une mention *vigneto* ou *vigna*. Ils utilisent aussi parfois le mot français *cru* à côté du nom du vignoble. Mais parfois ils ne le mentionnent pas. C'est selon.

Autres mentions facultatives sur les étiquettes

Vous serez heureux d'apprendre que nous avons presque fini de passer en revue les termes qui peuvent se rencontrer sur une étiquette de vin (en espérant que toutes ces mentions ne vous ont pas épuisé).

Une expression que l'on rencontre sur certaines étiquettes de vin français est *Vieilles Vignes*. Une vigne âgée offre un rendement inférieur, ce qui permet d'espérer une meilleure qualité du raisin et du vin qui en résulte.
Le problème est que cette qualification n'est pas contrôlée par la loi. N'importe qui peut prétendre que ses vignes sont vieilles.

Le mot *supérieur* peut apparaître sur les vins français ou italiens (*superiore*) en complément à un nom d'origine AOC ou DOC (revenez à une section antérieure pour vous remémorer ces abréviations). Cela signifie que le vin possède un taux d'alcool supérieur à la version normale du même vin. Franchement, ce n'est pas une distinction qui mérite qu'on en fasse une insomnie.

Enfin, le mot *classico* peut se voir sur les étiquettes de vins italiens des catégories DOC et DOCG ; il indique que les raisins ont été vendangés au cœur du terroir mentionné.

Troisième partie

Un voyage autour du monde du vin

« J'en sais assez sur le vin pour te dire qu'en cas de naufrage le bordeaux aurait priorité sur toi pour monter dans un canot de sauvetage. »

Dans cette partie...

Nous sommes ravis de vous savoir encore avec nous après avoir lu tout ce qui précède. Mais vous vous êtes peut-être rendu directement à cette section en passant les chapitres précédents. Dans les deux cas, tout va bien : la matière même du livre se trouve ici.

Les chapitres 10 à 14 contiennent une foule d'informations sur les principaux vins du monde avec nos recommandations d'achat. Nous avons consacré un chapitre entier à la France, à l'Italie et aux États-Unis en raison de leur prééminence dans le monde du vin. Nous terminons notre voyage avec le champagne et autres vins pétillants. À votre santé!

Chapitre 10
La France, pays du vin

Dans ce chapitre :
- Crus, classements, châteaux et domaines
- D'où vient la réputation du bordeaux ?
- Le problème de la rareté des grands bourgognes
- Les Côtes du Rhône : de robustes rouges
- Joyaux blancs de la Loire et de l'Alsace

La France. Quel est le premier mot qui vient à l'esprit d'un étranger lorsqu'il entend ce nom ? Champs-Élysées ? Amour ? Côte d'Azur ? Méditerranée ?

En ce qui nous concerne, quand nous pensons à la France, c'est au vin que nous pensons : bordeaux, bourgogne, beaujolais, Chablis, champagne, Sauternes et tous les autres ne sont pas uniquement de fameux vins : ils suggèrent des lieux, des terroirs de France, où les gens vivent, travaillent, mangent et boivent (du vin, bien sûr !). La France a l'un des taux les plus élevés du monde de consommation de vin par habitant. La relation qui s'est établie entre les hommes et les vins est en France d'une telle richesse que tous les autres pays peuvent y puiser d'innombrables sources de connaissance pratique.

La terre où naissent les vins de référence

Comment la France est-elle devenue l'endroit le plus célèbre du monde pour les vins ? Une chose est sûre : les Français font leur propre vin depuis très longtemps. Bien des siècles avant que les Romains n'envahissent la Gaule en apportant leurs vignes, les Grecs avaient déjà débarqué avec leurs vins.

D'importance au moins aussi grande est le *terroir* français, association d'un climat et d'un sol qui, lorsque la magie s'en mêle, sait porter des grappes donnant des vins à couper le souffle. Et quels cépages ! La France est la patrie de presque toutes les variétés nobles du monde : Cabernet-Sauvignon, Chardonnay, Merlot, Pinot Noir, Syrah et Sauvignon Blanc, pour n'en nommer que quelques-uns (nous avons vu les cépages au chapitre 4).

La France offre le modèle, l'archétype de tous les grands vins du monde. La plupart des pays qui produisent maintenant du vin fabriquent leurs versions locales de Cabernet-Sauvignon, Merlot, Pinot Noir, etc. Ils doivent leur propre succès à la réputation que ces cépages ont acquis en France. Si l'imitation est la forme la plus sincère d'hommage, les producteurs français ont bien raison d'être fiers de leurs vins depuis tant d'années.

Comprendre la loi française sur le vin

Les législateurs français ont eux aussi de bonnes raisons d'être fiers de leur travail. C'est en effet le système de normalisation des régions de productions et des qualités de vins, ce système basé sur les AOC (appellations d'origine contrôlées) – qui recense aujourd'hui plus de 400 AOC différentes qui couvrent 385 000 hectares et produisent 22 millions d'hectolitres – mis en place en 1935 et qui a servi de modèle à la plupart des autres nations viticoles européennes. Les instances de la Communauté européenne s'en sont également inspirées, ce qui permet au système français d'être naturellement compatible avec celui de la CEE.

Pour comprendre les classifications et la législation des vins français, cinq choses essentielles sont à savoir :

- La grande majorité des vins français tirent leur nom du lieu de production. Ces lieux ne sont pas arbitraires : ce sont des lieux dûment recensés et définis par les lois françaises. Lorsque nous parlons d'un vin français et de sa région d'origine, la région et le vin portent généralement le même nom – le bourgogne provient de Bourgogne ;

Chapitre 10 : La France, pays du vin

- Le système de classement des vins français est hiérarchisé. Certains vins (ceux issus de certains lieux) possèdent officiellement une plus grande valeur que les autres ;
- En général, plus la superficie du lieu de production est faible, plus le vin est coté ;
- Le fait qu'un vin se soit vu attribuer une plus grande valeur ne signifie pas qu'il soit systématiquement meilleur qu'un autre, mais seulement qu'il devrait être meilleur. Les lois ne font que définir, via l'origine contrôlée, quelles sont les potentialités de qualité d'un vin, ce qui n'entraîne pas nécessairement ce même niveau de qualité à chaque bouteille ;
- La catégorie du vin est toujours indiquée sur l'étiquette, généralement en petites lettres après son nom.

Un vin français peut appartenir à une des quatre catégories définies par la législation française. Vous pouvez déterminer aisément le niveau général de qualité d'un vin français en lisant l'étiquette. (Les vins de valeur supérieure sont généralement vendus plus cher.).

En partant du plus élevé, les quatre catégories sont les suivantes :

- **Appellation d'origine contrôlée** AOC est le rang supérieur. Sur l'étiquette, le nom du lieu de production apparaît généralement entre les deux mots *Appellation* et *contrôlée*, comme dans *Appellation Bordeaux contrôlée* (28 % de la production) ;
- **Vin délimité de qualité supérieure** ou VDQS. Sur l'étiquette, ce terme apparaît immédiatement après le nom du vin (1 % de la production) ;
- **Vin de pays** : sur l'étiquette, cette mention est toujours suivie d'un nom de région ou de lieu, comme dans *Vin de Pays du Jardin de France* ; les lieux de vendange sont généralement de plus grande étendue que ceux des deux autres catégories supérieures (15 % de la production) ;
- **Vin de table** correspond à du vin ordinaire sans indication géographique plus précise que *France*. D'ailleurs la loi interdit de mentionner le nom du cépage ou du millésime pour cette catégorie de vins (44 % de la production) ; (voir chapitres 1 et 9 pour des détails au sujet des vins de table).

Et voici comment ces quatre catégories françaises se fondent dans le système à deux niveaux définis par la Communauté européenne (décrit dans le chapitre 9) :

- Tous les vins AOC et VDQS entrent dans la catégorie supérieure de la CEE. Cette catégorie se nomme VQPRD ou QWPSR (*Quality Wine Produced in a Specific Region*) ;
- Tous les vins de pays et vins de table tombent dans la catégorie inférieure de la CEE qui est celle des vins de table.

Des distinctions particulières

Le système français de classification des vins est en réalité un peu plus complexe que ce simple système à quatre catégories. Pourtant, tous les vins AOC possèdent au niveau légal le même statut : ce sont des sortes de généraux dans l'armée française du vin. Le marché donne à certains vins AOC un plus grand prix qu'à d'autres, et cela découle de la spécificité du terroir d'origine. Certains généraux ont plus d'étoiles que d'autres.

Imaginez trois cercles concentriques. Tous les vins qui sont issus de raisins cultivés dans la surface des trois cercles peuvent par exemple correspondre à une appellation AOC telle que *Bordeaux* (à condition notamment que les cépages et les rendements définis par la loi soient observés). Les vins issus de raisins cultivés dans les deux cercles inférieurs correspondent à une appellation spécifique telle que *Haut-Médoc*. Enfin, les vins dont la région de production est limitée au cercle central peuvent utiliser un nom AOC plus précis encore tel que *Pauillac* - ce sont tous les généraux mais certains ont de meilleures références.

Plus le lieu de production est spécifique, plus le vin est généralement considéré comme de grande qualité par le marché, ce qui permet au producteur de fixer un prix supérieur. Il est évident que tout producteur utilise le nom le plus spécifique possible auquel il a droit.

Dans l'ordre croissant de spécificité, le nom d'un vin AOC peut correspondre à ceci :

- Une région (Bordeaux, Bourgogne, par exemple) ;
- Un district (Haut-Médoc, Côtes de Beaune) ;
- Un sous-district (Côtes de Beaune-Villages) ;
- Un village ou une commune (Pauillac, Meursault) ;
- Un vignoble (le Montrachet).

Il n'est hélas pas toujours facile de reconnaître le niveau de spécificité à la simple lecture de l'étiquette. Vous pouvez parfois vous baser sur le prix du vin comparativement aux autres vins d'origine similaire. Vous apprendrez surtout à mémoriser des noms de terroirs.

Les grandes régions viticoles de France

Nous allons passer en revue dans ce chapitre cinq des dix principales régions de production de vin en France : Bordeaux, Bourgogne, vallée du Rhône, vallée de la Loire et Alsace. Chacune de ces régions est spécialisée dans certains cépages, ceux qui s'adaptent le mieux au climat, au sol et aux traditions locales. Le tableau 10-1 offre une référence rapide entre cépage et vin pour les cinq régions choisies.

Deux autres régions produisant beaucoup de vin sont la Provence et le Languedoc-Roussillon. Le généreux soleil de Provence donne naissance à de nombreux rosés, rouges et blancs assez simples et faciles à boire ; des vins qui accompagnent à merveille les poissons grillés et les fruits de mer de cette région. La Provence est particulièrement réputée pour ses rosés secs, délicieux par temps chaud (d'autres rosés secs sont produits dans les vallées du Rhône et de la Loire).

L'autre grande région ensoleillée qu'est le Languedoc-Roussillon est devenue si importante que nous lui avons dédié un hors-texte.

Cahors, Madiran et Bergerac sont trois régions du sud-ouest de la France qui proposent dorénavant des vins avec un rapport qualité/prix tout à fait correct. Les rouges de Cahors et de Madiran sont bien corsés. Bergerac propose des blancs de dessert très abordables.

Tableau 10-1 : Cinq régions viticoles de France et leurs raisins.

Région	Vin rouge	Vin blanc	Cépage
Bordeaux			
	Bordeaux		Cabernet-Sauvignon, Merlot, Cabernet-Franc, Petit Verdot, Malbec*
		Bordeaux blanc	Sauvignon Blanc, Sémillon, Muscadelle
Bourgogne			
	Bourgogne		Pinot Noir
		Bourgogne blanc	Chardonnay
	Beaujolais		Gamay
		Chablis	Chardonnay
Rhône			
	Hermitage		Syrah
	Côte-Rôtie		Syrah, Viognier*
	Châteauneuf-du-Pape		Grenache, Mourvèdre, Syrah (et autres)
	Côtes du Rhône		Grenache, Mourvèdre, Carignan, Syrah (et autres)
		Condrieu	Viognier
Loire			
		Sancerre, Pouilly-Fumé	Sauvignon Blanc
		Vouvray	Chenin Blanc
		Muscadet	Melon de Bourgogne, alias Muscadet

Région	Vin rouge	Vin blanc	Cépage
Alsace			
		Riesling	Riesling
		Gewurztraminer	Gewurztraminer
		Tokay-Pinot Gris	Pinot Gris
		Pinot Blanc	Pinot Blanc

Vins assemblés à partir de plusieurs cépages.

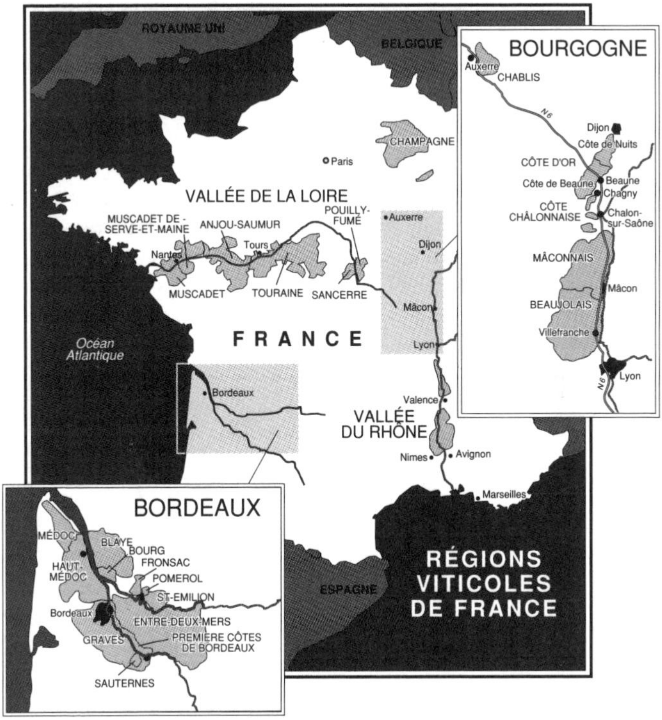

Figure 10-1 : Les grandes régions viticoles de France.

Bordeaux : l'incomparable

Pour prétendre connaître le vin, vous devez connaître le vin français. Et, pour connaître le vin français, vous devez connaître les bordeaux.

Bordeaux, quatrième ville de France, et sa région (voir figure 10-1) produisent 10 % du vin français en volume mais 26 % des vins français AOC. La plupart des bordeaux sont des rouges secs et 15 % de la production du blanc sec, un petit 2 % restant pour les blancs liquoreux tels que le Sauternes.

Le Bordelais offre un climat maritime, aux étés chauds et aux hivers doux. Mais l'océan apporte la pluie, et souvent lors des vendanges. La relative inconstance du climat est une des causes de variabilité du caractère des vins, d'un millésime au suivant. Quand tout va bien, comme cela fut le cas en 1989, 1990 et 1995 les bordeaux atteignent des sommets.

Cette région produit des vins pour tous les budgets, de 3 € pour un bordeaux simple jusqu'à 153 € et plus pour une bouteille de Château Pétrus, un des bordeaux rouges les plus chers (et un vieux millésime de Pétrus est encore plus cher!). La plupart des bons bordeaux, rouges comme blancs, se vendent entre 12 et 23 € la bouteille lorsqu'ils sont jeunes.

La saveur d'un grand bordeaux

Lorsqu'ils sont jeunes, les grands vins de Bordeaux délivrent un intense arôme de canneberge*, auquel se joignent des saveurs de cassis, d'épices et de cèdre. Pendant les dix premières années, ils peuvent être très secs et même austères, la grande quantité de tanins masquant leurs saveurs fruitées. Leur robe prend lentement des nuances grenat et ils développent alors un bouquet d'une complexité étonnante, les tanins se faisant plus discrets. Les très grands bordeaux rouges nécessitent souvent vingt ans ou plus pour atteindre leur pleine mesure ; certains ont même pu devenir centenaires (voir chapitre 18).

* NdT. La canneberge est le fruit comestible d'une plante des marais froids appelée *cranberry* dans les pays anglo-saxons.

La réputation de Bordeaux comme l'une des plus grandes régions viticoles du monde se fonde sur ses vins rouges légendaires, ces fameux vins fins produits dans des châteaux historiques et capables de vieillir plusieurs dizaines d'années.
Le prestige dont jouissent ces bordeaux rouges correspond en réalité à de petites quantités et il existe bien d'autres vins rouges dans cette région. De nombreux rouges de milieu de gamme sont conçus pour être bus dans les dix à quinze ans et d'autres encore peuvent être consommés jeunes, dans les deux à cinq ans.

Les sous-régions des bordeaux rouges

La Gironde et son affluent, la Dordogne, divisent la région de Bordeaux en deux grandes zones, auxquelles correspondent deux grandes zones de production de vins :

- la rive gauche, à l'ouest et au sud de Bordeaux ;
- la rive droite, au nord de la Dordogne et au nord de la Gironde.

Une grande proportion des bordeaux rouges de début de gamme sont des assemblages de raisins provenant de différents points de la région de Bordeaux, ce qui les oblige à ne mentionner que l'AOC générique « Bordeaux ». Les meilleurs vins sont limités à des districts ou à des communes AOC sur la rive gauche ou la rive droite. La zone entre Garonne et Dordogne (Entre-Deux-Mers) est surtout réputée pour ses vins blancs. L'AOC Bordeaux, ce sont 22 000 propriétaires de vignobles produisant 4 millions d'hectolitres sur 100 000 hectares que se partagent 7 000 châteaux. La réputation du lieu et des produits de ses vignes est bâtie sur 3 % seulement d'entre eux qui sont des grands crus.

Parmi les nombreux districts viticoles de chacune des deux rives, quatre districts sont très importants pour les bordeaux rouges :

Rive gauche (à l'ouest)
Haut-Médoc
Graves/Pessac-Léognan

Rive droite (à l'est)
Saint-Émilion
Pomerol

Les deux rives se distinguent surtout par la nature du sol : sur la rive gauche, ce sont les graviers qui prédominent, alors que c'est l'argile sur la rive droite. Le Cabernet-Sauvignon, qui apprécie les graviers, est le cépage principal dans le Médoc, le Haut-Médoc et dans les Graves/Pessac-Léognan, alors que le Merlot, qui préfère l'argile, prédomine dans les vins de Saint-Émilion et de Pomerol. Cela dit, les deux zones cultivent du Cabernet-Sauvignon et du Merlot ainsi d'ailleurs que du Cabernet-Franc et deux autres cépages (voir chapitre 4).

Vous pouvez en conclure à juste titre que les vins de la rive gauche se distingueront de ceux de la rive droite. En revanche, les vins d'une même rive, les Médoc et les Graves ou les Pessac-Léognan (partie nord des Graves) offrent des similitudes. Aussi, il peut être parfois difficile de distinguer un Pomerol d'un Saint-Émilion.

Chaque rive, plus exactement chacun des quatre districts, a ses inconditionnels. La rive gauche, l'ancienne, produit en général des vins plus austères et plus riches en tanins, avec une saveur de cassis prononcée. Ces vins requièrent en général de nombreuses années pour atteindre leur plein développement et ils peuvent être gardés longtemps, souvent plusieurs dizaines d'années ; ce parcours est typique d'un vin issu de Cabernet-Sauvignon.

Les bordeaux de la rive droite se prêtent mieux à accueillir les nouveaux consommateurs de bordeaux. Dominés par le cépage Merlot, ils sont plus faciles d'accès ; vous pouvez en découvrir les plaisirs plus rapidement qu'avec leurs cousins de la rive gauche, généralement au bout de cinq à huit ans. Ils sont moins forts en tanins et offrent plus vite leurs saveurs riches et fruitées tout en contenant légèrement plus d'alcool que les rouges de la rive gauche.

La mosaïque du Médoc

Le Médoc est composé de deux sous-districts : le Médoc lui-même, sur la rive gauche de l'embouchure de l'estuaire de la Gironde, et le Haut-Médoc, au sud du Médoc et jusqu'à la ville de Bordeaux. Parfois le terme Médoc englobe les deux sous-districts.

Des deux sous-districts, le Haut-Médoc, au sud, est largement le plus réputé. Il comprend quatre fameuses communes productrices : Saint-Estèphe, Pauillac, Saint-Julien et Margaux. Le tableau qui suit donne une description générale des vins de chacune de ces communes.

Deux autres communes du Haut-Médoc dont les vins sont légèrement moins connus sont Listrac et Moulis. Dans le Haut-Médoc, un château qui ne se trouve pas dans le voisinage de l'une de ces six communes portera l'appellation districale de Haut-Médoc et non celle d'une commune spécifique.

Les noms de ces districts et de ces communes font partie des noms officiels des vins produits dans ces lieux et apparaissent sur l'étiquette.

Tableau 10-2 : Les quatre principales communes du Haut-Médoc.

Commune	Caractéristiques du vin
Saint-Estèphe	Dur, tannique, beaucoup de corps, terreux, acide, coupant, long à mûrir ; un bon exemple est le Château Montrose.
Pauillac	Riche, puissant, ferme, tannique, corps plein ; arômes de cassis et de cèdre ; vieillissant très bien ; patrie de trois des plus célèbres bordeaux : Lafite-Rothschild, Mouton-Rothschild et Latour.
Saint-Julien	Riche, plein de saveurs, corps moyen à plein, bouquet de cèdre ; vin élégant et très fin ; exemple typique : Château Léoville-Poyferré.
Margaux	Parfumé, bouquet très aromatique, corps moyen, souple et complexe ; exemple typique : Château Palmer.

La Classification de 1855

Vous êtes-vous déjà demandé de quoi parle un expert en vin lorsqu'il annonce d'un ton assuré qu'un certain Bordeaux est un second cru ? Ne vous inquiétez plus. Il parle d'un château (un lieu de production dans la région de Bordeaux) qui fait partie de ceux qui ont eu l'honneur d'être distingués voici bientôt un siècle et demi.

En effet, lors de l'Exposition universelle de 1855 à Paris, les organisateurs ont demandé à la chambre de commerce de Bordeaux de créer une classification des bordeaux pour les présenter à l'exposition. La chambre de commerce a délégué la tâche aux courtiers en vins de bordeaux, ces gens qui achètent et vendent du vin. Les courtiers ont sélectionné soixante et un vins rouges haut de gamme qu'ils ont classés en cinq catégories correspondant à des crus (à Bordeaux, un cru correspond à un lieu de production). Cette liste se nomme la *Classification de 1855*; encore de nos jours, les crus classés dans cette liste conservent un prestige certain aux yeux des amateurs.

Les vins rouges classés sont parfois appelés *grands crus classés*. Pour bien apprécier la distinction particulière pour un vin à être un grand cru classé, Sachez qu'il existe environ 8 000 châteaux et 13 000 producteurs de vins dans la région de Bordeaux.

La Classification de 1855 est de bonne garde : elle a bien supporté le passage du temps. Bien sûr, certains des châteaux ne réalisent peut-être plus un vin correspondant à leur niveau de classification et d'autres châteaux non classés pourraient mériter le classement. Pourtant, devant les enjeux considérables liés à la classification, aucune modification n'a été réalisée à ce jour, à une exception près (voyez l'exception du Mouton) et aucune modification n'est prévue dans le futur immédiat.

Premiers crus

Château Lafite, Pauillac (aujourd'hui Château Lafite Rothschild)

Château Margaux, Margaux

Château Mouton-Rothschild

Château Latour, Pauillac

Haut-Brion, Pessac (Graves)

Seconds crus

Rauzan-Ségla, Margaux (aujourd'hui Château Rauzan-Ségla)

Rauzan-Gassies, Margaux

Léoville, Saint-Julien (aujourd'hui Château Léoville-Las-Cases, Léoville-Poyferré et Léoville Barton)

Vivens Durfort, Margaux (aujourd'hui Château Durfort-Vivens)

Gruau-Laroze, Saint-Julien (aujourd'hui Château Gruaud-Larose)

Lascombe, Margaux (aujourd'hui Château Lascombes)

Brane, Cantenac (aujourd'hui Château Brane-Cantenac)

Pichon Longueville, Pauillac (aujourd'hui Châteaux Pichon-Longueville-Baron et Pichon-Longueville-Comtesse-de-Lalande)

Ducru Beau Caillou, Saint-Julien (aujourd'hui Château Ducru-Beaucaillou)

Cos Destournel, Saint-Estèphe (aujourd'hui Château Cos-d'Estournel)

Montrose, Saint-Estèphe

Troisièmes crus

Kirwan, Cantenac

Château d'Issan, Cantenac

Lagrange, Saint-Julien

Langoa, Saint-Julien (aujourd'hui Château Langoa-Barton)

Giscours, Labarde

Saint-Exupéry, Margaux (aujourd'hui Château Malescot-Saint-Exupéry)

Boyd, Cantenac (aujourd'hui Châteaux Boyd-Cantenac et Cantenac-Brown)

Palmer, Cantenac

Lalagune, Ludon (aujourd'hui Château La Lagune)

Desmirail, Margaux

Dubignon, Margaux (n'existe plus, mais certains de ses vignobles appartiennent aujourd'hui aux Châteaux Malescot-Saint-Exupéry, Palmer et Margaux)

Calon, Saint-Estèphe (aujourd'hui Château Calon-Ségur)

Ferrière, Margaux

Becker, Margaux (aujourd'hui Château Marquis d'Alesme-Becker)

Quatrièmes crus

Saint-Pierre, Saint-Julien (aujourd'hui Château Saint-Pierre-Sevaistre)

Talbot, Saint-Julien

Du-Luc, Saint-Julien (aujourd'hui Château Branaire-Ducru)

Duhart, Pauillac (aujourd'hui Château Duhart-Milon-Rothschild)

Pouget-Lassale, Cantenac (aujourd'hui Château Pouget)

Carnet, Saint-Laurent (aujourd'hui Château La Tour-Carnet)

Rochet, Saint-Estèphe (aujourd'hui Château Lafon-Rochet)

Château de Beychevele, Saint-Julien (aujourd'hui Château Beychevelle)

Le Prieuré, Cantenac (aujourd'hui Château Prieuré-Lichine)

Marquis de Thermes, Margaux (aujourd'hui Château Marquis-de-Terme)

Cinquièmes crus

Canet, Pauillac (aujourd'hui Château Pontet-Canet)

Batailley, Pauillac (aujourd'hui Châteaux Batailley et Haut-Batailley)

Grand Puy, Pauillac (aujourd'hui Château Grand-Puy-Lacoste)

Artigues Arnaud, Pauillac (aujourd'hui Château Grand-Puy-Ducassé)

Lynch, Pauillac (aujourd'hui Château Lynch-Bages)

Lynch Moussas, Pauillac

Dauzac, Labarde

D'Armailhac, Pauillac (aujourd'hui Château Mouton-Baronne Philippe)

Le Tertre, Arsac (aujourd'hui Château du Tertre)

Haut Bages, Pauillac (aujourd'hui Château Haut Bages-Libéral)

Pedesclaux, Pauillac (aujourd'hui Château Pédesclaux)

Coutenceau, Saint-Laurent (aujourd'hui Château Belgrave)

Camensac, Saint-Laurent

Cos Labory, Saint-Estèphe

Clerc Milon, Pauillac

Croizet-Bages, Pauillac

Cantemerle, Macau

Les très grands vins qu'il faut avoir goûtés

Si vous êtes tenté de déguster un bordeaux rouge prestigieux, vous pouvez utiliser la liste suivante. En complément des cinq premiers crus que nous venons de mentionner, nous recommandons personnellement les crus classés du Médoc qui suivent (seconds à cinquièmes crus) ainsi que certains vins des autres districts. Avant d'ouvrir une telle bouteille, consultez la section qui suit : Conseils pour boire les bordeaux rouges. Ces vins se négocient entre 2 et 153 €.

Vins du Médoc

- Château Léoville-Las-Cases
- Château Léoville-Barton
- Château Rauzan-Ségla
- Château Palmer
- Château Cos-d'Estournel
- Château Léoville-Poyferré
- Château Pontet-Canet
- Château Haut-Batailley
- Château Duhart-Milon-Rothschild
- Château Clerc Milon
- Château Gruaud-Larose
- Château Pichon-Lalande
- Château Lagrande
- Château Pichon-Baron
- Château d'Armailhac
- Château Prieuré-Lichine
- Château Malescot-Saint-Exupéry
- Château Calon-Ségur
- Château Lynch-Bages
- Château Montrose
- Château Ducru-Beaucaillou
- Château Grand-Puy-Lacoste
- Château La Lagune
- Château Branaire-Ducru
- Château Batailley
- Château Talbot

Vins de Pessac-Léognan

- Château La Mission Haut-Brion
- Château Pape Clément
- Château La Tour
- Château Haut-Bailly
- Domaine de Chevalier
- Château Smith-Haut-Lafite
- Château de Fieuzal
- Château La Louvière

Vins de Pomerol

- Château Pétrus*
- Château Lafleur*
- Château Latour à Pomerol
- Château Certan de May
- Château Lafleur-Pétrus
- Château Trotanoy
- Château Clinet
- Vieux-Château-Certan
- Château Gazin
- Château L'Église-Clinet
- Château L'Évangile
- Château La Fleur de Gay
- Château La Conseillante

* *Très cher*

Vins de Saint-Émilion – 12 premiers grands crus

Classes A

Château Ausone Château Cheval Blanc

Classes B

Château Beau Séjour-Becot Château Figeac

Château Beauséjour Château Canon-La Gaffelière

Château Canon Château Magdelaine

Château Bel Air Château Pavie

Château Clos Fourtet Château Trottevieille

L'exception du « Mouton »

La seule et unique modification que l'on a osé apporter depuis 1855 à la classification des Médoc et des Sauternes date de 1973. Après s'être battu pendant cinquante ans avec le gouvernement français, le baron Philippe de Rothschild est parvenu à faire en sorte que son merveilleux Château Mouton-Rothschild passe de second à premier cru, ce qu'il méritait aux yeux de tous. Le ministre de l'Agriculture de l'époque a décrété que Château Mouton-Rothschild était effectivement un premier cru (les amateurs de bordeaux ont toujours considéré les choses ainsi, au regard de sa qualité sinon de son statut légal). La devise du baron, écrite sur les armoiries de sa famille, devait être modifiée en conséquence. En effet, jusqu'en 1973, cette devise s'écrivait ainsi :

> Premier ne puis, second ne daigne ;
> Mouton suis.

À partir du millésime 1973 de Château Mouton-Rothschild, le baron a modifié sa devise :

> Premier je suis, second je fus ;
> Mouton ne change.

De grands bordeaux

Comme vous pouvez vous y attendre, les meilleures affaires dans l'achat de vins bordelais ne concernent pas les grands crus classés. Si vous cherchez des occasions intéressantes (et des bordeaux qui puissent se boire assez rapidement), cherchez plutôt parmi les vins qui ne se trouvent pas dans la Classification de 1855. Dans le district du Médoc, environ 400 vins rouges appartiennent à une classification qui est celle des crus bourgeois. Ces vins se négocient généralement dans une fourchette de prix de 12 à 31 € ; certains d'entre eux peuvent être aussi bons que certains grands crus classés lorsque ces derniers ne sont pas au meilleur de leur forme. Nous recommandons les crus bourgeois suivants :

Château Monbrison	Château Phélan-Ségur	Château d'Angludet
Château Sociando-Mallet	Château Meyney	Château Coufran
Château Poujeaux	Château Chasse-Spleen	Château Fourcas-Hosten
Château de Pez	Château Gloria	Château Lanessan
Château Les Ormes-de-Pez	Château Haut-Marbuzet	Château Loudenne
Château Haut-Beauséjour	Château Bel Air	Château Greysac
Château Labegorce-Zédé	Château Montbousquet	

S'offre enfin à vous le vaste groupe des bordeaux rouges et blancs qui ne font partie d'aucune classification. De manière informelle, ces vins sont référencés sous le nom de *petits châteaux*. Ils se vendent entre 6 et 12 €, sont assez légers et peuvent être bus dès l'achat. Les petits châteaux sont les bordeaux à rechercher lorsque vous avez besoin d'un bordeaux honnête pour accompagner un repas. Vous comprendrez que ces vins ne mentionnent pas l'expression *petit château* sur l'étiquette. (Ah ! La connaissance du bordeaux n'est pas simple !). Vous reconnaissez les bordeaux simples à leur prix.

Un bordeaux doit porter sur son étiquette la mention Mis en bouteilles au château, ce qui est un gage de qualité. Les autres vins sont des vins de négoce, ce qui signifie qu'ils sont faits de mélanges.

Conseils pour boire les bordeaux rouges

Les grands bordeaux rouges nécessitant de nombreuses années de maturation ne sont généralement pas à conseiller dans les restaurants qui offrent souvent des millésimes récents et lorsqu'un vieux bordeaux est proposé sur une carte des vins, il est généralement très cher. Commandez plutôt un bordeaux de milieu de gamme au restaurant. Réservez-vous la découverte des grands vins pour vos dégustations entre amis à la maison.

Le bordeaux rouge se marie bien avec l'agneau, le gibier, les viandes en filet et les fromages forts et secs. Si vous prévoyez de servir un bon bordeaux rouge jeune, prévoyez de le faire décanter environ 1 heure avant le repas et laissez le vin respirer (voir chapitre 8) ; servez le vin entre 18 et 19°C. Si vous disposez de conditions de stockage correctes (voir chapitre 18), vous aurez intérêt à garder vos bons bordeaux quelques années pour qu'ils s'améliorent encore.

Les prix exorbitants des bordeaux rouges de 1999 et 2000

Les prix des bordeaux de 1999 et 2000 ont atteint des sommets. Les prix des 1999 les plus recherchés dépassent de 20 à 50 % ceux du millésime 1997. Et les 2000 grimpent encore de 30 à 40 % !

La qualité de ces millésimes (surtout le 2000) est au-dessus de la moyenne en bordeaux rouge, cela n'explique pas une telle déraison dans les prix (il y eut bien d'autres excellents millésimes dans les années passées). Il faut plutôt en chercher la cause dans la recherche des grands noms, favorisée par la période de croissance économique mondiale qui a amené de nouveaux acheteurs, notamment de Russie, d'Asie, d'Amérique du Sud et des États-Unis.

Nous déconseillons en général d'acheter du vin sur cep.

Nous vous conseillons plutôt d'acquérir des bordeaux rouges 1994 ou 1997, de bons millésimes à des prix bien moins fous. La plupart des rouges de 1994 ou 1997 vont s'arrondir et prendre de l'ampleur en huit à dix ans. Si vous cherchez des bordeaux rouges à boire sous peu (dans moins de cinq ans), cherchez du côté du millésime 1993, sous-estimé et encore disponible en quantité.

Les bons millésimes récents de bordeaux sont ceux de 1982, 1985, 1986, 1988, 1989, 1990, 1995 et 1996. Le 2000 est confirmé comme très beau millésime. Le 2003, lui, est très prometteur.

Mais le bordeaux se fait aussi en blanc

Le bordeaux blanc existe en sec et en doux. La production est concentrée dans deux districts :

- Le **district des Graves** produit certains des plus fins bordeaux blancs, tant secs que doux, notamment ces grands vins de dessert liquoreux que sont les Sauternes qui proviennent du sud des Graves ;
- De l'autre côté de la Garonne se trouve le district de l'**Entre-Deux-Mers** qui produit des bordeaux blancs secs et doux.

Vous trouverez certains des plus grands vins blancs secs du monde dans le nord des Graves, notamment dans le district de Pessac-Léognan.

La plupart des bordeaux blancs sont issus d'une combinaison en proportion variable des deux cépages Sauvignon Blanc et Sémillon. Mariage heureux car le Sauvignon Blanc offre des charmes immédiats alors que le Sémillon requiert plus de temps pour développer ses qualités et ajoute une certaine viscosité et une profondeur au vin.

Les meilleurs Graves blancs secs sont vifs lorsqu'ils sont jeunes puis développent un corps très riche et un bouquet miellé en vieillissant. Dans les bons millésimes, les meilleurs blancs nécessitent au moins dix ans pour se développer et peuvent être gardés bien plus encore (voir chapitre 18 à propos des vieux bordeaux).

Le tableau suivant présente, dans notre ordre de préférence personnel, douze grands bordeaux blancs du district des Graves en nommant les cépages qui les constituent. Nous avons distingué deux groupes : les quatre vins du premier groupe forment une classe à part entière au niveau de la qualité (plus d'ampleur et de garde). Leurs prix s'en ressentent d'ailleurs, car ceux des vins du groupe A vont de 22 à 46 € la bouteille, alors que ceux du groupe B se maintiennent entre 9 et 23 €.

Tableau 10-3 : Douze très grands bordeaux blancs secs.

Vins	Cépages et proportions
Groupe A	
Château Haut-Brion blanc	Sémillon 50 à 55 % ; Sauvignon Blanc 45 à 50 %
Château Laville-Haut-Brion	Sémillon 60 % ; Sauvignon Blanc 40 %
Domaine de Chevalier	Sauvignon Blanc 70 % ; Sémillon 30 %
Domaine de Fieuzal	Sauvignon Blanc 50 à 60 % ; Sémillon 40 à 50 %
Groupe B	
Château Pape Clément	Sémillon 45 % ; Sauvignon Blanc 45 % ; Muscadelle 10 %
Château Smith-Haut-Lafite	Sauvignon Blanc 100 %
Château Couhins-Lurton	Sauvignon Blanc 100 %
Château La Louvière	Sauvignon Blanc 70 % ; Sémillon 30 %
Clos Floridène	Sémillon 70 % ; Sauvignon Blanc 30 %
Château La Tour-Martillac	Sémillon 60 % ; Sauvignon Blanc 30 % ; autres 10 %
Château Malartic-Lagravière	Sauvignon Blanc 100 %
Château Carbonnieux	Sauvignon Blanc 65 % ; Sémillon 34 % ; Muscadelle 1 %

Bourgogne : l'autre très grande région française

La Bourgogne partage avec la région de Bordeaux l'honneur d'être l'une des deux plus grandes régions productrices de vins de France pour les vins de table secs et non pétillants. À la différence du Bordelais, la Bourgogne doit sa réputation autant à ses blancs qu'à ses rouges, et les meilleurs bourgognes blancs sont même plus chers que les meilleurs rouges.

L'autre grande différence avec les bordeaux est la rareté des bons bourgognes, et ce pour une raison simple : si l'on excepte le Beaujolais (techniquement rattaché à la Bourgogne, mais produisant un vin radicalement différent), la Bourgogne ne produit que le quart de la quantité de vins produite par le Bordelais !

Les parcelles de vignobles en Bourgogne sont plus petites et plus fragmentées que celles du Bordelais. La cause en revient pour partie à la Révolution de 1789. Avant la Révolution, la noblesse et le clergé étaient les principaux propriétaires en Bourgogne. Après la Révolution, les vignobles ont été distribués au peuple ; Bordeaux étant, à cette époque, propriété des Anglais, ses vins ont été moins affectés par la Révolution. Le Code Napoléon, qui édictait que toutes les terres devaient être distribuées de manière égale, a accentué le morcellement des vignobles familiaux.

De nos jours, la Bourgogne est donc une mosaïque de petits vignobles.
De grands vignobles sont gérés en copropriété, certaines familles ne possédant que deux ou trois rangs de vigne d'un même vignoble. (Un vignoble bourguignon très réputé, le Clos de Vougeot, compte 82 propriétaires pour 50 hectares !). Les quantités de vin produites en Bourgogne vont de 50 à 1 000 caisses par an, ce qui ne suffit pas à satisfaire la passion des admirateurs de ces vins dans le monde entier. À titre de comparaison, un château du Bordelais de taille moyenne produit 15 000 à 20 000 caisses par an. (Rappelons qu'une caisse est constituée de douze bouteilles, soit 9 litres.).

En Bourgogne, les propriétés se nomment des *domaines*, ce qui est peut-être moins prestigieux que *château* mais correspond bien à la taille plus réduite des vignobles.

Chardonnay, Pinot Noir et Gamay

La Bourgogne offre un climat *continental* (étés chauds, hivers froids). Des orages de grêle peuvent se produire en été, ce qui endommage les raisins et entraîne la pourriture. Le sol est essentiellement constitué de calcaire et d'argile.

Le *terroir* bourguignon est particulièrement adapté aux deux cépages principaux employés dans la région. Le *Pinot Noir* (pour les bourgognes rouges) et le *Chardonnay* (pour les bourgognes blancs). En fait, on n'est parvenu nulle part ailleurs sur terre à mieux exprimer les qualités de ce cépage difficile et pointilleux qu'est le Pinot Noir.

Si l'on descend vers le sud jusqu'à atteindre le district du Beaujolais, le sol devient granitique et riche en argile, ce qui convient davantage au cépage *Gamay* qui règne dans cette contrée.

Elle boit des districts partout...

La Bourgogne viticole est constituée de cinq districts qui produisent chacun des vins assez différents. Ces districts sont, du nord au sud, le Chablis, la Côte d'Or, la Côte chalonnaise, le Mâconnais et le Beaujolais. La Côte d'Or, cœur de la Bourgogne, est divisée en deux sous-districts : la Côte de Nuits au nord et la Côte de Beaune au sud.

Le tableau 10-4 présente ces districts, du nord au sud et indique les cépages utilisés dans chacun d'eux. Au premier coup d'œil, vous noterez que le district du Beaujolais, bien qu'appartenant à la Bourgogne, produit des vins totalement différents. Il en va de même partiellement pour le Mâcon rouge, la petite proportion de Pinot Noir remplaçant le Gamay ne donnant pas un vin ressemblant aux autres bourgognes rouges. D'ailleurs, le Mâcon rouge est très peu exporté ; c'est le Mâcon blanc qui passe les frontières.

Tableau 10-4 : Les districts viticoles de Bourgogne.

Région	Vin rouge	Vin blanc	Cépage
Chablis	-	Chablis	Chardonnay
Côte d'Or : Côte de Nuits	Bourgogne rouge	-	Pinot Noir
Côte d'Or : Côte de Beaune	Bourgogne rouge	Bourgogne blanc	Pinot Noir, Chardonnay
Côte chalonnaise	Bourgogne rouge	Bourgogne blanc	Pinot Noir, Chardonnay
Mâconnais	Mâcon rouge	Mâcon blanc	Gamay, Pinot Noir, Chardonnay
Beaujolais	Beaujolais	-	Gamay

Dans la pratique, le terme *bourgogne rouge* fait donc référence d'abord aux vins rouges de la Côte d'Or ainsi qu'à ceux, moins connus mais moins chers, de la Côte chalonnaise. De même, lorsqu'un amateur parle de *bourgogne blanc*, il fait généralement référence aux blancs de la Côte d'Or et de la Côte chalonnaise. On peut utiliser des noms plus précis tels que Chablis ou Mâcon pour faire référence aux vins blancs des districts concernés. Et lorsqu'un amateur parle de la « région bourguignonne », il peut ou non y faire entrer le beaujolais, mais ce dernier est généralement considéré à part.

Nous avions oublié les imposteurs. Si vous voyagez, ne vous laissez pas berner par ces rouges californiens à bon marché qui indiquent « Bourgogne » ou même « Chablis » sur l'étiquette. Ces imposteurs sont produits à partir de différents cépages ordinaires cultivés à grande échelle à des dizaines de milliers de kilomètres de la Côte d'Or. Nous serions même surpris que l'un de ces vins contienne une seule goutte de jus d'un cépage de Bourgogne, Pinot Noir ou Chardonnay. Ce sont des vins demi-secs fabriqués pour plaire à tout le monde et ils se vendent hélas bien. Méfiance donc si vous achetez du vin aux États-Unis. En Europe, ces falsifications sont bien évidemment interdites.

Du régional au sublime

L'histoire de la formation géologique du sol bourguignon explique que sa nature varie d'une colline à l'autre et même entre le milieu et le bas d'une pente. Vous pouvez trouver deux vins clairement différents pourtant issus de deux vignobles que ne séparent que les deux mètres d'un chemin vicinal.

Dans une région où le *terroir* varie dans de telles proportions, la spécificité du site prend une importance considérable. Un vin provenant d'un petit vignoble doté de caractéristiques spéciales sera plus précieux et plus rare qu'un vin issu de l'assemblage de plusieurs vignobles ou issu d'un site moins favorable.

La structure des appellations contrôlées des vins de Bourgogne reconnaît cette importance du terroir. La même structure hiérarchique des appellations régionales, districales et communales existe en Bourgogne comme dans le Bordelais, mais il existe de plus des appellations d'origine contrôlées qui font référence à des vignobles déterminés. Certains des vignobles sont reconnus comme meilleurs que les autres : certains sont des premiers crus et les meilleurs d'entre eux sont même des grands crus.

Les termes *premier cru* et *grand cru* servent également pour le bordeaux, mais ils correspondent généralement au résultat d'une classification qui est extérieure à la législation sur les appellations contrôlées. En Bourgogne, *premier cru* et *grand cru* sont des distinctions officielles dans la loi des appellations AOC. Leur signification est définie très précisément.

Le tableau 10-5 fournit quelques noms d'appellations AOC bourguignonnes en ordre croissant de spécificité. Les deux catégories les plus vastes, région et district, correspondent à environ 65 % de la totalité des vins de Bourgogne. Ces bourgognes plus ou moins génériques se vendent entre 4 et 8 € la bouteille (vous trouverez des bourgognes tout à fait honnêtes à ces prix). Les vins communaux (on dit également *villages*) tels que les Nuits-Saint-Georges correspondent à 23 % de la production de Bourgogne et se vendent entre 6 et 16 € la bouteille ; 53 communes de Bourgogne possèdent une appellation communale.

Enfin, les *premiers crus*, tel le Meursault Les Perrières ou encore Chambolle-Musigny Les Chaumes, comptent pour 11 % de la production ; 561 vignobles possèdent une appellation *premier cru*. Leur prix varie entre 14 et 31 € la bouteille. Finalement, il existe 30 grands crus tels que Chambertin ; la production représente 1 % du total. Les prix des bourgognes grands crus, tant rouges que blancs, commencent à 31 € et peuvent dépasser 305 €, par exemple pour une bouteille de Romanée-Conti, un des bourgognes les plus chers.

Tableau 10-5 : Hiérarchie des appellations contrôlées en Bourgogne.

Spécificité du site	Exemples
Région	Bourgogne rouge
District	Côte de Beaune-Villages ; Mâcon-Villages
Village ou commune	Pommard ; Gevrey-Chambertin ; Volnay
(Les deux catégories suivantes concernent des vignobles individuels.).	
Premier cru*	Nuits-Saint-Georges Les Vaucrains ; Beaune Grèves ; Vosne-Romanée Les Suchots
Grand cru*	Musigny ; La Tâche ; Montrachet

* Désigne une parcelle précise.

Vous pouvez heureusement distinguer un *premier cru* d'un *grand cru* en lisant l'étiquette. Un premier cru indique le nom de la commune suivi du nom du vignoble, les deux mentions étant souvent écrites en lettres de la même taille (de temps à autre, vous trouvez aussi la mention *Premier Cru*). Lorsque le nom du vignoble est écrit en lettres plus petites que celui de la commune, le vin n'est pas un *premier cru*, mais tout de même un vin issu d'un seul vignoble de la commune - les vins d'un seul vignoble ne sont pas tous reconnus comme premiers crus par la loi. Les bourgognes *grands crus* ne mentionnent que le nom du vignoble.

Lorsqu'un vin est produit par assemblage de deux premiers crus différents de la même commune, il peut malgré tout s'appeler *premier cru* mais n'a pas le droit de mentionner un nom de vignoble *premier cru*. Il peut porter le nom de la commune et les mots *Premier cru*, parfois écrit *1er cru*.

Les AOC de Bourgogne (encore une fois pour le plaisir)

Les bourgognes ayant une appellation d'origine contrôlée régionale sont faciles à reconnaître car leur nom commence toujours par *Bourgogne*. Dans la liste qui suit, vous lirez les noms des AOC de chaque colonne dans le sens descendant pour constater comment le nom se précise progressivement en passant du district au *grand cru*.

Étendue	Bourgogne rouge	Bourgogne blanc
Région	Côte de Nuits-Villages, Côte de Beaune	Côte de Beaune
Commune	Chambolle-Musigny	Puligny-Montrachet
Premier Cru	Chambolle-Musigny Les Amoureuses	Puligny-Montrachet Les Pucelles
Grand Cru	Musigny	Bâtard-Montrachet; Montrachet

Le goût des grands bourgognes rouges

Le cépage Pinot Noir ne donne pas autant de couleur que le Cabernet-Sauvignon ou que le Merlot. Les bourgognes rouges sont donc en général moins foncés que les bordeaux, leurs couleurs variant entre le grenat et la cerise ou le rubis. Le titrage en alcool est moyen à fort et le taux de tanins est assez modéré. L'arôme caractéristique est celui des petits fruits rouges tels que les cerises et les baies auxquels s'ajoutent des arômes boisés ou de terre humide et de champignons.

Lorsqu'un bourgogne rouge vieillit, il développe souvent une texture veloutée, riche, une douceur naturelle d'arômes de fruits; on retrouve parfois un bouquet mêlant odeurs de cuirs, de café et de gibier.

À quelques exceptions près (par exemple, dans le cas d'un grand vin ou d'un grand millésime comme 1990, 1995 et 1999), les bourgognes rouges sont à consommer dans les dix ans, voire plus rapidement si le millésime est moyen.

La Côte d'Or

La Côte d'Or, cœur de la Bourgogne, est une bande de terre de 100 kilomètres de long où se trouvent quelques-uns des plus chers vignobles du monde. C'est dans cette région que sont produits les célèbres grands bourgognes rouges et blancs.

Côte de Nuits

La partie nord de la Côte d'Or est la Côte de Nuits ; elle tire son nom de la ville principale de Nuits-Saint-Georges. Les grands bourgognes rouges sont presque tous issus de ce sous-district (on y trouve également un très grand bourgogne blanc, le Musigny, et quelques autres). Voici les communes viticoles essentielles de la Côte de Nuits, en les visitant du nord au sud :

- **Marsannay** : splendides rouges et rosé fruité ;
- **Fixin** : rouges rustiques, terreux et fermes ;
- **Gevrey-Chambertin** : rouges avec beaucoup de corps et riches, huit *grands crus* dont Chambertin et Chambertin Clos de Bèze ;
- **Morey-Saint-Denis** : rouges complets et robustes ; parmi les *grands crus*, citons Bonnes-Mares (en partie), Clos de la Roche, Clos Saint-Denis, Clos de Tart, Clos des Lambrays ;
- **Chambolle-Musigny** : rouges doux et élégants ; citons les *grands crus* Musigny et Bonnes-Mares (en partie) ;
- **Vougeot** : rouges de corps moyen ; un *grand cru*, le Clos de Vougeot ;
- **Vosne-Romanée** : rouges élégants, riches et veloutés ; une galerie de *grands crus*, Romanée-Conti, La Tâche, Richebourg, Romanée-Saint-Vivant, La Romanée et La Grand Rue ;
- **Flagey-Échezeaux** : le Hamlet de Vosne-Romanée ; parmi les *grands crus* Grands-Échezeaux et Échezeaux ;
- **Nuits-Saint-Georges** : rouges robustes et terreux ; aucun *grand cru* mais de très fins *premiers crus*.

Tous ces vins rouges sont produits uniquement avec du Pinot Noir. Les différences entre les vins ne sont donc imputables qu'au seul terroir.

Côte de Beaune

La partie sud de la Côte d'Or est la Côte de Beaune. Elle tire son nom de la ville commerciale et touristique de Beaune. Ce sous-district produit aussi bien des blancs que des rouges, mais ce sont ses blancs qui ont forgé sa réputation. Les communes suivantes constituent la Côte de Beaune, toujours en allant du nord au sud :

- **Ladoix** : rouges et blancs rares ; très bons achats. Appartiennent aux grands crus. Le Corton (rouge) et le Corton-Charlemagne (blanc) sont situés dans cette commune ;
- **Pernand-Vergelesses** : rouges et blancs peu connus ; très bons achats ;
- **Aloxe-Corton** : vins complets et robustes ; plusieurs grands crus rouges (tous portent un nom basé sur Corton) et un magnifique grand cru blanc, le Corton-Charlemagne ;
- **Chorey-lès-Beaune** : vin âgé tendre et sensuel ; surtout des rouges intéressants, et un bon blanc ;
- **Savigny-lès-Beaune** : essentiellement des rouges ; bonnes opportunités ;
- **Beaune** : rouges doux et à corps moyen ; quelques blancs ; de bons premiers crus ;
- **Pommard** : rouges complets et robustes ; quelques bons premiers crus (Rugiens et Épenots) ;
- **Volnay** : rouges doux et élégants ; de bons premiers crus (Callerets et Clos des Ducs) ;
- **Auxey-Duresses**, Monthélie, Saint-Romain, Saint-Aubin : Quatre petits villages produisant du rouge mais aussi quelques blancs ; d'excellentes affaires ;
- **Meursault** : première des grandes communes pour le bourgogne blanc ; vins riches aux arômes de noisette ; quelques premiers crus excellents (Les Perrières et les Genevrières) ;
- **Puligny-Montrachet** : patrie des bourgognes blancs élégants ; parmi les grands crus, Montrachet (en partie), Chevalier-Montrachet et Bâtard-Montrachet (en partie) ;

- **Chassagne-Montrachet** : un peu plus robustes que les Puligny ; correspond aux autres parties des grands crus de Montrachet et de Bâtard-Montrachet ; offre également quelques rouges rustiques ;
- **Santenay** : rouges à corps léger très abordables ;
- **Maranges** : surtout des rouges, peu répandus mais très abordables.

Les deux tableaux qui suivent proposent une sélection de quelques-uns des grands vins des producteurs parmi les meilleurs de Bourgogne.

Tableau 10-6 : Notre sélection de producteurs de bourgognes rouges.

Producteurs	Vins recommandés
Domaine Leroy*	Musigny ; Richebourg ; Chambertin (tous les grands et premiers crus de Leroy sont recommandés)
Domaine de la Romanée-Conti	Romanée-Conti ; La Tâche ; Richebourg ; Grands-Échezeaux
G. et Ch. Roumier	Musigny ; Bonnes-Mares ; Chambolle-Musigny Les Amoureuses
Ponsot	Clos de la Roche (Vieilles Vignes) ; Chambertin Clos Saint-Denis (Vieilles Vignes) ; Griotte-Chambertin
Armand Rousseau	Chambertin (tous ses grands crus) ; Gevrey-Chambertin ; Clos Saint-Jacques
Domaine des Chézeaux	Griotte-Chambertin ; Clos Saint-Denis (Vieilles Vignes)
Méo-Camuzet	Vosne-Romanée premiers crus (les trois) ; Clos de Vougeot ; Richebourg ; Corton
Hubert Lignier	Clos de la Roche ; Charmes-Chambertin
Jean-Jacques Confuron	Romanée-Saint-Vivant ; Clos de Vougeot
Anne Gros	Richebourg ; Clos de Vougeot
Domaine Dujac	Clos de la Roche ; Bonnes-Mares

Producteurs	Vins recommandés
Joseph Roty	Tous ses Chambertin grands crus
Domaine Comte de Vogüé	Musigny (Vieilles Vignes); Bonnes-Mares
Mongeard-Mugneret	Richebourg; Grands-Échezeaux
Jayer-Gilles	Échezeaux; Nuits-Saint-Georges Les Damodes
Louis Jadot	Romanée-Saint-Vivant; Chambertin Clos de Bèze; Musigny
Chopin-Groffier	Clos de Vougeot
Domaine Maune	Mazis-Chambertin; Charmes-Chambertin
Michel Lafarge	Tous ses Volnay premiers crus; Beaune Les Grèves
Domaine Robert Chevillon	Nuits-Saint-Georges; Les Saint-Georges; Les Vaucrains
Domaine Albert Morot	Tous ses Beaune premiers crus
Jacques-Frédérick Mugnier	Musigny; Bonnes-Mares
Daniel Rion	Vosne-Romanée Les Beaux Monts
Christian Séraphin	Charmes-Chambertin; Gevrey-Chambertin (Vieilles Vignes)
Tollot-Beaut	Corton; Corton Les Bressandes; Beaune Les Grèves

Tableau 10-7 : Notre sélection de producteurs de bourgognes blancs.

Producteurs	Vins recommandés
Domaine Ramonet*	Montrachet; Bâtard-Montrachet; Bienvenue-Bâtard-Montrachet; tous les premiers crus Chassagne-Montrachet
Coche-Dury*	Corton-Charlemagne; Meursault premiers crus (tous)

Tableau 10-7 : Notre sélection de producteurs de bourgognes blancs.

Producteurs	Vins recommandés
Domaine des Comtes Lafon	Meursault premiers crus (tous); Le Montrachet
Domaine Leflaive	Chevalier-Montrachet; Bâtard-Montrachet; Puligny-Montrachet premiers crus (tous)
Michel Niellon	Bâtard-Montrachet; Chevalier-Montrachet; Chassagne-Montrachet Les Vergers
Domaine Étienne Sauzet	Bâtard-Montrachet; Bienvenue-Bâtard-Montrachet; Puligny-Montrachet Les Combettes
Verget	Bâtard-Montrachet; Chevalier-Montrachet; Meursault premiers crus (tous)
Guy Amiot	Chassagne-Montrachet premiers crus (tous)
Louis Latour	Corton-Charlemagne; Puligny-Montrachet premiers crus (tous)
Louis Carillon	Bienvenue-Bâtard-Montrachet; Puligny-Montrachet premiers crus (tous)
Colin-Deléger	Chassagne-Montrachet premiers crus (tous); Puligny-Montrachet premiers crus (tous)
Jean-Noël Gagnard	Chassagne-Montrachet premiers crus (tous)
Louis Jadot	Corton-Charlemagne; Chassagne-Montrachet Les Caillerets; Beaune Les Grèves; Puligny-Montrachet premiers crus (tous)
Domaine François Jobard	Meursault premiers crus (tous)
Domaine Bernard Morey	Chassagne-Montrachet Les Caillerets; Puligny-Montrachet La Truffière
Domaine Marc Morey	Chassagne-Montrachet premiers crus (tous)

* Vins à prix très élevés.

Conseils pour acheter et boire du bourgogne

La clarté avec laquelle les Bourguignons ont classé leurs vins doit vous sembler bien appréciable. Un bourgogne *premier cru* est toujours meilleur qu'un vin communal et un grand cru fait partie des meilleurs entre tous. Eh bien, sachez que ce n'est pas nécessairement vrai ! Dans l'ordre d'importance, voici les critères à prendre en compte avant d'acheter un bourgogne :

- La réputation du producteur : vous devez fonder votre jugement sur les vins qu'il a produit récemment ;
- Le millésime : la qualité peut fortement varier d'une année à l'autre ;
- L'appellation : le nom de la commune ou du vignoble et sa spécificité.

En Bourgogne, le producteur et le millésime ont autant d'importance que l'appellation. 1999, 1996, 1995, 1993, 1991 et 1990 ont été de bons millésimes pour les bourgognes rouges.1998, 1996, 1995, 1992, 1989 et 1986 ont été de bons millésimes pour les bourgognes blancs.

Les bourgognes rouges représentent un bon choix dans les restaurants. À la différence des bordeaux et des autres vins basés sur le Cabernet-Sauvignon, les bourgognes s'apprécient bien jeunes grâce à leur douceur ; leurs arômes et leurs saveurs de fruits rouges sont déjà bien développés.

De plus, le bourgogne rouge, comme tous les vins de Pinot Noir, se marie avec de nombreux mets. C'est un des vins qui conviennent aux poissons et aux fruits de mer ; il s'adapte bien au saumon, par exemple. Le poulet, la dinde et le jambon lui conviennent également bien. Un bourgogne rouge de grand style appréciera la compagnie du bœuf et du petit gibier (canard, faisan, lièvre).

Le bourgogne rouge se boit chambré frais à environ 17 °C. Il n'a pas besoin d'être décanté, même les vieux bourgognes développent rarement du dépôt. De plus, trop d'aération risque d'en faire perdre les merveilleux arômes.

En revanche, les bourgognes blancs gagneront à être décantés, surtout les grands et premiers crus lorsqu'ils sont jeunes (cinq ans ou moins). Les plus nobles, comme le Corton-Charlemagne, sont alors loin de leur plénitude, et une aération ne fera que favoriser le développement de leurs arômes et saveurs. Mais ne les servez pas trop froids (de 15 à 17 °C).

> ### Le goût des grands bourgognes blancs
>
> Les bourgognes blancs offrent une vaste palette d'arômes : beurre et crème, noisette et miel dans le Meursault ; fleurs et caramel dans le Puligny et le Chassagne-Montrachet ; tout cela dans une acidité vivace et un soupçon de chêne. En vieillissant, une plus grande complexité se développe encore. Le vin donne alors sur le palais une touche finale qui rappelle tous les arômes. Les vins issus du cépage Chardonnay des autres régions et pays du monde peuvent être bons, mais aucun ne peut se comparer à un grand bourgogne blanc.

Des bourgognes abordables : la Côte chalonnaise

Le problème des bourgognes est leur prix souvent élevé. Rejoignez les initiés en apprenant que le district de la Côte chalonnaise (au sud de la Côte d'Or) offre des bourgognes abordables ; cinq villages y produisent des vins très satisfaisants. Bien sûr, les bourgognes de la Côte chalonnaise n'ont pas généralement la finesse de ceux de la Côte d'Or (ils sont moins aériens et plus corsés) mais leurs prix sont généralement compris entre 4,50 et 11 € la bouteille. Quatre noms de communes peuvent se rencontrer comme appellations sur les étiquettes :

- **Mercurey** : principalement du rouge et un peu de blanc ; les meilleurs vins de la Côte chalonnaise en proviennent et ce sont également les plus chers (8 à 16 €) ; deux parmi les meilleurs producteurs de Mercurey sont Faiveley et Antonin Rodet ;
- **Rully** : rouges et blancs en proportion égale ; les blancs, quoique légèrement terreux, sont bien meilleurs que les rouges ; nous vous conseillons ceux d'Antonin Rodet et René Brelière ;

- **Givry** : principalement du rouge et un peu de blanc ; les rouges sont meilleurs (mais assez terreux). Cherchez notamment ceux du Domaine Joblot, Jean Cleau ;
- **Montagny** : uniquement du blanc issu de Chardonnay ; recherchez ceux d'Antonin Rodet et de Louis Latour.

Un cinquième village spécialisé dans le cépage aligoté (un autre cépage blanc autorisé en Bourgogne) produit un vin particulièrement vif :

- **Bouzeron** : un des grands producteurs en est Aubert de Villaine ; essayez ses bourgognes rouges et blancs (issus respectivement de Pinot Noir et de Chardonnay) ou son Bourgogne Aligoté de Bouzeron.

Chablis : un vin blanc unique

La petite ville de Chablis située au nord-ouest de la Côte d'Or est la commune bourguignonne viticole la plus proche de Paris (deux heures de route environ). Comme les bourgognes blancs de la Côte d'Or, les vins de Chablis sont issus à 100 % du cépage *Chardonnay* ; ils offrent pourtant un style différent. Alors que la Côte d'Or fait fermenter et vieillir les blancs en fûts de chêne, la plupart des producteurs de Chablis utilisent l'acier inoxydable. En outre, le climat de Chablis est plus frais que celui de la Côte d'Or, ce qui engendre des raisins au corps plus légers, plus austères et plus acides. Le Chablis est très sec et délivre parfois même un goût de poudre, sans les saveurs riches de raisins mûris des blancs de la Côte d'Or.

Le Chablis accompagne à merveille tous les fruits de mer et notamment les huîtres. Comme tous les autres bourgognes blancs, il doit être servi frais mais non froid (15°C).

Une sélection de Chablis à découvrir absolument

Le Chablis mérite vraiment le détour dans ses grands crus et premiers crus. Les Chablis ou Petit Chablis à appellation communale simple, dont les prix vont de 6 à 11 €, ne sont pas les meilleures affaires en blancs de Bourgogne ; vous en trouverez d'aussi bons ou de meilleurs dans le Mâconnais, la Côte chalonnaise ou même en Côte d'Or.

Les sept *grands crus* de Chablis sont les suivants :

Les Clos	Bougros	Blanchots
Grenouilles	Les Preuses	Vaudésir
Valmur		

Il pourrait exister un huitième grand cru appelé La Moutonne, entre Vaudésir et Les Preuses. Mais La Moutonne ne peut porter cette appellation. Les Chablis grands crus se vendent entre 15 et 46 € selon le producteur. Dans les bons millésimes, leur garde peut aller jusqu'à quinze ans.

Il existe au moins vingt-deux *premiers crus* de Chablis, mais les six plus connus et sans doute les meilleurs sont, en rive gauche du Serein, Fourchaume, Mont de Milieu et Montée de Tonnerre et, en rive droite du Serein, Forêts (ou Forests), Montmain et Vaillon.

Les Chablis premiers crus se vendent entre 12 et 31 € selon le producteur et se gardent jusqu'à dix ans dans les bons millésimes.

Quatre grands producteurs de Chablis

À Chablis, vous ne devez pas manquer les grands crus ou premiers crus de quatre producteurs remarquables pour bien découvrir les richesses de ce grand vin. Il n'est pas aisé de se procurer leurs vins car ils produisent en petites quantités et ces vins ne se trouveront que chez les meilleurs cavistes :

- **François Raveneau** et **René et Vincent Dauvissat** : ces deux producteurs utilisent toujours du chêne pour la fermentation et le vieillissement ;
- **Louis Michel** : utilise uniquement de l'acier inoxydable ;
- **Jean Dauvissat** : utilise pour l'essentiel de l'acier inoxydable.

Mâcon : des vins blancs abordables

Si vous n'avez pas trop envie de dépenser 15 € ou plus pour accompagner vos repas quotidiens avec une bouteille de bourgogne blanc ou de Chablis, nous vous proposons une alternative : les vins blancs du Mâconnais. De nombreuses bonnes affaires en vin blanc correspondent à ceux du district du Mâconnais, situé directement sous la Côte chalonnaise et au nord du Beaujolais.

Le Mâconnais offre un climat plus doux et ensoleillé que la Côte d'Or.
La production viticole se centre autour de la belle ville de Mâcon qui forme une porte sur la vallée du Rhône et la Côte d'Azur. Dans le nord de Mâcon se situe un village nommé Chardonnay qui aurait légué son nom au célèbre cépage. Les collines ont dans leur sol ce même calcaire, qu'apprécie le cépage Chardonnay, se trouvant dans les districts plus au nord de la Bourgogne.

Les vins blancs du Mâconnais sont constitués à 100 % de Chardonnay.
La plupart portent simplement l'appellation *Mâcon* ou *Mâcon-Villages* (légèrement meilleurs que le Mâcon simple car spécifiques à certains villages); les prix vont de 4 à 8 €. Les meilleurs blancs du Mâconnais sont ceux provenant d'un seul village. En ce cas, le nom du village suit le début de l'appellation (par exemple, Mâcon-Lugny ou Mâcon-Viré).

Les blancs du Mâconnais ont un taux d'alcool moyen, ils sont vifs, sans goût de chêne, frais et nerveux. Il est préférable de les consommer jeunes, soit dans les trois ans.

Les meilleurs Mâcon blancs proviennent de la partie sud du district; ils portent leurs appellations propres, Pouilly-Fuissé et Saint-Véran :

- Le **Pouilly-Fuissé** est plus riche et plus alcoolisé que les Mâcon simples, il offre souvent un goût de chêne et coûte légèrement plus cher (de 8 à 13 €). Si vous désirez essayer un bon exemple de Pouilly-Fuissé, cherchez le Château Fuissé. Dans les bons millésimes, il soutient la comparaison avec des bourgognes blancs plus chers de la Côte d'Or ;
- **Saint-Véran** est peut-être la meilleure affaire de tout le Mâconnais (de 6 à 12 €). Voyez notamment le Saint-Véran de Verget qui est un des meilleurs producteurs du Mâconnais.

Beaujolais : gouleyants et abordables

Cela vous surprend-il d'apprendre que le beaujolais fait partie de la Bourgogne ? Sa réputation est telle qu'il semble indépendant. D'ailleurs il possède son propre cépage : le *Gamay*.

Le district du Beaujolais se situe au sud du Mâconnais, au centre d'un des hauts lieux de la gastronomie. Les bons restaurants y sont légion jusqu'à l'approche de Lyon.

Beaujolais et *beaujolais supérieur* (1 degré de plus d'alcool) sont des AOC au niveau d'un district, mais les vins proviennent généralement de la partie sud du Beaujolais, qui offre un sol argileux. Ce sont des vins frais et fruités, sans complication et moyennement alcoolisés ; ils se vendent entre 3 et 6 € la bouteille et se boivent à un ou deux ans. Ce sont des vins parfaits pour les temps chauds lorsqu'un vin rouge plus épais et plus tannique n'est pas le plus approprié.

Si vous êtes amateur de vin blanc ou rosé (ou bien même pas encore amateur de vin !), le beaujolais est le premier vin rouge idéal, une sorte de pont pour faciliter l'approche des vins rouges plus épais. Son goût est délicieux et bien fruité (bien qu'il soit sec) et il ne requiert pas une attention trop soutenue. Le beaujolais est un vin de fête.

Mais le beaujolais offre des aspects sérieux aussi. Les beaujolais les plus fins sont produits dans la partie nord du district de Beaujolais, sur sol granitique. Le *beaujolais-villages* est un assemblage de plusieurs des trente-neuf villages désignés qui produisent un vin plus substantiel que le beaujolais simple. Les quelques dizièmes d'euros de plus à la vente valent le détour.

Des beaujolais de plus haute tenue encore sont issus de dix villages dûment désignés du nord du district. Ces vins sont des crus beaujolais et seul le nom du cru apparaît en grosses lettres sur l'étiquette (pas la mention Beaujolais).

Les crus du Beaujolais ont plus d'épaisseur et ont besoin, en conséquence, d'un peu plus de temps pour mûrir ; certains des crus peuvent même être gardés quatre à cinq ans ou plus. Les prix s'étagent entre 4,50 et 11 € la bouteille. Le tableau 11-8 présente les dix crus de beaujolais avec leur situation géographique du sud au nord et une description de chaque cru.

Presque tous les beaujolais sont commercialisés par de grands négociants qui achètent les grappes et les vins pour réaliser l'assemblage, la mise en bouteilles et la commercialisation

Le rituel du beaujolais nouveau

Chaque année, le troisième jeudi de novembre voit apparaître sur le marché le nouveau millésime du beaujolais, le *beaujolais nouveau*, à grand renfort de publicité. Ce jeunot (six semaines !) garde un fort goût de grappe et c'est un vin facile à boire, pratiquement dénué de tanins et très fruité. Le beaujolais nouveau est très apprécié aux États-Unis car son apparition coïncide avec de nombreux dîners de la fête de Thanksgiving. Il se vend entre 3 et 6 € la bouteille et doit être bu dans l'année.

sous leur propre marque. Deux excellents négociants très fiables dans le beaujolais sont G. Dubœuf et L. Jadot.

Tableau 10-8 : Les dix crus du beaujolais.

Crus	Descriptions
Brouilly	Le plus grand cru en termes de quantité et le plus variable en termes de qualité ; léger et fruité ; à boire dans les trois ans.
Côte de Brouilly	Certainement meilleur que le Brouilly, plus dense et plus concentré ; vignoble plus haut perché ; à boire dans les trois ans.
Régnié	Le plus récent village à avoir reçu la dénomination de cru ; très proche du Brouilly mais pas aussi bon qu'un Côte de Brouilly.
Morgon	Bien produit, il est dense et terreux ; peut être gardé cinq à sept ans ; recherchez particulièrement celui de Dubœuf (Domaine Jean Descombes).
Chiroubles	Un de nos préférés ; la quintessence délicate et délicieuse du Beaujolais parfumé ; saveurs de jeunes fruits rouges ; très agréable ; à boire dans les deux ans.

Fleurie — Corps moyen à riche ; fruité et velouté (le plus populaire et le plus cher avec le Moulin-à-Vent ; 8 à 11 € – la bouteille) ; qualité assez constante ; à garder quatre ans.

Conseils pour boire le beaujolais

Le beaujolais est originaire de l'une des plus fameuses contrées gastronomiques du monde qui abrite d'excellents restaurants, jusqu'aux abords de Lyon. Un visiteur étranger emportera le souvenir pittoresque d'un vécu bien français en se rendant dans un bistrot parisien ou lyonnais et en commandant une carafe de beaujolais nouveau avec une charcuterie, un pâté ou un poulet froid. Aucun vin ne glisse aussi bien dans la gorge que celui-là !

Un beaujolais jeune et sans complexe doit absolument être servi frappé à environ 13°C pour libérer l'exubérance de son goût fruité. Les crus de beaujolais plus denses doivent en revanche être servis à la même température que les bourgognes rouges, soit 17°C.

Tableau 10-8 : Les dix crus du beaujolais.

Crus	Descriptions
Moulin-à-Vent	Nettement le plus puissant et le plus concentré et celui qui peut être gardé le plus longtemps (dix ans et plus) ; ce beaujolais requiert au moins trois à quatre ans pour développer ses arômes.
Chénas	Voisin du Moulin-à-Vent (en réalité, la plupart du Chénas peut être vendu légalement sous le nom Moulin-à-Vent) ; ce qui est vendu sous le nom de Chénas est de bon rapport qualité/prix ; à boire dans les quatre ans.
Juliénas	Le beaujolais du cœur ; souvent le plus consistant et le meilleur cru ; corps riche et plein ; à garder cinq ans ou plus ; déçoit rarement.
Saint-Amour	Le cru le plus nordique du beaujolais ; porte un nom parfait pour les amoureux le jour de la Saint-Valentin (ou tout autre jour) ; corps léger et moyen, offrant des arômes de baies ; à boire dans les deux ou trois ans.

En descendant la vallée du Rhône

Si vous cherchez un vin rouge sec, agréable et fiable, coûtant entre 3 et 8 €, tournez-vous directement vers un Côtes du Rhône rouge. La vallée du Rhône produit quelques vins plus imposants, surtout en rouge mais aussi en blanc et en rosé sec. Le Côtes du Rhône reste un des meilleurs vins rouges abordables du monde.

La vallée du Rhône commence au sud du Beaujolais et s'étire entre Lyon et la Provence ; la saison de maturation de la vigne y est ensoleillée. Les vins s'en ressentent : les rouges sont pleins, robustes et forts en alcool. Même certains des blancs tendent à être robustes. Et ceux produits dans la partie sud se distinguent clairement de ceux de la partie nord de la vallée.

Nobles vins du nord : Côtes du Rhône septentrionnaux

Les sombres vins d'Hermitage et de Côte Rôtie sont, en termes de qualité, le équivalents de ceux des grands crus classés de Bordeaux.

Les deux meilleurs vins rouges de toute la vallée du Rhône, le Côte Rôtie et l'Hermitage, sont produits dans le nord de la vallée. Ils se basent sur le noble cépage *Syrah* (Côte Rôtie utilise également un peu de Viognier blanc), Roussanne et Marsanne en blanc.

Ces deux vins sont riches et bien charnus, le Côte Rôtie étant le plus subtil.
Il offre un nez très parfumé qui évoque toujours les olives vertes et les arômes de fruits. Dans les bons millésimes, un Côte Rôtie peut se garder vingt ans ou plus (1995 et 1991 ont été de particulièrement bonnes années pour le Côte-Rôtie). La majorité des Côte Rôtie se vendent entre 9 et 19 €.

Un des producteurs les plus réputés est Guigal, ses Côte Rôtie (*La Mouline*, *La Landonne* et *La Turque*) sont formidables, mais particulièrement chers (plus de 30 €).

L'Hermitage rouge est le vin du Rhône le plus charnu et de plus longue garde. Ce vin complexe, riche, très tannique demande plusieurs années pour pouvoir s'exprimer ; il peut se garder trente ans ou plus dans les bons millésimes (1988, 1989, 1990, 1991 et 1995 ont été excellents dans le nord de la vallée du Rhône ; notamment 1989 pour l'Hermitage). Les grands Hermitage se vendent entre 22 et 46 € mais on en trouve également entre 12 et 16 €.

Ces vins sont produits sous différentes appellations :

- **Château Grillet** : unique en France, car l'appellation ne couvre qu'une propriété ; grand vin blanc ;
- **Condrieu** : plus grand vin blanc de la vallée du Rhône ; des notes de violette et de muguet ;
- **Châtillon en Diois** : rouge et blanc très léger ;
- **Clairette de Die** : vin sec effervescent élaboré seon la méthode champenoise ;
- **Crozes-Hermitage** : vin aux saveurs rustiques de framboise ; corsé et ample ;
- **Saint-Joseph** : le plus élégant des Côtes du Rhône, avec une touche poivrée ;
- **Hermitage Vin de Paille** ;
- **Saint-Peray** : blanc exclusivement.

Trois très bons producteurs d'Hermitage sont Jean-Louis Chave, Michel Chapoutier et Paul Jaboulet Aîné (son meilleur Hermitage est le *La Chapelle*).

Jaboulet propose également un petit frère de l'Hermitage plus abordable, le *Crozes-Hermitage* (une appellation distincte) du *Domaine de Thalabert*. Il peut être aussi bien sinon meilleur que certains Hermitage, sait vieillir dix ou quinze ans dans les bons millésimes et se vend moins de 15 € la bouteille, ce qui est une bonne affaire.

Les vins de Cornas sont encore plus imposants et profonds et peuvent rivaliser avec les Hermitage, notamment ceux de Clape.

Une petite quantité d'Hermitage blanc est produite à partir des cépages *Marsanne* et *Roussanne*. L'Hermitage blanc est en général plein, épais, robuste, et requiert de huit à dix ans pour se développer. Le très fin Hermitage blanc de Chapoutier nommé *Chante-Alouette* est produit dans un style plus accessible (cépage Marsanne seulement). Un autre Hermitage blanc de grande valeur est celui de Gérard Chave. Il est complexe et d'aussi longue garde que son Hermitage rouge.

L'autre vin blanc d'appellation du nord de la vallée du Rhône est le **Condrieu**, basé uniquement sur le peu répandu cépage *Viognier*. C'est un des vins les plus parfumés, les plus fleuris que l'on puisse rencontrer. Ses arômes sont délicats mais très riches avec un soubassement d'abricot et de pêche fraîche ; il accompagne à merveille les mets de poisson. Le Condrieu se vend entre 12 et 18 € mais doit être consommé jeune. C'est une appellation de faible superficie, ce qui le rend difficile à trouver en quantité.

Généreux vins du sud

La grande majorité (95 %) des Côtes du Rhône viennent du sud de la vallée. Ils sont généralement peu chers et simples. Le cépage dominant dans cette zone est le plus prolifique Grenache, qui produit des vins forts en alcool et peu tanniques.

En complément à l'appellation régionale Côtes du Rhône, les appellations plus spécifiques de la partie sud de la vallée du Rhône sont :

- **Côtes du Ventoux**, très proche mais plus léger que le Côtes du Rhône ;
- **Côtes du Rhône-Villages** (50 villages produisant des vins plus riches et un peu plus chers que le Côtes du Rhône). Seize de ces villages sont autorisés à mentionner le nom de la commune sur l'étiquette, comme « Cairanne – Côtes du Rhône Villages » ;
- Les deux appellations communales des villages de **Gigondas** et de **Vacqueyras**.

Ces deux appellations qui produisaient du Côtes du Rhône-Villages ont pu obtenir une promotion de leurs appellations. Le Gigondas se vend entre 6 et 10 € ; il est particulièrement riche et robuste et peut se garder dix ans ou plus dans les bons millésimes. Le Vacqueyras est plus léger, mais aussi un peu moins cher. 1995 fut un excellent millésime pour les Gigondas.

Les treize cépages utilisés sont : Grenache, Mourvèdre, Syrah, Bourboulenc, Counoise, Cinsault, Muscardin, Picpoul, Terret Noir, Picardan, Clairette, Vaccarese, Roussanne.

Deux vins rosés secs très intéressants dans ce même sud du Rhône sont le Tavel et le Lirac ; le second est moins connu, donc moins cher. Ils sont tous deux produits essentiellement à partir de Grenache et de Cinsault ; ces vins peuvent être délicieux pendant les chaudes journées d'été. Comme la plupart des rosés, il est préférable de les boire très jeunes.

Nous en arrivons au roi du sud de la vallée du Rhône qu'est le Châteauneuf-du-Pape. Son nom remonte au XIVe siècle, à l'époque où Avignon – et non Rome – était la cité des papes. La quasi-totalité des vins de Châteauneuf-du-Pape sont des rouges produits par l'assemblage d'au maximum treize cépages différents. Ceux qui prédominent sont le Grenache, la Mourvèdre et le Syrah. Un bon Châteauneuf-du-Pape est charpenté, riche, rond et assez fort en alcool. Les bons millésimes peuvent se garder de quinze à vingt ans. Deux parmi les meilleurs sont le Château Rayas (100 % de Grenache provenant de très vieilles vignes) et le Château Beaucastel (garde de vingt ans ou plus). On trouve un peu de Châteauneuf-du-Pape blanc.

La vallée de la Loire : un paradis du vin blanc

Si vous êtes blasé des vins blancs à base de Chardonnay, jetez-vous sur ceux de la vallée de la Loire et le raisin de Chenin Blanc : le Muscadet pour le pays nantais et le Sauvignon pour les Sancerre Pouilly-Fumé et Menetou Salon. La région produit également des rouges et certains rosés secs, mais elle est surtout réputée pour ses blancs.

La région viticole de la vallée de la Loire commence dans le grand coude que fait le fleuve au centre de la France pour se poursuivre jusqu'à son estuaire atlantique. Le climat frais, notamment dans la partie ouest, permet de produire des vins blancs relativement légers.

Dans la partie est de la vallée (dans l'axe de Paris) se trouvent les deux villes de Sancerre et de Pouilly-sur-Loire, situées sur les deux rives opposées de la Loire. C'est le règne du cépage *Sauvignon Blanc* qui permet de produire des blancs secs très vivaces offrant des arômes d'épices et d'herbes.

Les deux grands vins de cette zone sont le Sancerre et le Pouilly-Fumé :

- **Le Sancerre** est le plus léger, le plus sec et le plus nerveux. Il est idéal en été, notamment avec des coquillages et des poissons de rivière tels que la truite ;
- Le vin produit autour de Pouilly-sur-Loire se nomme le **Pouilly-Fumé**. Il est légèrement plus épais et moins épicé que le Sancerre et peut délivrer d'étonnants arômes de pierre à fusil et de minéraux. Le Pouilly-Fumé peut devenir un vin très fin lorsqu'il est signé par un producteur tel que Ladoucette ou Didier Dagueneau. De structure plus chargée, le Pouilly-Fumé peut accompagner des poissons plus riches comme le saumon ou encore le poulet ou le veau.

Ces deux types de vins se vendent généralement entre 4,60 et 9,20 € – les meilleurs sont un peu plus chers. Ils se boivent de préférence jeunes et frais, dans les trois ou quatre ans.

Sachez qu'il existe deux blancs français dont le nom comporte le nom Pouilly, le Pouilly-Fuissé et le Pouilly-Fumé. Il ne faut pas les confondre car ce sont deux vins très différents. Le Pouilly-Fuissé est un vin bourguignon du Mâconnais basé sur le cépage Chardonnay qui offre beaucoup de corps. Le Pouilly-Fumé de la Loire est issu du Sauvignon Blanc ; il est léger et plus acide.

Dans le centre de la vallée de la Loire, près de Tours, non loin des célèbres châteaux, se trouve la ville de Vouvray. C'est dans cette région que le cépage *Chenin Blanc* parvient à produire le meilleur blanc qui se puisse trouver.

Les vins de Vouvray existent en trois styles : sec, demi-sec et moelleux, mais les vins moelleux ne sont produits que dans les années où la maturation a pu atteindre un niveau suffisant, ce qui est assez rare. Il existe également un Vouvray mousseux.

Les meilleurs Vouvray requièrent plusieurs années de développement et leur acidité remarquable leur autorise une très longue garde. Ils se vendent entre 4,60 et 12,20 €. Deux producteurs très respectables sont Gaston Huet et Philippe Foreau du Clos Naudain.

Le MontLouis, petit frère du Vouvray, est plus rose et plus minéral.

Le Bourgueil et le Chinon sont deux vins de Touraine qu'on ne peut négliger de citer, et pour lesquels je vous recommande dans les deux cas les vins issus des coteaux de tuffeau.

Les Vouvray plus abordables (de 3,80 à 6,10 €) sont agréables à boire jeunes. Les versions dites sec ne sont pas trop sèches et restent consommables si vous ne tolérez pas les vins trop secs. Ils accompagnent bien le poulet ou le veau en sauce ou encore les fruits ou le fromage en fin de repas.

Le quatrième district de la vallée de la Loire est le Pays Nantais, dans l'estuaire du fleuve. Le vignoble qui s'étend autour de Nantes est la patrie du cépage *Muscadet* (également appelé *Melon*), qui a donné son nom au vin qui en est tiré. Léger et très sec, il accompagne à merveille les praires, huîtres et poissons de rivière – et, bien sûr, il est parfait à consommer en été comme vin de soif.

Parmi les vins d'Anjou et du Saumurois les plus célèbres se trouve un vin blanc : le Coteaux du Layon. Les vins de ces régions sont connus depuis le IVe siècle. Les raisins y sont touchés par la pourriture noble et doivent être vendangés par tris successifs et très mûrs. Ils donnent des vins moelleux de très longues gardes. Se trouve aussi un célèbre vin rouge : le Saumur-Champigny, un des meilleurs rouges de la Loire, vin étoffé tannique et de bonne garde.

Le meilleur du Muscadet est son prix. Vous pouvez trouver un Muscadet très correct autour de 3 €. Achetez-le jeune car il est à boire dans les deux ans. Il n'est pas destiné à vieillir.

Le meilleur Muscadet provient de Sèvre-et-Maine et cela est mentionné sur l'étiquette. Vous rencontrerez fréquemment l'indication *sur lie* qui signifie que le vin a vieilli sur ses lies (les restes de la fermentation) et qu'il a ensuite été immédiatement mis en bouteilles. Ce procédé donne au vin vivacité, fraîcheur et même parfois un léger soupçon de gaz carbonique sur la langue.

Les vins d'Alsace : résolument français

Cela peut paraître étrange pour un lecteur français, mais de nombreuses personnes dans le monde confondent aisément les vins d'Alsace et les vins allemands. L'Alsace n'est d'ailleurs séparée de l'Allemagne que par le Rhin, ce qui explique en partie son histoire tumultueuse, l'Alsace ayant été tantôt allemande, tantôt française. Pour compliquer encore les choses, l'Alsace et l'Allemagne cultivent certains des mêmes cépages (Riesling, Gewurztraminer, Sylvaner et Tokay). Mais là s'arrêtent les similitudes : les vins d'Alsace sont toujours secs alors que la majorité des vins allemands sont demi-secs ou doux.

Cette crise d'identité de l'Alsace a eu une influence sur les vins qui en proviennent au niveau du marché international, et dont il résulte que ses vins sont de très bonnes affaires.

Les vins d'Alsace sont, parmi les vins français, uniques sous deux aspects. Tout d'abord, tous les vins d'Alsace sont livrés dans des bouteilles effilées appelées *flûtes*. D'autre part, presque tous les vins d'Alsace comportent simultanément un nom de cépage et un nom de lieu, qui est souvent simplement l'Alsace.

Lorsque l'on considère la latitude assez nordique de l'Alsace, on peut supposer que le climat est assez froid. Heureusement, la protection du massif des Vosges à l'ouest permet au climat d'y être assez ensoleillé et tempéré jusqu'à pouvoir prétendre être un des plus secs de France ; autrement dit, un temps parfait pour cultiver la vigne.

Bien qu'y soient produits quelques vins à base de Pinot Noir, 93 % des vins d'Alsace sont des blancs. Quatre vins dominent le marché : le Pinot Blanc, le Riesling, le Tokay et le Gewurztraminer. Chacun d'eux exprime le caractère particulier du cépage dont il est issu, mais ils partagent tous certains arômes et saveurs, notamment cette note épicée qui constitue la signature des vins d'Alsace.

Le *Pinot Blanc* d'Alsace est le plus léger des quatre. En revisitant d'une autre manière le style traditionnel d'Alsace, certains producteurs produisent du Pinot Blanc demi-sec pour attirer ainsi des amateurs de vin peu habitués aux vins classiques de la région. D'autres producteurs persistent dans le blanc absolument sec. Dans tous les cas, il est préférable de le consommer jeune. Le Pinot Blanc est abordable, se vendant entre 3 et 6 €.

Le *Riesling* est un roi des vins d'Alsace (n'oubliez pas qu'il est sec ici).
Les Riesling d'Alsace ont un nez fleuri mais des arômes fermes, secs, presque métalliques. Bien qu'il puisse être consommé jeune, comme la plupart des vins d'Alsace, un Riesling d'un bon millésime peut aisément se garder dix ans ou davantage. Les Riesling se vendent entre 4,50 et 12,50 €.

Le *Pinot Gris* est un vin d'Alsace parfois appelé Tokay, ce qui rappelle un vin de dessert hongrois très fameux, le Tokaji. Il n'y a pourtant aucune relation entre eux. Le Pinot Gris est issu du cépage dont il tire son nom, le même que celui utilisé en Italie sous le nom de *Pinot Grigio*. En Alsace, il offre des vins riches, épicés et charnus avec beaucoup de caractère. L'acidité est assez faible et le taux d'alcool assez élevé. Le Pinot Gris d'Alsace se vend entre 6 et 11 € ; il accompagne bien les plats de viande.

Enfin, le cépage *Gewurztraminer* offre des arômes et des saveurs si intenses, si mordantes et si épicées qu'il constitue le vin qu'on aime ou qu'on n'aime pas, un point c'est tout. Et il a de nombreux amateurs. C'est en Alsace que ce cépage s'exprime le mieux. Si vous n'avez encore jamais goûté un Gewurztraminer d'Alsace, vous n'avez pas encore rencontré un de ces vins les plus particuliers du monde. Faible acidité, fort taux d'alcool, une combinaison qui donne une impression de complétude et de douceur. Il accompagne à merveille le foie gras et les fromages robustes, et certains l'apprécient aussi avec la cuisine asiatique épicée. Le Gewurztraminer se vend aux mêmes prix que le Riesling mais ne vieillit pas autant.

Autres pistes

Les très nombreux vignobles disséminés dans le Sud-Ouest produisent une vaste gamme de vins d'un excellent rapport qualité/prix, qui reçoivent les influences conjuguées du Bordelais, du Languedoc-Roussillon et de la vallée du Rhône, qui vont de ces succulents vins moelleux que sont le Jurançon et le Montbazillac aux rouges du Buzet, de Bergerac et du Marmandais, ainsi que les tanniques Madiran, le caractéristique vin basque Irouleguy et les Cahors.

Des deux vignobles du Jura et de la Savoie naissent essentiellement des vins blancs. Le Jura peut s'enorgueillir de vins rares d'une longévité étonnante : le Vin de Paille dont le mode d'élaboration consiste à faire sécher le raisin sur un lit de paille afin que son jus se transforme en sirop, et le Vin Jaune dont la couleur résulte d'une oxydation délibérée – il séjourne six ans en fût.

Le Languedoc-Roussillon est surtout connu pour ses vins doux naturels, et dont il faut retenir, pour les grands vins, le Domaine Daumas-Gassac, le Prieuré Saint-Jean-de-Bebian et le Château Chenaie.

Les vins du Languedoc-Roussillon

La riante région de Languedoc-Roussillon a longtemps été la première productrice de vin français, avec notamment plus de la moitié du volume total de vin rouge produit en France. Mais cela ne fait qu'une dizaine d'années que cette région se libère d'une réputation de vins de qualité très moyenne et commence à exporter. De nouvelles techniques ont été mises en œuvre, tant au niveau de la sélection des cépages qu'à celui de la vinification. Preuve de cette évolution, de grands groupes tels que les Américains Kendall-Jackson et Robert Mondavi s'intéressent au Languedoc-Roussillon.

Pour vos premières découvertes, cherchez d'abord du côté des différentes zones AOC des Corbières : Minervois, Faugères, Fitou, Saint-Chinian et Costières de Nîmes. Tâtez en toute décontraction de nombreux vins appelés Vin de Pays d'Oc. Créés à partir de tous les cépages de la région Languedoc-Roussillon, ce sont d'excellentes opportunités dans les petits prix.

Historiquement, les rouges charpentés de Languedoc-Roussillon provenaient de cépages peu répandus par ailleurs : Carignan, Cinsault et Grenache. Depuis quelques années, les viticulteurs ont commencé à adopter des cépages plus connus, et peut-être de meilleure qualité (Syrah, Cabernet Sauvignon, Merlot), qu'ils commercialisent dans des vins de cépage (en portant le nom) ou dans des vins d'assemblage. La très bonne nouvelle est le niveau de prix de tous ces vins, de 3 à 6 € pour la plupart.

Si la Provence est connue pour la forme étrange des bouteilles de ses vins rosés, ce sont ses vins rouges qui devraient retenir l'attention. Ce sont des vins chargés d'épices aux rendements faibles ne dépassant que rarement 40 hectolitres par hectare, dans les belles appellations de Bandol, Palette et Bellet.

Le temps est révolu où la Corse alimentait l'Europe en vins ordinaires.
Le Muscat du Cap Corse – le meilleur Muscat du monde ? – est issu d'un vignoble qui n'est curieusement pas inscrit AOC. Les appellations Patrimonio, Calvi, Sartene et Ajaccio vous amèneront tant de plaisir qu'il serait dommage de se priver des vins de Antoine Arena, du Domaine Gentili, du Domaine du Comte Peraldi…

Enfin, les Vins de Pays français sont des vins rouges, blancs ou rosés sans prétention censés refléter, fut-ce de façon rudimentaire, les caractéristiques de leurs régions respectives.

Chapitre 11

Les vins italiens

Dans ce chapitre :
- Les grands B (Barolo et Barbaresco) de l'Italie
- Chianti : toujours aussi fameux
- Les trois gentilshommes de Vérone
- Renaissance du *vino bianco* de qualité

*P*lus de 2 000 ans après la conquête de la Gaule par Jules César, les Italiens sont restés aussi impétueux. Passion, sens artistique, goût raffiné et réalisation sans faille sont les arguments qui leur ont permis de conquérir des domaines aussi variés que la mode, le cinéma, la gastronomie et, bien sûr, le vin.

La présence dans tous les endroits du monde de restaurants italiens nous a permis à tous de découvrir les vins italiens très répandus que sont les Valpolicella, Chianti, Soave et Pinot Grigio. Mais il existe tellement d'autres vins italiens, et non des moindres ! Et la plupart de ces centaines de vins se marient très bien avec les mets, car ils ont été conçus à cet effet. Les Italiens boivent d'abord du vin en mangeant.

Nous allons découvrir en détail les trois grandes régions viticoles d'Italie : Piémont, Toscane et Nord-Est. Nous présenterons plus rapidement les autres régions d'Italie produisant des vins qui peuvent vous être proposés au restaurant.

Italie : premier vignoble mondial

L'Italie n'est pas un si grand pays, 60 % de la surface de la France et les trois quarts de l'État de Californie, mais elle produit plus de vins que n'importe quel autre pays du monde, à l'exception de certaines années. Le vin est le sang du peuple italien. La vigne pousse partout et aucun repas n'est digne de ce nom s'il n'y a pas une bouteille de vin sur la table.

L'inconvénient de cette omniprésence est que les choses semblent acquises d'avance en Italie en ce qui concerne le vin, même lorsque cela n'est pas vrai. L'Italie a ainsi dû attendre vingt-huit ans de plus que la France pour pouvoir mettre en place une classification des vins ; de nos jours encore, trente ans après la création du système, l'Italie n'a pas achevé la mise en place des appellations officielles pour certains de ses meilleurs vignobles. Cette attitude décontractée de l'Italie par rapport au vin a eu pour effet de ralentir la reconnaissance des vins italiens de haute qualité sur les marchés internationaux.

Une autre raison ayant freiné cette reconnaissance au niveau mondial est liée aux cépages autochtones avec lesquels ces vins sont produits : le Nebbiolo, le Sangiovese, l'Aglianico, le Barbera, etc. Ces cépages peuvent être formidables, mais ils ne sont pas cultivés dans d'autres pays (les rares tentatives ont montré qu'on ne parvenait pas aux mêmes résultats qu'en Italie) ; leurs noms ne sont donc pas connus des amateurs de vin. Le tableau 11-1 présente les cépages les plus employés.

L'Italie, au nombre de ses avantages, bénéficie d'une grande variété de sols et de climats, du pied des Alpes au nord jusqu'aux chaudes côtes méditerranéennes du sud, qui offrent une panoplie de vins très diversifiée. (Un amateur curieux peut passer une vie entière à explorer les centaines de vins d'Italie !). Les paysages vallonnés d'Italie offrent de nombreux reliefs très appréciés de la vigne, même dans les chaleurs du sud du pays ; de nombreuses pentes escarpées avec un sol pauvre mettent les vignes au défi, les poussant ainsi à produire de petits miracles.

L'ordinaire et l'extraordinaire

Les vins d'Italie, tels qu'ils sont perçus à l'étranger, se rangent dans deux groupes distincts :

1. Les vins rouges et blancs à bon marché, souvent vendus dans des bouteilles de grande taille pour la consommation courante pendant les repas ;
2. Les vins fins dont la qualité varie entre bon et excellent.

Un des vins italiens les mieux connus dans la première catégorie est le *Lambrusco*, un vin rouge assez doux et légèrement pétillant (et délicieux) qui représente une première expérience du vin pour de nombreux amateurs en dehors de l'Italie. Dans la seconde catégorie se trouvent le *Barolo*, le *Brunello di Montalcino*...

Les régions viticoles de l'Italie

L'Italie comporte vingt régions viticoles, qui correspondent exactement au nombre de régions politiques (voir Figure 11-1). Ce qui se nomme région viticole en France, comme la Bourgogne ou l'Alsace, est généralement appelé zone viticole en Italie, pour éviter toute confusion avec les régions politiques. Nous conservons cette pratique.

L'Italie tout entière produit du vin, mais les vins les plus fins proviennent souvent du nord : le Piémont au nord-ouest, la Toscane au centre nord et trois régions (parfois appelées les Trois Vénéties) au nord-est. L'Italie est le premier producteur mondial avec 77 millions d'hectolitres, soit un quart de la production mondiale.

Tableau 11-1 : Les vins des régions principales de l'Italie.

Région	Vin rouge	Vin blanc	Cépage
Piémont			
	Barolo	–	Nebbiolo
	Barbaresco	–	Nebbiolo
	Gattinara	–	Nebbiolo, Bonarda*

Tableau 11-1 : Les vins des régions principales de l'Italie.

Région	Vin rouge	Vin blanc	Cépage
	–	Gavi	Cortese
	–	Roero Arneis	Arneis
Toscane			
	Chianti, Chianti Classico	–	Sangiovese, Canaiolo et autres*
	Brunello di Montalcino	–	Sangiovese Grosso
	–	Vernaccia di San Gimignano	Vernaccia
	Vino Nobile di Montepulciano		Sangiovese, Canaiolo et autres*
	Carmignano	–	Sangiovese, Cabernet-Sauvignon*
	Super-toscans**	–	Cabernet-Sauvignon, Sangiovese et autres*
Vénétie			
	–	Soave	Gargenaga, Trebbiano et autres*
	Valpolicella	–	Corvina, Rondinella, Molinara*
	Amarone	–	(Mêmes cépages que Valpolicella ; demi-sec)
	Bardolino	–	Corvina, Rondinella, Molinara*
	–	Bianco di Custoza	Trebbiano, Gargenaga, Tocai*
	–	Lugana***	Trebbiano

* Vins d'assemblage, issus de deux cépages ou plus.

** Vins non traditionnels produits essentiellement dans le district de Chianti (voir le commentaire dans la section Toscane).

*** La majorité de la zone vinicole de Lugana se trouve en réalité en Lombardie.

Chapitre 11 : Les vins italiens **211**

Figure 11-1 :
Les zones viticoles de l'Italie.

Les appellations de vin italiennes

L'Italie est membre de la Communauté européenne et son système d'appellation des vins doit donc se conformer à la classification à deux niveaux de la CEE : les vins VQPRD (vin de qualité produit dans une région déterminée) au niveau supérieur, et les vins de table (voir la section concernant la hiérarchie des vins de la CEE, chapitre 9).

Au niveau supérieur des VQPRD se trouvent :

- Les vins DOCG (*Denominazione di Origine Controllata e Garantita*), qui correspondent à un élite de petits vins, actuellement au nombre de treize. Les mots correspondant à DOCG doivent apparaître sur les étiquettes ;
- Les vins DOC (*Denominazione di Origine Controllata*) correspondent aux vins supérieurs les plus répandus en Italie. En 1997, 286 vins ont été reconnus dans cette catégorie par le gouvernement italien à ce jour. Les mots correspondant à DOC doivent apparaître sur les étiquettes.

Les termes *DOC* et *DOCG* font référence aux zones viticoles et aux vins qui en sont issus. Par exemple, le DOC Soave indique un lieu (une zone de production spécifique définie par les lois italiennes d'après le nom de la ville de Soave) et le vin qui en provient.

Au niveau inférieur des vins de table se trouvent :

- Les vins IGT (*Indicazione di Geografica Tipica*), ou vins de table avec indication géographique. La plupart portaient auparavant la mention Vino da tavola suivie d'une désignation géographique choisie par le producteur. En tant que vins IGT, ils doivent dorénavant mentionner l'indication géographique qui leur ont été attribuée par la loi. En 1997, 128 désignations IGT avaient été déclarées ;
- Les vins de table ordinaires qui ne comportent aucune indication géographique en dehors du pays, *Italia*.

Les vins rouges dominants du Piémont

La réputation viticole du Piémont est liée au *Nebbiolo*, cépage rouge plein de noblesse qui ne produit de grands vins que dans le nord-ouest de l'Italie. La grandeur du Nebbiolo s'exprime de deux manières : le *Barolo* et le *Barbaresco* sont deux des vins rouges les plus fameux du monde ; ils sont classés appellation DOCG et sont produits uniquement avec le cépage Nebbiolo cultivé dans les collines de Langhe autour d'Alba. Chacun tire son nom d'un village de la zone de production.

Méthode traditionnelle ou moderne ?

Un Barolo (ou un Barbaresco) peut grandement se distinguer d'un autre en fonction de la méthode de production choisie. Un vin de méthode traditionnelle commence son existence avec une nature très tannique, la longue fermentation laissant les grappes transmettre tous leurs tanins au moût. Le vin doit ensuite mûrir assez longtemps dans de grands fûts de bois pour qu'il perde une bonne partie de ces tanins.

Inversement, le même vin en méthode moderne commence par une fermentation courte, suivi d'un vieillissement au moins partiel dans de petites barriques de chêne français, séjour qui amplifie au contraire l'arôme de chêne et les tanins. En toute logique, les vins traditionnels demandent plus de temps de garde que les modernes, ces derniers étant plus fruités et plus rapidement adultes.

Le Barolo et le Barbaresco sont des rouges robustes, très secs, charnus, forts en tanin, en acidité et en alcool. Leurs arômes font penser au goudron, aux violettes, aux roses, aux fraises mûres et parfois même aux truffes (celles qui poussent dans la terre et non celles en chocolat !). Le Barolo est plus charnu que le Barbaresco et requiert en général plus de vieillissement ; en dehors de cela, les deux vins sont très proches. Comme la plupart des vins italiens, ils s'expriment au mieux avec la nourriture. Un bon Barolo ou Barbaresco se vend entre 15 et 46 € la bouteille.

Ni le Barolo, ni le Barbaresco ne sont à boire jeunes. D'ailleurs un Barolo n'est considéré comme tel qu'après trois années de maturation dans les chais, voire cinq ans s'il veut prétendre à la mention *Riserva* (pour le Barbaresco, les seuils sont de deux et de quatre ans). S'ils sont produits selon les méthodes traditionnelles, ces vins peuvent même demander de dix à vingt ans avant de pouvoir être consommés et méritent plusieurs heures d'aération avant dégustation, en sorte d'atténuer leur nature un peu rude (voir chapitre 8). Cela dit, certains producteurs produisent ces vins de façon à en permettre une consommation plus rapide, entre un et cinq ans après la mise sur le marché.

Le Barbaresco et, plus encore, le Barolo partagent quelque chose avec les bourgognes de France : il est indispensable de trouver un producteur correct pour faire une bonne expérience de ces vins. Pour vous y aider, nous indiquons dans la liste suivante quelques très bons producteurs de Barolo et de Barbaresco, dans un ordre de préférence décroissant (de gauche à droite, puis de haut en bas). Certains producteurs (Giacomo Conterno, les deux Mascarello, les deux Rinaldi et Bruno Giacosa) font des vins traditionnels. D'autres sont résolument modernes (Gaja, Sandrone, Voerzio). D'autres enfin (Ceretto, Renato Ratti et autres) se situent entre les deux camps. (Nous préférons les vins réalisés de manière traditionnelle, mais d'excellents producteurs se placent dans les deux camps.).

Barolo

Giacomo Conterno
Giuseppe Mascarello
Vietti
Bartolo Mascarello
Giuseppe Rinaldi
Bruno Giacosa
Aldo Conterno
Gaja
Caretta
Ceretto
Paolo Scavino
Renaldo Ratti
Marcarini

Prunotto
Luciano Sandrone
Pio Cesare
Manzone
Roberto Voerzio
Elio Altare
Marchesi di Barolo
Conterno-Fantino
Clerico
Francesco Rinaldi
Fontanafredda
Corino
Parusso

Barbaresco

Bruno Giacosa
Ceretto
Cigliuti
Produttori del Barbaresco

Gaja
Marchesi di Gresi
Moccagatta
Castello di Neive

Au nord du Piémont, où le cépage Nebbiolo se nomme *Spanna*, on réalise un autre vin DOCG nommé *Gattinara*. Bien que ce vin puisse rarement recevoir les mêmes éloges que les deux grands B (Barolo et Barbaresco), il délivre les mêmes arômes et saveurs de Nebbiolo dans un style légèrement moins charnu. À des prix variant entre 9 et 12,50 €, le Gattinara d'un bon producteur constitue un des vins les plus mésestimés du monde. Recherchez notamment les Gattinara d'Antoniolo et de Travaglini.

Où le Ciel offre les millésimes par trois...

La notion de millésime en Italie n'intervient essentiellement qu'en considération de l'âge du vin. En effet, le facteur météorologique est souvent équivalent d'une année sur l'autre.

Des rouges pour tous les jours

Les habitants du Piémont réservent les grands vins tels que le Barolo ou le Barbaresco à leurs repas du dimanche et aux occasions spéciales. Au quotidien, ils consomment les vins rouges *Dolcetto* et *Barbera*. Le Dolcetto est le plus léger et c'est en général ce vin rouge qui accompagne les repas piémontais.

Si vos notions en italien vous permettent de traduire l'expression *dolce vita*, vous risquez d'en déduire que le nom *Dolcetto* correspond à un vin doux. En réalité, le cépage Dolcetto est doux, mais le vin qui en est issu est franchement sec, offrant même parfois un goût de grappe prononcé avec beaucoup de tanins. Le Dolcetto est fréquemment comparé au beaujolais (le rouge léger décrit au chapitre 10), mais il est plus sec, plus tannique et accompagne selon nous mieux les repas.

Le Dolcetto se vend entre 4,50 et 9,50 €. Les meilleurs proviennent des zones viticoles Dogliani, Diano d'Alba et Alba ; ces vins portent le nom de cépage, Dolcetto, suivi du nom de la zone d'origine. Tous les producteurs de Barolo que nous recommandons produisent également du Dolcetto, en général du Dolcetto d'Alba. Un de nos producteurs préférés, Chionetti, ne produit que du Dolcetto di Dogliani.

Alors que le Dolcetto est limité au Piémont, le Barbera est un cépage très répandu en Italie (le plus planté dans toute l'Italie est le Sangiovese). C'est dans le Piémont, et notamment dans les zones d'Asti et d'Alba, que ce cépage donne le meilleur de lui-même. C'est un vin rouge riche, aux saveurs de bigarreau, acide, fruité et généreux. Le *Barbera d'Alba* est légèrement plus riche que celui d'Asti (quoique certaines vieilles parcelles de Barbera d'Asti puissent rivaliser en puissance et en richesse avec le Barbera d'Alba). Il se trouve que le Barbera est un de nos vins favoris, notamment pour accompagner les pâtes, la pizza et tout autre plat contenant de la sauce tomate.

Deux excellents producteurs de Barbera d'Alba sont Vietti et Giacomo Conterno. Un Barbera d'Alba particulièrement fameux est le Scarrone Vigne Vecchia de Vietti, produit à partir de vignes de cinquante ans d'âge dans les vignobles de Vietti Scarrone. Vendu environ 12,50 €, il est légèrement plus cher que les autres Barbera de Vietti, mais il vaut la différence. Un Vietti plus simple d'accès est le Barbera d'Alba « Scarrone » aux alentours de 9 €. Pour moins cher encore, vous trouverez le Barbera d'Alba « Tre Vigne » (environ 7 €).

Un autre vin rouge quotidien du Piémont est le *Nebbiolo d'Alba*, produit à partir de Nebbiolo dans les vignobles en dehors des zones sacrées de Barolo et de Barbaresco. Ce vin léger est plus facile à boire que les deux autres et se vend entre 6 et 8 € la bouteille.

Et pourquoi pas des blancs piémontais ?

Presque tous les vins du Piémont sont rouges, mais deux vins blancs intéressants y sont produits. Le *Gavi* est un blanc très sec et très acide qui tire son nom d'une ville dans le sud du Piémont. La plupart des Gavi se vendent entre 5 et 9,50 € – ce qui paraît surévalué, sans doute parce que le Gavi est devenu un vin chic. Un grand Gavi tel que le Scolca Black Label est vendu environ 15 €.

Un blanc piémontais nommé *Arneis* est produit dans la zone de Roero à côté d'Alba à partir d'un cépage oublié depuis longtemps nommé Arneis, qui a été ressuscité par le producteur Vietti voici plusieurs années. L'Arneis est un vin blanc sec à demi-sec et riche en texture. Il est à consommer un an après vendange et se vend entre 4,50 et 11 €. Outre les Arneis de Vietti, cherchez aussi du côté de Bruno Giacosa et de Ceretti.

Beautés de la Toscane

Florence, Sienne, le David de Michel Ange, la tour penchée de Pise, les beautés de la Toscane sont incomparables. Un seul vin peut être digne de leur réputation et c'est un vin toscan : le Chianti.

De Chianti en Chianti

Chianti est une zone viticole assez large qui s'étend dans toute la Toscane. La zone est totalement en appellation DOCG, que ce soit mérité ou non, et elle est divisée en sept districts. Un vin de Chianti peut utiliser le nom du district ou l'appellation plus générique Chianti si la production ne peut pas être qualifiée pour un nom de district (par exemple, si le vin est issu d'un assemblage de cépages de plusieurs districts). Le district Chianti Classico correspond au cœur de la zone de production. C'est la meilleure zone qui, heureusement pour nous, donne aussi les vins les plus faciles à trouver hors d'Italie. Le seul autre district de Chianti qui puisse rivaliser avec le Chianti Classico au niveau de la qualité est le Chianti Ruffino, assez facile à se procurer, notamment celui produit par le fameux Frescobaldi.

Les vins de Chianti se distinguent selon le district de production mais également selon le style de vieillissement : les vins intitulés *Riserva* sont en général élevés en fûts de chêne français et ne sont commercialisés que trois ans ou plus après vendange, tout en gardant un potentiel de garde supplémentaire. Les Chianti se distinguent également selon l'assemblage de cépages, bien qu'en pratique la plupart soient produits entièrement à partir du cépage Sangiovese.

Le Chianti est un vin rouge très sec (le Chianti blanc n'existe pas à notre connaissance). Comme la plupart des vins italiens, il s'adapte bien aux repas. De corps léger à moyen, il offre souvent des arômes de cerise et même de violette, en laissant un arrière-goût de cerise aigre. Les meilleurs Chianti conservent une certaine acidité et s'expriment au mieux entre cinq et huit ans, tout en pouvant, dans les meilleurs millésimes, être gardés plus de dix ans. Les meilleurs millésimes récents pour le Chianti sont 1985, 1988, 1990 et 1995.

Le Chianti n'a jamais été aussi bon qu'actuellement. Que ce soit un Chianti simple à 5 € ou un Chianti Classico plus intense (entre 6 et 8 €), ce vin reste l'un des plus intéressant du monde. Même le Chianti Classico Riserva n'est vendu qu'environ 1,50 € de plus que le Chianti Classico normal.

Quelques grands producteurs de Chianti

Badia a Coltibuono
Castello dei Rampolla
Castello di Ama
Castello di Gabbiano
Castello di Volpaia
Fondoti
Frescobaldi
Isole e Olena
Marchesi Antinori
Monsanto il Poggio
Monte Vertine
Ruffino
Villa Cafaggio
Viticcio

La qualité du Chianti est plus homogène que celle du Barolo, notamment dans le district Classico, mais il reste néanmoins utile de connaître de bons producteurs auxquels vont nos préférences et que nous avons rassemblés dans cette liste – si elle vous semble un peu courte, souvenez-vous que le Chianti est une zone viticole très étendue, comportant des milliers de vignerons et de producteurs.

Brunello di Montalcino, célèbre en une nuit

Alors que le Chianti est réputé depuis des siècles, un autre grand vin de Toscane, le *Brunello di Montalcino*, est apparu récemment ; devenu célèbre en une seule nuit, il a conservé sa réputation depuis.

La ville fortifiée de Montalcino se situe au sud de la zone de Chianti. Le vin y est produit depuis le siècle dernier, mais il est resté inconnu en dehors de la Toscane jusqu'en 1970. À cette époque, la famille Biondi-Santi, premier producteur de Montalcino, a présenté certains de ses plus vieux vins à des écrivains spécialisés, notamment les millésimes de 1888 et 1891 qui gardaient toutes leurs saveurs ! Le reste n'est que de l'histoire, comme on dit. De nos jours, le Brunello di Montalcino est une appellation DOCG considérée comme l'un des plus grands vins rouges du monde. Ses prix de vente sont en conséquence (de 22 à 46 € et plus).

Ce vigoureux cousin du Chianti est intense, concentré, très tannique et demande beaucoup de vieillissement (jusqu'à vingt ans) s'il est produit de manière traditionnelle. Plusieurs heures d'aération avant consommation lui sont nécessaires. Certains producteurs de Montalcino ont récemment réalisé une version plus accessible de Brunello.

Le *Rosso di Montalcino* (vendu moins cher, de 7,50 à 9,50 €) est un vin prêt à consommer issu des mêmes cépages et de la même zone de production que le Brunello di Montalcino. Le Rosso, lorsqu'il provient d'un bon producteur, est une affaire. De plus, il vous donne, sans vous ruiner, un aperçu de ce qu'est un Brunello.

Pour bien apprécier le Brunello di Montalcino, cherchez d'abord parmi les producteurs que nous recommandons dans la liste suivante (dans un ordre approximatif de préférence). Dans les bons millésimes (1975, 1985, 1988, 1990, 1995, 1997, mais ce dernier ne sera en vente qu'en 2004), le Brunello produit de manière traditionnelle (comme celui de Biondi-Santi, de Costanti ou de Pertimali) demande entre quinze et vingt ans de vieillissement. Le Brunello produit par la méthode moderne (Caparzo, Altesino ou Col d'Orcia) peut être consommé dans les dix ans. Si vous êtes pressé, consommez plutôt le Rosso di Montalcino.

Quelques grands producteurs de Brunello di Montalcino

Case Basse de Soldera (très cher)
Biondi-Santi (très cher)
Altesino
Castel Giocondo
Poggio Antico
Tenuta Il Pogionne

Encore deux rouges et un blanc de Toscane

Trois autres vins de Toscane à mentionner sont les deux vins rouges *Vino Nobile di Montepulciano* et *Carmignano*, et le meilleur vin blanc de Toscane, le *Vernaccia di San Gimignano*. Tous trois sont des appellations DOCG.

La ville de Montepulciano est située au sud-est de la zone de Chianti. Le cépage principal du Vino Nobile est le *Prugnolo Gentile* (plus connu sous le nom Sangiovese). Réalisé par un bon producteur, le Vino Nobile di Montepulciano peut rivaliser avec les meilleurs Chianti Classico. Nous recommandons les huit producteurs suivants : Poderi Boscarelli, Fattoria del Cerro, Avignonesi, Lodola Nuova, La Braccesca, Dei, Fassati et Poliziano. De nos jours, les producteurs de ce vin en réalisent une version plus légère et prête à consommer qui se nomme le *Rosso de Montepulciano*.

À l'ouest de Florence se trouve la région vinicole de Carmignano. Son vin se distingue du Chianti par le fait qu'il peut utiliser jusqu'à 10 % de Cabernet-Sauvignon. En conséquence, les saveurs du Carmignano peuvent être décrites comme d'un Chianti doté d'une pointe de finesse digne d'un bordelais. Nous recommandons les deux producteurs de Carmignano nommés Villa di Capezzana et Ambra.

Vernaccia di San Gimignano tire son nom de la ville médiévale fortifiée de San Gimignano, dans l'ouest de la zone Chianti Classico. Le Vernaccia est en général un vin blanc frais offrant une texture légèrement huileuse et un arôme d'amande. Il doit être bu jeune. Vous en trouverez une interprétation inhabituelle en essayant la réserve vieillie en fût de chêne de Teruzzi & Puthod nommée *Terre di Tufo*; c'est un Vernaccia excellent mais assez cher (environ 9 €). La plupart des autres Vernaccia se vendent entre 6 et 9,50 €. En dehors de Teruzzi & Puthod, nous conseillons les producteurs Mentenidoli (notamment son Fiore) et Falchini.

Les super-toscans

Dans les années 70, le Chianti a vécu sa descente aux enfers ; des producteurs dynamiques tels que Piero Antinori ont réagi en tentant d'attirer l'attention du monde œnophile. Ils ont donc créé de nouveaux vins connus de nos jours sous l'appellation collective de *super-toscans*. Les premiers exemples en sont le Sassicaia de Marchese della Rochetta et les Tignanello et Solaia de Piero Antinori. Ces vins ne peuvent pas porter le nom Chianti car ils sont produits en dehors de la zone de Chianti ou bien sont issus d'un assemblage de cépages (en général du Sangiovese et du Cabernet-Sauvignon), ce qui n'est pas conforme à la législation des appellations DOC pour le Chianti.

Ces pionniers ont depuis été rejoints par des dizaines de super-toscans. L'assemblage de cépages utilisés pour les super-toscans dépend du vin, certains producteurs utilisant du Merlot ou même du Syrah assemblés avec le Sangiovese, alors que d'autres ne se servent que de cépages natifs de Toscane. Tous ces vins ont en commun leur prix très élevé, de 15, à 31 € et même 45,50 € la bouteille. Les super-toscans les plus réputés tels que les *Sassicaia* et *Solaia* sont très appréciés des collectionneurs de vins ; ils peuvent se vendre jusqu'à 77 € dans les bons millésimes tels que 1985.

Les super-toscans offrent une grande variété d'arômes en raison des divers cépages et des microclimats ; le style va de celui d'un très bon Chianti au bordeaux ou au Cabernet californien, selon la proportion de Sangiovese, de Cabernet-Sauvignon ou de Merlot employée.

De nos jours, le Chianti a rétabli sa réputation dans le marché vinicole mondial et ces vins très chers ont perdu de l'importance. Cependant, la plupart des grands producteurs de Chianti continuent à produire un super-toscan.

En dehors de Sassicaia, Solaia et Tignanello, voici nos cinq autres super-toscans préférés :

- **Pergole Torte**, produit par Monte Vertine (100 % de cépage Sangiovese) ;
- **Ornellalia**, produit par le jeune frère de Piero Antinori, Lodovico Antinori, dans ses propres chais (Cabernet-Sauvignon et Merlot) ;
- **Sammarco**, produit par Castello dei Rampolla (75 % Cabernet-Sauvignon et 25 % Sangiovese) ;
- **I Sodi di San Niccolo**, produit par Castellare (principalement Sangiovese) ;
- **Percalo**, du producteur San Giusto a Rentennano (100 % Sangiovese).

Ces vins font partie de nos meilleurs vins italiens. Recherchez notamment les millésimes 1985, 1988, 1990 et 1995.

Le Sangiovese à table

Les Chianti légers savent accompagner les pâtes, le jambon, le poulet grillé ou le pigeon. Les Chianti Classico et Riserva s'adaptent au veau, à la dinde rôtie, à l'agneau, au steak et au rôti de bœuf. Le robuste Brunello di Montalcino et les super-toscans sont à essayer avec le faisan, le steak, le gibier ou même du parmesan frais. Vous servirez ces vins chambrés à environ 19°C.

Un bouquet du Nord-Est italien

Les trois régions dans lesquelles nous entrons maintenant sont situées dans le nord-est de l'Italie (figure 11-1). Elles sont souvent réunies sous l'appellation des trois Vénéties qui date de leur ancienne appartenance à l'Empire de Venise. Chacune de ces régions produit du rouge et du blanc, tous vins assez bien connus en-deçà mais aussi au-delà des frontières.

Pour faire honneur à Roméo et Juliette

Il y a de fortes chances pour que le premier vin italien que vous ayez bu n'ait pas été du Chianti. Il devait plutôt s'agir d'un des trois vins de Vérone très connus : le Soave blanc ou les deux rouges Valpolicella et Bardolino. Ces vins très populaires proviennent du nord-est de l'Italie, dans les environs de la ville pittoresque de Vérone, patrie de Roméo et Juliette, située non loin du merveilleux lac de Garde.

Parmi les deux rouges de Vérone, le Valpolicella est le plus riche ; le Bardolino, plus léger, est un excellent vin d'été à servir légèrement frais. (Deux grands producteurs pour ces deux vins sont Bolla et Masi.). Le Valpolicella, le Bardolino et le Soave sont vendus à des prix attrayants (de 3 à 5 €) tout comme deux autres vins blancs de la région, le *Bianco di Custoza* et le *Lugana* (Santi en est un grand producteur). Voici les producteurs recommandés pour les vins de Vérone :

- **Soave** : Gini, Pieropan, Anselmi, Santa Sofia ;
- **Valpolicella** : Allegrini, Le Ragose, Guerrieri-Rizzardi, Alighieri, Tommasi, Masi ;
- **Bardolino** : Guerrieri-Rizzardi, Cavalchina.

Un des vins rouges corsés les plus populaires en Italie, l'*Amarone della Valpolicella* (aussi abrégé en Amarone) est produit à partir des mêmes cépages que le Valpolicella (reportez-vous au tableau 11-1), mais il s'en distingue par le fait que les raisins mûrs sont séchés sur des lits de paille durant plusieurs mois avant mise en fermentation, ce qui permet de concentrer les sucres et les arômes. Il en résulte un vin riche, fort (de 14 à 16 % d'alcool), velouté, de longue garde, parfait pour une froide soirée d'hiver et pour accompagner des fromages secs et à point. Quelques très bons producteurs d'Amarone sont Quintarelli, Bertani, Masi, Tommasi, Le Ragose, Allegrini, Dal Forno, Zenato, Sartori et Bolla.

Une alliance austro-italienne

Si vous avez eu l'occasion de découvrir l'Italie en profondeur, vous avez sans doute remarqué que ce n'était pas une contrée naturellement unifiée mais plutôt un assemblage de vingt régions ou plus liées politiquement. Considérons par exemple le Trentin-Haut-Adige. Cette région montagneuse (la plus nordique de l'Italie ; voir la figure 11-1) est non seulement totalement différente du reste de l'Italie, mais le langage allemand du Haut-Adige ou du Sud-Tyrol pratiqué dans le nord de la région se distingue totalement du dialecte à consonance italienne du Trentin, au sud de la même région. (Avant la première guerre mondiale, le Sud-Tyrol appartenait à l'Empire Austro-hongrois.). Les vins de ces deux zones sont différents bien qu'appartenant à la même région.

Si l'on compte également ceux de la zone du Frioul, très proche, cette région produit parmi les meilleurs vins blancs italiens. Quatre producteurs à rechercher sont Alois Lageder, Hofstätter, Tiefenbrunner et Peter Zemmer. Voici un aperçu de leur production :

- Alois Lageder produit un Pinot Bianco dans son vignoble Haberlhof et un Sauvignon du Lehenhof qui illustrent formidablement ces deux cépages et comptent parmi les meilleurs vins que l'on puisse en produire ;
- Le Gewurztraminer de Hofstätter (vignoble Kolbenhof) montre quels sommets de finesse un cépage aussi sensible peut atteindre. C'est le même Hofstätter qui signe le meilleur Pinot Nero (Pinot Noir) d'Italie, le Villa Barthenau ;
- Le Müller-Thurgau de Tiefenbrunner de son vignoble Feldmarschall (le plus haut perché de la région) est certainement parmi les plus belles réalisations du monde basées sur ce cépage souvent négligé ;
- Enfin, Peter Zemmer produit des vins de Chardonnay et de Pinot Grigio très fiables aux alentours de 4,50 €.

Dans le sud de cette zone, la région du Trentin produit également d'excellents Chardonnay parmi lesquels ceux de Pojer & Sandri et de Roberto Zeni (nous vous recommandons d'ailleurs n'importe quel vin de ces deux producteurs). Un autre producteur du Trentin qui s'est spécialisé dans les rouges issus du cépage local nommé *Teroldego Rotaliano* est Elisabetta Foradori. Nous vous conseillons son rouge de cépage Teroldego, le *Granato*. Il procure toujours une grande émotion à ceux qui s'y essayent. Notez enfin que l'un des plus grands producteurs de vin pétillant italien, Ferrari, est situé dans cette région.

La pointe nord-est : le Frioul-Vénétie Julienne

L'Italie tire sa réputation mondiale de ses vins rouges. Pourtant, dans les vingt dernières années, la région nord-est du Frioul-Vénétie Julienne (voir figure 11-1), sous l'impulsion du pionnier qu'est le producteur Mario Schiopetto, a permis de faire prendre conscience au monde de l'existence des vins blancs italiens.

Près de la frontière est de cette région qui touche la Slovénie, les districts de Collio et de Colli Orientali del Friuli produisent les meilleurs vins du Frioul. Bien qu'elle produise aussi des vins rouges, ce sont les blancs de cette région qui en ont fait la réputation. En complément des cépages Pinot Grigio, Pinot Bianco, Chardonnay et Sauvignon, deux variétés locales utilisées sont le *Tocaij Friulano* et le *Ribbola Gialla* (tous deux donnent des vins riches, pleins et liquoreux).

Le producteur Silvio Jermann produit un vin blanc admirable, le *Vintage Tunina*. C'est un assemblage de cinq cépages parmi lesquels le Pinot Bianco, le Sauvignon et le Chardonnay. Le Vintage Tunina est un vin blanc riche, corsé, de longue garde et d'une classe internationale. Il se vend entre 15,50 et 23 €, mais vous en avez pour votre argent. Donnez-lui de huit à dix ans pour s'exprimer et dégustez-le avec des plats de volailles riches ou des pâtes. Nous vous recommandons les producteurs du Frioul suivants :

Quelques grands producteurs du Frioul

Abbazia di Rosazzo	Gravner	Ronco del Gnemiz
Borgo Conventi	Jermann	Russiz Superiore
Castelcosa	Livio Felluga	Sant'Elena
Castello di Spessa	Marco Felluga	Vigne dal Leon
Conti Formentini	Mario Schiopetto	Volpe Pasini
Doro Princic	Pighin	Xalter Filiputti
Francesco Pecorari	Plozner	
Girolamo Dorigo	Puiatti	

Une brève visite des autres régions d'Italie

L'Italie viticole ne se limite pas aux cinq régions que nous venons de décrire. Nous allons le prouver avec cette brève visite des autres régions productrices. Vous pouvez situer chacune d'elles grâce à la figure 11-1.

- **Lombardie** : Le district viticole de Valtellina, dans la partie nord de la région, près de la frontière suisse, produit quatre vins rouges légers avec le cépage Bebbiolo (appelé localement *Chiavennasca*). Ces vins sont le *Sassella*, l'*Inferno*, le *Grumello* et le *Valgella*. Ils se vendent tous à moins de 8 € et peuvent être consommés jeunes, en quoi ils se distinguent du Barolo et du Barbaresco.

- **Émilie-Romagne** : Voici la partie du *Lambrusco*, le vin italien le plus vendu à l'étranger et notamment aux États-Unis. Pour une autre expérience du Lambrusco, essayez d'en trouver un sans capsule à vis - vous devrez peut-être vous rendre directement en Émilie-Romagne, mais ce n'est pas une expérience si désagréable. Deux hauts lieux de la gastronomie, Bologne et Parme, se trouvent dans cette région.

- **Marches** : Le *Verdicchio* est un blanc sec abordable qui accompagne bien les poissons. Il est assez facile à trouver et sa qualité augmente d'un millésime à l'autre. Essayez le Verdicchio del Castelli di Jesi de Fazi-Battaglia ou d'Umani Ronchi, excellents à environ 4 €.

- **Ombrie** : Cette région où se trouvent les villes de Pérouge et d'Assise produit de bons vins, rouges comme blancs. Le blanc *Orvieto* peut se trouver aisément à moins de 8 € auprès des producteurs de Toscane tels qu'Antinori et Ruffino. Parmi les vins rouges, nous remarquerons le *Torgiano*, un assemblage de style Chianti (essayez le DOCG Rubesco Riserva de Lungarotti), et le *Sagrantino di Montefalco* DOCG, un vin moyennement corsé et élégant produit à partir d'un cépage local (le *Sagrantino*) longtemps resté secret en dehors de l'Ombrie. Nous vous conseillons les deux producteurs de Sagrantino nommés Arnaldo Caprai et Rocca di Fabbri.

Chapitre 11 : Les vins italiens 227

- **Latium** : Autour de Rome, on produit notamment un vin léger et neutre de cépage Trebbiano nommé *Frascati* ; mentionnons la marque Fontana Candida.
- **Abruzzes** : Le *Montepulciano d'Abruzzo* est un vin rouge très bon marché, facile à boire, peu tannique et peu acide ; c'est un excellent vin quotidien, si vous en aimez le style.

- **Campanie** : La région napolitaine produit un des plus sérieux vins du sud de l'Italie. Le très charnu et très tannique *Taurasi* (un vin DOCG de cépage Aglianico) est un des grands vins rouges de longue garde d'Italie. Un bon producteur de ce vin est Mastroberardino ; son Taurasi d'un seul vignoble vaut vraiment le détour. Le même producteur offre aussi deux vins blancs uniques, le *Greco di Tufo* et le *Fiano di Avellino*. Le Greco est plein de saveurs, liquoreux et doté d'une capacité de longue garde. Il se vend de 11 à 14 €. Le Fiano offre un nez fleuri et délicat et des saveurs de noisette. Quelques années lui suffisent pour s'exprimer, mais il peut se garder jusqu'à quinze ans ou plus. Il se vend environ 8 €. Un autre producteur réputé en Campanie est Feudi di San Gregorio.
- **Basilicate** : Cette région, à hauteur de la cheville de la botte italienne, offre un vin rouge important, l'*Aglianico del Vulture*, qui se rapproche du Taurasi mais est moins intense et moins concentré. D'Angelo en est un grand producteur.
- **Apulie (Pouilles)** : Voici la première région d'Italie en quantité produite. Un vin notable est le *Salice Salentino*, un rouge corsé et à bon marché. Nous conseillons le producteur Cosimo Taurino.
- **Sicile** : Nous recommandons deux producteurs de vins de Sicile : Corvo et Regaleali. Le second exploite les vins de vignes plantées à haute altitude, ce qui escompte la chaleur du climat sicilien. Le meilleur rouge de Regaleali se nomme *Rosso del Conte* ; le même producteur offre un rosé sec qui se vend environ 6 €. Corvo est une marque commerciale pour les vins produits par les chais du duc de Salaparuta. Les blancs et rouges de consommation courante se vendent moins de 8 € et sont particulière-

ment populaires dans les restaurants italiens. Les chais Duca di Salaparuta produisent également le *Duca Enrico*, un rouge riche, velouté, charnu et concentré avec un bouquet intense (issu du cépage local *Nero d'Avola*). Lancé en 1989, le Duca Enrico est rapidement devenu un des grands vins rouges Italiens reconnus au niveau mondial. Il se vend autour de 23 €.

- **Sardaigne** : Cette vaste île sous la Corse produit des blancs délicats et des rouges typés avec des cépages locaux ou du Cabernet-Sauvignon. Citons comme producteurs Sella & Mosca et Argiolas. Deux vins de cépage local remarquables sont le rouge *Vermentino* et le blanc *Cannonau* (tous deux à moins de 8 €).

Chapitre 12
Autres vins d'Europe

Dans ce chapitre :
- Le grand retour de l'Espagne
- Nouvelles découvertes au Portugal
- La recette secrète de l'Allemagne : grappes gelées et pourriture noble
- Les vins inhabituels des régions alpines

*V*oici dix ans encore, nous n'aurions jamais utilisé l'expression vins européens pour parler de vins venant indifféremment de France, d'Italie, d'Espagne, du Portugal ou d'Allemagne. Tous ces vins n'avaient rien en commun.

De nos jours, deux éléments sont venus modifier la perception qu'ont les clients du monde entier des vins de ces contrées. Tout d'abord, l'Europe s'est unifiée et tous les vins des pays membres de la Communauté européenne font l'objet d'une législation commune. Ensuite, les vins non européens, ceux de Californie, d'Australie et, dans une certaine mesure, d'Amérique du Sud, se sont énormément développés et ont inondé des marchés tels que celui des États-Unis qui était auparavant chasse gardée des vins européens. Ces nouveaux vins ont fait connaître une pratique fondée sur les noms des cépages (comme Chardonnay) et une palette d'arômes (fruité, très fruité) qui ne sont pas caractéristiques du modèle européen, celui de l'Ancien Monde.

Si on les compare aux vins du Nouveau Monde (ceux des nouvelles régions viticoles), les vins d'Europe ont donc malgré tout des choses en commun. Leur nom provient généralement du lieu de production et non du cépage (voir chapitre 5) ; les procédés de vinification européens se fondent sur des traditions ; les vins correspondent à des goûts locaux plutôt qu'à des objectifs visant à satisfaire des tendances internationales ; enfin, les vins européens sont comparativement moins fruités. Ces vins incarnent les traditions des peuples qui les réalisent et ils délivrent les saveurs des terroirs dans lesquels ils ont été produits, alors que les vins du Nouveau Monde incarnent essentiellement un cépage de vigne.

Les similitudes entre les vins européens s'arrêtent là, car les différents pays d'Europe produisent des vins radicalement différents. Nous avons payé tribut à l'importance de la France et de l'Italie en consacrant un chapitre à chacun de ces deux pays. Les autres pays d'Europe vont être étudiés dans le présent chapitre.

Espagne : d'étonnants nectars

Ce pays chaud, sec et montagneux qu'est l'Espagne détient le record mondial de surfaces plantées en vignes. Elle n'est pourtant que troisième en quantité de vin produite, après l'Italie et la France.

L'image vinicole de l'Espagne a longtemps été associée à des vins rouges à bon marché et sans attraits. L'évolution de la qualité a débuté à la fin des années 50 dans la région d'Espagne la plus réputée, celle de **Rioja** (rio-rhà). Mais d'autres régions espagnoles concourent à former l'image d'une Espagne viticole de qualité (voir figure 12-1) :

- La région de **Ribeira del Duero,** fameuse pour ses vins rouges, s'est découverte aux amateurs étrangers et ses vins permettent de renouveler l'intérêt pour des vins d'Espagne autres que le xérès (ou sherry) ;
- La région des **Rías Baixas** en Galice est depuis peu appréciée pour son fabuleux vin blanc, l'*Albariño (Albarigno)* ;
- La **Navarre**, longtemps connue seulement pour ses vins rosés secs, commence à faire parler de son importante production de vins rouges ;
- **Penedès** prend de l'importance pour ses vins rouges comme pour ses vins blancs ;
- Une autre région enfin, **Rueda**, n'est connue que par ses vins blancs.

Tout comme celle de l'Italie, la législation espagnole sur les vins utilise deux niveaux d'appellation pour les vins supérieurs VQPRD : les *Denominaciónes de Origen* (DO), et la catégorie supérieure des *Denominaciónes de Origen Cafificada* (DOCa), créée en 1991. Actuellement, le seul vin de la catégorie DOCa est le *Rioja*, le vin rouge classique d'Espagne issu de la région du même nom. Un vin qui n'est pas apte à porter l'appellation DO tombe dans la catégorie Vins de table, les *Vinos de la tierra* (équivalant aux Vins de pays français).

Honneur aux pionniers : le Rioja

La région de Rioja, au sud-ouest des Pyrénées (voir figure 12-1), couvre 37 500 hectares et constitue historiquement la plus importante région de production de vins rouges d'Espagne (Ribeira del Duero s'en rapproche peu à peu). Les trois quarts des vins de Rioja sont rouges, 15 % rosés et 10 % blancs.

Le cépage principal est le *Tempranillo*, sans conteste le plus grand cépage rouge d'Espagne. Quatre autres cépages (Garnacha, Vivra, Graciano et Mazuelo) sont autorisés pour produire du Rioja rouge et ce vin est généralement issu d'un assemblage de deux cépages ou plus.

La région de Rioja se subdivise en trois zones, les districts frais de Rioja Alavesa et de Rioja Alta et le district plus doux de Rioja Baja. Les meilleurs vins de Rioja sont issus des deux districts frais, mais certains peuvent être assemblés à partir de raisins des trois districts.

La production traditionnelle du Rioja rouge supposait un vieillissement de plusieurs années dans de petites barriques de chêne américain. Le vin qui en résultait était pâle, timide, parfois même fatigué et lourd en chêne avec un manque de fruité. La tendance récente consiste à échanger une partie du vieillissement en barrique par un vieillissement en bouteille : les vins sont devenus plus frais et meilleurs que jamais.
Le chêne américain, qui transmet son arôme de vanille caractéristique au Rioja, est maintenant épaulé par du chêne français dans les caves de la plupart des producteurs modernes (voir l'emploi des fûts de chêne, chapitre 3).

Le Rioja rouge est proposé dans plusieurs âges. Parfois, le vin ne subit aucun vieillissement pour être commercialisé jeune ; parfois, il subit un vieillissement (en barrique de chêne et en bouteille) de deux ans afin de porter le label *Crianza* ; lorsque le vieillissement est de trois ans, le label devient Reserva. Les vins les plus fins sont élevés cinq ans ou plus et obtiennent le statut de *Gran Reserva*.

Figure 12-1 : Les régions viticoles de l'Espagne.

Les prix commencent à environ 4,60 € pour les *crianza* rouges et montent jusqu'à 15,50 € pour certains *gran reserva*. Les meilleurs millésimes récents pour le Rioja sont 1994, 1989 et 1982 et, dans une moindre mesure 1995, 1993, 1990, 1988 et 1981.

Les producteurs suivants ont été remarqués pour la constance de leur qualité dans les vins rouges de Rioja :

- **CVNE** (Compañía Vinícola del Norte de España) ;
- **Bodegas Muga** ;
- **Bodegas Olarra** ;
- **Bodegas Olara** ;

- La Rioja Alta ;
- Bodegas Montecillo ;
- Marquès de Murrieta ;
- Marquès de Cãceres.

Les Rioja blancs proposés de nos jours sont frais, neutres et inoffensifs. Pourtant Marquès de Murrieta produit un Rioja blanc traditionnel d'une belle couleur dorée et vieilli en fût de chêne à partir d'un assemblage de plusieurs cépages blancs locaux dans lesquels prédomine le *Viura*. Nous trouvons les blancs de Murrieta fascinants, pleins d'arômes, voluptueux, de longue garde et avec des soupçons d'oxydation étonnants. Ce n'est pas du goût de tout le monde, mais il est indéniable que ce vin a du caractère ! Il est tellement corsé qu'il sait accompagner les mets normalement mariés aux vins rouges, et bien sûr les plats traditionnels espagnols tels que la paella et les fruits de mer. Les blancs de Murrieta se vendent environ 7 €.

Ribeira del Duero

La région de Riubera del Duero, au nord de Madrid, est celle qui progresse le plus vite actuellement. Pendant de nombreuses années, sa réputation se fondait essentiellement sur un producteur, le légendaire Vega Sicilia. Le plus fameux vin d'Espagne est d'ailleurs le *Vega Sicilia Unico* (constitué de Tempranillo avec 20 % de Cabernet-Sauvignon), un vin rouge intense, concentré, très tannique et de très longue garde ; il vieillit dix ans en fût et poursuit encore son épanouissement en bouteille.

Mais le Vega Sicilia n'est pas le seul vin rouge réputé de la région de Ribero del Duero. Le vin *Pesquera* d'Alejandro Fernandez, issu à 100 % de Tempranillo, a commencé à acquérir une certaine réputation auprès des amateurs. C'est un vin riche, à fort goût de chêne et très tannique, avec des caractères fruités intenses. La version *reserva* se vend environ 19 € et le Pesquera jeune se vend moins de 15 €. Deux autres producteurs conseillés dans la région de Ribeira del Duero sont Bodegas Mauro et Téofilo Reyes, qui produisent un vin rouge qui rivalise avec le Pesquera.

Quatre autres régions espagnoles à suivre

Le monde des vins espagnols ne se limite nullement aux Rioja et aux Ribeira, surtout si vous cherchez à faire des affaires. Découvrons maintenant les régions de Penedès, Navarra, Rueda et Rías Baixas (en Galice).

Penedès

La région vinicole de Penedès est en Catalogne, au sud de Barcelone (voir figure 12-1). C'est la patrie de la plupart des vins mousseux espagnols (ils sont abordés au chapitre 15).

Un producteur domine le marché des vins de table non mousseux de cette région : Torres. La gamme de vins de Torres comporte de nombreux vins basés sur des cépages français (Cabernet-Sauvignon, Chardonnay, etc.) mais aussi sur deux cépages locaux, dont le Tempranillo.

Les vins de Torres sont sans défaut, bien produits, correctement placés au niveau du prix et aisément disponibles. Les prix commencent à 4 € pour les rouges *Sangre de Toro* et *Coronas* et le blanc *Viña Sol*, et le haut de gamme *Gran Coronas Black Label*, issu de Cabernet-Sauvignon, se vend environ 16 €.

Navarra

Il fut une époque où les amateurs de vins associaient systématiquement le mot Navarra à des rosés secs à bon marché et faciles à boire (et aux taureaux lâchés dans les rues de Pampelune). Mais la Navarre (au nord-ouest de Rioja) est en train de devenir rapidement une source de vin rouge correcte, et moins chère que les fameux Rioja.

En général, les vins rouges de Navarre se basent comme les Rioja sur le cépage le plus réputé d'Espagne, le Tempranillo, auquel on ajoute du Garnacha (Grenache) ou bien du Cabernet-Sauvignon, du Merlot, tout cela assemblé de façon très créative comme savent le faire les vignerons de Navarre. Cherchez d'abord auprès des trois producteurs suivants : Bodegas Julian Chivite, Bodegas Guelbenzu et Bodegas Magana.

Rueda

La région de Rueda, à l'ouest de celle de Ribeira del Duero, produit un des meilleurs blancs d'Espagne à partir du cépage *Verdejo*. C'est un vin clair, élégant, d'un bon caractère fruité, qui se vend environ 5 €. Le producteur de Rioja Marquès de Cāceres en produit une des illustrations les plus aisément disponibles.

Galice

Au nord-ouest de l'Espagne, au bord de l'Atlantique et à la frontière du Portugal (voir la figure 12-1) se trouve la Galice, une province qui n'était pas encore connue pour ses productions vinicoles. Pourtant, la zone de Rías Baixas a donné naissance à un vin blanc tout à fait excitant, l'Albariño. Sa très forte acidité ne plaira pas à tout le monde mais il offre un nez très floral et de délicats arômes d'abricot qui ne sont pas sans suggérer le Condrieu de la vallée du Rhône (voir chapitre 10).

Quelques termes vinicoles espagnols

Voici quelques termes que vous pouvez trouver sur les étiquettes de vins espagnols :

Crianza : Pour les vins rouges, ce terme signifie que le vin a vieilli au moins deux ans, et partiellement en fût de chêne ; pour les blancs et les rosés, le terme crianza signifie que le vin a vieilli au moins un an.

Reserva : S'applique aux vins produits dans les meilleurs millésimes ; les reservas rouges doivent avoir vieilli en chêne puis en bouteille pendant au moins trois ans ; les reservas blancs et rosés doivent avoir au moins deux ans, dont six mois dans le chêne.

Gran Reserva : Correspond aux vins des millésimes exceptionnels ; les rouges doivent vieillir au moins cinq ans dans le bois et en bouteille ; les blancs et les rosés doivent vieillir au moins quatre ans dont six mois dans le chêne.

Cosecha ou vendimia : millésime ou vendange

Bodega : chais ou producteur

Tinto : rouge

Blanco : blanc

Viejo : vieux

Viña : vigne, vignoble.

Des bons exemples d'Albariño sont ceux produits par Lusco et Bodegas Morgadío (environ 9 €). On peut trouver des Albariño moins chers, mais ils ne seront pas à la hauteur de ceux de Morgadío ou de Lusco.

Portugal : ce n'est pas que du porto

Le Portugal jouit d'une réputation mondiale pour ses grands vins de dessert constitués par la famille des portos. Et des millions d'amateurs ont pris plaisir à consommer des rosés portugais demi-secs et légèrement mousseux de Mateus ou de Lancer. Mais le Portugal a récemment décidé de moderniser ses procédés de viticulture et de vinification pour offrir de meilleurs vins de table, notamment les rouges. Il est à prévoir que les vins d'un rapport qualité/prix particulièrement intéressant qu'offre dorénavant le Portugal – septième producteur – seront amenés à jouer un rôle de plus en plus important dans le marché mondial du vin à l'aube du XXIe siècle.

La plus haute catégorie des appellations de vins portugais est la *Denominaçào de Origen Controlada* (DOC), qui n'a été attribuée qu'à onze régions viticoles. La catégorie suivante, proche du VDQS français (un sous-niveau des VQPRD), se nomme *Indicaçao de Proviniencia Regulamentada* (IPR) ; elle a été attribuée à trente-deux régions (dont certaines sont des DOC en attente). Les vins de table supérieurs sont les *Vinho de mesa regional* qui équivalent à nos vins de pays. Tous les autres vins sont simplement des *Vinho de mesa* (Vins de table).

Le vin blanc « vert » du Portugal

Il faut avoir dégusté par une chaude soirée d'été une bouteille fraîche et légèrement mousseuse de ce fameux vin blanc qu'est le *Vinho Verde*. Sa forte acidité a un effet tonique et purifiant sur le palais. Il accompagne particulièrement bien le poisson grillé et les fruits de mer.

Le Vinho Verde est produit dans la région du Minho qui se trouve dans l'angle nord-ouest du Portugal, en face de la région espagnole des Rías Baixas, un lieu particulièrement verdoyant en raison des fréquentes précipitations en provenance de l'océan Atlantique (c'est une des sources probables du nom de ce vin « vert »).

Deux qualités de blanc Vinho Verde sont commercialisées. Les marques les plus répandues (Aveleda et Casal Garcia) se vendent environ 4 €. Ce sont des vins demi-secs de qualité moyenne qu'il vaut mieux boire frais.

Les Vinho Verde plus chers (8 à 11 €) sont issus du cépage *Alvarinho* (le même que celui de l'Albariño espagnol de Rías Baixas). Cette version plus complexe et de plus longue garde du Vinho Verde constitue l'un des meilleurs vins blancs du Portugal. Il est hélas assez difficile à trouver ; vous chercherez chez les bons cavistes ou dans les quartiers portugais des grandes capitales (ou bien profitez donc de votre prochain voyage au Portugal !).

Il existe aussi du Vinho Verde rouge, et d'ailleurs la majorité des vins de cette région DOC sont rouges. C'est un vin très acide et vous aurez vraiment besoin de vous habituer à ce genre de goût (ce qui n'est pas encore notre cas).

Quelques rouges portugais remarquables

Le meilleur rouge du Portugal est le *Barca Velha*, qui provient de la région du Douro (qui produit également le porto). Le producteur Ferreira Port réalise ce vin à partir des mêmes cépages locaux que ceux qui servent à faire le porto, mais il n'en produit que dans les bons millésimes.

Barca Velha est un vin très charpenté, intense et concentré qui mérite de vieillir. C'est en quelque sorte la version portugaise de l'Unico de Vega Sicilia mais à un prix bien plus abordable (le millésime 1995 se vend environ 19 €). Comme le Vega Sicilia, il en est peu produit et le Barca Velha est donc difficile à trouver.

Vous apprendrez avec plaisir que le producteur de porto Ramos Pinto (récemment acheté par la maison de champagne Roederer) produit dorénavant plusieurs vins du Douro rouges très fins et tout à fait abordables qui peuvent être consommés plus rapidement. Le *Duas Quintas* 1996 offre des saveurs de fruits mûrs et de velours ; c'est un vin étonnamment riche tout en restant souple, consommable jeune et se vendant environ 4,60 €. Une version plus charpentée et plus intense, le Duas Quintas *reserva* 1993, mérite quelques années de garde ; c'est un vin formidable et, à moins de 11 €, il constitue un rouge du Douro très attrayant.

Voici quelques autres rouges portugais qui méritent le détour :

- **Quinta do Carmo** : Ce producteur d'Alentejo, dans le sud du Portugal, a récemment été racheté par les propriétaires de Château Lafite-Rothschild. Il produit un vin riche et charpenté ; le millésime 1995 se vend environ 12 €. Du même producteur, voyez aussi le domaine Martinho (en 1995 à 6 €) ;
- **Quinta de la Rosa** : Ce producteur de la région du Douro fait un rouge sec de bonne tenue. Son vin de table Quinta de la Rosa 1996, produit à partir des mêmes cépages que le porto, se vend moins de 6 € ;
- **Quinta de Pancas** : Ce vin est un des rares du Portugal à utiliser le Cabernet-Sauvignon. Provenant de la région d'Alenquer, au nord de Lisbonne, il se vend moins de 6 € ;
- **Quinta de Parrotes** : Issu du cépage local nommé Castelão Frances, le 1996 (qui provient des mêmes chais d'Alenquer que le Quinta de Pancas) se vend 4,60 € ;
- **Quinta da Bacalhôa** : Il s'agit d'un Cabernet-Sauvignon mis en bouteilles au domaine et réalisé par le producteur portugais très estimé João Pires à Azeitão, au sud de Lisbonne ; il offre l'élégance d'un bordeaux et le millésime 1995 se vend 7 € ;
- **Les vins rouges de J.M. da Fonseca Successores** (aucun rapport avec le producteur de porto Fonseca) : Cette société produit certains des meilleurs rouges du Portugal. Recherchez notamment le *Quinta da Camarate*, le *Morgado do Reguengo*, le *Tinto Velho Rosada Fernandes* et tous les *Garrafeiras de Fonseca*.

Les grands millésimes récents pour les vins rouges portugais sont 1998, 1994 et 1992 (superbe).

> ### Quelques termes viticoles portugais
>
> Vous pouvez rencontrer les termes suivants sur les étiquettes de vins portugais :
>
> **Reserva** : un vin de qualité supérieure issu d'un seul millésime.
>
> **Garrafeira** : un vin Reserva qui a vieilli au moins deux ans en fût et un an en bouteille dans le cas d'un rouge ; six mois en fût et six mois en bouteille dans le cas d'un blanc.
>
> **Quinta** : domaine ou vignoble
>
> **Colheita** : millésime
>
> **Seco** : sec
>
> **Adega** : producteur de vin (chai)
>
> **Tinto** : rouge
>
> **Vinho** : vin.

Allemagne : l'individualiste de l'Europe

Les vins allemands ont leur propre logique. Ils sont essentiellement blancs, fruités, souvent demi-secs ou même doux, peu alcoolisés et offrent rarement un goût de chêne ; autrement dit, le contraire des tendances actuelles en matière de goût. Ils portent des noms de cépages, ce qui est une exception en Europe. Enfin, leur classification n'est pas fondée sur le système des appellations AOC français comme le sont les autres vins d'Europe. Tous les vins allemands sont classés en fonction du contenu naturel en sucre des raisins. Les plus grands vins allemands sont donc les plus sucrés.

L'Allemagne est un des pays vinicoles les plus septentrionaux d'Europe. Ce qui signifie que son climat est frais. En dehors de certaines poches du sud de l'Allemagne dotées d'un climat plus chaud, aucun cépage rouge ne peut mûrir suffisamment (si l'on obéit au standard des autres vins mondiaux) ; environ 85 % des vins allemands sont donc des blancs. De plus, le climat est très variable d'une année à l'autre, aussi les millésimes ont-ils une haute importance pour ces vins.

Les meilleurs vignobles d'Allemagne sont plantés au bord du Rhin et de la Moselle ; ces cours d'eau tempèrent la rudesse du climat et aident ainsi le raisin à mûrir correctement.

Maître Riesling et sa cour

C'est dans ce frais climat germanique que le noble cépage Riesling a trouvé sa terre de prédilection. Mais il ne parvient à mûrir correctement et de manière prévisible et constante que dans les meilleurs vignobles d'Allemagne (offrant les meilleures conditions climatiques). Il ne représente donc logiquement que 21 ou 22 % des surfaces plantées de vignes. Le cépage le plus répandu en Allemagne est le *Müller-Thurgau*, un hybride réussi entre le Riesling et le Sylvaner (ou le Chasselas) qui mûrit rapidement, ce qui soulage les vignerons de l'angoisse d'avoir à vendanger avant maturité complète. Il produit des vins plus doux que le Riesling avec moins de caractère et moins de capacité de grandeur.

En dehors du Müller-Thurgau et du Riesling, toute une série de cépages peuplent le reste des vignobles d'Allemagne : *Sylvaner, Kerner, Scheurebe* et *Ruländer* (Pinot Gris) sont particulièrement répandus. Parmi les rares cépages rouges d'Allemagne, le plus répandu est le *Spätburgunder* (Pinot Noir), que l'on trouve généralement dans les zones plus chaudes du sud du pays.

La législation viticole allemande

Comme la plupart des vins européens, les vins allemands tirent souvent leur nom du cépage (comme dans Piesporter Goldtröpfchen Riesling). Et les vins allemands les plus fins ajoutent un autre élément à leur nom, le *Prädikat (prédiquatte)* qui est une catégorie désignant le degré de maturité des raisins (comme dans Piesporter Glodtröpfchen Riesling *Spätlese*). Les vins qui bénéficient de la mention *Prädikat* sont les mieux placés dans la classification allemande.

Le système allemand consistant à attribuer une plus grande valeur au raisin et aux vins issus des raisins les plus mûrs s'écarte totalement du concept qui régit les autres systèmes d'appellation européens, qui se fondent sur les meilleurs vignobles et districts. Le système allemand inscrit dans les textes officiels la priorité donnée à la maturité si essentielle dans ce pays, car elle n'est jamais garantie dans un climat si frais.

Il existe six niveaux de *Prädikat*. Nous les présentons dans l'ordre ascendant de maturité :

Niveau	Degré Dechsle*	Degré minimal d'alcool
Kabinett	67 - 85	8,6 - 11,4
Spätlese	76 - 95	10 – 13
Auslese	83 – 105	11,1 – 14,5
Beerenausleese	110 – 128	15,3 – 18,1
Eiswein	110 – 128	15,3 – 18,1
Trockenbeerenauslese	150 – 154	21,5 – 22,1

* 1 degré Dechsle équivaut à une quantité de 2 à 2,5 g de sucre par litre.

Dans les trois derniers niveaux de *Prädikat* (les plus élevés), la quantité de sucre qui se trouve dans les raisins très mûrs est telle que les vins sont obligatoirement doux. Il en résulte que nombre de gens croient à tort que le niveau de *Prädikat* d'un vin allemand est une indication de la douceur du vin. En réalité, c'est une indication de la quantité de sucre qui se trouve dans les raisins au moment des vendanges et non celle que l'on va percevoir en dégustant le vin. Dans les niveaux de *Prädikat* inférieurs, le sucre peut être totalement converti en alcool, ce qui donne un vin sec. Dans ces vins, il n'y a pas de relation simple de cause à effet entre le niveau de *Prädikat* et le taux de sucre du vin.

Les vins issus de raisins suffisamment mûrs pour obtenir une des six mentions *Prädikat* sont rassemblés dans la catégorie de vins QmP (*Qualikätswein mit Prädikat*), ce qui peut se traduire par Vin de qualité avec attribut spécial (cet attribut étant la maturité). Au plan de la Communauté européenne, ils sont considérés comme des VQPRD (voir chapitre 9). Lorsque les raisins d'un vignoble n'ont pas la maturité suffisante pour obtenir une mention *Prädikat*, le vin peut malgré tout prétendre à la mention de vin de qualité dans une catégorie VQPRD inférieure nommée QbA (*Qualitätswein bestimmter Anbaugebiet*), ce qui peut se traduire justement par *Vin de qualité produit dans une région déterminée*. Pour la catégorie des vins QbA, c'est souvent le terme *Qualitätswein* seul qui apparaît.

Moins de 10 % de la production de vins d'Allemagne tombent dans la catégorie inférieure des vins de table, les *Landwein* (avec indication géographique) ou les *Deutscher Tafelwein*.

Comment berner Mère Nature

Hélas pour les producteurs de vins allemands, le fait de codifier différents niveaux de maturité n'a aucun effet sur les caprices du climat froid que leur offre la nature. Dans la réalité, même lorsque les raisins sont suffisamment mûrs pour avoir droit au premier niveau, *Kabinett*, ils conservent une telle acidité et si peu de sucres que les vins qui en sont issus ne peuvent être que très légers et très âpres, ce qui n'est pas particulièrement équilibré ni attractif aux yeux de la plupart des amateurs.

Les producteurs allemands ont pourtant trouvé une solution pour retrouver la maturité que la nature leur refuse. Ils produisent leurs vins dans un style de demi-secs à doux et modifient ainsi l'équilibre des vins. Ils obtiennent de la sorte des breuvages que la plupart des amateurs considèrent comme délicieux et agréables.

En bouche, l'acidité s'oppose au côté sucré et alcoolisé. Lorsqu'un vin blanc est fortement alcoolisé ou très doux, son acidité est perçue comme inférieure, et un vin très acide peut donc avoir une saveur relativement douce.

L'astuce qu'ont développée les producteurs allemands pour conserver une certaine douceur à leur vin se nomme la méthode de la *Süssreserve* (réserve sucrée). Elle consiste à laisser fermenter le vin jusqu'à ce qu'il soit totalement sec, ce qui produit un vin qui reste peu alcoolisé mais très acide. Avant la fermentation, une petite proportion du jus de raisin est mise en réserve sans être fermentée. Elle n'est mélangée au vin sec qu'ensuite. Ce jus sucré mais non fermenté rééquilibre le vin en lui redonnant de la douceur. Les meilleurs producteurs allemands préfèrent laisser le moût fermenter lentement jusqu'à son terme naturel, s'en remettant à sa nature intime quant au degré de douceur qu'il donnera au vin.

Un vin allemand très répandu

Le style frais et léger qui caractérise les vins allemands les rend particulièrement appropriés aux premiers pas dans le monde du vin. Il existe même un vin allemand qui, à lui seul, a initié des millions de personnes aux plaisirs du vin. Ce vin est le *Liebfraumilch*, dont le nom peut se traduire par *Lait de la Vierge*.

Il tire son nom d'un vignoble de Worms, dans la région de Rheinhessen, où se trouve une très belle église dédiée à la Sainte Vierge. Le Liebfraumilch actuel est un assemblage de plusieurs cépages, notamment de Müller-Thurgau avec un peu de Riesling, de Sylvaner et/ou de Kerner. Il peut être produit dans quatre régions vinicoles d'Allemagne : Rheinhessen, Pfalz (celles-ci étant les régions productrices principales), Nahe et Rheingau.

Par définition, le Liebfraumilch est un vin demi-sec de la catégorie de qualité QbA ; il est peu alcoolisé en général et doit être consommé très jeune.

Sec, demi-sec ou amical ?

La plupart des vins allemands à bon marché tels que le Liebfraumilch sont produits par la méthode de la *Süssreserve*. Ils sont légers et fruités avec une douceur agréable, autrement dit des vins faciles à consommer en dehors des repas. Le terme allemand pour ce style de vin est *lieblich*, qui se traduit par amical, un terme poétique mais tout à fait approprié.

Ces vins « amicaux » sont devenus populaires dans le monde entier, mais les amateurs allemands commencent à se tourner depuis quelques années vers des vins plus secs, notamment pour accompagner leurs repas. Les vins allemands les plus secs sont dits *trocken* (sec) et ceux qui sont plus doux sans être amicaux sont dits *halbtrocken* (demi-sec). Ces mots apparaissent, mais pas toujours, sur les étiquettes.

De la noblesse dans la pourriture ?

Quelle que soit l'évolution du goût des consommateurs allemands pour les vins secs, ils devront toujours admettre que les plus grands vins de leur pays sont doux. Les amateurs du monde entier reconnaissent d'ailleurs les vins doux allemands comme faisant partie des meilleurs vins du monde.

Cela peut paraître curieux, mais les très grands vins doux d'Allemagne ne doivent aucunement leur douceur à la méthode de la *Süssreserve*. Ils tirent tout simplement profit des bienfaits de la nature, celle-là même qui refuse si souvent une maturité suffisante aux autres vins allemands. En effet, bien que l'Allemagne ait un climat frais avec des étés brefs, ses automnes sont en général longs et chauds. Lorsque les raisins des grands vignobles peuvent être laissés sur la vigne plus longtemps que la normale, ils peuvent devenir la proie d'un horrible mais magique champignon connu sous le nom de botrytis cinerea et qu'on appelle également *pourriture noble*.

Cette pourriture noble déshydrate les grains de raisin, ce qui a pour effet de concentrer leurs sucres et leurs arômes. Si l'on utilise ces grains desséchés pour produire du vin, celui-ci devient très doux, merveilleusement riche et d'une complexité défiant toute description. Les prix s'en ressentent immédiatement : les bouteilles se vendent 77 € ou plus !

Les vins des niveaux de *Prädikat Beerenauslese* (abrégé BA) et *Trockenbeerenauslese* (abrégé TBA) sont normalement entièrement faits à partir de raisins affectés par la pourriture noble (ce sont des raisins dits *botrytisés*) et ils offrent généralement une texture riche et douce. Les vins de la catégorie *Auslese* ne sont produits qu'en partie de raisins botrytisés ; ils seront doux sans jamais égaler ceux des catégories BA ou TBA.

Un autre moyen d'accorder à la nature le moyen de produire des vins de grande douceur en Allemagne consiste à laisser geler les grains de raisin sur la vigne à la fin de l'automne ou au début de l'hiver. Au moment des vendanges, ce sont des raisins encore gelés qui sont pressés et la majorité de l'eau des grains se sépare du jus sous forme de glace. Le jus restant est donc encore plus concentré en sucres et en arômes, ce qui donne un vin doux et opulent qui porte la mention *Prädikat*

Eiswein (vin glacé). Les vins glacés diffèrent de ceux des catégories BA et TBA en ce qu'ils n'ont pas la saveur caractéristique du raisin botrytisé, parfois définie comme miellée.

Les régions viticoles d'Allemagne

Depuis la réunification de l'Allemagne, ce pays comporte treize régions viticoles, dont deux sont situées dans l'ancienne RDA (voir figure 12-2).

La région la plus réputée est celle de Mosel-Saar-Ruwer, qui tire son nom de la Moselle et de deux de ses affluents le long desquels sont situés les vignobles : l'autre région réputée est celle de Rheingau, le long du Rhin.

Mosel-Saar-Ruwer

C'est une région d'une grande beauté, avec des vignobles plongeant de façon vertigineuse le long des multiples méandres de la Moselle. Les vins qui y sont produits sont parmi les plus légers de toute l'Allemagne (souvent moins de 10°) ; ils sont en général délicats et charmants et renferment un peu de dioxyde de carbone, ce qui accentue leur fraîcheur et leur vivacité. Le cépage dominant est le Riesling, qui concerne 55 % des vignes. Vous reconnaîtrez immédiatement les vins de cette région car ils sont livrés dans des bouteilles vertes, ce qui les distingue des bouteilles brunes des autres vins allemands.

Des dizaines de producteurs vous proposent d'excellents vins de Riesling dans cette région. Voici nos favoris, en ordre alphabétique :

- Dr Fischer
- Friedrich Wihelm Gymnasium
- Karlsmühle
- Dr Loosen
- Maximin Grünhauser
- Merkelbach
- Meulenhof
- Egon Müller
- J. J. Prüm

- Reichsgraf Von Kesselstatt
- Willi Schaefer
- Selbach-Oster
- Zilliken.

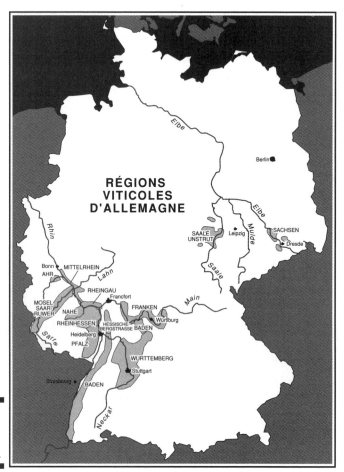

Figure 12-2 :
Les régions viticoles d'Allemagne.

Rheingau

Le Rheingau est une des plus petites régions viticoles d'Allemagne. Ses vignobles sont eux aussi très pentus et bordent un cours d'eau, mais ici il s'agit du plus grand d'Allemagne : le Rhin. Le cépage Riesling occupe plus de 80 % des vignobles, dont la plupart sont sur des pentes orientées au sud qui offrent au Riesling une possibilité de maturation supplémentaire. Le style des vins du Rheingau se situe entre deux extrêmes, les vins secs d'un côté, et les vins doux de vendanges tardives et autres vins de glace de l'autre. Nous vous recommandons cinq producteurs : Georg Breuer, Knyphausen, Franz Künstler, Schloss Schönborn et Robert Weil. Le Rhin donne son nom à trois autres régions viticoles d'Allemagne : Rheinhessen, Pfalz (qui s'appelait encore récemment Rheinpfalz) et le petit Mittelrhein.

Rheinhessen

Rheinhessen est la plus grande région viticole d'Allemagne et produit d'énormes quantités de vins de consommation courante. C'est de cette région qu'est issu le célèbre Liebfraumilch qui reste un des vins les plus produits dans la région bien qu'il puisse l'être dans trois autres régions. Parmi les cépages cultivés dans le Rheinhessen, les plus importants sont le Müller-Thurgau et le Sylvaner. De nombreux vignobles s'éloignent assez sensiblement des rives du fleuve lui-même, mais les vins de la meilleure qualité de Rheinhessen viennent de la Rheinterrasse qui borde le fleuve. Quelques noms de districts ou de communes de Rheinhessen sont *Nierstein*, *Nachenheim* et *Oppenheim*. Nous recommandons trois producteurs : Gunderloch, Heyl zu Herrnsheim et Strub.

Pfalz

La région de Pfalz, presque aussi étendue que celle de Rheinhessen, est appréciée des amateurs pour ses blancs assez riches et bien charpentés ainsi que ses excellents vins rouges. Tous ces vins offrent un style caractéristique du climat relativement chaud de la région. Les cépages les plus plantés sont le Müller-Thurgau, le Riesling, le Sylvaner et le Kerner, mais le Scheurebe et le *Blauburgunder* (Pinot Noir) sont également bien présents. Quelques noms de villages de Pfalz que l'on rencontre à l'exportation sont *Wachenheim*,

Forst et *Deidesheim*. Nous recommandons quatre producteurs : Dr Bürklin-Wolf, Rainer Lingenfelder, Müller-Catoir et Basserman-Jordan.

Une clé pour décoder les noms de terroirs allemands

Si vous ne parlez pas l'allemand et que vous ne connaissez pas bien la géographie de l'Allemagne, vous serez sans doute décontenancé par les noms de terroirs des vins allemands. Voici donc une information qui peut vous aider. En allemand, le possessif est formé par ajout du suffixe er à un nom. Ainsi, lorsque vous voyez un nom tel que Zeller ou Hochleimer sur une étiquette de vin, le nom qui suit est normalement celui d'une zone viticole qui appartient à la commune ou au district dont le nom avec finale en er le précède (ainsi *Schwartze Katz de Zell* ou *Kirchenstück de Hochleim*). Il reste cependant à se remémorer à quoi correspondent les différents niveaux d'attributs *Prädikat*.

Nahe

Une autre région viticole d'importance est la Nahe, qui tire son nom de la rivière Nahe et se situe à l'ouest de celle de Rheinhessen. Les Riesling que l'on y produit sont assez pleins et intenses. Nous recommandons quatre producteurs : Diel, Krugel-Rumpf, Prinz zu Salm-Dahlberg et Dönnhoff.

La Suisse : passez donc nous boire

Cernée par l'Allemagne, la France et l'Italie, la Suisse semble un lieu idéal pour la viticulture et la production de vins fins. Effectivement, elle possède une petite industrie du vin dont elle est fière : on y trouve des vignobles dans ses trois zones linguistiques (française, allemande et italienne). Hélas, peu d'amateurs en dehors de la Suisse ont eu souvent la possibilité de goûter du vin suisse, car la production est très réduite et les vins suisses sont très appréciés par les autochtones.

Quasiment la moitié des vins suisses sont des blancs, essentiellement produits à partir du cépage *Chasselas* qui est cultivé avec beaucoup moins de distinction en Allemagne, dans l'est de la France et dans la vallée de la Loire. En Suisse, le Chasselas tend à produire des vins secs, assez corsés, sans goût de chêne et offrant des arômes minéraux et terreux. Les autres cépages blancs utilisés sont le Pinot Gris, le Sylvaner, le Marsanne, le *Petit Arvine* et l'*Amigne*, ces deux derniers étant des cépages indigènes. Le Merlot est un cépage rouge très utilisé (notamment dans la zone italienne de Ticino) en complément du Pinot Noir et du Gamay.

La géographie de ce pays étant assez diversifiée (des collines de différentes altitudes, de grands lacs, des vallées protégées), de nombreux microclimats permettent de produire des styles de vins très divers, depuis les rouges et les blancs assez corsés jusqu'aux blancs délicats et nerveux.

Les régions vinicoles d'importance en Suisse sont le canton de Vaud, à côté du lac de Genève ; le Valais à l'est, le long du Rhône ; le canton de Neuchatel à l'ouest, au nord de Vaud ; le canton de Ticino au sud, à la frontière italienne, et le canton de Thurgau au nord, à la frontière allemande.

Si vous parvenez à trouver une bouteille de vin suisse, vous serez surpris par son prix élevé, souvent plus de 8 €, ce qui dénote des coûts de production élevés. Si vous achetez une bouteille de vin suisse en Suisse, vous serez autrement surpris de constater un bouchage par capsule à vis, ce qui représente une étonnante contribution de la Suisse au plaisir de la dégustation du vin, lorsqu'on sait la pauvre image que véhicule ce mode de bouchage.

L'Autriche : vers une nouvelle qualité

L'Autriche produit deux fois plus de vin que la Suisse, mais la production se concentre dans l'est, où les Alpes s'adoucissent en collines.

L'Autriche a depuis douze ans fait d'énormes progrès pour offrir un autre visage : de nouveaux producteurs se sont installés, des chais privés mettent en bouteilles leur propre production et des vins secs de qualité peuvent dorénavant être proposés aux amateurs du monde entier. L'intérêt croissant que marquent les critiques à l'égard des vins autrichiens est directement le fruit du sérieux des producteurs. La proportion entre vins blancs et vins rouges en Autriche est de 80 pour 20, et les rouges sont essentiellement produits dans la région du Burgenland qui touche la Hongrie, car c'est une des régions les plus chaudes du pays. Les vins rouges sont assez corsés à bien corsés, en offrant souvent des arômes épicés avec peu de tanins et un côté fruité vif. La plupart des rouges sont produits à partir de cépages assez peu répandus tels que le *Blauer Zweigelt*, que l'on trouve rarement ailleurs.

Les vins blancs d'Autriche se rangent dans deux catégories : les blancs secs et fermes qui vont du léger au corsé, et les fabuleux blancs de vendanges tardives issus de raisins botrytisés ou surmûris. Les vins doux autrichiens sont réputés depuis longtemps et les blancs ainsi que les rouges commencent à l'être.

Le cépage le plus important et quasi national est le cépage blanc *Grüner Veltlimer*. Il produit des vins corsés tout en restant vifs et offrant des arômes d'herbes, de végétaux et d'épices (notamment de poivre vert). Les cépages Müller-Thurgau et *Welschriesling* sont également bien présents ; ce dernier est très utilisé en Europe de l'Est pour produire des vins à bon marché, mais il atteint sa meilleure qualité en Autriche.

L'Autriche comporte quatre régions vinicoles. La Basse-Autriche, au nord, produit les plus grandes quantités, essentiellement dans la plaine du Danube. Le Burgenland, à l'est, arrive en deuxième position. Les deux autres régions sont la Styrie, au sud, en bordure de la Slovénie, et la petite région vinicole autour de la ville de Vienne.

La législation vinicole autrichienne est fondée sur le système allemand, les vins de qualité VQPRD étant classés en deux catégories : *Qualitätswein* et *Prädikatswein*. Les différents niveaux d'attributs *Prädikatswein* sont les mêmes qu'en Allemagne, sauf qu'ils commencent au niveau *Spätlese* (en Autriche, les vins *Kabinett* font partie du groupe inférieur *Qualitätswein*). Les seuils de maturité pour chaque niveau d'attribut sont plus élevés en Autriche qu'en Allemagne et les vins ont un plus fort taux d'alcool.

Dans certaines parties, notamment dans le district de Wachau en Basse-Autriche, les vins utilisent le système d'appellation allemand : le nom d'un lieu se termine en er et précède le nom du vignoble et du cépage. Dans les autres régions, comme dans le Burgenland, le nom du vin est un nom de cépage suivi du nom de la région.

Les vins d'Europe et des pays de l'Est

Grande-Bretagne

L'activité vinicole est et restera artisanale bien que la culture de la vigne remonte à l'époque romaine. Attention : le vin britannique et le vin anglais sont deux produits différents. L'appellation Vin britannique est le résultat de concentrés de raisins reconstitués. À oublier !

Hongrie et Slovaquie

Le plus célèbre vin hongrois est le Tokaij. Le meilleur est le Totaij A Szu Essencia ; il était le vin préféré des tsars. C'est un vin qui peut vieillir pendant 300 ans. C'est aussi un grand vin doux. Ses parfums sont extrêmement concentrés. Attention : les Tokaij Szaraz et Edes sont des vins blancs secs.

Russie et pays de l'ex-URSS

Le plus gros producteur de vins est la Géorgie où sont cultivés plus de 1 000 cépages ! L'Ukraine est connue pour ses vins mousseux.

Grèce

La Grèce est un des plus vieux pays viticoles – 1 500 ans avant J.-C. – les vins que l'on y produit sont très particuliers : 50 % des vins grecs sont résinés (on y ajoute de la résine), ce qui leur confère un goût spécial qui convient bien à la cuisine locale.

Chapitre 13
Les nouveaux mondes du vin

Dans ce chapitre :
- L'Ancien et le Nouveau Monde
- Ce n'est pas de la bière qu'ils boivent dans le Sud
- Quelques belles découvertes de l'Amérique du Sud
- Un nouveau départ en Afrique du Sud

*Q*ue peuvent avoir en commun les vins d'Amérique du Nord, d'Amérique du Sud, d'Afrique et d'Australie ? Tout simplement, aucun d'eux n'est produit en Europe. On pourrait presque les réunir sous l'appellation « vins non européens ».

Une expression fréquemment employée par les amateurs pour définir les vins non européens est celle de *vins du Nouveau Monde*. Un mot né sans doute dans la bouche d'un Européen : l'Europe est la patrie de tant de régions vinicoles mondialement réputées... Elle produit plus de la moitié des vins du monde... En somme, elle est l'Ancien Monde. Bref, tout le reste ne serait que de l'arrivisme.

Mais ce terme de Nouveau Monde n'est-il pas absurde associé au vin ? Comment peut-on amalgamer des régions aussi différentes que Napa Valley, les Finger Lakes, le Coonawarra et Santiago du Chili ? (Cela reviendrait à dire que la Thaïlande, les États-Unis et le Liechtenstein sont équivalents, simplement parce que ce sont des pays.).

Nous nous sommes malgré tout interrogés sur les origines possibles de cette association à notre sens incongrue. En Europe, on produit des vins depuis des centaines ou des milliers d'années. Le choix des coteaux les plus aptes à recevoir de la vigne, le choix des cépages, la nature sèche ou sucrée du vin, toutes ces décisions sont le fruit d'une expérience transmise de génération en génération depuis des centaines d'années. En dehors de l'Europe, la viticulture et la viniculture sont des champs ouverts ; tout vigneron peut décider seul quels cépages il désire planter, comment il désire conduire sa vigne et quel style de vin il désire produire. Voilà ce que partagent les « vins du Nouveau Monde ».

À les observer davantage, on s'aperçoit que les vins des différentes nouvelles régions viticoles ont des affinités propres et que ce Nouveau Monde viticole est une entité dont la réalité législative, intellectuelle et technique se distingue nettement de celles de l'Ancien Monde
– à supposer bien sûr qu'on supporte cette généralisation.

Les vins des États-Unis, du Canada, de l'Amérique du Sud, de l'Australie, de la Nouvelle-Zélande et de l'Afrique du Sud auraient rempli aisément à eux seuls 400 pages, si la place ne nous manquait pas. Les vins du Nouveau Monde sont heureusement faciles à explorer sans requérir une carte détaillée ; la somme de traditions qu'il est nécessaire de décoder et le fonds historique à assimiler avant de pouvoir apprécier les vins sont bien plus limités que pour l'Ancien Monde. On peut considérer les vins du Nouveau Monde comme de l'art moderne ; vous les abordez et les appréciez de manière directe, sans vous encombrer d'un bagage d'histoire de l'art. Les vins du Nouveau Monde s'offrent franchement au palais du consommateur.

Le Chili, histoire et évolution

L'appartenance du Chili aux nouvelles régions viticoles peut sembler paradoxale. Des vignobles y sont cultivés depuis le milieu du XVIe siècle par les Espagnols et le pays n'a pas cessé depuis de maintenir une industrie produisant des vins traditionnels pour le marché intérieur à partir du cépage rouge commun nommé *Pais*. Ce qui est nouveau au Chili est la forte croissance de son industrie du vin depuis le milieu des années 1980 à 90 ; le marché à l'exportation a littéralement explosé et les vignerons se sont tournés très sérieusement vers des cépages français tels que le Cabernet-Sauvignon, le Sauvignon

Les anciens et les modernes

Le Nouveau Monde du vin ne se distingue pas seulement du point de vue géographique, il se caractérise aussi par une attitude. On peut trouver des producteurs de vin européens qui ont adopté la même approche que celle du Nouveau Monde ; de même, certains producteurs de Californie suivent la route tracée par les traditions de l'Ancien Monde. Gardez ces remarques à l'esprit lorsque vous parcourrez le tableau comparatif suivant entre Ancien et Nouveau Monde. Et n'oubliez pas que nous faisons des généralisations, qui ne sont donc valables qu'à de nombreuses exceptions près.

Nouveau Monde	Ancien Monde
Innovation	*Tradition*
Le vin tire son nom d'un cépage	Le vin tire son nom d'une région
Le producteur cherche à exprimer le fruit	Le producteur cherche à exprimer le terroir
La technologie est essentielle	Les méthodes anciennes sont privilégiées
Les vins sont fruités et pleins d'arômes	Les vins sont subtils et fruités
Les régions vinicoles sont vastes et mouvantes	Les régions vinicoles sont petites et très nettement délimitées
Tout processus contrôlable est contrôlé	L'intervention humaine est la plus discrète possible
C'est le producteur qui reçoit les honneurs d'un bon vin	Les honneurs vont au vignoble et au vigneron
La vinification est une science	La vinification est un art

Blanc et le Chardonnay, sans oublier un cépage bordelais presque oublié, le Carménère, qui s'installe tranquillement au Chili.

Un isolement salvateur

Entre l'océan Pacifique à sa gauche et la cordillère des Andes à sa droite, le Chili est un pays isolé. Au niveau de la viticulture, cette situation offre des avantages : le phylloxera (voir chapitre 4) n'a pas pu y sévir et l'on peut donc y planter des cépages *vinifera* sur leurs racines naturelles. Les montagnes côtières protègent la plupart des vignobles de l'air et des pluies océaniques. Simultanément, l'influence rafraîchissante générale de l'océan tempère un climat qui pourrait sans elle être bien plus chaud – comme le suggère la latitude du Chili.

L'essentiel des grands vignobles du Chili se trouve dans la vallée centrale qui s'étend des côtes à la cordillère des Andes. Les conditions de culture varient de l'est à l'ouest dans la zone médiane de la vallée centrale : l'est, au pied des Andes, étant plus ensoleillé et plus sec que l'ouest, plus humide.

Voici les quatre zones viticoles de la vallée centrale, du nord au sud :

- **Aconcagua** : Au nord de Santiago, la zone la plus chaude pour les vins fins ;
- **Maipo** : Petite région où se trouvent la plupart des grands producteurs ;
- **Rapel** : Cette zone englobe le district de Conchagua, plus frais que Maipo ;
- **Maulé** : Cette dernière zone englobe le district de Curico qui est plus frais et moins sec que Rappel ; certaines parties cultivent le Pais.

Une autre région viticole d'importance du Chili est Casablanca. Elle se situe bien au nord de Santiago, sur la côte mais pas dans la vallée centrale, et fait techniquement partie de l'Aconcagua. Cette région fraîche offre de nouvelles opportunités pour les cépages blancs et notamment le Chardonnay.

Cépages exotiques

Depuis peu, les ressources naturelles et la popularité des vins du Chili à l'exportation ont attiré les investisseurs étrangers vers de nouveaux vignobles. Les cépages utilisés sont le Cabernet-Sauvignon, le Merlot et le Chardonnay, pour l'essentiel. Certains existaient depuis plus d'un siècle au Chili mais la surface plantée a énormément augmenté des dix dernières années. Deux cépages blancs sont également utilisés au Chili ; appelés Sauvignon et Sémillon, leur identité véritable n'est pourtant pas établie.

Plusieurs producteurs de France, d'Espagne et des États-Unis sont devenus des opérateurs d'importance au Chili. Ainsi, Château Lafite-Rothschild est le propriétaire des chais Los Vascos. Deux autres producteurs du Bordelais, Bruno Prats du Château Cos d'Estournel et Paul Pontallier de Château Margaux, collaborent dans les chais chiliens de Viña Aquitania. L'œnologue français Michel Rolland agit comme consultant pour les chais Casa Lapostolle qui appartiennent à des Espagnols. Augustin Huneeus des chais Franciscan Vineyards de Californie possède les chais Veramonte dans la région de Casablanca. Enfin, Robert Mondavi a établi un partenariat avec les producteurs du vin Caliterra.

Saveurs du Chili

Comme la majorité des vins des nouvelles régions viticoles, les vins chiliens tirent leurs noms du cépage principal mais portent également une indication de région ou de district. Leurs prix raisonnables (à partir de 3 €) leur ont permis d'attirer l'attention en dehors du Chili.

Pour le style, les vins chiliens n'ont pas le fruité exubérant des vins californiens et australiens. Les blancs peuvent se montrer assez dilués, « mouillés », ce qui résulte sans doute des trop forts rendements ou de l'origine douteuse des cépages, mais les choses vont en s'améliorant.
Les rouges sont meilleurs, mais il leur reste à prouver leur capacité dans le haut de gamme. Nous avons cependant déjà remarqué des vins chiliens de qualité mondiale, tels le Cabernet-Sauvignon Don Melchor de Concha y Toro, le Merlot Premium et le Cabernet-Sauvignon nommé Cuvée Alexandre, tous deux de Casa Lapostolle, le Finis Terrae de Cousiño Macul, le vin appelé « M » de Montes ou encore le nouveau Seña du partenariat de Robert Mondavi.

Mais l'essentiel de la production chilienne reste cantonnée aux vins de cépage économiques. Les producteurs les plus importants à l'export sont Choncha y Toro, Santa Rita, Santa Carolina, Cousiño Macul, Errazuriz, Los Vacos, Undurraga, Carmen, Casa Lapostolle et Caliterra.

L'Argentine : Buenos Vinos

La production vinicole de l'Argentine représente quatre fois celle du Chili et égale donc celle des États-Unis. C'est le quatrième ou cinquième producteur du monde (les places s'échangent d'une année à l'autre avec les États-Unis) et la consommation d'alcool par habitant y est énorme. À l'étude de ces statistiques, l'Argentine semble être un acteur majeur de la scène vinicole internationale ; pourtant, ces moyens de production vinicoles sont longtemps restés un peu en recul et les vins presque inconnus à l'export.

En Argentine comme au Chili, on plante de la vigne depuis le milieu du XVIe siècle. Les sources de cépages ont pourtant été plus importantes, de nombreuses vignes ayant été apportées par les immigrants italiens.

Les cépages blancs sont le Pedro Giminez, le Moscatel, le Torrontès d'Espagne, Le Chenin Blanc, le Sémillon, le Riesling, le Chardonnay, parmi d'autres. Les cépages rouges les plus importants sont le Malbec (un cépage français qui offre les meilleurs rouges d'Argentine) et le Bonarda d'Italie.
Les autres cépages rouges sont le Tempranillo, le Barbera, le Lambrusco, le Cabernet-Sauvignon, le Pinot Noir, le Sirah et d'autres encore.

Les vins rouges issus du cépage Malbec constituent sans doute actuellement la carte maîtresse de l'Argentine sur les marchés internationaux. Le Malbec semble s'être trouvé un nouveau lieu d'expression privilégié dans les chauds et secs vignobles de Mendoza (la plus grande région viticole d'Argentine).

Les vignobles argentins se situent essentiellement à l'intérieur des terres, le long de la séparation naturelle de l'Argentine et du Chili par les Andes. Les hautes altitudes tempèrent la chaleur du climat, mais les vignobles restent très chauds le jour, frais la nuit, et d'une sécheresse désertique. Les rivières qui prennent leur source dans les Andes traversent la zone et fournissent l'eau pour l'irrigation.

La grande majorité des vignobles argentins se trouvent dans la province de Mendoza, à la même latitude que Santiago du Chili (un des districts viticoles de Mendoza se nomme Maipu, qu'il ne faut pas confondre avec Maipo au Chili).

La production de vin argentine est dominée par l'énorme établissement Peñaflor, second plus grand chai du monde après celui de Gallo aux États-Unis. C'est d'ailleurs le fer de lance de la modernisation de l'outil de production en Argentine. Peñaflor exploite dorénavant le petit producteur Trapiche, dont les vins sont assez souvent rencontrés à l'étranger. Parmi les autres chais qui exploitent, citons Santa Ana, Weinert, Catena, Etchart, Finca Flichman, Bodega Norton, Pasquale Toso, Navarro Correas, Santa Julia, Bianchi et Canale. Bodega Weinert se positionne comme chef de file des producteurs de vin rouge de grande qualité. Les vins argentins sont généralement encore moins chers que les vins chiliens.

Les investisseurs étrangers ont évidemment détecté des opportunités en Argentine, mais les réalisations sont pour l'instant d'envergure limitée en comparaison de celles constatées au Chili. Le Californien Donald Hess (chais Hess Collection) vient d'acquérir les historiques chais argentins Bodega Norton. Kendall-Jackson produit du vin en Argentine sous la marque Mariposa. L'œnologue Michel Rolland est consultant chez Trapiche. Les choses commencent vraiment à se mettre en route chez ce géant de l'hémisphère austral qu'est l'Argentine.

L'Australie : les vins des antipodes

Ne vous méprenez pas : l'Australie est bien l'un des plus grands producteurs de vin du monde. En quelques décennies, l'industrie vinicole australienne est passée du statut de producteur de vins doux et fortifiés à celui d'une des nations vinicoles les plus technologiquement avancées de la planète.

Les vignes de l'espèce *vinifera* sont parvenues en Australie, en provenance du cap de Bonne-Espérance et d'Europe à la fin du XVIIIe siècle (il n'existe pas de vignes locales sur ce continent). Jusqu'en 1960, les vins australiens étaient riches et doux, nombre d'entre aux étant même fortifiés (styles typiques des climats chauds) ; ce goût n'avait rien à voir avec celui des vins de table rouges et blancs très frais que l'on recherche aujourd'hui. En 1980, la production de Chardonnay était négligeable ;

de nos jours, c'est devenu le premier cépage en Australie pour les vins fins. Les vins fruités, bien produits et d'un bon prix que le pays a appris à fabriquer depuis une dizaine d'années ont rapidement trouvé leurs amateurs dans des pays aussi éloignés que les États-Unis, le Royaume-Uni et la Suède.

Avec une surface sensiblement identique à celle des États-Unis, l'Australie compte environ huit cent cinquante producteurs mais ne produit que moins de 30 % du volume produit par la Californie. (Cependant, la consommation par habitant y est deux fois plus élevée qu'au États-Unis.). Les régions viticoles australiennes sont presque toutes dans la partie sud, plus fraîche, avec une densité maximale dans l'État de Victoria, la région sud de l'Australie-Méridionale et les parties fraîches de la Nouvelle-Galles du Sud (ces trois États sont souvent rassemblés sous l'appellation Australie du Sud-Est).

Viniculture, cépages et terroirs

Le cépage roi de l'Australie pour les vins fins est le Syrah, qui s'écrit localement *Shiraz*, suivi de peu par le Cabernet-Sauvignon, le Chardonnay, le Riesling et le Sémillon (notez que ce dernier se prononce « Sémelon » en Australie). Les vins portent généralement le nom du cépage qui constitue au moins 85 % du total. Une pratique originale en Australie consiste à assembler deux cépages et à donner au vin le nom des deux cépages en plaçant celui du cépage dominant en premier comme dans Shiraz/Cabernet-Sauvignon ou Cabernet-Sauvignon/Shiraz.

Les différents vins issus du Shiraz sont quelquefois un peu sucrés en fin de bouche, ce qui est assez original pour les consommateurs français.

Les différents vins issus du Shiraz sont remarquables car offerts dans des styles très divers, depuis les vins extrêmement légers et gouleyants, débordant d'arômes de fraises fraîches (délicieux mais simples) jusqu'aux vins complexes qui méritent une certaine maturation. Une autre variété intéressante est le Sémillon, notamment en provenance de Hunter Valley. Certains sont vieillis en fût de chêne, comme pour le Chardonnay, alors que d'autres Sémillons ne subissent pas ce traitement et sont simples lorsqu'ils sont jeunes tout en prenant d'étonnants arômes de noisette, de marmelade d'oranges et de miel en vieillissant.

Le succès des vins australiens est à attribuer au climat généralement chaud et sec de ce pays (qui offre aux producteurs une excellente matière première pour exercer leur art). Il faut également rendre hommage aux producteurs qui s'efforcent d'employer au mieux la technologie afin de produire des vins préservant les intenses arômes des raisins, des vins doux et agréables à boire dès leur plus jeune âge. Les vins australiens illustrent à merveille le concept d'amabilité d'un vin.

Les nouveaux couples

Partout dans le monde on pratique l'assemblage des vins à partir de plusieurs cépages. En général, la combinaison obéit au modèle classique français : Cabernet-Sauvignon avec Merlot et Cabernet-Franc ou encore Sémillon avec Sauvignon Blanc. L'Australie, ne se sentant pas forcée de reprendre ces modèles de l'autre bout du monde, a développé deux couples totalement originaux :

- Shiraz avec Cabernet-Sauvignon ;
- Sémillon avec Chardonnay.

Le cépage principal est indiqué en premier et les pourcentages sont souvent mentionnés.

Les grands connaisseurs des vins australiens peuvent décrire les régions vinicoles de manière détaillée en indiquant les différences de style d'une zone à la suivante, un peu comme les amateurs de vins français peuvent distinguer chaque village de la Côte de Nuits. Mais lorsque l'on consomme du vin australien à l'étranger, tous ces détails restent un sujet académique. La grande majorité des vins australiens portent simplement sur leur étiquette la mention *South Eastern Australia*, ce qui signifie que les raisins peuvent venir de n'importe lequel des trois États de l'Australie du Sud-Est, dont l'étendue est tout à fait considérable. Ici, c'est le raisin qu'il faut chercher dans le vin, pas le terroir.

Régions vinicoles de l'Australie

Australie-Méridionale

Le premier producteur de vin d'Australie est l'Australie-Méridionale dont la capitale est Adélaïde (voir figure 13-1). Cet État produit 55 % des vins australiens et tous ses vignobles sont exempts de phylloxera. La production offre deux visages : les vignobles de la région de Riverlands produisent des vins à bon marché pour étancher les soifs locales (vendus essentiellement en cubitainers de 4,5 litres) alors que les vignobles les plus proches de la capitale produisent les vins qui sont considérés comme les plus fins du pays. Voici quelques-unes de ces régions de vins fins :

- **Barossa Valley** : Au nord d'Adélaïde, c'est une des plus anciennes zones vinicoles d'Australie pour les grands vins ; cette zone au climat assez chaud est réputée pour ses Shiraz et Cabernet-Sauvignon ainsi que pour ses riches Sémillo ;
- **Clare Valley** : Plus au nord, une zone au climat plus diversifié qui produit toutes les sortes de vins : Riesling vivaces et différents rouges et blancs, notamment de Cabernet-Sauvignon et de Shiraz ;
- **McLaren Vale** : Au sud d'Adelaïde, son climat assez frais subit l'influence de l'océan ; cette zone est particulièrement appréciée pour ses Sauvignon Blanc, ses Cabernet-Sauvignon et ses Shiraz.
- **Adelaïde Hills** : À proximité de la ville d'Adelaïde, c'est une région fraîche entre Barossa et McLaren Vale. On y produit avec un bonheur croissant des vins de Pinot Noir, de Chardonnay et de Riesling ;
- **Coonawarra** : À 500 kilomètres au sud-est d'Adélaïde, cette région fraîche est réputée pour son seul rouge et ses Cabernet-Sauvignon ;
- **Padthaway** : Au nord de Coonawarra, une zone fraîche appréciée pour ses vins blancs, notamment de Chardonnay et de Sauvignon Blanc.

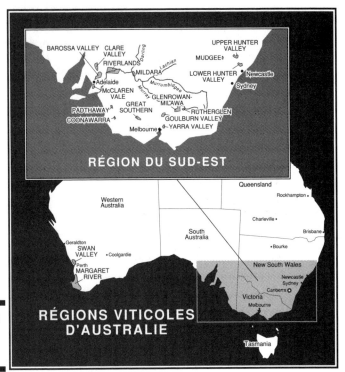

Figure 13-1 : Les régions viticoles d'Australie.

Victoria

À l'est de l'Australie-Méridionale se trouve l'État de Victoria, plus petit mais plus important au niveau vinicole; on y produit 14 % des vins australiens.

La plupart des grands producteurs australiens sont implantés en Australie-Méridionale, tandis qu'ils sont de plus petite taille mais en plus grand nombre dans l'État de Victoria. On y produit pourtant des vins de consommation courante, notamment dans la zone nord-ouest le long de la Murray River. Les vins fins de Victoria vont des vins de dessert riches et fortifiés jusqu'au délicat Pinot Noir. Les régions principales sont :

- **Rutherglen** : Dans le Nord-Est ; cette zone viticole historique offre un climat chaud et symbolise la viniculture traditionnelle. On y trouve une spécialité australienne : les Muscat et les Tokay fortifiés ;
- **Goulburn Valley** : Au centre de l'État, une région principalement connue pour son Marsanne et son Shiraz ;
- **Yarra Valley** : Cette région proche de Melbourne offre un climat frais qui permet de produire de fins Pinot Noir, Chardonnay et vins mousseux.

Nouvelle-Galles du Sud

Cet État est le premier de l'Australie à avoir vu pousser des vignes. Il produit actuellement 27 % des vins australiens. La production en grande quantité de vins de consommation courante concerne une zone à l'intérieur des terres nommées Riverina (nous aimons prononcer son autre nom, *Murrumbidgee Irrigation Area* ou MIA). Les vins fins proviennent de trois zones :

- **Lower Hunter Valley** : zone de viticulture historique à 150 kilomètres au nord de Sydney ; climat très chaud et humide et sol lourd ; plantée essentiellement en Shiraz et en Chardonnay ;
- **Upper Hunter Valley** : climat plus sec au nord de la Hunter River et plus éloigné de la côte ; produit de bons Chardonnay et Sémillon ;
- **Mudgee** : zone continentale au pied des montagnes, spécialisée dans les Chardonnay, Merlot et Cabernet-Sauvignon.

Australie-Occidentale et Tasmanie

L'Australie-Occidentale produit peu de vin en comparaison des trois États précédents, mais quelle qualité ! Le centre historique de production est la chaude et sèche Swan Valley, mais des zones à climat frais commencent à prendre de l'importance :

- **Margaret River** : région assez fraîche près de l'océan Indien qui produit des Cabernet-Sauvignon, des Chardonnay et des Sémillon (voyez ceux des chais Leeuwin Estate et Cape Mentelle) ;

> ✔ **Great Southern** : vaste région prometteuse ; Cabernet-Sauvignon intenses et austères et de plus en plus de Shiraz très fins ; Riesling de bonne garde.

La région australienne offrant un *véritable* climat frais est la Tasmanie, île située au sud de Victoria. Quelques producteurs y ont commencé à démontrer le potentiel offert par l'île pour produire des Pinot Noir et des Chardonnay.

La Nouvelle-Zélande

Les vins de Nouvelle-Zélande s'ouvrent à l'exportation dans le sillage des très réussis vins australiens. Pourtant, les vins des deux pays sont assez différents.

La Nouvelle-Zélande se situe plus au sud que l'Australie ; c'est donc une zone plus fraîche, au climat plus tributaire de l'océan. Des deux grandes îles qui constituent ce pays, l'île du Nord est la plus chaude, ce qui permet de produire des vins rouges autour d'Auckland et de Hawkes Bay (notamment du Cabernet-Sauvignon) ainsi que différents vins blancs à partir des cépages Müller-Thurgau, Chardonnay et Sauvignon Blanc.

Dans l'île du Sud, Malborough est devenue la zone vinicole principale de Nouvelle-Zélande, alors que ses possibilités viticoles n'ont été découvertes qu'en 1973. C'est la région phare pour le Chardonnay et le Sauvignon Blanc.

Les blancs néo-zélandais sont en général des vins sans goût de chêne qui offrent des arômes épais et riches et une forte acidité. Le Sauvignon néo-zélandais est si particulier, âpre et intense avec un arôme rappelant l'asperge, qu'il a immédiatement été considéré comme un nouveau prototype de Sauvignon Blanc. Les chais Cloudy Bay ont fait l'objet d'éloges dans le monde entier pour leur Sauvignon Blanc très délicat. Son premier millésime ne date pourtant que de 1985 !

L'Afrique du Sud : un nouvel espoir

L'élection démocratique de Nelson Mandela à la présidence en 1994 et l'abolition de l'apartheid qui l'a précédée donnent à l'Afrique du Sud une formidable énergie et un grand espoir dans l'avenir. Le futur de son industrie viticole n'a jamais semblé plus prometteur, notamment pour ses vins de table.

Les vignes ont été apportées en Afrique du Sud en 1655 lorsque les pionniers hollandais s'y sont installés. À la fin du XVIIIe siècle, l'Afrique du Sud produisait déjà un vin de dessert luxueux et de réputation mondiale nommé *Constantia* qui était recherché par les cours royales européennes.

Ce n'est que depuis peu que l'Afrique du Sud s'intéresse à la production des vins de table. La pratique courante consiste, pour la plupart des cinq mille vignerons du pays, à apporter les raisins à l'une des soixante-dix coopératives du gigantesque organisme semi-étatique KWV qui en transforme la moitié en alcool distillé ou en concentré de raisin (cela reste vrai de nos jours ; les raisins qui restent servent surtout à fabriquer du sherry ou du porto). La demande actuelle du marché mondial pour les vins de table entraîne une augmentation de la proportion de raisins utilisés pour produire du vin sec, non fortifié.

L'industrie vinicole sud-africaine continue à rester dominée par de grands établissements. Outre l'organisme KWV, le groupe Stellenbosch Farmer's Winery Group (SFW) est un conglomérat qui est le producteur principal de vins de table du pays. Les chais réputés de Nederburg Estate appartiennent à SFW. Un autre producteur important de vins de table est le groupe Bergkelder ; il exploite dix-huit chais dont certains des meilleurs de toute l'Afrique du Sud.

Le style des vins sud-africains : modernes mais classiques

Nous classons l'Afrique du Sud dans les nouvelles régions viticoles, mais force est de constater que les vins produits suggèrent plutôt l'Europe. Par exemple, un Cabernet-Sauvignon des antipodes vous fera penser à un vin français (un peu). D'un autre côté, vous ne pourrez pas assimiler ce Cabernet à un vin de Californie ou d'Australie.

L'Afrique du Sud se place actuellement entre le sixième et le huitième rang, selon l'année, pour le volume de production de vin. 20 % de la production sont exportés, essentiellement vers le Royaume-Uni.

Les vins sud-africains sembleraient chercher à unir les subtilités aromatiques des vins français à la voluptueuse maturité des californiens. Comme à mi-chemin entre deux mondes ; en bref, des vins sud-africains.

Régions vinicoles principales de l'Afrique du Sud

En dehors de quelques microclimats plus frais, notamment autour de la côte sud proche du cap de Bonne-Espérance et dans les régions montagneuses, le climat des zones vinicoles d'Afrique du Sud est surtout chaud et sec. L'irrigation est donc souvent nécessaire.

La législation de 1973 instituant les *Wine of Origin* (WO) a défini dix districts vinicoles (et une quantité de sous-districts). Presque tous les vignobles se situent sur la côte sud-ouest dans la province du Cap (à une centaine de kilomètres de Cape Town, qui est la ville la plus fascinante et la plus pittoresque du pays). Ces vignobles se situent tous dans la zone appelée Coastal Region.

Les cinq principaux districts sont :

- **Constantia** : la plus ancienne zone vinicole du pays (au sud de Cape Town) ;
- **Durbanville** : connu pour ses collines douces et ses sols bien drainés ; au nord de Cape Town ;
- **Stellenbosch** : à l'est de Cape Town ; le district le plus important en quantité comme en qualité ;
- **Paarl** : au nord de Stellenbosch ; siège du KWV et des très beaux chais de Nederburg Estate ; seconde région productrice ;
- **Franschhoek Valley** : sous-district de Paarl ; nombreux producteurs innovants.

Le petit sous-district Hermanus/Walker Bay (dans le district d'Overberg, au sud-ouest de la province du Cap et le long de l'océan Indien) semble prometteur avec des Pinot Noir et des Chardonnay conduits par les innovants chais Russel Winery.

Environ 10 % des vins d'Afrique du Sud possèdent l'appellation *Wine of Origin* (WO). Ce système d'appellation WO est basé sur les appellations contrôlées françaises. Cette loi définit de manière stricte les vignobles, les cépages autorisés, la date des vendanges, etc. Un vin de cépage doit utiliser au moins 75 % du cépage indiqué ; les vins d'exportation (se conformant ainsi aux lois plus strictes de la CEE) doivent contenir 85 % du cépage mentionné.

Steen, Pinotage et compagnie

Le cépage dominant en Afrique du Sud est le Chenin Blanc qui s'appelle généralement dans ce pays *Steen*. Il compte pour environ un tiers de l'encépagement total. Le Chenin est très versatile. Il permet de produire des vins demi-secs à doux mais également des vins secs, des mousseux, des vins de vendanges tardives botrytisés et même des rosés. Le cépage Cinsault (le Cinsault de la vallée du Rhône), qui auparavant s'appelait Hermitage en Afrique du Sud, reste le cépage rouge dominant.

Mais les choses commencent à évoluer. Le Cabernet-Sauvignon et le Merlot (et, dans une moindre mesure, le Pinot Noir et le Shiraz) commencent à prendre de l'importance parmi les cépages rouges alors que le Sauvignon Blanc et le Chardonnay se popularisent parmi les blancs. Le Cabernet-Sauvignon et le Sauvignon Blanc s'adaptent particulièrement bien au climat de l'Afrique du Sud (une version très convaincante du Sauvignon Blanc y est produite).

Spécifique à l'Afrique du Sud, on trouve enfin le *Pinotage*, cépage hybride issu du croisement de Pinot Noir et de Cinsault en 1925. Ce n'est que depuis 1959 qu'on produit du vin à partir du Pinotage. Le Pinotage réunit les arômes de cerise d'un Pinot Noir et le goût de terroir d'un vin du Rhône. On peut en tirer un vin rouge léger à moyen véritablement délicieux et parfait comme vin de soif (un vin rouge parfait à boire par temps chaud). On trouve de bons exemples de Pinotage à partir de

6 €. Nous conseillons notamment ceux de Kanonkop ou de Simonsig. Leur Pinotage, plus dense et plus riche que celui de leurs collègues, est une de leurs spécialités.

Sélection de producteurs sud-africains

Même si le Pinotage produit des vins plaisants qui méritent certainement le détour, nous croyons que le futur de l'Afrique du Sud vinicole est lié au Cabernet-Sauvignon et au Merlot et aux assemblages de ces cépages (pour les rouges), ainsi qu'au Sauvignon Blanc et au Chardonnay pour ses blancs. Voici une sélection de producteurs que nous recommandons, avec les noms des vins et des districts (dans l'ordre de préférence) :

- **Grangehurst (Stellenbosch)** : superbes nouveaux chais ; essayez leur Cabernet-Merlot Reserve, mais goûtez aussi leur Cabernet-Sauvignon, leur Merlot et leur Pinotage ;
- **Plasir de Merle (Paarl)** : Un des meillerus Cabernet-Sauvignon du pays ; très bons Chardonnay et Sauvignon Blanc ;
- **Meerlust (Stellenbosch)** : notamment le Rubicon (assemblage de Cabernet-Sauvignon principal) ; mais aussi le Cabernet-Sauvignon et le Merlot ;
- **Rust En Vrede (Stellenbosch)** : Cabernet-Sauvignon, Estate (assemblage Cabernet), Shiraz ;
- **La Motte Estate (Franschhoek Valley)** : Millenium (assemblage Cabernet-Sauvignon/Merlot) notamment ;
- **Rozendal (Stellenbosch)** : surtout son assemblage de Merlot ;
- **Klein Constantia (Constantia)** : Marlbrook (assemblage de type bordelais), Cabernet-Sauvignon ;
- **Warwick Estate (Stellenbosch)** : nouveaux chais à suivre ; Trilogy (assemblage de type bordelais), Cabernet-Sauvignon, Pinotage ;
- **Zonnebloem (Stellenbosch)** : Lauréat (assemblage de type bordelais), Merlot ;

- **Stellenryck (Coastal Region)** : Cabernet-Sauvignon ;
- **Backsberg Estate (Paarl)** : Klein Babylonstoren (assemblage de Cabernet-Sauvignon et de Merlot), Merlot, Cabernet-Sauvignon, Pinotage, Chardonnay, Sauvignon Blanc ;
- **Villiera Estate (Paarl)** : Cru Monro (assemblage de Cabernet-Sauvignon et de Merlot à 60/40) ;
- **Boschendal Estate (Paarl)** : Shiraz, Merlot, Sauvignon Blanc, Sémillon, Chardonnay ;
- **Glen Carlou (Paarl)** : Grande Classique (assemblage de type bordelais) ;
- **Hamilton Russel (Walker Bay)** : Pinot Noir, Chardonnay ;
- **Kanonkop Estate (Stellenbosch)** : Pinotage, Cabernet-Sauvignon ;
- **L'Ormarons Estate (Franschhoek Valley)** : Optima (assemblage de type bordelais), Cabernet-Sauvignon, Shiraz, Chardonnay ;
- **Thelema Mountain (Stellenbosch)** : Cabernet-Sauvignon, Cabernet-Merlot, Sauvignon Blanc, Chardonnay ;
- **Lievland Estate (Stellenbosch)** : Cabernet-Sauvignon, Shiraz, DVB (assemblage de type bordelais) ;
- **Groot Constantia (Constantia)** : Cabernet-Sauvignon, Sauvignon Blanc, Chardonnay ;
- **Middelvlei Estate (Stellenbosch)** : Pinotage, Cabernet-Sauvignon ;
- **Simonsog Estate (Stellenbosch)** : Tiara (assemblage de Cabernet-Sauvignon et de Merlot), Pinotage ;
- **Louisvale (Stellenbosch)** : Chardonnay, Sauvignon Blanc et Chardonnay ;
- **Neil Ellis (Coastal Region ; Elgin)** : Sauvignon Blanc, Chardonnay ;
- **Mulderbosch (Stellenbosch)** : Sauvignon Blanc ;
- **Nederburg (Paarl)** : Sauvignon Blanc (Privat Bin D 234) ; Prélude (assemblage 70/30 de Sauvignon Blanc et de Chardonnay, ce qui est inhabituel mais le résultat est là), Chardonnay.

Les vins rouges que nous citons se vendent entre 6 et 16 € et les vins blancs, entre 6 et 12,50 €. Nous vous recommandons particulièrement les Sauvignon Blanc et les Pinotage.

Comme dans les autres régions à climat chaud, les millésimes sont assez homogènes en Afrique du Sud. Vous trouverez malgré tout de légères variations dans la zone des Coastal Districts. Les meilleurs millésimes pour les rouges ont été 1995, 1992, 1991, 1989, 1987 et 1986, et pour les blancs 1995, 1993, 1992 et 1991. Les meilleurs vins d'Afrique du Sud sont ceux produits à compter du millésime 1986.

Des vins rouges à découvrir

Vins	*Pays / Cépages*	*Producteurs*
Savigny-les-Beaune 98	France / Pinot	Pavelot
Crozes Hermitage 98	France / Syrah	Graillot
Côte Rôtie 96, Lavallière	France / Syrah	Rostaing
Château-Beauregard 95, Pomerol	France / Merlot	Rolland
Château Pavie 98, Saint-Émilion	France / Cabernet-Sauvignon	–
Pommard 95, Grands Épenots	France / Pinot	Demontille
Château Léoville Las Cases 96, Saint-Julien	France / Cabernet-Sauvignon, Merlot	Thiel
Château Romanin 98, Baux-de-Provence	France / Syrah, Cabernet	Charrial
Château Vannière, Patience Bandol AOC	France / Mourvèdre	–
Chianti Classico 98	Italie / Sangiovese	Antinori
Vega Sicilia 95, Ribeyra del Duero	Espagne / Tempranillo	–
Cabernet-Sauvignon, Opus one 92	États-Unis	Mondavi R.
Cockburn Vintage 75, Porto Vintage	Portugal / Touriga Nacional	–

Chapitre 14
C'est l'Amérique !

Dans ce chapitre :
- La Californie à l'âge adulte
- Du Golden Gate à Napa et Sonoma
- Les Pinot de l'Oregon
- Le rouge est mis à Washington
- Îles, rivières et lacs de New York
- Vin glacé du Canada

Quand les conquistadors ont découvert l'Amérique en cherchant de l'or, des missionnaires espagnols les accompagnaient. Ce sont eux qui ont planté les premiers ceps de vigne sur le territoire des futurs États-Unis d'Amérique. Le premier cépage quelque peu répandu a pris naturellement le nom de Mission. Il en existe encore de nos jours, mais les cépages nobles sont venus le supplanter (Cabernet-Sauvignon, Chardonnay et autres) afin de pouvoir produire non seulement du vin, mais des vins, et des vins de qualité. La seule chose qui n'a pas changé est la prééminence de la Californie sur la production de vin de pays. Le négoce est cependant monté vers le Nord de l'État, le Sud s'étant laissé envahir par les voitures et les gens.

Ce chapitre est uniquement consacré aux États-Unis et au Canada, avec force détails concernant les régions réputées de Californie (Napa Valley, Sonoma). N'oublions pas pour autant l'Oregon, Washington et New York.

L'Amérique, un Nouveau Monde pour le vin

Même si une certaine production de vin existait déjà au siècle dernier, l'industrie vinicole des États-Unis n'a pris son envol que depuis une génération. La prohibition de 1920 à 1933, la crise économique des années 30 puis la seconde guerre mondiale ont freiné sérieusement le commerce du vin, et la reprise a été lente.

Les années 70 ont vu débuter la ruée vers le vin en Californie. Avant cette époque, seuls une poignée de producteurs étaient installés dans cet État ; de nos jours, la Californie compte plus de huit cents producteurs (une douzaine de géants, mais surtout de petites unités familiales) et ce nombre augmente jour après jour.

Cette explosion vinicole de la Californie a attiré l'attention des autres États. Il existe actuellement des producteurs de vin dans quarante-sept des cinquante États, mais la production de vin n'est une industrie conséquente que dans quatre États : la Californie (de loin, le plus grand producteur), l'État de Washington, l'Oregon et l'État de New York. Les États-Unis fluctuent maintenant entre les positions de quatrième et de cinquième pays producteur de vin du monde, mais bien loin derrière le tiercé gagnant Italie-France-Espagne.

Des méthodes inventées sur place

Les vins des États-Unis constituent les prototypes des vins du Nouveau Monde. Les producteurs travaillent comme bon leur semble, en cultivant les cépages qu'ils jugent les plus appropriés et en les plantant où bon leur semble. Ils assemblent les vins de différentes régions selon leurs besoins – les règles fédérales rendant l'assemblage plus difficile dans un État que dans un autre.

Les vins des États-Unis ont transformé les cépages en véritables vedettes. Avant que la Californie ne décide de donner aux vins les noms des cépages, le Chardonnay, le Merlot, le Pinot Noir et le Cabernet se contentaient d'être des ingrédients de base des grands vins, maintenant, ils sont devenus *le vin*. Mais pour que personne n'en déduise trop rapidement que tous les vins issus du même cépage se valent, certains producteurs ont acquis leur renom en produisant des vins meilleurs grâce à leur talent. Avec ces méthodes de production, notamment celles de Californie, la terre, le terroir étaient nettement secondaires, du moins jusqu'à récemment.

Les producteurs américains ont fait de la technologie leur plus précieux allié pour parvenir à créer des vins qui conservent les arômes du fruit. Deux très importantes universités de Californie se consacrent à la science du vin : l'université de Californie (UC) de Fresno et, surtout, l'université de Davis. Elles jouent un rôle de pionnier dans l'étude scientifique du vin. De nos jours, même les producteurs européens font un pèlerinage pour aller étudier à l'université californienne de Davis.

Un jeu d'appellations original

Il existe un système d'appellation des vins aux États-Unis, qui, comme le système français classique, définit des régions de production du vin. Cependant, le système américain, fondé sur les zones viticoles américaines (American Viticultural Areas, abrégées AVA), se limite à définir les limites géographiques des zones viticoles ; le système ne réglemente pas les cépages autorisés ni le rendement maximal (*yield of grapes per acre*), ni d'ailleurs quoi que ce soit d'autre qui puisse lier la géographie à un style de vin spécifique (voir la section « Quelques mots clés de la viticulture », chapitre 3). Les noms des zones de production AVA ont donc une importance toute relative sur les étiquettes des vins, en tout cas bien moindre que le nom du cépage et celui du producteur.

Pour qu'un vin puisse porter le nom d'un cépage aux États-Unis, il doit comporter au moins 75 % de ce cépage selon la loi fédérale. Si le vin désire comporter une indication de zone AVA, 85 % du raisin doit provenir de cette zone AVA. Enfin, les vins portant un millésime doivent comporter au moins 95 % de jus de raisin de ce millésime.

Grandes et petites zones AVA

Les producteurs de vin américains évitent en général d'utiliser une désignation de zone AVA trop spécifique afin de garder une grande liberté de choix dans l'achat du raisin et des vins pour l'assemblage. Par exemple, un producteur situé à Alexander Valley dans le comté de Sonoma utilisera de préférence la désignation plus vaste *Sonoma County AVA* pour pouvoir utiliser des raisins situés dans d'autres zones du même comté ; il peut même utiliser l'appellation plus vaste *North Coast AVA* s'il désire assembler son vin à partir d'autres vins tels que Napa ; si enfin son objectif principal est un prix faible, il se rabattra sur l'appellation très vaste *California AVA* qui lui permet d'incorporer dans son vin des raisins achetés auprès des vignobles industriels de la Central Valley (celle de San Joaquim) ou d'autres parties de cet État qui produisent des raisins et des vins meilleur marché que ceux de Sonoma. Parfois, le producteur choisit l'appellation très large « California » pour avoir les coudées franches quant à ses approvisionnements. (Cette pratique ne concerne pas les zones viticoles réduites telles que le sud de la Pennsylvanie, car il n'y a pas beaucoup de possibilités viticoles dans leur voisinage proche.). La précision du lieu de production reste bien sûr appréciable, mais la production d'un bon vin à un prix adéquat grâce à l'assemblage de plusieurs zones géographiques est également satisfaisante.

Qu'elle soit traditionnelle ou non, la méthode américaine de production et d'appellation des vins semble convenir aux consommateurs du marché intérieur : les vins américains comptent en effet pour environ 85 % de tous les vins vendus sur le territoire des États-Unis.

La Californie

Quand nous pensons aux vins des États-Unis, nous pensons à la Californie. Cela n'a rien pour surprendre, la Californie produisant 89 % des vins des États-Unis.

Le plus grand producteur californien est Gallo, qui produit une bouteille sur quatre des vins vendus sur le territoire américain. Si Gallo était un pays indépendant, il serait au treizième ou quatorzième rang mondial pour la quantité produite, ce qui équivaut à la production totale du Chili ou même davantage (mais sans la dette nationale correspondante).

Pourtant, la production de grands vins aux États-Unis est plutôt à mettre à l'actif des chais Robert Mondavi Winery. Lorsque Robert Mondavi a quitté le chai familial (Charles Krug) en 1966 pour commencer à voler de ses propres ailes afin de produire des vins de qualité, une ère nouvelle s'est ouverte aux États-Unis. Ces vins fins sont naturellement devenus des vins de cépage, mentionnant Cabernet-Sauvignon, Chardonnay, etc., en réaction aux étiquettes des jug wines qui utilisaient abusivement des noms de régions d'Europe telles que Bourgogne et Chablis. Actuellement, même le grand producteur Gallo se tourne de plus en plus vers le marché du vin de cépage.

Les régions de vins fins de Californie

L'omniprésence du soleil en Californie rend toutes les zones de cet État suffisamment chaudes pour cultiver la vigne. Cependant, pour produire des vins fins, la difficulté consiste à trouver des zones relativement fraîches, avec un sol justement pauvre, pour éviter au raisin de mûrir trop rapidement et sans effort, avant qu'il ait exprimé tout son arôme (voir chapitre 3). Le climat de Californie dépend d'abord de laproximité du Pacifique ainsi que de l'altitude, bien plus que de la latitude. On peut donc produire des vins fins aussi bien dans le nord que dans le sud de la Californie.

Les régions et districts les plus importants pour la production de vins fins sont (voir figure 14-1) :

- **La région de la côte nord**
  La vallée de Napa
  La vallée de Sonoma
  Les comtés de Mendocino et de Lake County.

Figure 14-1 : Les régions viticoles de Californie.

> ✔ **La région de la côte nord-centre**
>
> Les vallées de Livermore et de Santa Clara (zone de la baie de San Francisco)
>
> Les montagnes de Santa Cruz
>
> Le comté de Monterey.
>
> ✔ **La région vallonnée du pied de la Sierra (Sierra Foothills)**
>
> ✔ **La région de la côte sud-centre**
>
> Comté de San Luis Obispo
>
> Comté de Santa Barbara.

Les variations climatiques d'une année à l'autre sont bien moins sensibles en Californie que dans la plupart des régions viticoles d'Europe. En particulier, il ne pleut généralement pas dans la majeure partie de la Californie pendant la période de croissance (une pluie au mauvais moment est une des causes fréquentes de mauvais millésimes en Europe). Les vignerons contrôlent totalement ce phénomène de pluie artificielle qu'est l'irrigation. C'est au contraire la sécheresse qui, en rendant difficile l'irrigation, influe en Californie sur la qualité des millésimes.

Les amateurs de grands vins californiens seront heureux d'apprendre que la Californie vient de vivre une série de sept excellents millésimes entre 1990 et 1996 1990, 1991 et 1994 ont été les meilleurs pour les rouges, alors que 1992 et 1996 l'ont été pour les blancs. Auparavant, les meilleurs millésimes avaient été 1984, 1985 et 1987 pour les rouges et 1986 et 1988 pour les blancs.

La vallée de Napa : petite et fameuse

Napa Valley est à une heure et demie de route au nord-est de la splendide baie de San Francisco. La plupart des chais les plus prestigieux de Californie et les terrains à vigne les plus chers se trouvent dans la petite vallée de Napa où plus de trois cents producteurs se sont faits une place au soleil. (Rappelons qu'en 1960 il ne s'y trouvait que vingt-cinq producteurs.). La taille de la région est bien inférieure à sa réputation : la Napa ne concerne que 5 % du raisin californien.

La partie sud de la vallée bénéficie de l'influence de l'air marin et des brumes de la baie de San Pablo, et c'est la zone la plus fraîche, notamment dans le district de Carneros. Carneros s'étend à l'ouest jusqu'au comté de Sonoma. Ce district est devenu la zone viticole de choix pour les cépages qui aiment les climats frais : le Chardonnay, le Pinot Noir et les cépages des vins mousseux. Au nord, en allant sur Calistoga, l'influence de la baie diminue et le climat devient assez chaud (mais les nuits restent fraîches).

Les vignobles et les chais sont dispersés dans toute la vallée de Napa, la plupart au fond de la vallée mais certaines également dans les collines et les montagnes de l'ouest (Mayacamas Mountains) et d'autres dans celles de l'est (notamment Howell Mountain). Les producteurs et vignerons de Napa ont défini neuf zones AVA plus précises que la zone globale Napa Valley AVA et la zone Carneros AVA partagée entre le comté de Napa et celui de Sonoma. Voici ces neufs zones :

- **Spring Mountain** et **Mount Veeder** (dans les montagnes de l'ouest) ;
- **Howell Mountain**, **Stags Leap District**, **Atlas Peak** (collines ou montagnes) et **Wild Horse Valley** (toutes dans la partie est de Napa) ;
- **Rutherford**, **Oakville** et **St. Helena** dans le fond de la vallée.

De 6 à 31 €

Vous pouvez trouver du Chardonnay et du Cabernet californiens à moins de 6 €. Une meilleure qualité se vend entre 6 et 15,50 €. Les réserves, les vins d'un seul vignoble et les sélections spéciales se vendent de 15,50 à 31 € et plus.

Les prix de la plupart des bons Pinot Noir et Merlot commencent à 12,50 € et peuvent aller jusqu'à 23 €.

Le Sauvignon Blanc, un peu moins demandé, est une bonne affaire dans les bons vins californiens. Vous pouvez en trouver un bon à moins de 8 €. Le Zinfandel rouge reste un bon achat, mais les prix ont grimpé en raison de la plus grande popularité : vous pouvez toujours trouver du Zin rouge à 9 €, mais les versions Premium se vendent 15 €. Si vous aimez le Zinfandel blanc, vous pouvez trouver votre bonheur à partir de 5 €.

Notez que les mots *reserve, special selection, private reserve, barrel select, wintners reserve, classic* et autres n'ont aucune signification légale aux États-Unis. Les producteurs de vins fins utilisent ces termes pour attirer l'attention sur leurs vins haut de gamme, mais la plupart des grands producteurs les utilisent également pour leurs bouteilles à bon marché comme outils de marketing (voyez la section « Réserve », chapitre 8).

Les cépages de la vallée de Napa

Quasiment tous les producteurs de la vallée de Napa produisent au moins un vin de cépage Cabernet-Sauvignon et un autre de Chardonnay. Nombreux sont ceux qui adoptent maintenant le Merlot. Ce nouveau cépage est plus doux, moins fort en tannins et plus facile d'approche que le Cabernet-Sauvignon ; il est devenu la coqueluche des vins rouges aux États-Unis, notamment chez les consommateurs qui découvrent le monde du vin.

Les six vins les plus importants de Napa sont les deux blancs Chardonnay et Sauvignon Blanc (souvent appelé Fumé Blanc) et les quatre rouges issus du Cabernet-Sauvignon, du Merlot, du Pinot Noir (en général dans la zone fraîche de Carneros) et du Zinfandel. Mais les vins d'assemblage ont pris de plus en plus d'importance. Dans le cas des rouges, les assemblages se basent d'abord sur des cépages rouges bordelais (Cabernet-Sauvignon, Cabernet-Franc, Merlot et parfois même Malbec et Petit Verdot). Pour les blancs, les assemblages exploitent les cépages blancs bordelais (Sauvignon Blanc et Sémillon). Certains assemblages font également l'objet de la désignation *Meritage Wines*, non seulement à Napa mais dans tous les États-Unis, cependant très peu indiquent cette mention *Meritage* sur l'étiquette.

Sélection de producteurs dans la vallée de Napa

Si donc tous les producteurs de la vallée de Napa produisent au moins un Chardonnay et un Cabernet, on peut se demander sur quel critère en choisir un plutôt qu'un autre. C'est une bonne question, mais la réponse n'est pas simple. La liste que nous proposons présente certains des producteurs de vins de table les plus réputés de la vallée de Napa, afin de vous aider dans vos choix. Nous reconnaissons que cette liste est assez longue mais, après tout, c'est la richesse de la vallée de Napa.

Cette liste indique nos producteurs préférés dans cette vallée. Les vins mousseux sont décrits dans la section appropriée en fin de chapitre 15.

N'OUBLIEZ PAS

Rappelons que bien que ces chais soient tous situés dans la région de Napa Valley, les raisins employés ne proviennent pas nécessairement tous de cette région. Analysez l'étiquette pour connaître la localisation des vignobles concernés.

Acacia Winery	Joseph Phelps Vineyards	Elyse Vineyards
Araujo Estate	Kent Rasmussen Winery	Flora Springs
Beringer Vineyards	Rombauer Vineyards	Franus Winery
Cafaro Cellars	St. Supéry Vineyard	Girard Winery
Carneros Creek	Sequoia Grove	Grgich Hills Cellar
Chateau Montelena	Silver Oak Cellars	Harrison Vineyards
Chimney Rock	Sky Vineyards	Hess Collection Winery
Conn Creek	Staglin Family Vineyard	La Jota Vineyard
Dalla Valle	Sterling Vineyards	Livingston
Dominus Estate	Sullivan Vineyards	Louis M. Martini
El Molino	Philip Togni Vineyard	Robert Mondavi
Far Niente	Tulocay	Newton Vineyard
Franciscan Vineyards	Vlader Vineyards	Opus One
Frog's Leap Winery	Von Strasser Vineyards	Patz & Hall
Green and Red Vineyard	S. Anderson Vineyard	Pine Ridge Winery
Harlan Estate	Atlas Peak Vineyards	Raymond Vineyard
Heitz Wine Cellars	Bryant Family V.	Saddleback Cellars
Charles Krug	Cain Cellars	Saintsbury
Lewis Cellars	Caymus Vineyard	Shafer Vineyards
Markham Vineyards	Chateau Potelle	Silverado Vineyards
Merryvale Vineyards	Clos du Val	Smith-Madrone
Mount Veeder	Corison	Stag's Leap Wine Cellars
Oakville Ranch Vineyards	Diamond Creek	Stony Hill Vineyard
Paradigm	Duckhorn	Swanson Vineyards

Trefethen Vineyards	Etude	Pride Mountain
Turley Wine Cellars	Forman Vineyards	Ritchie Creek Vineyards
Villa Mt. Eden	Freemark Abbey	St. Clement Vineyards
Whitehall Lane Winery	Grace Family Vineyards	Selene
Anderson's Conn Valley	Groth Vineyards	Signorello Vineyards
Beaulieu Vineyards	Havens Wine Cellars	Robert Sinskey Vineyards
Burgess Cellars	Jarvis Estate	Spottswoode Winery
Cakebreak Cellars	Lamborn Family Vineyards	Steltzner Vineyards
Chappellet	Long Vineyards	Storybook Mountain
Chateau Woltner	Mayacamas Vineyards	The Terraces
Clos Pegase	Monticello Cellars	Truchard Vineyards
Cuvaison	Niebaum-Coppola Estate	Turnbull Vineyards
Dickerson Vineyard	Pahlmeyer Winery	Vine Cliff Cellars
Dunn Vineyards	Robert Pecota Winery	ZD Winery

La diversité de terroirs de Sonoma

Si vous sortez de San Francisco par le sublime pont du Golden Gate, vous êtes à Sonoma en une heure. Les différences entre Napa et Sonoma sont évidentes. Alors que la plupart des établissements vinicoles de Napa sont d'un aspect luxueux, ceux de Sonoma sont rustiques, de style campagnard et cachés à la vue depuis la route. Les millionnaires achètent à Napa ; Sonoma concerne le peuple (nous simplifions, évidemment).

Mais Sonoma est la patrie des très fameuses maisons Sebastiani, Glen Ellen, Korbel, Kendall-Jackson, Gallo-Sonoma, Simi et Jordan qui ne sont pas à proprement parler de petits établissements. Le géant Gallo a par exemple décidé de s'installer à grande échelle dans la région de Sonoma. Une intuition nous dit que si nous revenons visiter cette vallée de Sonoma dans quinze ou vingt ans, la ressemblance avec Napa sera bien plus marquée. Pourtant nous espérons que non ; nous aimons cette région telle qu'elle est.

Les appellations AVA de Sonoma

Sonoma est une région plus vaste que Napa et les vignes y sont plus dispersées. Le climat est similaire sauf que certaines zones côtières sont nettement plus fraîches. L'encépagement est basé sur le Chardonnay, le Cabernet-Sauvignon et le Merlot comme à Napa, mais les différents microclimats et la variété de terrains ont permis de tirer profit de trois autres cépages : le Pinot Noir, le Zinfandel et le Sauvignon Blanc.

Voici les zones viticoles (AVA) du comté de Sonoma avec les cépages cultivés :

- **Vallée de Sonoma** : Chardonnay (dans de moindres quantités, Pinot Noir, Cabernet-Sauvignon, Zinfandel) ;
- **Sonoma Mountain** : Cabernet-Sauvignon ;
- **Russian River Valley** : Pinot Noir, Chardonnay, Zinfandel et vins mousseux ;
- **Sonoma-Green Valley (dans la Russian River Valley)** : Chardonnay, Sauvignon Blanc, Pinot Noir ;
- **Chalk Hill (dans la Russian River Valley)** : Chardonnay, Sauvignon Blanc ;
- **Dry Creek Valley** : Zinfandel, Cabernet-Sauvignon ;
- **Alexander Valley** : Cabernet-Sauvignon, Chardonnay, Sauvignon Blanc ;
- **Knights Valley** : Cabernet-Sauvignon, Sauvignon Blanc.

Deux autres appellations AVA concernent le comté de Sonoma : Northern Sonoma est une mosaïque qui englobe Russian River Valley, Alexander Valley, Dry Creek Valley et Knigts Valley. L'appellation Sonoma Coast est le résultat de l'agglomération de différentes terres côtières de l'ouest de Sonoma.

Une autre région AVA est partagée entre Sonoma et Napa Valley :

- **Carneros** : Pinot Noir, Chardonnay, Merlot, mousseux.

Les amateurs de Pinot Noir chercheront les vins des producteurs de la Russian River Valley et notamment Williams & Selyem, Rochioli, Gary Farrel et Dehlinger. Nous approuvons l'avis de nombreux critiques qui considèrent la Russian River Valley comme la patrie de certains des meilleurs Pinot Noir des nouvelles régions viticoles.

Sélection de producteurs du comté de Sonoma

Voici une liste de quelques-uns des meilleurs producteurs de Sonoma, présentés dans l'ordre alphabétique de la gauche vers la droite. La liste est légèrement moins fournie que celle de la vallée de Napa.

Comme pour la Napa Valley, bien que ces chais soient tous situés dans la région de Sonoma, les raisins employés ne proviennent pas nécessairement tous de cette région. Cline Cellars, par exemple, utilise surtout du raisin de Contra Costa County, à l'est de San Francisco.

Alderbrook Winery	Alexander Valley Vineyards	Arrowood Vineyards
Belvedere Winery	Benziger Family Winery	Davis Bynum Winery
Carmenet Vineyard	Chalk Hill Winery	Château St. Jean
Château Souverain	Cline Cellars	Clos du Bois
B.R. Cohn	H. Cotturi	Dhlinger Winery
De Loach Vineyards	Dry Creek Vineyards	Gary Farrel Wines
Ferrari-Carano	Field Stone Winery	Fisher Vineyards
Foppiano Vineyards	Gallo-Sonoma	Geyser Peak Winery
Gundlach-Bundschu Winery	Hanna Winery	Hanzell Vineyards
Hartford Court	Paul Hobbs Cellars	Hop Kiln
Jordan Vineyard	Kendall-Jackson	Kenwood Vineyards
Kistler Vineyards	Kunde Estate	La Crema
Landmark Vineyards	Laurel Glen Vineyard	Limerick Lane Cellars
Marcassin	Marietta Cellars	Mark West Vineyards
Matanzas Creek Winery	Peter Michael Winery	Mill Creek Vineyards
Murphy-Goode Estate Winery	Nalle Winery	Pezzi King
Preston Vineyards	Quivira Vineyards	Rabbit Ridge Vineyards
A. Rafanelli Winery	Ravenswood	Rochioli Vineyards
St. Francis Winery	Sherrer	Sausal Winery

Seghesio Winery	Simi Winery	Sonoma-Cutrer Vineyards
Sonoma-Loeb	Stonestreet	Rodney Strong
Joseph Swan Vineyards	Marimar Torres Estate	Trentadue Winery
William Wheeler	Williams & Selyem Winery.	

Faites rougir mon Zinfandel

Chez de nombreux cavistes, aux États-Unis, il ne se passe pas un jour sans que la scène suivante se produise.

Le client : « Où se trouve votre rayon de Zinfandel ? »

Le vendeur : « Vous voulez du rouge ou du blanc ? »

Le client (*l'air étonné*) : « Euh..., du blanc ! Vous savez, celui qui est rose ! (*Un ange passe*) Vous voulez dire qu'il en existe du rouge aussi ? »

C'est une brillante intuition commerciale qu'a eue Bob Trinchero des chais Sutter Home de Napa lorsqu'il a décidé de produire un vin rosé à partir de son raisin rouge Red Zinfandel en 1972 puis de l'appeler *White Zinfandel* (Zinfandel blanc) (sic). En effet, le Red Zin ne se vendait pas très bien à cette époque et peu d'Américains s'étaient habitués au goût des rouges secs. D'ailleurs ceux qui en buvaient préféraient le Cabernet-Sauvignon ou les rouges d'Europe. Parallèlement, des millions d'Américains, déjà à cette époque, raffolaient du Coca, du Pepsi et autres boissons sucrées. C'est ainsi que le goût légèrement sucré et fruité du White Zinfandel a fait mouche. C'est devenu un des vins les plus recherchés des États-Unis.

En réalité, le vrai vin californien est le Zinfandel rouge. Ce cépage est d'ailleurs très peu cultivé en dehors de la Californie. Le Zin rouge est un vin merveilleux, exubérant, un de nos préférés. Il offre des arômes et des saveurs de baies, il est riche et offre une texture veloutée. Il se boit de préférence jeune (moins de six ans) mais peut également vieillir. De plus, il est vendu à bon marché. Les meilleures expressions de ce vin proviennent de Dry Creek et de Russian River Valley dans le comté de Sonoma, particulièrement avec les raisins des vieilles vignes de Zinfandel qui ont été plantées il y a quatre-vingts ou cent ans par des immigrants italiens (voir la liste des producteurs de Sonoma).

Comtés de Mendocino et Lake County

Si vous en avez l'occasion, n'hésitez pas à emprunter depuis San Francisco la route 1 qui longe la côte pour atteindre la pittoresque vieille ville de Mendocino. Vous pouvez en profiter pour faire un détour afin d'admirer la magnifique forêt de séquoias géants de la côte Pacifique. Les touristes sont moins nombreux que dans les vallées de Napa ou de Sonoma, ce qui a son charme : vous êtes plus confortablement accueilli chez les producteurs de vins. Lake County, autour de Clear Lake, est le voisin immédiat de Napa au nord, alors que Mendocino se trouve directement au nord de Sonoma.

La fraîche vallée d'Anderson dans le comté de Mendocino est parfaite pour produire du Chardonnay, du Pinot Noir, du Gewurztraminer, du Riesling et des vins mousseux. L'astucieux producteur de champagne Roederer a survolé les comtés de Napa et de Sonoma pour s'installer directement dans cette zone afin de produire du vin mousseux, et il est parvenu à d'excellents résultats en un temps très bref. C'est également le cas des deux autres producteurs de mousseux de la vallée d'Anderson, Scharffenberger (le nouveau nom de son œuvre est Pacific Echo) et Handkey.

La liste suivante donne les noms des producteurs que nous recommandons, dans l'ordre alphabétique pour chacun des deux comtés (les producteurs de mousseux sont décrits dans le chapitre 15). Nous faisons la même remarque que pour les régions précédentes au sujet de l'origine des raisins.

Comté de Mendocino

Brutocao Cellars
Gabrielli Winery
Hidden Cellars
Lolonis Winery
Whaler Vineyard

Edmeades
Greenwood Ridge Vineyards
Husch Vineyards
McDowelle Valley Vineyards

Fetzer Vineyards
Handley Cellars
Lazy Creek Vineyards
Navarro Vineyards

Lake County

Guenoc Winery   Steele Wines   Wildhurst Vineyards.

La baie de San Francisco

La région de San Francisco offre des zones viticoles au nord, Alameda et Livermore à l'est, Santa Clara Valley et San Mateao au sud.

L'extension de l'urbanisation, de Palo Alto jusqu'à San Jose (la Silicon Valley) et plus loin vers l'est, a grignoté une portion des vallées viticoles de Livermore et de Santa Clara. Ces deux régions bénéficient de la fraîcheur provenant de la baie de San Francisco.

Livermore, juste à l'est de San Francisco, possède un climat assez chaud avec quelques effluves océaniques. Le Sauvignon Blanc et le Sémillon s'y sont toujours sentis très bien. La vallée de Santa Clara, au sud de San Francisco, est adossée aux Santa Cruz Mountains sur l'ouest ; on y cultive Chardonnay, Cabernet-Sauvignon et Merlot.

Dans notre liste de producteurs recommandés, nous avons inclus les chais de Kalin Cellars et ceux de Sean H. Thrackey qui sont en réalité situés dans le Marin County. Les responsables de la vinification, Terry Leighton et Sean Thrackey, achètent les raisins dans différentes zones, y compris Livermore (voire Napa pour Thrackey). Nous avons également fait paraître deux producteurs situés dans Alameda County, à l'est de San Francisco : Edmunds St. John et Rosenblum Cellars. (Nous présentons les producteurs de Santa Cruz Mountains dans la section suivante.).

La liste présente les producteurs dans l'ordre alphabétique des localités :

Alameda
Edmunds St. John   Rosenblum Cellars

Marin County
Kalin Cellars   Sean H. Thrackey

Livermore Valley
Concannon Vineyard   Wente Bros.

San Mateo County

Cronin Vineyards

Thomas Fogarty Winery

Santa Clara Valley

Jory Winery

J. Lohr Winery

Mirassou Vineyards

Sarah's Vineyard.

Les montagnes de Santa Cruz

Si vous vous tenez debout au sommet d'une des Santa Cruz Mountains, vous oubliez rapidement que vous n'êtes qu'à une heure au sud de San Francisco. La beauté sauvage de cette zone a attiré plusieurs chais, certains parmi les meilleurs de tout l'État. (Parmi les très grands producteurs de vins installés dans cette région, citons Paul Draper des Ridge Vineyards et Randall Grahm de Bonny Doon.). Le climat est essentiellement frais, notamment sur la côte où domine le Pinot Noir. En allant sur la baie de San Francisco, c'est le Cabernet-Sauvignon qui prend le relais. Le Chardonnay se cultive dans les deux parties.

La liste suivante présente les producteurs recommandés dans les Santa Cruz Mountains (ordre alphabétique) :

Ahlgren Vineyard

Bargetto

Bonny Doon Vineyard

David Bruce Winery

Cinnabar Vineyards

Kathryn Kennedy Winery

Mount Eden Vineyards

Page Mill Winery

Ridge Vineyards

Santa Cruz Mountain Vineyard

Storrs Winery.

Le pittoresque comté de Monterey

Le comté de Monterey offre de tout un peu : une très belle zone côtière, la ville très *chic* de Carmel, quelques districts viticoles très frais, d'autres très chauds, des chais dans les montagnes et d'autres dans la vallée de Salinas, quelques producteurs gigantesques et une myriade de petits. Ici, les producteurs ont mangé leur pain noir en apprenant notamment comment éviter l'omniprésence des arômes végétaux dans leurs vins, en localisant les meilleures zones pour chacun des cépages et, actuellement, en apprenant comment combattre le pou du phylloxera (voir la section à propos des genres et des espèces, chapitre 4).

Le Chardonnay s'impose ici comme dans le reste de l'État. Pourtant, les parties plus fraîches de Monterey permettent de produire du Riesling et du Gewurztraminer. Dans les montagnes, les cépages rouges Cabernet-Sauvignon et Pinot Noir dominent.

La liste des producteurs recommandés du comté de Monterey compte également un producteur du comté voisin de San Benito :

Bernardus Winery	Calera (San Benito County)	Chalone Vineyard
Château Julien	Durney Vineyard	Estancia Estate
Jekel Vineyard	Lockwood	The Monterey Vineyard
Morgan Winery	Paraiso Springs Vineyard	San Saba Vineyard
Smith & Hook Vineyards	Robert Talbott Vineyards	Ventana Vineyards.

Sierra Foothills et sa ruée vers l'or

Aucune région viticole des États-Unis n'a un passé plus romantique que les Sierra Foothills. En 1849, c'est la ruée vers l'or qui a rendue la région célèbre. À la même époque, des vignobles se sont installés afin d'étancher la soif des mineurs. Il s'agissait sans aucun doute de Zinfandel, qui reste le cépage le plus fameux de la région. D'ailleurs, de nombreuses vignes historiques des États-Unis (certaines ont plus d'un siècle), notamment de Zinfandel, se trouvent dans la région des Foothills.

Depuis lors, très peu de choses ont changé dans les Sierra Foothills. C'est à l'évidence la région viticole la plus rustique de la côte Ouest, sinon de tout le pays. Et son charme est irrésistible : une visite dans les Foothills est une sorte de voyage dans le passé, un temps où la vie était simple.

Sierra Foothills est une région qui s'étend à l'est de Sacramento, autour des deux comtés d'Amador et d'El Dorado et débordant au nord et au sud de ces deux comtés. Deux des zones viticoles les plus connues sont Shenendoah Valley et Fiddletown. Les étés peuvent être chauds, mais de nombreux vignobles sont plantés à haute altitude comme à Placerville dans le comté d'El Dorado. Le sol est essentiellement d'origine volcanique dans cette région.

Voici la liste des producteurs que nous recommandons dans la zone de Foothills (dans l'ordre alphabétique) :

Amador Foothill Winery	Boeger Winery	Chamton Vineyards
Granite Springs Winery	Karly	Lava Cup Winery
Madrona Vineyards	Monteviña	Nevada City Winery
Renaissance Vineyard	Renwood Winery	Sierra Vista Winery
Sobon Estate	Stevenot Winery.	

San Luis Obispo : la montagne rencontre la mer

Le comté de San Luis Obispo est une autre région viticole très diversifiée : des zones chaudes et vallonnées telles que Paso Robles (au nord de la ville de San Luis Obispo) dans lesquelles le Zinfandel et le Cabernet-Sauvignon font loi, et des zones fraîches et maritimes comme Edna Valley et Arroyo Grande (au sud de la ville) où l'on a planté de très bons Pinot Noir et Chardonnay. Les zones sont si différentes que nous avons prévu des sous-catégories pour les producteurs.

Voici la liste des producteurs recommandés dans la zone de San Luis Obispo (dans l'ordre alphabétique) :

Paso Robles

Adelaïda Cellars	Claiborne & Churchill	Creston Vineyards
Eberle Winery	Justin Winery	Meridian Vineyards
Peachy Canyon Winery	Tobin James	Wild Horse Winery

Edna Valley et Arroyo Grande

Alban Vineyards	Corbett Canyon Vineyards	Edna Valley Vineyards
Saucelito Canyon Vineyards	Talley Vineyards	

Santa Barbara : un paradis en Californie du Sud

La plus intéressante zone viticole de la Californie, sinon de tout le pays, est le comté de Santa Barbara. Nous utilisons le terme *nouvelle* même si nous savons que les missionnaires espagnols ont planté des vignes à cet endroit voici plus de deux cents ans. À notre époque moderne, ce n'est qu'en 1975 que le premier grand producteur (Firestone Vineyards) s'y est installé. L'expérience que nous avons pu en retirer en vingt ans montre que Santa Barbara est très bien adaptée à la viticulture, même si 1975 est un début tardif.

Les fraîches vallées de Santa Maria, de Santa Ynez et de Los Alamos qui se situent au nord de la ville de Santa Barbara s'étendent d'ouest en est vers l'océan, ce qui permet la pénétration de la fraîcheur de l'air maritime.

Ce climat est idéal pour le Pinot Noir et le Chardonnay. Dans la vallée de Santa Maria, qui est une des plus fortes consommatrices de ces cépages, la température moyenne pendant la période de croissance se situe autour de 23°C. Plus au sud, la vallée de Santa Ynes accueille bien le Riesling.

Mais c'est le cépage Pinot Noir qui est à la base de la réputation viticole de Santa Barbara. Cette région est dorénavant considérée comme l'une des cinq plus grandes zones viticoles américaines en ce qui concerne ce Pinot Noir, si difficile à produire (les autres sont Carneros, la Russian River Valley, la Anderson Valley [Mendocino County] et la Willamette Valley dans l'Oregon). À Santa Barbara, le Pinot Noir semble jaillir dans de luxurieux arômes de fraise et un soubassement d'herbes. Il a tendance à y être précoce quoique délicieux dans les quatre ou cinq premières années, en quoi il se différencie des Pinot réservés aux arômes plus sauvages du Pinot Noir de la Russian River Valley. Mais pourquoi les garder s'ils sont déjà si bons ?

Voici la liste des producteurs que nous recommandons à Santa Barbara (dans l'ordre alphabétique) :

Au Bon Climat	Babcock Vineyards	The Brander Vineyard
Byron Vineyard	Cambria Winery	Chimère Winery

Cottonwood Canyon   Firestone Vineyard   Foxen Vineyard
The Gainey Vineyard   Daniel Gehrs   Richard Longoria
The Ojai Vineyard   Fess Parker Winery   Qupé Cellars
Sanford Winery   Sanat Barbara Winery   Lane Turner
Zaca Mesa Winery

Ailleurs encore en Californie

Plusieurs autres producteurs restent encore à mentionner, car tout à fait dignes d'intérêt. Deux se trouvent dans la vallée centrale de la Californie, un autre dans le Dunnigan Hills (au nord de la vallée) et deux autres en Californie du sud. Bien qu'a priori le climat y soit trop chaud, l'altitude ou bien la fraîcheur bénéfique de l'océan permettent de cultiver correctement du raisin en tirant profit des microclimats :

- Dans la vallée centrale, Bogle Vineyards et Fiddlehead Cellars ;
- Dans les Dunnigan Hills (Yolo County), R.H. Phillips Vineyard ;
- En Californie du sud, Callaway Vineyard et Moraga.

Micro-tendances dans les vins californiens

Les expérimentations viticoles sont permanentes en Californie. Alors que le Chardonnay, le Cabernet-Sauvignon et le Merlot sont les cépages les plus répandus actuellement, les producteurs se demandent toujours s'ils ne manquent pas l'occasion du siècle en n'exploitant pas un autre cépage. Le seul moyen d'en avoir le cœur net est d'essayer.

Certains producteurs ont trouvé une grande satisfaction avec les cépages de la vallée du Rhône (les cépages rouges Syrah, Grenache, Mourvèdre et Cinsault et le cépage blanc Viognier). Ces producteurs sont connus sous le terme collectif officieux de *Rhône Rangers*. D'autres producteurs se sont intéressés aux cépages italiens tels que le Sangiovese, le Dolcetto et le Nebbiolo. (Des cépages italiens tels que le Barbera ont été plantés en Californie au siècle dernier lors de l'arrivée des immigrants italiens.).

L'Oregon : la zone aux deux Pinot

L'Oregon se situe au nord de la Californie, et l'on est en droit d'en déduire que les régions viticoles y sont plus fraîches. Mais une raison plus importante du climat frais de l'Oregon est l'absence de montagnes entre l'océan et les vignobles. En plus de la fraîcheur, l'océan apporte des précipitations. La viticulture et la viniculture sont donc totalement différentes dans l'Oregon et en Californie.

Produire du vin est une activité assez récente en Oregon, mais en forte progression, puisque le nombre d'établissements est passé d'une poignée dans les années 70 à plus d'une centaine de nos jours.

L'Oregon s'est déjà fait connaître dans les milieux avertis pour ses vins à base de Pinot Noir, qui est justement un cépage appréciant les climats frais (voyez la section des cépages rouges, chapitre 4). Le producteur Eyrie Vineyards a mis sur le marché le premier Pinot Noir de cet État en 1970, mais l'Oregon n'a commencé à être véritablement connu pour ses vins qu'à partir des excellents millésimes 1983 et 1985. Actuellement, le Pinot Noir reste le fer de lance de cet État et la majorité des producteurs en élèvent. L'Oregon a vécu toute une série de bons millésimes à partir de 1988 jusqu'en 1994. Et 1996 semble encore être très prometteur !

L'autre Pinot de l'Oregon

Le cépage Chardonnay est traditionnellement le compagnon du Pinot Noir en Bourgogne. De plus, il est très répandu aux États-Unis. On en trouve donc beaucoup en Oregon. Cependant, un nouveau cépage blanc commence à apparaître pour limiter la domination du Chardonnay : c'est le Pinot Gris, le second Pinot de l'Oregon.

Le fondateur et producteur des Eyrie Vineyards, David Lett, est celui qui a réalisé le premier Pinot Gris de l'Oregon au début des années 70 après avoir été un pionnier dans le Pinot Noir. Il a été suivi par Ponzi Vineyards et Adelsheim Vineyards. Actuellement, plus de cinquante chais de l'Oregon produisent du Pinot Gris, alors que la Californie et l'État de Washington en font assez peu. Le Pinot Gris est ainsi devenu un symbole de l'Oregon aux États-Unis. (Rappelons que deux lieux d'Europe sont de grandes zones de Pinot Gris : l'Alsace et le Nord-Est de l'Italie, où il se nomme Pinot Grigio.).

Il faut dire que ce cépage a de nombreux avantages. N'ayant pas besoin de trop vieillir dans le chêne pour acquérir de la complexité (mais le producteur peut décider de lui donner de l'arôme de chêne), le Pinot Gris peut se boire six mois après vendange.

Son corps est moyen et ses couleurs s'étalent entre le jaune d'or léger et le rose cuivré. Ses arômes rappellent la poire, la pomme et même le melon, et il offre une profondeur et une complexité étonnantes. C'est un excellent vin de repas, notamment avec les fruits de mer et le saumon, qui sont justement les plats avec lesquels on le sert dans l'Oregon. Son prix est tout à fait honnête, la plupart des Pinot Gris d'Oregon se vendent moins de 8 €.

Willamette Valley

La patrie du Pinot Noir et du Pinot Gris en Oregon est la vallée de Willamette située juste sous la ville de Portland dans le nord-ouest de l'État. Cette fraîche vallée est devenue en vingt-cinq ans la plus importante région viticole de l'Oregon.

La région de Willamette est une excellente destination touristique. La très jolie ville de Portland, offrant de nombreux restaurants, hôtels et magasins de qualité, se trouve à moins d'une demi-heure.

La vallée de Willamette est suffisamment vaste pour englober plusieurs comtés. La plus grande concentration de producteurs se trouve dans le comté de Yamhill, juste au sud de Portland, et tous y produisent du Pinot Noir (et de plus en plus de Pinot Gris aussi). Beaucoup d'autres producteurs se sont installés dans le comté de Washington, à l'ouest de Portland, et dans le comté de Polk, au sud de Yamhill.

Voici la liste des producteurs les plus importants de Willamette Valley, notamment pour le Pinot Noir et le Pinot Gris (mais aussi parfois pour le Chardonnay et le Riesling). Ils sont présentés dans l'ordre alphabétique (V. signifiant Vineyards, W. Winery, C. Cellars) :

Acme Wineworks (John Thomas)	Adelsheim V.	Amity V.
Archery Summit	Argyle (mousseux)	Beaux Frères
Benton Lane W.	Bethel Heights V.	Brick House V.
Broadley V.	Cameron W.	Chehalem
Cooper Mountain V.	Cristom V.	Domaine Drouhin Oregon
Doamine Serène	Edgefield W.	Elk Cove V.
Erath V.	Evesham Wood W.	The Eyrie V.
Hinnan V. (Silvan Ridge)	Ken Wright C.	King Estate W.
Kramer V.	Lange W.	McKinlay V.
Montinore V.	Panther Creek C.	Ponzi V.
Redhawk V.	Rex Hill V.	St. Innocent W.
Sokol Blosser W.	Tualatin V.	Torii Mor W.
Willakenzie Estate	Willamette Valley V.	Witness Tree V.

Deux autres régions viticoles de l'Oregon

Les deux autres régions à noter dans l'Oregon se situent dans le sud-ouest de l'État : la vallée d'Umqua (autour de Roseburg) et, plus au sud encore, en bordure de la Californie, la vallée de Rogue River.

La vallée d'Umqua est sensiblement plus chaude que celle de Willamette et c'est dans cette vallée que se trouve le plus ancien producteur de l'Oregon, Hillcrest Vineyards, propriété fondée en 1962. On cultive surtout du Pinot Noir, du Chardonnay, du Riesling et du Cabernet-Sauvignon. Hillcrest Vineyards est surtout connu pour son Riesling. Les autres grands producteurs sont Henry Estate et Girardet Wine Cellars, plus réputés pour leur Pinot Noir et leur Chardonnay.

La vallée de Rogue River est encore plus chaude, et le Cabernet-Sauvignon ainsi que le Merlot s'y expriment mieux que le Pinot noir. Le blanc dominant est le Chardonnay, mais le Pinot Gris s'installe. Le plus grand producteur de la zone est Bridgeview Vineyards, qui réalise de très bons vins à base de Pinot Gris et Noir. Les trois autres producteurs à considérer sont Ashland Vineyards, Valley View Vineyard et Foris Vineyards (ce dernier est spécialisé dans le Merlot et le Cabernet-Sauvignon).

L'État de Washington : des vins de désert

Bien que l'État de Washington se situe directement au nord de l'Oregon, ces régions viticoles offrent des climats très différents par la présence des Cascade Mountains qui divisent en deux les deux États dans le sens nord/sud.

Dans la partie côtière de l'État de Washington, le climat est maritime, frais, pluvieux et la végétation est dense. (En Oregon, presque tous les vignobles se trouvent dans cette partie.). En revanche, à l'est des montagnes, le climat est continental, avec des étés secs et très chauds, des hivers rudes et des conditions quasi désertiques ; c'est pourtant là que se situent la plupart des vignobles de l'État de Washington, dans les grandes vallées de Columbia et de Yakima.

Les vignerons de cette contrée ont constaté qu'en employant l'irrigation, plusieurs cépages, mais évidemment pas le Pinot Noir, pouvaient s'adapter à cet environnement. Dans cette région presque désertique, ce sont les cépages bordelais (Merlot, Cabernet-Sauvignon, Cabernet Franc, Sauvignon Blanc et Sémillon) qui règnent, ainsi que l'omniprésent Chardonnay et le Shiraz. L'État est devenu particulièrement réputé pour la qualité de ses Merlots, ce qui est confirmé par le fait que le plus grand producteur de Merlot aux États-Unis, Columbia Crest, est situé dans l'État de Washington (des vins à plus de 8 €).

Washington offre tout de même quelques vignobles sur le versant ouest des Cascade Mountains, autour de Puget Sound, et le Riesling s'y sent bien. D'ailleurs, la plupart des gros producteurs tels que Chateau Ste. Michelle et Columbia Winery se trouvent dans la zone de Puget Sound, non loin de la dynamique mégalopole de Seattle (mais le raisin provient pour l'essentiel de Columbia ou de Yakima). Notez qu'il est sans doute plus facile de vendre du vin à Seattle que dans le désert! Chateau Ste. Michelle et Columbia Crest (encore plus vaste) sont des géants dans l'État (tous deux appartiennent à Stimson Lane); à eux seuls, ils réalisent plus de 50 % de la production vinicole de tout l'État de Washington. Deux autres grands producteurs sont The Hogue Cellars et Washington Hills Cellars.

Tout comme l'Oregon, l'État de Washington est entré tardivement dans le marché du vin. Outre les deux premiers mentionnés plus haut, qui ont commencé dès les années 60, la plupart des producteurs n'existent que depuis le début des années 80.

Les trois grands millésimes de l'État de Washington ont été 1983, 1989 et 1994. Récemment, 1992 et 1996 ont été de bonnes années.

Les régions viticoles de Washington

L'État de Washington offre trois zones viticoles d'importance, deux très vastes et une minuscule (elle fait ses débuts mais son potentiel est énorme) :

- **Columbia Valley** : la plus étendue, cette région produit environ 50 % des cépages *vinifera* de l'État. De nombreux producteurs de tout l'État, même de Puget Sound et de Seattle, travaillent des raisins produits dans cette région ;
- **Yakima Valley** : la deuxième zone en étendue, mais devant Columbia en nombre de producteurs ;
- **Walla Walla Valley** : cette minuscule zone ne compte que pour 5 % de l'encépagement en *vinifera*. Située dans le sud-est de l'État, elle compte parmi ses plus fameux producteurs Leonetti Cellar, Woodward Canyon, Water Winery, Canoe Ridge ou encore L'Ecole #41.

> ### Vous prendrez bien un Lemberger ?
>
> Le *Lemberger* est un cépage peu connu et cultivé essentiellement en Autriche (où il se nomme *Blaufrankish*) et un peu en Allemagne. Ne vous offusquez pas de ne pas encore le connaître, car peu de gens l'ont goûté. Le Lemberger de l'État de Washington est un cépage rouge robuste qui se plaît bien dans la Yakima Valley ; on en tire un vin abordable fruité et sec, dans le style du beaujolais ou du Dolcetto, tout en offrant ses caractères uniques. Hoodsport Winery, Covey Runn, Kiona Vineyards et Hogue Cellars sont quatre bons producteurs de Lemberger.

Le who's who de Washington

N'ayez crainte, nous n'allons pas vous donner une liste sélectionnée de sénateurs et de membres du gouvernement ! Nous vous proposons une liste de producteurs de l'État de Washington, classés par zone vinicole. Ils sont présentés dans l'ordre alphabétique de gauche à droite et de haut en bas (V. signifiant Vineyard, W. Winery et C. Cellars) :

Andrew Will C.	Arbor Crest Wine C.	Barnard Griffin W.
Bonair W.	Canoe Ridge V.	Chateau Ste Michelle
Chinook Wines	Columbia Crest W.	Columbia W.
Covey Run W.	DeLille C.	L'Ecole #41
Gordon Brothers C.	Hedges C.	The Hogue C.
Hoodsport W.	Kiona V.	Leonetti C.
Matthews C.	McCrea C.	Northstar
Portteus W.	Preston Wine C.	Quilceda Creek Vintners
Seven Hills	Staton Hills W.	Stewart V.
Tefft C.	Washington Hills C.	Waterbrook W.
Wineglass C.	Woodward Canyon W.	

New York et ses vins

La ville de New York peut bien être la capitale du monde sous de nombreux aspects, mais les vins produits dans cet État ne bénéficient pas de la reconnaissance qu'ils méritent, sans doute du fait de l'écrasante présence de la Californie dans le marché intérieur. Pourtant, le plus ancien producteur de vin des États-Unis (sans interruption) est la Brotherhood Winery qui a ouvert ses portes en 1839 dans la Hudson Valley, dans l'État de New York. Par ailleurs, le deuxième plus grand producteur des États-Unis, Canandaigua Wine Company, a son siège dans les Finger Lakes. New York est donc le deuxième producteur de vin du pays.

La plus importante zone est de loin celle des Finger Lakes, dans l'ouest de l'État. Quatre grands lacs y tempèrent le climat. Cette zone AVA produit environ 85 % de tous les vins de l'État de New York. Les deux autres zones importantes sont la Hudson Valley (le long de la rivière Hudson au nord de New York City) et l'île de Long Island qui offre deux zones AVA : North Fork of Long Island (la plus importante) et Hamptons dans la branche sud de l'île.

Avant 1960, la plupart des vins de New York étaient produits à partir de différents cépages locaux de l'espèce Vitis Labrusca (voir chapitre 4), tels que Concord, Catawba, Delaware et Niagara (ainsi que des hybrides franco-américains).

La croyance commune voulait que le climat de l'État de New York ne permette pas de planter des cépages *Vitis vinifera*. Pourtant, un immigrant russe, le grand docteur Konstantin Frank, a prouvé le contraire en faisant pousser du Riesling (puis de nombreux autres cépages *vinifera*) dès 1953 à Hammondsport, dans la région des Finger Lakes. (Les premiers vins qu'il a tirés des cépages *vinifera* datent de 1967 et provenaient de ses propres chais, les Dr. Frank Vinifera Wine Cellars.). Actuellement, son fils Willy Frank se trouve à la tête d'un des établissements vinicoles les plus heureux de tout l'État, offrant toute une gamme d'excellents vins issus de cépages vinifera ainsi qu'un vin mousseux de très bonne tenue.

L'histoire de Long Island

La dernière réussite viticole de l'État de New York est Long Island. En 1973, Alec et Louisa Hargrave ont l'intuition que la partie nord de Long Island (North Fork, à deux heures à l'est de New York City) offre le climat et le sol parfaits pour des cépages *vinifera*. Vingt ans plus tard, Long Island compte vingt-quatre producteurs et ne cesse de grandir ! Tout comme l'État de Washington sur la côte Ouest, Long Island semble particulièrement adaptée au Merlot, mais le Chardonnay, le Riesling, le Cabernet-Sauvignon, le Cabernet Franc et le Sauvignon Blanc s'y sentent bien aussi (et même le Gewurztraminer et le Pinot Noir).

Quelques producteurs de l'État de New York

De dix-neuf producteurs en 1976, l'État de New York est passé à plus de cent établissements, dont la moitié se trouvent dans la région des Finger Lakes et la plupart sont de petites unités familiales. Voici la liste des producteurs que nous recommandons dans l'État de New York, dans les trois zones viticoles essentielles :

Région des Finger Lakes

Anthony Road Wine Company

Fox Run Vineyards

Heron Hill Vineyards

Knapp Vineyards

Casa Larga Vineyards

Glenora Wine C.

Hunt Country Vineyards

Lakewood Vineyards

Dr. Frank's Vinifera Wine Cellars

Hazlitt 1852 Vineyards

King Ferry Winery

Lamoreaux Landing Wine Cellars

Lucas Vineyards

Standing Stone Vineyards

Widmer's Wine Cellars

McGregor

Swedish Hill Vineyard

Hermann J. Wiemer Vineyard

Prejean Winery

Wagner Vineyards

Région de la Hudson River Valley

Adair Vineyards

Brotherhood America's

Magnanini Winery

Badwin Vineyards

Cascade Mountain Vineyards

Millbrook Vineyard & Winery

Bermarl Vineyard

Clinton Vineyards

Rivendell Winery

Région de Long Island

Bedell Cellars	Gristina Vineyards	Hargrave Vineyard
Jamesport Vineyards	Lenz Winery	Palmer Vineyards
Paumanok Vineyards, Ltd.	Peconic Bay Vineyards	Pelligrini Vineyards
Pindar Vineyards	Sagpond Vineyards (South Fork)	

Le Canada viticole

Si vous demandez à un amateur de vin ce qu'il pense des vins canadiens, vous risquez d'obtenir un long silence. Les vins canadiens sont d'abords connus par les Canadiens eux-mêmes qui consomment pratiquement toute leur production.

Des quatre provinces qui produisent du vin, celle de l'Ontario est largement la plus importante puisqu'elle produit 80 % du total. La deuxième province est la Colombie-Britannique, les deux autres étant le Québec et la Nouvelle-Écosse.

Pour permettre l'identification et la promotion des vins qui sont issus totalement de cépages locaux (car certains chais canadiens importent du vin d'autres pays pour les mélanger à leur production locale), les provinces de l'Ontario et de la Colombie-Britannique ont mis en place un système d'appellation nommé VQA (*Vitner's Quality Alliance*). Ce système définit les modalités d'utilisation des noms de provinces sur les étiquettes, les cépages autorisés (des variétés de *vinifera* et certains hybrides), l'utilisation des termes *Icewine* (vin glacé), *Late Harvest* (vendanges tardives, voir l'Allemagne au chapitre 12) et *Botrytised*. De plus, ce label oblige les vins à passer un test de dégustation.

Ontario

Le climat des zones viticoles de l'Ontario est frais; pourtant, elles ont situées sur le même parallèle que des zones européennes bien plus chaudes telles que Rioja et Chianti Classico (voir les chapitres 11 et 12). La production est à 60 % constituée de vin blanc de Chardonnay, de Riesling, de Gewurztraminer, de Pinot Blanc, d'Auxerrois et des hybrides Seyval Blanc et Vidal.

Les vins rouges sont produits avec du Pinot Noir, du Gamay, du Cabernet-Sauvignon, du Cabernet Franc, du Merlot et des hybrides Maréchal Foch et Baco Noir.

Les règles d'appellation VQA de l'Ontario définissent l'utilisation du mot Ontario et reconnaissent trois zones viticoles DVA (*Designated Viticultural Area*) :

- ✔ **Niagara Peninsula** : le long de la rive sud du lac Ontario ;
- ✔ **Pelee Island** : à 15 kilomètres au sud de la terre ferme canadienne, cette île du lac Erié est le vignoble canadien le plus au sud ;
- ✔ **Lake Erie North Shore** : la zone viticole la plus ensoleillée du Canada.

Les températures hivernales descendant fréquemment en dessous de zéro, le vin glacé est devenu une spécialité de l'Ontario. C'est grâce à lui que l'industrie vinicole canadienne commence à attirer l'attention internationale.

Colombie-Britannique

La petite industrie vinicole de la Colombie-Britannique est en pleine croissance et offre actuellement trente-trois producteurs. Les vins sont à 84 % blancs (Auxerrois, Bacchus, Chardonnay, Ehrenfelser, Gewurztraminer, Pinot Gris et Riesling) et 15 % rouges (Pinot Noir et Merlot). Les cépages Bacchus et Ehrenfelser sont des croisements de *vinifera* en provenance d'Allemagne.

Le sud-est de la Colombie-Britannique correspond à l'Okanagan Valley ; c'est le lieu de production principal de la province. Son climat est tempéré par le lac Okanagan. Les règles VQA y désignent quatre zones viticoles DVA :

- ✔ **Okanagan Valley**
- ✔ **Similkameen Valley**
- ✔ **Fraser Valley**
- ✔ **Vancouver Island**.

Chapitre 15
Beautés pétillantes

Dans ce chapitre :
- Extra-dry signifie demi-sec !
- Pour juger de la qualité d'un vin mousseux
- Différences entre champagne et méthode champenoise
- Les vins mousseux de 4 à 76 €

Dans l'univers des vins, les mousseux forment une galaxie à eux seuls. On en produit dans presque tous les pays viticoles du monde et ils sont offerts dans une vaste gamme d'arômes, de niveaux de qualités et de prix. Le champagne, ce mousseux provenant de la région de Champagne en France, est l'étoile la plus brillante de la galaxie, mais ce n'est pas la seule.

Ce qui distingue les vins mousseux des autres vins est la présence de bulles, de gaz carbonique. Dans la plupart des pays, la législation édicte que ces bulles doivent avoir une origine naturelle, conséquence de la fermentation, pour que le vin soit officiellement considéré comme mousseux.

On produit du vin mousseux partout dans le monde. Dans certains lieux, les vins mousseux sont en croissance et incarnent la réalité viticole de la région.

Cette liste des lieux propices à la production de vins mousseux commence par la région de Champagne (c'est d'ailleurs là, sous de nombreux aspects, que le vin mousseux a été *inventé*). D'autres zones d'excellence sont celles d'Asti en Italie, la vallée de la Loire, l'Alsace, le Diois, le nord-est de l'Espagne et certaines zones de la Californie. Et voici venir l'Australie et l'Afrique du Sud.

Au frais dès la naissance !

La majorité des régions productrices de mousseux sont très fraîches et ne permettent pas une maturité suffisante pour la production de vins tranquilles (non mousseux). Dans ces régions, si l'on tente de vinifier pour faire du vin de table, il sera très acide, âpre jusqu'au désagréable et manquera de corps, les rouges manqueront de couleur. Le processus complexe de production des grands mousseux (nous parlons de la méthode traditionnelle, décrite plus loin, telle qu'elle est pratiquée en Champagne) transforme les inconvénients en avantages. Une magie qui transforme les vilains canards que sont ces grappes frigorifiées en cygnes d'un raffinement extrême.

Tout ce qui brille n'est pas du champagne

Le véritable champagne est le modèle classique duquel s'inspirent les autres vins mousseux, pour de nombreuses raisons :

- Le champagne est le vin mousseux le plus connu au monde ; son nom est compris instantanément par toutes les populations et pas seulement par les amateurs de vin ;
- Le champagne montre une finesse et une qualité qu'aucun autre vin effervescent n'a su égaler ;
- Une technique originale de production de mousseux a été inventée dans la région de Champagne ;
- Les champagne sont non seulement considérés comme les meilleurs vins mousseux du monde, mais ils font également partie des vins les plus fins du monde en général.

Toutes ces raisons sont largement suffisantes pour que le nom *champagne* soit exploité abusivement pour toutes sortes de vins pétillants qui ne sont pas produits dans la région de Champagne. S'il y est autorisé, un producteur de vin désirera utiliser de préférence le mot *champagne* pour assurer de meilleures ventes à ses produits ; les consommateurs eux-mêmes utilisent dans certains pays le mot *champagne* pour n'importe quel vin mousseux.

Au sein de l'Union européenne, seuls les vins de la région de Champagne, en France, peuvent porter ce nom.

Comble de l'ironie, la majorité des vins mousseux vendus aux États-Unis sous le nom « champagne » ne sont même pas produits selon la méthode champenoise. La plupart de ces imitations emploient une technique qui permet de produire le vin en quelques mois (alors qu'il faut plusieurs années pour le champagne) ; cette méthode est plus économique pour le producteur et elle est plus facilement industrialisable.

Lorsque nous utilisons le terme *champagne*, nous voulons parler du véritable champagne de la région qui porte le même nom. Pour parler collectivement de tous les vins pétillants, nous utilisons le terme vins mousseux, que nous utilisons également pour tous les *vins mousseux* autres que le champagne.

Les styles de vins mousseux

Les vins mousseux sont presque toujours soit blancs, soit rosés (le rosé est beaucoup moins fréquent). C'est quasiment la seule généralisation que nous pouvons faire au sujet des mousseux.

En effet, certains mousseux sont franchement doux, d'autres sont secs comme de la pierre et d'autres encore se situent entre le demi-sec et le demi-doux. Certains offrent des arômes de grillé et de noisette et d'autres sont fruités, certains ne renvoient qu'une vague image du raisin alors que d'autres délivrent de délicates nuances de citron, de pomme, de cerise, de baies sauvages, de pêche, etc.

Tous les mousseux du monde se classent dans l'une des deux catégories suivantes en fonction de leur mode de production :

- Les vins qui expriment d'abord le caractère des raisins ; ces vins ont une tendance fruitée et directe, sans offrir épaisseur ni complexité ;
- Les vins qui expriment de la complexité et de nombreux arômes (de levure, de biscuit, de caramel, de miel) et résultent de la production et du vieillissement plutôt que directement du raisin.

Chacun des deux styles correspond à une méthode de production différente. Ces méthodes sont décrites dans la section Méthodes de production des vins mousseux, un peu plus loin.

Douceur des vins mousseux

Presque tous les vins mousseux sont doux au sens où ils contiennent des quantités mesurables de sucre résiduel, en raison normalement de la liqueur d'expédition qui est mélangée au vin dans la phase finale de production. Pourtant, tous les mousseux n'ont pas nécessairement un goût sucré. Rappelons que la perception de la douceur dépend de deux critères : la quantité réelle de sucre dans le vin (qui dépend du style) et l'équilibre du vin entre acidité et douceur.

C'est cet équilibre qui détermine la douceur effective. Les vins mousseux sont en effet généralement très acides (le raisin n'est pas totalement mûr au moment de la vendange). Le gaz carbonique du vin amplifie cette impression acide dans la bouche. Parallèlement, la douceur du vin estompe son acidité. Selon l'équilibre désiré entre acides et sucres, un mousseux peut être perçu comme sec, très légèrement doux, mi-doux ou franchement doux.

Le champagne est offert dans différents degrés de douceur. Le plus répandu est le sec qui se nomme *brut* (reportez-vous à la section qui suit : Catégories de douceur. Les autres vins mousseux produits par la méthode traditionnelle champenoise (voyez la section qui suit : Méthodes de production des mousseux) sont offerts dans les mêmes variétés de douceur que le champagne lui-même.

Les vins mousseux bas de gamme ont tendance à être moyennement doux afin de plaire à un marché de masse qui apprécie la douceur. Les vins italiens portant la mention *Spumante* sur l'étiquette tendent eux aussi à être doux (voir la section les concernant en fin de chapitre).

Critères de qualité d'un vin mousseux

Lorsque vous dégustez un vin mousseux, le critère essentiel reste de savoir si vous l'aimez, comme pour un vin tranquille. Si vous désirez déguster et analyser un mousseux comme les professionnels, il vous faut tenir compte de quelques critères qui ne s'appliquent pas aux vins tranquilles (ou qui y sont moins déterminants que dans les mousseux). Voici quelques-uns de ces critères :

- **L'aspect visuel des bulles.** Dans les meilleurs vins mousseux, les bulles sont plus petites et montent en colonnes ininterrompues depuis le fond du verre. Lorsque les bulles sont grosses et apparaissent de manière aléatoire, c'est un indice de faible qualité. Si vous ne voyez pas du tout de bulles, la bouteille peut être défectueuse ou le vin trop vieux.
- **Le choix des verres.** Ils peuvent avoir un impact sensible sur la formation des bulles. Le même mousseux peut sembler plat dans un verre et vif dans un autre (vous devez pouvoir cependant sentir les bulles au goût, même si vous ne les voyez pas) ; (voir nos conseils au sujet des verres, chapitre 8).
- **Le goût des bulles dans la bouche.** Plus le vin est fin, moins les bulles vont sembler agressives en bouche. (Si les bulles vous rappellent une boisson gazeuse, souhaitons que vous n'ayez pas payé plus de 5 € la bouteille.).
- **L'équilibre entre douceur et acidité.** Même lorsque vous décidez qu'un vin est trop doux ou trop sec à votre goût, vous devez pouvoir juger de son équilibre entre douceur et acidité.
- **La texture.** Les mousseux produits selon la méthode traditionnelle devraient offrir une certaine épaisseur par suite de leur longue maturation sur lies. (Ces termes sont décrits dans la section suivante.).
- **Le final.** Toute impression d'amertume dans le final d'un vin mousseux est un signe de faible qualité.

Méthodes de production des vins mousseux

Un vin devient mousseux lorsque la fermentation est réalisée dans un récipient étanche qui empêche le gaz carbonique (CO^2) produit par le travail des levures de s'échapper. (Le gaz carbonique est un produit naturel secondaire de la conversion du sucre en alcool par les levures.). Ne pouvant s'échapper, ce gaz se dissout dans le vin pour réapparaître plus tard sous forme de bulles.

La plupart des vins mousseux subissent deux fermentations : la première transforme le jus de raisin en vin tranquille (sans bulles) et la seconde fermentation transforme ce vin tranquille en vin mousseux. C'est au producteur de déclencher la seconde fermentation en ajoutant des levures et du sucre dans le vin. Les nouvelles levures convertissent le nouveau sucre en alcool tout en produisant du gaz carbonique.

Le style et la qualité du vin dépendent de la méthode employée pour maintenir le gaz carbonique dans le vin. Pour l'essentiel, plus le processus est lent, plus le vin sera complexe et coûteux. Il faut dix ans pour produire certains mousseux et quelques mois pour d'autres. Alors que les grands seigneurs peuvent coûter 77 € ou plus la bouteille, les « Moussaillons » s'offrent à moins de 3 €.

En écartant les nombreuses variations de détail, la plupart des mousseux sont produits selon deux procédés : soit la seconde fermentation est réalisée dans une cuve, soit elle est réalisée dans la bouteille.

Une économie d'échelle...

La méthode la plus rapide et la plus efficace pour produire un mousseux consiste à réaliser la seconde fermentation dans de grandes cuves étanches à l'air. Cette méthode de cuve close a été inventée par le Français Eugène Charmat au début du XXe siècle.

Les vins produits selon la méthode Charmat sont en général à très bon marché car ils peuvent être vendus peu de temps après les vendanges et sont produits par milliers de litres à la fois. De plus, les cépages généralement utilisés avec la méthode Charmat (Chenin Blanc, par exemple) sont souvent bien moins chers que les seigneurs Pinot Noir et Chardonnay auxquels on fait appel dans la méthode champenoise décrite plus loin.

Ainsi se résume la méthode Charmat :

- Le vin non mousseux reçoit une addition de sucres et de levures. Le gaz carbonique généré par la fermentation se dissout dans le vin en raison de l'obturation de la cuve, de la pression développée et de la température maintenue froide ;

- Le vin devient mousseux et offre un plus fort taux d'alcool que le vin de départ. Il est alors filtré sous pression pour retenir les dépôts solides issus de la seconde fermentation (les lies) ;

- Juste avant la mise en bouteilles, une solution sucrée est ajoutée pour corriger les arômes du vin en fonction du style désiré.

L'ensemble du processus peut être réalisé en quelques semaines. Dans de rares cas, il s'étale sur plusieurs mois afin de laisser le vin se reposer entre fermentation et filtrage.

... ou une échelle pour le paradis ?

La méthode Charmat constitue la nouvelle méthode pour produire des vins mousseux. La méthode traditionnelle consiste à effectuer la seconde fermentation dans des bouteilles identiques à celles dans lesquelles le vin sera ensuite vendu.

Le champagne est produit de cette manière depuis plus de trois siècles et la législation française interdit qu'il en soit autrement. De nombreux autres vins mousseux français sont produits de la même manière et c'est également le cas des meilleurs mousseux d'Espagne, de Californie et d'autres pays.

La technique qui consiste à réaliser la seconde fermentation en bouteille se nomme méthode champenoise.

Cette seconde fermentation en bouteille est un procédé complexe puisque chaque bouteille devient une cuve de fermentation individuelle. Le processus dure au minimum un an mais trois années sont une pratique courante. Il est inéluctable que les vins mousseux produits selon cette méthode soient plus chers que ceux produits par celle de la cuve close.

L'élaboration du champagne

On vendange habituellement à la mi-octobre en Champagne, encore que selon les conditions climatiques du millésime les vendanges peuvent commencer dès le mois d'août, ou au mois de novembre seulement.Bien qu'on utilise maintenant des pressoirs modernes horizontaux, pneumatiques ou hydrauliques, le plus apprécié reste un petit pressoir vertical, peu profond, d'une capacité de 4 000 kilos. Le raisin garde ses rafles au pressurage, ce qui favorise l'écoulement du jus. Ce pressurage doit s'effectuer rapidement, en particulier avec le Pinot Noir, dont les matières colorantes contenues dans les peaux risquent de donner au moût une couleur indésirable. Chaque lot de 4 000 kilos de raisin s'appelle un marc, et un marc ne doit pas donner plus de 2 666 litres de moût. Le premier pressurage en extrait 2 050 litres – qu'on appelle la cuvée et qui donne le moût de meilleure qualité – le suivant de 410 litres de première taille et les derniers 205 litres de deuxième taille.

Les tailles étant de qualité inférieure à la cuvée, bon nombre de maisons déclarent ne jamais les utiliser dans leurs champagnes et préfèrent les vendre aux firmes spécialisées dans les marques dites d'acheteur.

La première fermentation alcoolique. La première fermentation du Champagne donne un vin sec tranquille, très acide au goût, de caractère quelconque. Comme pour le Porto, le vin de base ne doit pas être équilibré car seul le produit fini acquiert une harmonie véritable. Autrefois, la première fermentation se faisait dans des fûts de chêne, mais les cuves en acier inoxydable les ont aujourd'hui remplacés dans une large mesure, encore que certaines maisons, parmi les plus traditionalistes, de même que plusieurs milliers de récoltants-manipulants, continuent de faire fermenter tout ou partie de leur vin en fût.

La fermentation malolactique. Le Champagne subit normalement ce qu'on appelle une fermentation malolactique, laquelle n'est pas à proprement parler une fermentation mais plutôt un processus biochimique, qui transforme l'acide malique en acide lactique. Les vins fermentés en fût sont généralement mis en bouteilles avant que cette fermentation n'ait commencé, car il est difficile de la mener à bien dans le bois et on considère qu'elle ne se produit ensuite pas en bouteille. Un champagne qui n'a pas subi de transformation malolactique est souvent de caractère austère et difficile à apprécier avant sa pleine maturité ; en revanche, il restera à son apogée bien plus longtemps qu'un autre champagne.

L'assemblage. L'assemblage est une opération critique et laborieuse qui demande de grandes compétences. Assembler un champagne d'une maison donnée, à partir parfois de soixante-dix vins, dont chacun change de caractère d'une année sur l'autre, relève de l'exploit. Même un champagne millésimé demande à être assemblé de façon à rendre à la fois la qualité et le caractère du millésime, mais aussi le style de la maison.

La deuxième fermentation ou prise de mousse. Une fois que le vin assemblé a subi son dernier soutirage, on y ajoute la liqueur de tirage, un mélange de champagne tranquille, de sucre et de levures sélectionnées. La quantité de sucre ajoutée dépend du degré d'effervescence souhaité et de la quantité de sucres naturels que contient le vin. Après avoir reçu la quantité adéquate de liqueur, les vins sont mis en bouteilles et bouchés provisoirement. On utilisait autrefois un bouchon en liège retenu par une agrafe, mais aujourd'hui on emploie une capsule couronne (comme on le fait pour la bière), qui tient en place un bouchon en plastique destiné à recueillir les sédiments laissés par la seconde fermentation. Les vins sont alors emmagasinés dans les caves les plus profondes, souvent dans les célèbres crayères, des carrières creusées par les Romains. Dans la fraîcheur de ces caves, la fermentation se fait très lentement, ce qui donne des vins aux propriétés très aromatiques, aux saveurs complexes et aux bulles minuscules. Le gaz carbonique reste prisonnier du vin et c'est uniquement quand la bouteille est débouchée qu'il pourra s'en échapper, se précipitant à la surface sous forme de bulles. C'est cette seconde fermentation qu'on appelle prise de mousse.

Le remuage. Lorsque la seconde fermentation est achevée, ce qui peut demander de dix jours à trois mois, les bouteilles sont rangées sur des pupitres, de lourdes planches rectangulaires articulées et comportant 60 trous. Celles-ci permettent de tenir les bouteilles par le goulot à une inclinaison variable de l'horizontale à la verticale. Le remuage consiste alors à faire tourner chaque bouteille pour amener les dépôts dans son col. Cette opération, effectuée manuellement, demande environ huit semaines, mais un certain nombre de firmes ont installé un équipement informatisé qui gère des palettes de 500 bouteilles et qui fait le même travail en huit jours.

Remuage ou capsules de levure. Depuis quelque temps, on expérimente de nouvelles techniques qui permettraient de se dispenser du remuage. On introduit dans les bouteilles des capsules poreuses de levure qui provoquent une seconde fermentation tout en emprisonnant les sédiments. Si ces pilules sont officiellement approuvées, elles remplaceront les très onéreuses gyropalettes informatisées dans les dix dernières années du XXe siècle. On cherche également à mettre au point une autre technique, à partir d'une levure agglomérante qui ne nécessite pas de système spécial de répartition.

Le vieillissement du vin. Après le remuage, bon nombre de bouteilles vieilliront pendant un certain temps avant que le dépôt ne soit ôté. Ce laps de temps est d'un an (à partir du mois de janvier qui suit la récolte) pour les champagnes non millésimés, et de trois ans pour les champagnes millésimés. Plus le champagne vieillit, meilleur il est, car le dépôt contient des cellules de levure mortes dont la décomposition progressive donne au champagne sa saveur et son bouquet particuliers. Ce processus qu'on appelle autolyse contribue dans une large mesure à la qualité des cuvées de prestige.

Le dégorgement. Le dégorgement consiste à ôter le dépôt qui s'est formé dans le bouchon en plastique retenu par la capsule. On plonge le goulot de la bouteille dans un bain de saumure à –25°C, ce qui fait adhérer le dépôt à la base du bouchon en plastique. On peut ainsi retourner la bouteille sans agiter le dépôt. On retire alors la capsule et le dépôt se trouve éjecté par le gaz sous pression. La quantité de vin perdu est faible, car la glace réduit la pression.

La liqueur d'expédition. Avant le bouchage, les bouteilles sont complétées avec la liqueur d'expédition, qui peut comporter une petite quantité de sucre. Plus le vin est jeune, plus le dosage de sucre est fort pour équilibrer l'acidité. Un beau champagne a besoin d'être acide, car c'est l'acidité qui communique la saveur au palais à travers l'effet tactile de milliers de bulles qui éclatent. Mais cette acidité s'arrondit avec l'âge et plus le champagne est vieux, moins il a besoin de sucre.

Le bouchage. L'étape suivante consiste à boucher les bouteilles à la machine. Une capsule métallique protectrice est placée sur le bouchon de liège, lequel prend sa forme caractéristique de champignon sous l'effet de la pression.
Un fil métallique fixe l'ensemble, après quoi on agite automatiquement la bouteille pour mélanger le vin et la liqueur. Les meilleures cuvées sont en général gardées quelque temps pour que la liqueur se marie au vin. Un bon campagne mérite toujours d'être gardé une année ou deux avant d'être bu.

Le goût : fruité ou souplesse

Les mousseux produits en cuve close ont une tendance naturelle à être plus fruités que ceux produits selon la méthode traditionnelle. Dans la cuve, la route menant du raisin au vin est plus courte et plus directe que celle passant par la bouteille. Les producteurs adoptent donc la méthode Charmat (de cuve close) lorsque leur objectif est de produire un vin fruité. Le plus fameux mousseux d'Italie, l'Asti (anciennement appelé Asti Spumante), en est un exemple parfait. Les mousseux de cave close sont à consommer jeunes, lorsque leurs arômes fruités sont les plus intenses.

Les mousseux produits par seconde fermentation en bouteille sont donc moins fruités, car les modifications chimiques qui se produisent par l'interaction avec les lies de fermentation affaiblissent les saveurs fruitées au profit d'arômes et de saveurs de grillé, de noisette, de caramel ou encore de levure. La texture du vin évolue également en vieillissant sur les lies et offre de plus en plus de souplesse et de velouté. Les bulles diminuent en diamètre et perdent de leur agressivité en bouche.

La Champagne et la magie de ses vins

Champagne ! Quel nom symbolise mieux la fête ? Imaginez : chaque fois que quiconque, n'importe où dans le monde, veut célébrer un événement, il annonce : « Il nous faut du champagne pour fêter ça ! » (« Il nous faut du thé glacé ! » n'a pas vraiment le même effet.).

Le champagne, le vrai, le seul, l'unique, ne peut provenir que de la région champenoise du nord-est de la France. Le célèbre moine qui était maître de chai à l'abbaye de Hautvillers, Dom Pérignon, n'a peut-être pas inventé le champagne, mais il a formalisé plusieurs procédés qui permettent de produire le champagne tel que nous le connaissons de nos jours. Il a notamment perfectionné la méthode qui permet d'obtenir du vin blanc avec des cépages noirs et il a surtout maîtrisé l'art d'assembler les vins de plusieurs cépages et villages pour obtenir un vin de base complexe (revoir à ce sujet la section précédente).

La Champagne est la zone viticole la plus septentrionale de France. La majorité des grandes maisons de champagne (c'est ainsi qu'on appelle les producteurs dans cette région) sont installées dans la ville de Reims (où Jeanne d'Arc fit sacrer Charles VII roi de France en 1429) et dans la ville d'Épernay, au sud de Reims. Les vignobles principaux se distribuent autour de ces deux villes (trois cépages y sont autorisés, deux noirs et un blanc) :

- **La montagne de Reims**, au sud de Reims, où se trouvent les meilleurs Pinot Noir ;
- **La côte des blancs**, au sud d'Épernay, qui offre les meilleurs Chardonnay ;
- **La vallée de la Marne**, à l'ouest d'Épernay, la plus appropriée au Pinot Meunier (un cépage noir), mais les trois cépages y sont plantés.

La plupart des champagnes utilisent les trois cépages. Le Pinot Noir donne du corps, de la structure et de la longévité à l'assemblage ; le Chardonnay donne de la finesse, de la fraîcheur et de l'élégance ; le Pinot Meunier offre sa précocité, ses arômes de fleurs et de fruits.

Un peu de magie dévoilée

Le climat de la région champenoise comporte des hivers froids et des étés chauds (mais pas trop). Le raisin doit donc se battre pour mûrir suffisamment certaines années. Même dans les années clémentes, les invariants du climat entraînent obligatoirement une forte acidité (voir le hors-texte concernant les raisins trop ou trop peu mûrs, chapitre 4). Cette forte acidité serait désolante pour des vins tranquilles, mais elle est parfaite pour produire du mousseux.

Ce climat frais, associé à un sol où la craie est omniprésente, est un facteur décisif de l'excellence du champagne.

Trois autres éléments distinguent le champagne des autres vins mousseux :

1. La quantité et la diversité des vignobles (de l'ordre de trois cents crus, ou vignobles indépendants) qui constituent une vaste palette de choix pour les assemblages ;
2. Les vastes, profondes et fraîches caves creusées dans la craie (beaucoup d'entre elles à l'époque romaine) dans lesquelles le champagne vieillit pendant plusieurs années ;
3. Les trois siècles d'expérience des Champenois dans la production du vin mousseux.

Le résultat est un mousseux d'une élégance infinie, peuplé d'une myriade de petites bulles et offrant une complexité d'arômes et une très longue finale. Voilà le seigneur Champagne !

Les champagnes non millésimés

Les champagnes non millésimés, tous ceux qui n'indiquent pas une année sur l'étiquette, représentent 85 % de la production. L'assemblage typique comporte deux tiers de cépage noir (Pinot Noir et Pinot Meunier) et un tiers de cépage blanc (Chardonnay). L'assemblage incorpore des vins de trois vendanges ou plus. Ces vins proviennent de trente ou quarante villages différents pour chaque vendange. Le producteur de champagne est donc par obligation passé maître dans l'art de l'assemblage.

Chaque maison de champagne contrôle ses propres assemblages, créant ainsi un style de la maison pour son champagne millésimé. Une maison peut ainsi rechercher élégance et finesse, une autre peut vouloir mettre en valeur le fruité et une troisième le corps, la puissance et la longévité. La capacité de maintenir un style constant est un objectif essentiel des producteurs de champagne car les consommateurs développent des préférences pour certains styles et s'attendent à retrouver ce style année après année dans les champagnes non millésimés d'une maison.

La plupart des grandes maisons de champagne font vieillir leur non millésimé deux ans et demi à trois ans, même si le minimum légal pour cette catégorie est dorénavant de quinze mois (un an jusqu'en 1997). Le vieillissement supplémentaire prolonge la durée de mariage de l'assemblage, amplifiant ainsi les arômes et la complexité du vin. Dans de bonnes conditions de stockage (voir chapitre 18), vous pouvez encore développer les arômes d'un champagne non millésimé en le gardant un ou deux ans après l'achat.

La plupart des champagnes non millésimés se vendent entre 13 et 30 €. Certains négociants achètent de grandes quantités de champagne qu'ils revendent sous leur propre marque afin d'offrir des prix attrayants.

Champagnes millésimés

Sur dix ans, quatre ou cinq années offrent un climat suffisant en Champagne pour produire du vin millésimé. Autrement dit, les cépages mûrissent assez pour qu'on puisse produire du vin uniquement à partir des vendanges de cette année sans avoir à recourir aux vins de réserve des années antérieures.

Les années 80 ont connu un temps exceptionnel en Champagne, ce qui a permis à la plupart des maisons de produire du champagne millésimé chaque année entre 1981 et 1990, à l'exception de 1984 et de 1987.
Les années 1990 se sont révélées plus classiques, avec trois années très moyennes (1991, 1992 et 1994) et trois années à millésime (1993, 1995 et surtout 1996). Un millésime doit en théorie être élevé trois ans au moins, mais les grandes maisons le gardent six ans pour mieux affiner ses arômes et sa richesse.

Les producteurs décident chaque année de faire ou non un millésimé. Il leur faut garder du liquide pour leur champagne non millésimé (85 % du chiffre d'affaires tout de même).

De plus, le candidat au millésime doit cadrer avec le style de ses prédécesseurs dans la même maison. Par exemple, 1989 n'a pas été une mauvaise année du tout ; pourtant, peu de maisons firent du millésimé (trop peu acide, ou trop rapide à mûrir).

Les champagnes millésimés entrent dans deux catégories :

- Les millésimes normaux qui se vendent entre 18 et 35 € la bouteille ; l'étiquette mentionne l'année ainsi que le nom de la maison ; reportez-vous à la liste des producteurs de champagne recommandés, plus loin dans ce chapitre ;
- Les grands millésimes (souvent intitulés *cuvée de prestige* ou *tête de cuvée*) tels que le Dom Pérignon de Moët & Chandon, le Cristal de Roederer ou encore La Grande Dame de Veuve Clicquot ; les prix des cuvées de prestige vont de 60 à 120 €.

Les champagnes millésimés sont nécessairement meilleurs que les non millésimés pour quatre raisons :

1. On n'utilise pour les millésimés que les meilleurs raisins des meilleurs vignobles (la sélection est encore plus fine pour les cuvées de prestige) ;
2. En général, on ne choisit que les deux cépages les plus fins (Pinot et Chardonnay) pour les millésimés, le Pinot Meunier étant réservé aux non millésimés ;
3. La plupart des maisons font vieillir les champagnes millésimés au moins deux ans de plus que les autres, ce qui amplifie encore la complexité de leurs arômes ;
4. Tous les raisins proviennent de la même année, qui doit donc être une année au-dessus de la moyenne, voire exceptionnelle.

Les champagnes millésimés offrent des arômes très intenses, ils ont plus de corps, plus de complexité et une plus longue note finale. Cette forte présence leur permet d'accompagner aisément les repas. Les champagnes, non millésimés, plus légers, plus frais et moins complexes, sont parfaits en apéritif et ce sont de très bons achats. C'est à vous de décider à chaque occasion si elle mérite la différence de prix d'un millésimé.

Le millésime 1990 a été excellent en Champagne (comme d'ailleurs dans les autres régions viticoles d'Europe) et celui de 1988, presque aussi bon. L'année 1989 a été bonne également (pour le Cristal de Roederer notamment). 1986, bien que très moyen, a vu naître des Pol Roger, Roederer et Billecart-Salmon fameux. 1985 a été une très bonne année, notamment pour Bollinger, Dom Pérignon, Krug et Laurent-Perrier. 1982 a été excellent pour tous (notamment pour Krug et Dom Pérignon), mais en trouverez-vous encore ? Aujourd'hui, on déguste le Millésime 1996.

Le blues du réfrigérateur

Ne laissez pas votre champagne, ni aucun autre mousseux, dans le réfrigérateur au-delà du lendemain ! Il perdra toutes ses bulles et ses arômes de leur intensité à cause de la température trop froide ; enfin, les vibrations du moteur du réfrigérateur ne sont pas appréciées par les mousseux, ni d'ailleurs par aucun vin (voir chapitre 18).

Les blancs de blancs et blancs de noirs

Une faible proportion de champagne est produite en utilisant un seul des trois cépages autorisés, le Chardonnay. Ce type de champagne se nomme *blanc de blancs* (un vin blanc issu de raisins blancs). Il peut être millésimé ou non et coûte en général quelques dizièmes d'euros de plus. Étant plus léger et plus délicat que les autres champagnes, le blanc de blancs est idéal pour l'apéritif. Toutes les maisons de champagne ne produisent pas du blanc de blancs. Les meilleurs sont le Comte de Champagne de Taittinger et le blanc de blancs de Billecart-Salmon.

Il existe aussi, mais il est encore plus rare, du *blanc de noirs* (produit uniquement avec du Pinot Noir ou Meunier). Le blanc de noirs *Vieilles Vignes françaises* de Bollinger (produit uniquement avec des vignes non greffées de Pinot Noir) est absolument le meilleur mais il coûte très cher (pas loin de 160 €). Le blanc de noirs Bollinger 1985 est un des meilleurs champagnes que nous ayons pu goûter ; l'autre était le Krug 1928.

Qui boit tout ce champagne ?

C'est la France qui arrive en tête de la consommation de champagne dans le monde, absorbant quasiment deux fois plus que le reste du monde réuni. Le Royaume-Uni et l'Allemagne sont les deux principaux marchés d'exportation. Les États-Unis arrivent en troisième position, suivis par la Suisse, la Belgique et l'Italie. Mais ce sont les États-Unis qui achètent la plus grande quantité de champagne en cuvée de prestige, notamment le Dom Pérignon.

Les champagnes rosés

Le champagne rosé est le seul vin européen qui peut être obtenu par assemblage de vin blanc et de vin rouge.

Les champagnes rosés peuvent être millésimés ou non et se basent normalement sur le Pinot Noir et le Chardonnay en proportions variables d'une maison à l'autre.

Le rosé est généralement produit en ajoutant un peu de vin rouge Pinot Noir à l'assemblage du vin de base, mais quelques maisons vinifient directement des raisins rouges en vin rosé. La couleur va de la pelure d'oignon au rouge saumon (les plus légers en couleur sont généralement de meilleure qualité).

Les champagnes rosés sont plus pleins et plus ronds que les autres et accompagnent bien les repas. (Leur couleur les rend particulièrement appropriés aux anniversaires de mariage et à la Saint-Valentin.).

La plupart des champagnes sont mousseux (5 à 6 amosphères de pression), tandis que le crémant est moins effervescent (3,6 atmosphères de pression) ; les bulles du crémant sont plus petites. Abel Lepitre et Besserat de Bellefont proposent de beaux vins.

Le premier champagne rosé commercialisé fut produit en 1777 par Clicquot. Tout comme les blancs de blancs, les champagnes rosés coûtent quelques dizièmes d'euros de plus que les champagnes classiques. Tout le monde n'en produit pas. Parmi les meilleurs rosés, citons ceux de Roederer, Billecart-Salmon, Gosset et Moët & Chandon (le Dom Pérignon rosé).

Certains consommateurs (et certains producteurs aussi) ont un préjugé défavorable à l'encontre du champagne rosé parce que sa couleur évoque la médiocrité de ces millions de litres de vins rosés insipides et à bon marché, qu'ils soient mousseux ou non. Pourtant, le champagne rosé est aussi sec et offre les mêmes grandes qualités que le champagne blanc.

Catégories de douceur

L'étiquette d'un champagne indique toujours la catégorie de douceur, mais les mots utilisés peuvent être trompeurs au premier abord : « extra-dry » n'est par exemple pas le champagne le plus sec. Voici les catégories de douceur du champagne, du plus sec au plus doux :

- **Extra-brut**, **Brut nature** ou **Brut sauvage** : totalement sec
- **Brut** : sec
- **Extra-dry** : demi-sec
- **Sec** : légèrement doux
- **Demi-sec** : assez doux
- **Doux** : définitivement doux.

Le style de champagne le plus vendu (et c'est le cas des autres vins mousseux de grande classe) est le brut. Cependant, le champagne le plus vendu aux États-Unis (le Moët & Chandon White Star) est un extra-dry. Les trois styles que l'on rencontre quasiment partout sont le brut, l'extra-dry et le demi-sec.

Quand boire du champagne selon Mme Lily Bollinger

Lorsque Jacques Bollinger s'est éteint en 1941, c'est sa veuve, Lily Bollinger, qui prit en charge cette fameuse maison de champagne pour lui faire traverser la période difficile de l'occupation allemande. Jusqu'à sa mort en 1977, restée à la tête de la maison elle la fit prospérer au point de lui permettre de doubler de taille. Cette grande dame fut aimée dans toute la Champagne et on pouvait la voir parcourir chaque jour les vignobles à bicyclette. En 1961, un journaliste londonien lui demanda à quelles occasions elle buvait du champagne. Voici la réponse de Mme Bollinger :

« Je ne bois du champagne que lorsque je suis joyeuse et j'en bois quand je suis triste. Il m'arrive d'en boire quand je suis toute seule. Quand je suis accompagnée, je le considère obligatoire. Je m'en verse un verre quand je n'ai pas d'appétit et j'en bois aux repas. Le reste du temps, je n'y touche jamais, sauf lorsque j'ai soif. »

L'excellente Lily Bollinger est morte à soixante-dix-huit ans, ce qui n'est pas si mal pour une telle quantité de champagne !

Notre sélection de producteurs de champagne

Le commerce du champagne, notamment à l'exportation, est dominé par une trentaine de grandes maisons, la plupart d'entre elles achetant l'essentiel de leurs raisins auprès d'une kyrielle de vignerons indépendants. Seules les maisons Roederer et Bollinger possèdent l'essentiel des vignobles dont elles tirent leurs vins, ce qui constitue à leurs yeux un avantage tant au point de vue économique qu'au niveau du contrôle de la qualité.

La plus grande maison de champagne est de loin Moët & Chandon. En termes de vente à l'export, viennent ensuite Veuve Clicquot, Mumm, Vranken, Laurent-Perrier, Pommery et Lanson. Les listes qui suivent donnent (de gauche à droite, puis de haut en bas) les noms de quelques-uns de nos producteurs favoris, dans l'ordre approximatif de préférence. Nous proposons trois groupes en fonction du style du champagne : léger, de corps moyen ou plein corps (revoyez si nécessaire le chapitre 2 pour ce terme).

Style léger et élégant

Laurent-Perrier	Taittinger	Ruinart
Jacquesson	Bruno Paillard*	Perrier-Jouët
J. Lassalle*	De Castellane	

Style de corps moyen

Charles Heidsieck	Pommery	Pol Roger
Moët & Chandon	Philipponnat	Mumm
Deutz	Caltier*	Jacques
Selosse*	Piper-Heidsieck	Joseph Perrier

Style de plein corps

Krug	Louis Roederer	Bollinger
Gosset	Veuve Clicquot	Salon*
Alfred Gratien*	Delamotte	Heidsieck Monopole
Henriot	Paul Bara*	

* Producteur à moins grande échelle qui peut être difficile à trouver.

Cette autre liste présente, dans un ordre général de préférence, les maisons qui ont produit des champagnes millésimés et des cuvées de prestige ces dernières années. (Si vous êtes décidé à dépenser une somme conséquente pour un très grand champagne, autant choisir un des meilleurs !) :

- **Krug** : Millésimé (1982, 1985, 1973 Collection) ; Rosé non millésimé : Clos du Mesnil 1985-1988 ;
- **Louis Roederer** : Cristal (1993, 1990, 1988, 1986) ;
- **Bollinger** : Millésimé (1990, 1988, 1985) ; Blanc de Noirs Vieilles Vignes (1989, 1985) ;

- **Moët & Chandon** : Dom Pérignon (1993, 1990, 1988, 1985);
- **Veuve Clicquot** : La Grande Dame (1995, 1989, 1988, 1985);
- **Pommery** : Cuvée Louise (1988); Cuvée Louise Rosé (1990, 1989);
- **Gosset** : Célébris (1988); Grand Millésime (1989, 1985); Rosé (1990);
- **Philipponnat** : Clos des Goisses (1990, 1988, 1985, 1982);
- **Heidsieck Monopole** : Diamant Bleu et Rosé (1992, 1988, 1985);
- **Pol Roger** : Cuvée Sir Winston Churchill (1990, 1986);
- **Salon** : Millésimé (1985, 1982, 1979);
- **Taittinger** : Comtes de Champagne (1995, 1990, 1989); Rosé (1993, 1985);
- **Billecart-Salmon** : Blanc de Blancs (1989, 1988, 1986, 1985) ; Cuvée Elisabeth Salmon Rosé (1990, 1989);
- **Laurent-Perrier** : Grand Siècle (1990, 1988, 1985);
- **Cattier** : Clos du Moulin (non millésimé);
- **Jacquesson** : Signature (1988, 1985); Signature Rosé (1995, 1990);
- **Deutz** : Amour de Deutz (1995-1990)
- **Perrier-Jouët** : Fleur de Champagne (1989, 1988); Rosé (1988, 1985)
- **Ruinart** : Dom Ruinart Blanc de blancs (1990, 1988);
- **Charles Heidsieck** : Blanc des millénaires (1985, 1983);
- **Piper-Heidsieck** : Champagne Rare (1988, 1985);
- **Louis Roaderai** : Cristol (1995-1996);
- **Bollinger** : Millésimé (1995-1996);
- **Moët & Chandon** : Dom Pérignon (1995-1996);
- **Pommery** : Cuvée Louise (1996);
- **Gosset** : Célèbres (1995); Grand millésime (1990);
- **Philipponnot** : Clos des Goisses (1995-1996);
- **Toittinger** : Comtes de Champagne (1996).

Les autres vins mousseux

Tout autour du monde, on a adopté la méthode champenoise pour produire des vins pétillants. Pourtant, le résultat est différent. La conduite de la vigne très spécifique pratiquée en Champagne est en partie la cause de cette différence. De plus, certains producteurs vont jusqu'à ne pas même utiliser les cépages officiels du champagne. Et d'autres s'éloignent encore un peu plus de leur cible en adoptant la méthode de fermentation Charmat.

Les vins mousseux de France

Apparue au VIIIe siècle après J.-C., la Clairette de Die est un des plus anciens vins effervescents. La France produit de nombreux autres vins mousseux en dehors du champagne, notamment dans la vallée de la Loire, autour de Saumur, ainsi qu'en Alsace et en Bourgogne. Lorsque le mousseux est produit selon la méthode traditionnelle (seconde fermentation en bouteille), il porte fréquemment le nom de *crémant* comme crémant d'Alsace ou crémant de Bourgogne, etc. Les cépages sont ceux cultivés dans la région concernée.

Voici quelques marques de mousseux français : Bouvet Ladubay, Brut d'Argent, Gratien & Meyer, Kriter, Saint Hilaire et Veuve du Vernay. La plupart de ces vins se vendent entre 3 et 10 € et leur qualité est souvent correcte (mais pour quelques dizièmes d'euros de plus, vous pouvez trouver un champagne non millésimé comme le Charles Heidsieck).

Les vins mousseux des États-Unis

Presque tous les États viticoles sont producteurs de vins mousseux, mais les deux plus fameux sont la Californie et New York. Pour citer deux bons exemples de vin mousseux de qualité de l'État de New York produits selon la méthode traditionnelle, nous nommerons Chateau Frank et Fox Run (tout deux vendus environ 11 €).

Les vins mousseux produits par les maisons de champagne françaises ont eu un succès notable en Californie.

Les vins mousseux de Californie sont absolument différents de ceux de la Champagne, même lorsqu'ils sont produits par une maison de champagne avec les mêmes méthodes et les mêmes cépages qu'en Champagne (la saveur est plus fruitée). Les bons mousseux de Californie qu'on trouve produits en méthode champenoise sont vendus de 8 à 20 € et plus.

La plupart de ces mousseux de Californie ne portent pas l'indication de *champagne* alors que les mousseux à bon marché de consommation de masse n'hésitent pas à le faire. Un des vins mousseux les plus vendus aux États-Unis qui porte le nom de *champagne* est le Korbel (environ 8 €) et c'est le seul qui a subi une fermentation en bouteille.

Les vins mousseux espagnols (Cava)

Si vous cherchez un vin mousseux à moins de 8 € la bouteille, voyez aussi du côté des Cavas espagnols, dont la plupart sont produits dans la région de Penedès, près de Barcelone. La plupart de ces vins se vendent de 4 et 5 €.

Le *Cava* est produit selon la méthode traditionnelle de fermentation en bouteille. Il utilise en général des cépages espagnols, ce qui donne des arômes très différents de ceux de Californie et de Champagne (d'agréables saveurs de champignon). Les plus grandes cuvées de Cava contiennent cependant du Chardonnay.

Deux chais géants dominent toute la production : Freixenet et Cordoniu. L'aspect particulier de la bouteille de Cordon Negro de Freixenet la rend aisément reconnaissable. Deux de nos Cavas favoris sont le Marques de Monistrol (très bon à 5 ou 6 €) et le Juve y Camps (un Cava millésimé vendu entre 9 et 10 €). Voyez également du côté de Mont Marçal, Paul Cheneau et Segura Viudas. Une version riche du Cava nommée Juve y Camps se vend environ 8 €.

Les vins mousseux allemands (Sekt)

L'Allemagne produit de grandes quantités de vins mousseux, appelés *Sekt*, qui sont essentiellement consommés en Allemagne même. La méthode de cuve close (méthode Charmat) est employée ; le style des vins est donc frais et fruité. Les cépages sont le Riesling (pour les meilleurs) et le Müller-Thurgau.

Deux des marques les plus connues et les plus répandues sont Henkell Trocken (de 7,50 à 9,50 €) et Deinhard Brut (de 6 à 8 €).

Le spumante italien : sec et doux

Le mot *spumante* signifie simplement mousseux en italien. Il est devenu l'emblème des nombreuses imitations douces et fruitées, italiennes ou non, de l'authentique mousseux italien nommé *Asti Spumante*.

Le véritable Asti (ses producteurs ont fini par abandonner le second mot, pour éviter des confusions) est un vin mousseux délicieusement fruité jusqu'à l'exubérance, originaire du Piémont et basé sur le cépage Moscato selon la méthode de cuve close. C'est un mousseux qui se boit aisément avec les desserts (parfait avec un gâteau de mariage !). La fraîcheur est essentielle dans l'Asti et il faut essayer de trouver une marque qui se vende beaucoup (l'Asti n'étant pas un vin millésimé, il n'y a pas d'autre solution). Nous recommandons Fontanafredda, Cinzano, Gancia et Martini & Rossi (tous autour de 8 à 9,50 €).

Si vous désirez l'arôme de l'Asti avec moins de bulles, essayez le *Moscato d'Asti*, un vin demi-sec délicat et délicieux, qui convient tant à l'apéritif qu'au dessert ou au brunch (moins de 7 % d'alcool). Vietti en produit un correct pour environ 9,50 € – nommé Cascinetta. Ici aussi, la fraîcheur est essentielle. Pour le Moscato d'Asti, laissez le millésime vous guider en recherchant le plus jeune que vous puissiez trouver.

L'Italie produit également plusieurs vins mousseux secs selon la méthode traditionnelle dans les zones viticoles d'Oltrepò-Pavese et de Franciacorta en Lombardie et dans le Trentin. Les mousseux secs d'Italie sont franchement secs, avec peu ou pas de dosage final. Vous en trouverez à tous les prix, depuis le Castello Gnacia à environ 6 €, en passant par le Ferrari Brut, Berlucchi Cuvée Imperiale Brut et Banfi Brut à moins de 15 €, jusqu'à quatre bruts haut de gamme (excellents) : le Bellavista, le Ca' des Bosco, le Giulio Ferrari et le

Bruno Giacosa Brut (tous à environ 15,50 €). Giacosa est déjà réputé pour ses excellents Barbarescos et Barolos. Il produit son brut 100 % Pinot Noir durant ses loisirs, pour le plaisir. Comme tout ce qu'il produit, il est superbe.

Étoiles du Sud

L'Australie et l'Afrique du Sud ont commencé à produire d'excellents vins mousseux en méthode traditionnelle au cours de la décennie passée. L'Australie tire profit des techniques de vinification moderne dont elle dispose. Cherchez notamment le Moët & Chandon Green Point Brut, sec et très riche (environ 15 €). Voyez aussi celui de Mountadam Winery (23 €). Pour un bon pétillant austral à moins de 10 €, essayez le Seaview Brut.

De remarquables vins mousseux d'Afrique du Sud sont ceux de Cabriere Estate, dans la Franshook Valley (marque Pierre Jourdan). Il propose un non millésimé à moins de 10 €, un Pierre Jourdan Vintage Brut et surtout un Cuvée Belle Rose (exclusivement Pinot Noir) à environ 19 €.

Le service du champagne et des mousseux

Les mousseux se boivent normalement froids à environ 7 à 8°C, bien que certains le préfèrent un peu moins frappé à 11°C. Nous-mêmes le préférons bien froid : c'est ainsi que le vin garde le mieux son effervescence. Les champagnes vieux et millésimés sont plus complexes et peuvent être servis plus chambrés.

Ne laissez jamais une bouteille de mousseux ouverte sur la table sans la placer dans un seau à glace (moitié eau froide, moitié glace) car le vin se réchauffe très vite. Utilisez un bouchon à champagne pour garder sa mousse si vous avez besoin de laisser la bouteille au réfrigérateur jusqu'au lendemain.

Si vous préparez une fête, sachez que la taille idéale pour le champagne est le magnum, qui équivaut à deux bouteilles. Le vin vieillit plus lentement dans cette grande bouteille. Le magnum (parfois le Jéroboam, ou 3 l) est la taille maximale dans laquelle le champagne est produit. Toutes les bouteilles de plus grande taille ont reçu le champagne en fin de parcours ; le vin n'y est donc pas aussi frais que dans le magnum ou la bouteille normale.

Évitez les demi-bouteilles (375 ml) et les quarts (187 ml), car le champagne est rarement bien frais dans ces petits flacons. (Si on vous offre une demi-bouteille de champagne ou d'un autre vin mousseux en cadeau de mariage, ouvrez-la dès que possible ; il est inutile de la conserver dans l'attente d'une occasion adéquate !).

Le champagne et les autres mousseux secs de grande qualité sont capables de s'accorder à de nombreux mets et ils sont incontournables pour certains plats. Aucun vin ne se prête mieux aux plats à base d'œufs que le champagne. Faites-en l'expérience lors de votre prochain brunch. Essayez également un vin mousseux lors de votre prochain repas exotique. Rien ne se marie mieux avec les épices chinoises et indiennes !

La dinde se marie très bien avec le mousseux. Vous pouvez accompagner un agneau ou du jambon avec un champagne rosé. Les vieux champagnes apprécient la compagnie des vieux fromages faits.

Ne servez jamais un champagne brut ou extra-dry avec un dessert. Ces styles sont trop secs et ne s'accorderont pas aux mets sucrés. Avec des fruits frais, essayez un champagne demi-sec. Avec des desserts encore plus sucrés (avec votre gâteau de mariage !), essayez un Asti italien.

Quatrième partie

Vous êtes devenu œnophile

« Le vendeur n'exagérait pas en garantissant que c'était un vin de dessert. J'entends travailler les dentiers de nos convives. »

Dans cette partie...

On ne peut décrire la durée de la période d'incubation du virus de l'œnophile. Certains déclarent le virus dès qu'ils commencent à s'intéresser au vin. D'autres se maintiennent dans un état initial pendant des années avant de finir par succomber à leur passion. (Et le commun des mortels poursuit sa vie sans rien savoir de tout cela.).

Mais une fois que vous êtes atteint, vous le savez immédiatement. Vous vous abonnez d'un coup à des revues qu'aucun de vos amis n'a jamais vu dans les kiosques, ou bien vous nouez des relations avec des gens n'ayant aucun autre centre d'intérêt commun que le vin. Vous passez votre chemin à la vue des cartes des vins de certains restaurants, et vous planifiez vos vacances dans des régions du monde de préférence viticoles !

Pour régaler vos convives, découvrez quelques valeurs sûres et apprenez à marier les plats et les vins.

Quel que soit le temps qu'il vous aura fallu pour en arriver là, les chapitres qui suivent sont faits pour vous.

Chapitre 16

Salles des ventes, clubs et vente directe

Dans ce chapitre :
- À la recherche des vins introuvables
- Construire son carnet d'adresses secret
- Adhérer à un club
- S'approvisionner directement chez les vignerons
- L'achat des souches
- Achetez le futur
- L'achat virtuel

Vous venez de lire un article sur un vin qui semble formidable. Votre curiosité est piquée, vous devez l'essayer. Votre caviste préféré n'en a pas, ni les autres dans un rayon d'action raisonnable.

Ou bien vous avez envie d'équilibrer votre cave avec quelques grands noms. Les rares grands vins que vous pouvez trouver chez les cavistes ne sont pas ceux que vous désirez, et d'ailleurs ils sont trop chers !

Comment les autres amateurs parviennent-ils à mettre la main sur des bouteilles rares alors que vous n'y réussissez pas ?

Les vins difficiles à trouver

Les amateurs de vin peuvent facilement entrer dans un cercle vicieux : plus un vin est recherché, plus il devient difficile à trouver, mais plus il est rare, plus on désire s'en procurer.

Plusieurs raisons entrent en jeu pour empêcher l'acheteur de satisfaire ses désirs. Tout d'abord, de nombreux grands vins sont produits dans des quantités absolument minimes. Nous ne voulons pas en déduire que la quantité et la qualité sont nécessairement incompatibles dans le domaine du vin, mais la quantité à se partager diminue au fur et à mesure qu'on gravit l'échelle de la qualité.

Il nous est arrivé d'acheter six bouteilles d'un bourgogne rouge grand cru de Hubert Lignier, un vigneron moins connu. Nous avons su par l'importateur que Lignier n'avait produit que 150 caisses de ce vin, dont cinquante avaient été envoyées aux États-Unis. C'était incroyable de pouvoir acheter une demi-caisse d'un vin si rare, tandis que nous ne laissions que 149,5 caisses pour satisfaire les désirs du reste du continent nord-américain! Il suffit, parfois, d'être au bon endroit, au bon moment.

Un second facteur rend impossible l'égalité de tous les hommes devant le vin : son achat est un sport de compétition. Si vous êtes le premier au bon endroit, vous aurez le vin, et le suivant n'en aura pas. (Nous avons souvent été seconds aussi.).

De nos jours, acheter des vins ayant de très bonnes notes n'est pas de tout repos. Dès que l'article faisant l'éloge d'un vin paraît, les amateurs n'ont plus qu'à se ruer pour en trouver quelques bouteilles. La rupture de stock est immédiate et il ne reste pas grand-chose pour les retardataires. (Vous trouverez au chapitre 20 des détails sur la notation des vins.).

Enfin, de nombreux vins sont vendus une seule fois par les chais (ou l'importateur), lorsque le vin est encore jeune. Et comme la plupart des cavistes ne peuvent pas supporter l'investissement en capital qui permettrait de stocker ces vins fins pendant de nombreuses années, vous comprendrez qu'il devient difficile de trouver des vins au-delà de quelques années de vieillissement.

Autres stratégies pour débusquer les vins rares

Lorsqu'un vin devient difficile à trouver, il faut recourir à d'autres solutions d'approvisionnement. Vous disposez des ventes aux enchères, de la vente par correspondance auprès de cavistes spécialisés dans les vins rares et de la vente directe par les négociants et les producteurs.

Acheter aux enchères en salle des ventes

Le grand avantage de l'achat de vin dans une salle des ventes est de pouvoir y rencontrer des vins très vieux et très rares. Les salles des ventes sont d'ailleurs la source principale de certains vins vieux (comme les madères), leur spécialité. Vous pouvez y trouver des vins qui ne sont pratiquement pas disponibles par un autre canal. (La plupart étaient sortis des circuits commerciaux depuis des années ou des décennies!) Pour les vins jeunes, vous pouvez généralement faire de meilleures affaires ailleurs qu'en salle des ventes.

Le principal inconvénient des salles des ventes pour l'achat de vins est l'absence fréquente de références quant à l'historique du stockage des bouteilles. Celles-ci peuvent hélas avoir séjourné pendant des années dans un sous-sol surchauffé. Lorsqu'un lot possède de solides références parce que la vente provient de la cave d'un collectionneur réputé, contrôlée en température et en humidité, les prix vont s'en ressentir.

Par ailleurs, vous devez presque toujours prévoir des frais pour les commissaires-priseurs, de l'ordre de 10 à 15 % de la transaction. En général, les prix dans les salles des ventes s'étagent entre corrects (que l'on peut parfois considérer comme de bonnes affaires) et exorbitants.

Ne succombez pas à la fièvre des ventes aux enchères si vous y participez. Le désir de remporter la mise risque de vous amener à payer plus que nécessaire. Il est vital de bien planifier vos enchères. Pour vous aider, vous pouvez demander le catalogue avant la vente. Il présente les vins par lots (groupes de trois, six ou douze bouteilles avec indication de la mise à prix initiale du lot). Renseignez-vous auprès des salles des ventes de Drouot dans le IXe arrondissement de Paris ou contactez les grandes maisons internationales telles que Christie's ou Sotheby's.

Acheter du vin par correspondance

Acheter vos vins par correspondance, armé de catalogues, de revues et d'un téléphone, offre bien sûr l'avantage d'éviter des déplacements et de vous faire gagner du temps.

Ce genre de vente permet aussi de se procurer des vins assez rares, et parfois de bénéficier de prix plus faibles que chez les cavistes.

Certains vins ne peuvent être achetés que par correspondance. Des vins très recherchés, produits en petite quantité, n'entrent pas dans les canaux traditionnels. Lorsqu'un vin est disponible localement, mais pas sur le lieu de votre résidence, vous le commanderez auprès d'un caviste de la région concernée ; l'opération reste intéressante, même frais de transport compris.

Un inconvénient de la vente par correspondance est l'obligation d'être présent lors de la livraison. Par ailleurs, le vin étant une denrée périssable, vous devez être sûr qu'il ne vous est pas livré en pleine canicule (au-delà de 24°C) ou lorsqu'il gèle (au-dessous de -2°C). Dans la plupart des pays du monde, c'est au printemps et en automne qu'il est préférable de se faire livrer du vin.

Un dernier point, d'importance : le vin est une substance dont le commerce est strictement contrôlé. Transporter du vin d'un endroit à un autre (sans même parler de lui faire traverser une frontière) requiert bien souvent des autorisations préalables ou le paiement d'une taxe (en France, le *congé*). Si vous n'êtes pas sûr des conditions qui vous sont applicables, demandez à votre caviste ou au fournisseur.

La vente par correspondance

Certains cavistes et détaillants se sont fait une spécialité de la vente par correspondance. Vous en trouverez les adresses dans les revues spécialisées dont nous parlons à la fin du chapitre 16.

Chapitre 16 : Salles des ventes, clubs et vente directe

En guise d'illustration, car nous n'avons pas pu tester la qualité de leurs services pour vous, voici les noms de quelques grandes maisons auprès desquelles vous pouvez commander du vin par correspondance :

- *Cousin et Compagnie* : Place du Parlement, 33000 Bordeaux Tél. 05 56 01 20 23 – Fax 05 56 48 23 20.
- *De Vinis Illustribus* : 2, rue du Leponnais et 48, rue de la Montagne-Sainte-Geneviève, 75005 Paris – Tél. 01 43 36 12 12 – Fax 01 43 36 20 30.
- *Denis Perret* : 40, rue Carnot, 21200 Beaune – Tél. 03 80 22 35 47 – Fax 03 80 22 57 33.
- *Grands Crus Diffusion* : 23, parvis des Chartrons, 33074 Bordeaux Cedex Tél. 05 56 01 74 28 – Fax 05 56 01 74 57.
- *La Vinothèque* : 9, rue Pointin, 80000 Amiens – Tél. 02 22 91 44 31.
- *Les chais Ryst-Dupeyron* : 10/12, cours du Médoc, 33300 Bordeaux – Tél. 05 56 39 53 02/05 56 39 19 51.
- *Millésimes SA* : 13520 Maussane-les-Alpilles – Tél. 04 90 54 49 45 – Fax 04 90 54 49 44.
- *Vins rares Peter Thustrup* : 11, rue Pergolèse, 75116 Paris Tél. 01 47 42 51 86 – Fax 01 45 01 46 10.
- *Rhône Millésimes* : 42, Grande-Rue, 69420 Condrieu – Tél. 04 74 59 84 96 – Fax 04 74 56 62 22.
- *Vineurope* : 42, rue Monge, 75005 Paris – Tél. 01 44 07 24 24.

Les clubs d'œnophiles

Le principe de ces clubs consiste à établir de manière régulière une sélection de vins qui est proposée aux adhérents. Cette formule peut vous convenir si vous ne voulez pas passer de temps à chercher vous-même parmi tous les vins disponibles.

Le problème de l'achat via un club est l'obligation de trouver plaisir aux vins proposés dans les sélections. Les commandes minimales sont souvent de six ou douze bouteilles, et le vin concerné est souvent décrit en termes élogieux. Si vous n'appréciez pas la sélection du mois, vous vous retrouvez parfois à la tête d'un stock de cinq bouteilles sans intérêt. Les prix sont en revanche généralement raisonnables.

L'achat de vin par télématique

Les conditions dans lesquelles vous pouvez effectuer des transactions financières (autrement dit, des achats) via le réseau mondial Internet ne sont pas encore clairement définies. En attendant, la France dispose d'un réseau national (d'ailleurs ouvert sur celui des pays proches) : le Minitel. Voici quelques serveurs qui concernent la vente de vin par correspondance :

3615 ABCVIN ;

3615 ALACAVAMIL ;

3615 ALAVINOTHEQUE ;

3615 MILLECAVE ;

3615 VINSMAG.

Acheter en direct chez le producteur

Pour acheter directement chez le producteur de vin, deux approches sont possibles :

- ✔ Vous pouvez rendre visite au producteur et repartir avec le vin.
- ✔ Vous pouvez téléphoner ou écrire en demandant que le producteur vous expédie ses produits.

Il arrive fréquemment que les petits producteurs vendent un pourcentage non négligeable de leur production aux visiteurs. Dans certaines contrées, la vente directe peut représenter plus de la moitié des ventes totales.

Ne tombez pas dans le piège de croire que la vente directe par les producteurs vous permet de faire systématiquement des économies. N'oubliez pas que les producteurs doivent éviter d'entrer en conflit avec leurs canaux de distribution habituels que sont les négociants et les cavistes. Vous comprenez pourquoi les prix que vous pouvez obtenir en direct chez les producteurs ne sont pas tellement inférieurs à ceux pratiqués par votre caviste. Mais l'achat en direct offre deux avantages majeurs : le plaisir d'aller chercher le vin directement à sa source et le sentiment agréable de devenir un des supporters intimes de ceux qui produisent ces vins tant appréciés.

Commander des vins directement chez le producteur par correspondance peut être le seul moyen d'obtenir ceux qui ne sont pas distribués dans votre lieu de résidence ou qui sont produits dans une région trop éloignée pour pouvoir s'y rendre aisément.

Enfin, certains producteurs réalisent des quantités tellement faibles par rapport à la demande que vous ne pourrez acquérir leurs vins qu'après être parvenu à faire ajouter vos coordonnées sur la liste des clients privilégiés auxquels le vin est proposé chaque année.

Nous vous suggérons tout simplement de vous reporter aux différentes revues qui donnent dans chaque numéro un grand nombre d'adresses de producteurs auprès desquels vous pourrez vous approvisionner.

Acheter du vin via l'Internet

Pour acheter directement sur le site d'un producteur ou sur celui d'un négociant, rien de plus simple :

- Connectez-vous au site d'un moteur de recherche (Lycos, Yahoo!, Lokace, Alta Vista, Nomade, etc.).
- Selon la langue en vigueur sur le site, tapez comme mot clé de recherche soit **vin**, soit **wine**, soit **Wein**, etc.

Munissez-vous au préalable d'une machine correctement configurée et d'un minimum d'expérience dans le surf sur l'Internet. Les Éditions First propose d'excellents ouvrages d'initiation à l'Internet dans la collection « Pour les Nuls ».

Voici quelques adresses Internet (toutes commencent par http://) :

```
www.wine.com          www.winebid.com
www.tcwc.com
```

La vente sur souches

Vous avez peut-être déjà remarqué ces publicités qui proposent d'acheter au plus vite des vins qui ne sont pas encore vendangés (souvent des bordeaux mais aussi certains vins californiens). Cette publicité a pour but de vous persuader que vous aurez les meilleurs prix en réservant le vin, selon le principe de la souscription. Une manière moins crue de dire : « Donnez-nous votre argent maintenant, vous aurez votre vin l'année prochaine. »

En règle générale, nous vous déconseillons d'acheter du vin sur souches. La différence de prix n'est généralement pas déterminante. N'oubliez pas que vous faites ainsi une avance de trésorerie sur un an ou plus, et que cette somme a peut-être été placée pour rapporter des intérêts à votre fournisseur. Enfin, il arrive que des sociétés tombent en faillite. Lors de la dernière récession, ceux qui avaient acheté du vin sur souches ont finalement payé plus cher que s'ils avaient calmement attendu la commercialisation du vin.

La seule raison valable pour acheter du vin sur souches est de se garantir l'approvisionnement d'une certaine quantité d'un vin produit dans des quantités infimes (3 000 caisses ou moins). C'est le seul moyen d'acquérir un vin dèjà en rupture de stock avant même d'atteindre les circuits commerciaux classiques.

Il existe par exemple de nombreux petits châteaux dans la zone de Pomerol qui sont vendus sur réservation, notamment dans les grands millésimes. D'autre part, lorsqu'un vin reçoit une cotation excellente de la part des critiques de la presse spécialisée (ce fut le cas du Château Montrose 1990), son prix double ou triple en moins de temps qu'il n'en faut pour qu'il arrive chez les cavistes ; dans ce cas, vous devez agir rapidement pour pouvoir vous en approprier quelques bouteilles, ou bien acheter enprimeur.

Le millésime 1982 dans le Bordelais constitue une exception particulière à notre règle d'abstinence. Un raz-de-marée d'options d'achat s'est déclenché très tôt sur le millésime 1982 et ceux qui ont pu acheter du bordeaux 1982 sur souches ont fait de substantielles économies. Les prix étaient en effet de 30 à 50 % plus élevés lorsque le vin a finalement été commercialisé en 1985.

Pour résumer, n'achetez du vin en primeur (seulement pour les bordeaux) que si vous désirez absolument vous réserver un vin très rare. Dans le cas général, gardez votre argent en attendant que le vin soit dans le commerce.

Chapitre 17

Mariage des vins et des plats (et comment recevoir)

Dans ce chapitre :
- Les réactions prévisibles entre les vins et les mets
- Les règles d'or des marieurs œnophiles
- Les couples célèbres sont éternels
- Quelle quantité de vin prévoir pour vos invités ?

Il nous arrive de temps à autre de rencontrer un vin qui nous fige sur place tant il est bon. Nous en perdons tout intérêt pour le reste du monde. Nous le dégustons avec une concentration extrême en essayant de mémoriser toutes les sensations. Dans ce cas, il n'est pas question de dilapider cette intensité en mangeant quoi que ce soit.

En général, nous buvons le vin au cours d'un repas. Le vin est fait pour se marier aux aliments. Et les bons mets sont prévus pour se marier avec le vin.

Marions-les !

Voilà. Nous avons tout dit. Le vin accompagne les repas et les repas vont avec le vin. D'autres questions ?

Ce n'est pas si simple. Il y a des milliers de vins dans le monde, et chacun d'eux est différent. Il y a des centaines de plats de base, et chacun est particulier aussi, sans parler des combinaisons d'aliments dans les plats préparés (ce que nous mangeons). En fait, marier les vins aux plats est aussi simple que bien apparier les hommes et les femmes.

La dynamique des mariages

Chaque plat est dynamique dans le sens où il est constitué de plusieurs ingrédients et arômes qui entrent en interaction pour créer une somme plus ou moins délicieuse. De même chaque vin est dynamique. Lorsqu'un vin est combiné à un aliment dans la bouche, les interactions se démultiplient; le résultat est absolument spécifique à la combinaison des deux. (Doit-on rappeler que les essais sont réalisés avec nos palais individuels pour juger de la réussite du mariage? Il n'est pas étonnant qu'il n'y ait pas de règle!)

Lorsqu'un vin rencontre un aliment, plusieurs choses peuvent se produire :

- L'aliment peut exagérer une caractéristique du vin. Ainsi, si vous mangez des noisettes (qui sont très tanniques) avec un rouge tannique tel qu'un bordeaux, le goût du vin devient si sec, si astringent que beaucoup vont le considérer comme imbuvable;
- L'aliment peut affaiblir une caractéristique du vin. Les protéines affaiblissent les tanins par exemple, et un vin rouge très tannique (désagréable seul) peut devenir délicieux s'il accompagne une excellente viande;
- L'intensité des arômes de l'aliment peut cacher ceux du vin et vice versa. Vous en avez fait l'expérience si vous avez bu un vin riche corsé avec un délicat filet de sole;
- Le vin peut apporter de nouveaux arômes à l'aliment. Par exemple, un bourgogne rouge débordant de fruit peut transmettre ses arômes fruités à l'aliment, comme s'il s'agissait d'un ingrédient du plat lui-même;
- Le mariage du vin et de l'aliment peut créer un arôme supplémentaire désagréable qui n'était ni dans le vin, ni dans l'aliment; nous percevons un arôme métallique lorsque nous mangeons de la dinde avec un bordeaux rouge;
- Le vin et l'aliment peuvent interagir à la perfection en créant une sensation aromatique plus forte que celle du vin ou de l'aliment isolés. (C'est ce que nous espérons éprouver à chaque repas, mais cette perfection est très rare.).

Par bonheur, les interactions entre vins et mets ne sont pas prévisibles. Certains composants des aliments réagissent de manière imprévisible avec certains composants du vin ; savoir cela permet d'augmenter les chances de réussir les mariages. Le principe selon lequel les composants essentiels du vin (alcool, sucre, acide, tanin) se combinent à ceux de l'aliment (sucre, douceur, acidité, amertume et salinité) se rapproche du principe d'équilibre du vin. Certains éléments amplifient les autres et d'autres les compensent (reportez-vous à la section sur l'équilibre au chapitre 2).

La découverte du cinquième goût

Nous savons tous détecter les quatre goûts basiques : sucré, salé, acide et amer. Pourtant, des experts en analyse gustative affirment qu'il existe un cinquième goût qu'ils appellent umami (ou-ma-mi). Ils l'associent aux impressions que laissent les plats très savoureux. Crustacés, poissons gras, viandes et fromages sont des exemples de mets forts en umami.

Un mets très « umami » peut accentuer l'amertume du vin qui l'accompagne. Pour rééquilibrer cela, vous pouvez ajouter quelque chose de salé (voire du sel) ou d'acide (du vinaigre) à votre préparation. Cette dernière suggestion va à l'encontre de la règle consistant à ne jamais mettre vin et vinaigre à la même table ; pourtant, le résultat est convaincant.

Voici quelques interactions connues entre les vins et les aliments établies d'après les composants du vin. Rappelons que chaque vin et chaque mets possèdent plusieurs composants et que les relations que nous indiquons peuvent être rendues complexes par d'autres composants. C'est le composant dominant qui détermine si un vin peut être considéré comme tannique, doux, acide ou corsé (voir la section sur la description du goût, chapitre 2).

Vins tanniques

Ce sont souvent des vins à base de Cabernet-Sauvignon : rouges du Bordelais, du nord de la Vallée du Rhône, du

Languedoc-Roussillon, et tout vin ayant accumulé des tanins au cours d'un élevage en fûts de chêne neufs. Ces vins :

- ✔ Affaiblissent la perception de douceur du plat ;
- ✔ Paraissent plus doux et moins tanniques s'ils sont servis avec des aliments riches en protéines tels que la viande de bœuf ou le fromage ;
- ✔ Paraissent moins amers et plus tanniques s'ils accompagnent des plats salés ;
- ✔ Paraissent astringents (secs en bouche) avec des plats épicés.

Vins sucrés (doux)

C'est le cas des vins d'Alsace à vendanges tardives, des vins de Loire Vouvray Quart de Chaume, les Muscat du Cap Corse..., qui :

- ✔ Paraissent moins doux mais plus fruités avec des plats salés ;
- ✔ Peuvent rendre les plats salés plus appréciables ;
- ✔ Se marient bien avec les plats sucrés.

Vins acides

Sont à la tendance acide la plupart des vins blancs italiens, le Sancerre, le Pouilly-Fumé et le Chablis, de nombreux Riesling secs et tous les vins secs basés sur le cépage Sauvignon Blanc ; dans les rouges, la plupart des Riojas. Ces vins :

- ✔ Semblent moins acides s'ils sont servis avec des plats salés ;
- ✔ Semblent moins acides avec des plats légèrement sucrés ;
- ✔ Peuvent amplifier l'impression de salé dans les plats ;
- ✔ Peuvent rééquilibrer une trop grande lourdeur des plats gras.

Vins corsés (à fort taux d'alcool)

Sont corsés la plupart des vins du sud des Côtes du Rhône et des vins californiens rouges et blancs, les Barolo et Barbaresco, le porto et le xérès, évidemment, et en général tout vin issu de raisin cultivé en climat chaud. Tous ces vins :

- Risquent d'écraser les plats aux arômes subtils et délicats ;
- Se combinent bien avec les aliments légèrement sucrés.

Similitude ou opposition ?

De nos jours, les spécialistes des mariages entre vins et mets reconnaissent que deux principes sont à considérer : le principe de la complémentarité et celui du mariage des contraires. La complémentarité engage à choisir un vin qui se marie au mieux avec le plat. L'opposition cherche au contraire à réunir un vin et un plat apparemment en désaccord gustatif.

Les caractères d'un vin qui peuvent compléter ou s'opposer à ceux des mets sont les suivants :

- Les arômes du vin : végétal, fruité, etc. ;
- L'intensité des arômes : faible, moyenne ou forte ;
- La texture du vin : vif et sec ou souple et rond ;
- L'épaisseur du vin : léger, moyen ou corsé.

Vous utilisez probablement le principe de complémentarité sans le savoir : vous choisissez un vin léger pour un plat léger, un vin moyen pour un plat plus riche et un vin corsé pour un plat capiteux. Voici quelques illustrations de la complémentarité :

- **Harmonie des arômes** : vous pouvez considérer les arômes des aliments comme ceux des vins, sous forme de types, de familles d'arômes. Si un plat contient des champignons, l'arôme sera champêtre ; s'il contient du citron ou d'autres éclats de fruits, il offrira des arômes fruités (etc.). Il suffit ensuite de chercher les vins qui offrent des arômes champêtres, fruités, épicés ou autres. Les arômes de terroir d'un bourgogne blanc se marient bien à un risotto aux champignons, par exemple, et un Sancerre à du poulet aux herbes ;
- **Similarité de texture** : un Chardonnay californien d'une texture riche et crémeuse se mariera bien à la texture riche et soyeuse de la langouste, par exemple ;
- **Même niveau d'intensité de saveurs** : un plat de viande capiteux tel qu'un ragoût sera à son aise avec un vin corsé, notamment s'il offre des arômes terreux tels que ceux des légumes utilisés dans le ragoût.

L'autre principe, celui du contraste, cherche à trouver dans un vin des arômes ou des éléments de structure qui ne se trouvent pas dans le plat mais peuvent l'améliorer. Un plat de poisson ou de poulet servi dans une sauce à la crème ou au beurre peut par exemple se marier avec un Vouvray sec. La forte acidité de ce vin blanc vif rééquilibre l'épaisseur du plat.

Les plats rustiques tels que champignons, fèves ou pommes de terre et truffes noires peuvent offrir un beau contraste avec les arômes purement fruités d'un Riesling alsacien. Nous appliquons également le principe du contraste chaque fois que nous servons un plat simple tel que des côtes d'agneau grillées ou du fromage avec du pain que nous marions avec un très grand vin âgé.

Pour pouvoir appliquer l'un ou l'autre des deux principes, vous devez bien sûr avoir une idée des saveurs du plat que vous préparez. Le choix des vins qui se marieront avec ces saveurs peut être une opération difficile pour ceux qui ne passent pas leur temps à découvrir les vins. Dans ce cas, la solution consiste à demander conseil à votre caviste. Les vendeurs n'ont pas tous une connaissance approfondie des mariages entre vins et mets, mais ils savent au minimum les arômes des vins qu'ils vendent.

La sagesse des anciens

Quelle que soit la primauté que vous donnez à l'imagination et à la créativité, il n'est pas pour autant nécessaire de réinventer la roue. Dans les mariages vins/mets, il reste utile de connaître les combinaisons classiques, tout simplement parce qu'elles fonctionnent toujours efficacement. On ne devient pas classique en étant médiocre.

Voici donc quelques combinaisons réputées fiables. Chaque région viticole du monde possède ses propres combinaisons magiques, mais tout en en parlant, nous nous rendons compte que lorsque nous voyageons dans ces régions, nous sommes généralement si occupés à écrire des commentaires de dégustation et à prendre plaisir à déguster les plats régionaux que nous en oublions de prendre connaissance de l'expérience locale des mariages. De toute façon, il est de peu d'utilité pour un non Italien d'apprendre que le Chianti se marie à la perfection avec le sanglier de Toscane.

Quelques couples célèbres

Plats	Vins
Huîtres	Muscadet ou Riesling
Agneau	Bordeaux rouge
Noix et Roquefort	Porto ou Maury
Gorgonzola	Amarone
Foie gras	Sauternes ou Gewurztraminer de vendanges tardives
Soupes et consommés	Xérès *Amontillado sec*
Saumon fumé	Chablis grand cru
Amandes grillées ou olives vertes	Xérès *Fino ou Manzanilla*
Poisson grillé	Saint-Véran, Mâcon
Bœuf grillé	Hermitage rouge
Poulet grillé	Beaujolais
Fromage de chèvre	Sancerre ou Pouilly-Fumé
Bœuf bourguignon	Bourgogne rouge
Chocolat noir	Banyuls ou Porto Vintage.

Une liberté fragile

Lors d'un repas où nous fûmes conviés, tous les vins (trois par plat) avaient été choisis sur la seule base du meilleur mariage avec chaque aliment. Pourtant, dans le cas d'un des plats, le mariage n'était pas réussi. Les experts qui avaient conçu ce repas se sont confondus en excuses. Il s'est avéré que le chef avait modifié la préparation : au lieu d'orner le tour des assiettes avec du poivre de Cayenne dans un but purement esthétique, il a (sic) saupoudré le plat de poivre ! L'interaction vin/mets en était complètement bouleversée.

Ceux qui supportent d'obéir aux règles peuvent en tirer une leçon : être très attentif non seulement aux ingrédients des plats mais également à l'endroit où ils sont placés !

Plusieurs autres suggestions de mariages vins/mets sont disséminées dans les chapitres 10 et 14.

Les vins de vos réceptions

Lorsque vous recevez à dîner, vous allez sans doute servir un plus grand nombre de vins que lors d'un repas normal. Au lieu d'offrir un seul vin pour tout le repas, vous en servirez sans doute un par plat. On sert fréquemment deux vins pour un repas, un blanc pour les entrées et un rouge pour le plat principal (et, s'il y a des amateurs, un second rouge plus somptueux pour le fromage).

En plus de les marier raisonnablement avec les plats, vous aurez normalement envie de servir les vins dans l'ordre ascendant de qualité et de puissance. Vous devez donc bien réfléchir à la séquence du service des vins. Les quelques règles suivantes n'ont encore jamais été abolies à notre connaissance :

- Les vins blancs avant les vins rouges ;
- Les vins légers avant les vins corsés ;
- Les vins secs avant les vins doux ;
- Les vins simples avant les vins complexes et très aromatiques.

À chacun son goût

Nous avons récemment eu la joie et l'honneur de pouvoir discuter du mariage des vins et des mets avec le propriétaire de l'un des cinq « Premier Cru » de Bordeaux (voir chapitre 10). Il nous avouait qu'il n'aimait pas le bordeaux avec l'agneau, ce qui ne manqua pas de nous étonner. « Mais, bordeaux et agneau forment une combinaison très classique ! » « Je maintiens que je n'aime pas l'agneau avec le bordeaux », répond-il. Et après un instant, il ajouta : « En fait, je n'aime pas l'agneau. »

Chacun de ces principes fonctionne de manière indépendante. N'essayez pas à tout prix d'appliquer les quatre règles simultanément, car vous pourriez bien finir par ne boire qu'un vin blanc sec suivi d'un vin rouge lourd et sucré! On peut très bien servir un vin rouge léger avant un vin blanc corsé. Si les plats que vous avez prévus se marient a priori avec du blanc, vous pouvez très bien ne servir que des blancs : d'abord un blanc léger puis un blanc plus riche. De même pour les vins rouges, mais sachez que vous pouvez également servir un rosé sec avant un rouge.

Au début était le vin

Même si vous n'avez pas prévu de hors-d'œuvre, vous devez pouvoir offrir à vos invités quelque chose à boire lorsqu'ils arrivent.

Nous aimons servir du champagne au lieu de vin blanc en apéritif. En effet, ouvrir une bouteille de champagne est toujours une cérémonie qui rassemble le groupe. Le champagne fait honneur à vos invités. Et une flûte de champagne offre suffisamment d'attrait pour que l'on puisse passer quelques instants à le déguster ; même les gens qui trouvent inutile de disserter sur le vin peuvent comprendre que le champagne est suffisamment prestigieux pour ne pas être bu dans l'indifférence. Le champagne sait se tenir seul, sans aliment, ce qui le distingue de nombreux vins blancs.

En prévoir trop ou pas assez

La quantité de vin dont vous aurez besoin dépend de différents critères :

- Le nombre de vins prévu (la quantité de chaque vin sera moindre bien sûr s'il y en a plusieurs) ;
- La durée du service (pour un long repas, la quantité de vin devra être supérieure) ;
- La taille des verres (si les verres sont de grande taille, on en servira davantage).

Si nous imaginons un repas complet avec apéritif, deux vins pendant le repas et un vin pour le fromage, et supposons que tous les invités boivent modérément, il semble raisonnable de recommander une bouteille de vin pour quatre personnes. Chaque invité dispose ainsi de 12 centilitres de chaque vin - et vous disposer d'une réserve pour resservir. Résumons-nous :

- Deux vins : une bouteille de chaque vin pour deux invités ;
- Quatre vins : une bouteille de chaque vin pour quatre invités.

Une règle encore plus simple consiste à compter un volume d'une bouteille de vin par invité (tous styles confondus). Cela peut sembler beaucoup, mais si le repas dure plusieurs heures et que vous servez plusieurs plats, ce n'est pas si énorme. Si vous vous inquiétez de voir certains invités boire trop, arrangez-vous pour qu'ils aient toujours de l'eau à portée de main afin qu'ils puissent se désaltérer sans être obligés de finir leur verre de vin.

Si vous offrez un banquet avec plusieurs plats principaux, nous vous recommandons de prévoir pour chaque invité un verre pour chaque vin. Ce qui, en tout cas, donnera un air de fête à votre table. Disposer de plusieurs verres évite aussi aux convives de devoir vider le contenu du leur pour pouvoir passer au vin suivant. (Vous constaterez rapidement quelles personnes boivent avec intérêt et lesquelles ne boivent pratiquement pas ; vous ajusterez le service en conséquence.).

Le vin d'une planète, les mets d'une autre

Que vous receviez ou non, vous ferez tôt ou tard l'expérience d'un mariage désastreux entre un vin et un plat. Nous avons souvent eu l'occasion d'expérimenter un remède dans de telles situations : tant que le vin est bon et que le plat est bon, il suffit de manger d'abord et de boire ensuite, ou vice versa.

Chapitre 18
À boire et à ranger (ou à vendre)

Dans ce chapitre :
- Combien de bouteilles faut-il avoir dans sa cave ?
- Acheter par bouteilles ou par caisses ?
- Créer son catalogue des vins
- Maintenir ses vins en bonne santé
- Le vin comme investissement
- Tout le respect dû aux anciens
- La réalisation de vos actifs

À l'époque où nous avons commencé à acheter du vin, nous partions de rien. L'excitation que provoquaient nos dégustations nous faisait nous emporter dans nos achats : nous achetions quatre, six ou même douze bouteilles du vin qui nous avait plu la veille. Ou bien nous parcourions les étagères des cavistes pour finir par acheter douze vins de cépage Zinfandel différents (voir chapitre 14) dans l'intention de mettre en place une séance de dégustation ; les résultats n'ont pas été à la hauteur de notre enthousiasme.

Notre envie de toujours découvrir de nouveaux vins et de disposer chez nous de ceux que nous aimions était infinie. Avant même de le savoir, nous étions devenus des collectionneurs de vin.

Nous n'avons heureusement pas fait trop d'erreurs en cours de route. Nous avons fini par reconnaître l'intérêt qu'il y avait à planifier ses achats de vin. Le vin a décidément quelque chose en commun avec les lapins : le nombre peut très facilement dépasser toute prévision.

On collectionne le vin comme M. Jourdain fait de la prose

La plupart des vins sont consommés très peu de temps après l'achat. Si vous vous reconnaissez dans ces habitudes, vous avez sans doute souvent de la compagnie.

Pourtant, de nombreux amateurs ont un rapport différent au vin. Bien sûr, ils achètent du vin parce qu'ils ont prévu de le boire ; seulement, ils n'ont pas exactement prévu à quelle date ils le boiront. Et tant qu'il n'est pas bu, ils sont particulièrement heureux de savoir que les bouteilles sont à leur disposition. Si vous vous reconnaissez dans ce second groupe, vous êtes sans doute un collectionneur de vin révélé ou en puissance. Pour vous, la recherche est aussi passionnante que la dégustation.

Si vous avez fondé votre cave privée, un minimum de prévision vous permettra de disposer d'un inventaire bien organisé de tous les vins que vous êtes fier de posséder. Même si vous n'avez pas l'intention de devenir collectionneur, il reste valable de disposer d'un minimum d'informations pour préparer ses achats. L'effort consistant à développer une stratégie dans vos acquisitions peut vous éviter de vous retrouver sans l'avoir voulu à la tête d'une collection hétéroclite de vins inintéressants.

La mise en place d'une stratégie d'achat de vin suppose de répondre à quelques questions :

- La quantité de vin que vous consommez ;
- La quantité de vin que vous désirez posséder (et pouvez stocker) ;
- L'enveloppe financière que vous avez prévu de consacrer au vin ;
- Les types de vins que vous préférez déguster.

Si vous n'arrivez pas à équilibrer correctement ces quatre paramètres, vous pouvez très bien finir ruiné, blasé, déçu ou encore devoir vous convertir dans le commerce du vinaigre (de luxe) !

Le non collectionneur résolu

Le vin vous enthousiasme et vous aimez en acheter, mais vous n'avez aucune intention de devenir collectionneur ; vous n'avez pas la place ou bien vous avez trouvé d'autres destinations pour vos finances.

Dans votre cas, le seul moyen d'éviter de devenir collectionneur malgré vous est une stricte discipline. Vous devez terminer le nombre de bouteilles que vous consommez par mois (en tenant compte des invitations) pour n'acheter que le nombre de bouteilles nécessaire. À titre d'exemple, si, d'une part, vous buvez du vin (autre qu'un vin quotidien éventuel non pris en compte) deux fois par semaine et que, d'autre part, vous recevez une fois par mois, ce nombre peut être de l'ordre de 12 bouteilles.

 Lorsque le non collectionneur achète, il doit éviter les vins rouges robustes qui s'améliorent en vieillissant. Il doit s'interdire d'acheter plus de deux bouteilles du même vin, sauf si cela ne le dérange pas de boire fréquemment le même. Il doit enfin éviter soigneusement d'acheter tout vin qui serait assez fameux ou cher pour être tenté d'en repousser la consommation à la prochaine grande occasion.

Le non collectionneur doit enfin s'empêcher de s'abonner à un quelconque magazine œnophile ou de surfer parmi les sites Web dédiés au vin. Rude chemin que celui de l'abstinence…

Le petit collectionneur

Réussir à rester modéré dans sa collection de vins est un louable défi.

Nous allons supposer que vous avez décidé qu'un stock de six mois pouvait vous convenir (cela peut représenter environ 75 bouteilles si nous conservons le même scénario de consommation que celui donné en exemple dans la section précédente).

Vous venez de vous décider à stocker un peu de vin parce que 75 bouteilles constituent un volume suffisant pour pouvoir consacrer une caisse entière (12 bouteilles) ou même deux à des vins de garde (que vous ferez donc vieillir). Cela permet également d'optimiser l'achat d'un vin que vous aimez particulièrement en considérant qu'une caisse vous suffira si vous ouvrez deux bouteilles par mois pendant six mois (mais y parviendrez-vous ?).

Votre défi va consister à trouver un équilibre agréable entre les vins de garde et les vins à consommer immédiatement et une diversité suffisante parmi ces derniers afin de ne pas vous lasser de vos choix. Pour y parvenir, il sera sans doute nécessaire d'ouvrir un livre de cave pour tenir un inventaire. Vous devrez également commencer à réfléchir aux conditions de stockage du vin, notamment pour les vins de garde (voyez nos suggestions de vins de grande garde plus loin).

Le grand collectionneur

Nos félicitations ! Il est vrai que la plupart des collectionneurs n'ont en fait jamais décidé de le devenir ; ils se sont contenté d'acheter et d'acheter jusqu'à se trouver à la tête d'un stock conséquent. En prenant la décision de développer soigneusement une collection de quelques centaines de bouteilles de vin, vous pourrez disposer d'une cave intimement adaptée à vos goûts et à vos objectifs, et éviter les pièges les plus communs qui attendent les collectionneurs de vin.

Où s'arrête la cave privée ?

Certains collectionneurs ont dans leur cave plus de 10 000 bouteilles ! On peut se demander s'il s'agit encore d'une cave de particulier. Nous considérons qu'une collection de 1 000 à 1 500 bouteilles est absolument suffisante pour faire face aux besoins du plus passionné. Mais une cave de 100 bouteilles bien conçue reste une chose tout à fait sympathique.

Votre défi va consister à définir clairement vos objectifs, à diversifier de manière raisonnée votre collection et à faire preuve de patience dans vos achats. Vous devrez bien évidemment vous doter de conditions optimales pour le stockage des vins, faute de quoi vos achats ne vous apporteraient jamais les plaisirs que vous en espérez.

La recherche des candidats

Sauf si votre intention est d'immobiliser votre cave avec des vins que vous prévoyez de revendre avec un bénéfice (autrement dit, si vous achetez du vin pour ne pas le boire), vous devez toujours vérifier que vous appréciez un vin avant de le mettre en cave (remarque qui ne concerne pas les bouteilles que vous achetez pour découvrir et expérimenter de nouveaux vins ; sont concernés ceux pour lesquels vous prévoyez un achat en quantité). Il semble évident qu'on doive d'abord acheter un vin parce qu'on l'aime, mais vous seriez étonné de constater combien de gens choisissent un vin plutôt qu'un autre parce qu'il a été mieux noté.

À l'instar de cette anecdote d'une starlette de Hollywood qui a peuplé sa cave exclusivement de vins notés de 95 à 100 par les critiques spécialisés. Quelle tête a-t-elle pu faire le jour où elle a réalisé que la plupart des vins qu'elle possédait n'étaient pas à son goût !

Une cave équilibrée

Une cave bien conçue contient plusieurs gammes de vins ; elle peut bien sûr mettre l'accent sur un ou deux styles de vin que vous aimez particulièrement, mais elle doit en comporter d'autres. La cave doit donc contenir :

- Des vins de garde et des vins prêts à consommer ;
- Des vins à bon marché (moins de 5 €) qui peuvent être consommés à la première occasion ;
- Des vins fins que vous n'ouvrirez que si votre voix intérieure vous y invite.

Si vous êtes fondu de vin de Bourgogne ou de la vallée de la Loire, par exemple, vous pouvez choisir d'en faire votre spécialité. Mais soyez attentif à ne pas vous lasser en constatant que vous n'avez rien d'autre à boire. Disposer d'autres styles de vins permet aussi de poursuivre une sorte d'éducation pluriculturelle.

L'essentiel d'une cave est constitué par les vins de table, mais il faut penser à ajouter un peu de diversité en stockant des vins d'apéritif tels que le champagne ou le xérès sec et des vins de dessert tels que les liquoreux et le porto. Vous êtes ainsi préparé à toute occasion (si vous êtes comme nous, vous inventerez souvent des prétextes pour ouvrir une bouteille de champagne!).

Vous mettrez donc en cave quelques vins de garde que vous achèterez dans leur jeunesse, alors que leurs prix sont accessibles. La plupart des grands vins rouges tels que les bordeaux, le Barolo et le Brunello di Montalcino n'arrivent au sommet de leur expression qu'au bout de dix ans de vieillissement. À cet âge, certains d'entre eux deviennent difficiles à trouver dans le commerce. Le vieillissement est également la règle pour certains grands blancs de Bourgogne tels que le Corton-Charlemagne, les grands bordeaux blancs secs, les liquoreux comme le Sauternes, les vins de vendanges tardives d'Allemagne et les portos millésimés (ces derniers demandent à vieillir au moins vingt ans pour être prêts!).

Rappelons que vous devez éviter le piège consistant à n'avoir en cave que des vins si grandioses que vous n'osez jamais en ouvrir une bouteille lorsque vous avez la simple envie de boire un verre de vin.

Les vins quotidiens

Voici une suggestion de candidats pour les vins blancs quotidiens :

- Les bourgognes blancs simples tels que les Mâcon-Villages, le Saint-Véran et le Chablis (les bourgognes blancs utilisent le cépage Chardonnay; ils sont décrits en détail dans la section correspondante du chapitre 10);

- Les vins d'Alsace Riesling et Muscat ;
- Les vins de cépage Sauvignon Blanc (de Californie, de France, de Nouvelle-Zélande ou d'ailleurs) ;
- Les vins de cépage Chardonnay (de Californie, d'Australie ou d'ailleurs) ;
- Les vins de cépage Pinot Gris (ou leur équivalent italien, Pinot Grigio).

Voici une suggestion de candidats pour les vins rouges quotidiens :

- Les Côtes du Rhône ;
- Les beaujolais ;
- Les bordeaux et bordeaux supérieurs légers (à moins de 8 €) ;
- Le Barbera et le Dolcetto italiens ;
- Les Zinfandel rouges (californiens) ;
- Le Chianti (à moins de 6 €) ;
- Les Pinot Noir ;
- Les Merlot.

Les vins de garde

Voici en blancs puis en rouges quelques grands vins capables et ayant besoin de vieillir. Vous trouverez une sélection de producteurs dans l'avant-dernière section du chapitre.

Voici tout d'abord une suggestion de candidats pour les vins de garde blancs :

- Les bourgognes blancs grands crus et premiers crus tels que le Corton-Charlemagne, le Bâtard-Montrachet, le Meursault et le Chablis (des grands crus) ;
- Les meilleurs bordeaux blancs (Pessac-Léognan) ;
- Quelques grands Riesling allemands ;
- Les Riesling et Gewurztraminer alsaciens.

Tous ces vins sont décrits dans les chapitres 10 et 12.

Les vins rouges à garder sont nombreux. Voici une sélection de grands vins de garde rouges :

- Les grands bordeaux ;
- Les bourgognes rouges grands crus et premiers crus ;
- Les Côtes du Rhône, Hermitage, Côte Rôtie et Cornas (cépage Syrah) ;
- Les grands rouges italiens, Barolo, Barbaresco, Chianti Classico Riserva, Brunello di Montalcino, Taurasi et les super-toscans Cabernet/Sangiovese ;
- D'Espagne, les Rioja et Vega Sicilia ;
- Du Portugal, le Barca Velha ;
- De Californie, les meilleurs Cabernet-Sauvignon (et leurs assemblages) ;
- D'Australie, les Shiraz Grange (de Penfold) et Henschke (Hill of Grace).

Sont de longue garde également les grands champagnes (millésimés et cuvées de prestige ; voir chapitre 15), les xérès de style Oloroso, les vins liquoreux comme les Sauternes, les Riesling allemands de vendanges tardives (voir chapitre 12), les Vouvray de la vallée de la Loire, les portos millésimés et le madère.

Combien de chaque ?

Une des décisions les plus difficiles à prendre consiste à déterminer combien on doit acheter de chacun des vins qu'on a choisi de mettre en cave. Si vous êtes persuadé qu'un certain vin est absolument exceptionnel (vous l'adorez, il vient de recevoir une très bonne note et/ou le millésime est réputé exceptionnel), vous aurez naturellement tendance à acheter de grandes quantités.

Un de nos amis a hypothéqué sa maison pour pouvoir acheter 60 caisses de Château Mouton-Rothschild 1982 ! Cette décision n'est pas aussi folle qu'on pourrait le croire au premier abord. Un bordeaux premier cru (voir chapitre 10) d'un grand millésime comme 1982 est un réel investissement. Notre ami fera sans doute un profit conséquent lorsqu'il vendra son vin ; son

Mouton lui a sans doute coûté moins de 460 € la caisse de 12 en 1985, mais sa valeur actuelle est de 10 000 €) la caisse (à multiplier par 60 caisses!).

Les charmes de la maturité dévoilés

Un vin de garde n'a rien à voir avec un vin jeune, et certains vins de garde n'existent littéralement pas avant d'avoir atteint leur plénitude. Essayez par exemple de consommer jeune (avant dix ans) un grand bordeaux rouge réputé tel qu'un Château Mouton-Rothschild. Vous pouvez vous demander d'où il tire sa grande réputation. Vous ne percevez rien d'autre qu'une invasion de tanin et d'acide ; bien que le vin soit très fruité, il semble que ses composants aromatiques soient désynchronisés. Mais essayez-le dans dix ou quinze ans, l'agressivité des tanins et des acides se sera estompée et un merveilleux bouquet de cèdre et de cassis se sera développé dans une délicatesse incomparable de saveurs.

Lorsqu'un vin fin mûrit en bouteille, une série de réactions chimiques se produit. Le détail de ces opérations n'est pas clairement défini, mais les effets sont évidents dans le style d'un vin rouge qui a vieilli :

- La robe du vin devient pâle ;

- Les arômes évoluent de ceux des fruits (et du chêne souvent) de la jeunesse pour s'orienter vers un bouquet de cuir et de terre ;

- Les tanins diminuent ;

- La texture devient veloutée.

La digestion des vins fins est plus facile lorsqu'ils sont à point, car ils ont alors perdu leurs tanins amers et leur acidité. Ce plus grand confort gastrique ne fait que faciliter l'expérience émotionnelle qu'un tel vin vous promet. Déguster un vin vieux est une sorte de voyage dans le temps, le lien retrouvé avec tous les autres maillons de la chaîne ininterrompue que sont les hommes qui ont fait naître puis élevé ce vin.

Si vous prévoyez d'acheter une certaine quantité de vin, par exemple deux caisses ou plus, la première question que vous devez vous poser est : « Pourrai-je éventuellement revendre ce vin plus tard si le besoin s'en fait sentir ? » (Aidez-vous de notre liste des vins d'investissement en fin de chapitre ou contactez un connaisseur si vous n'êtes pas sûr des capacités à la revente d'un vin ; voyez aussi la dernière section de ce chapitre.).

Si le vin que vous prévoyez d'acheter en grande quantité ne fait l'objet d'aucune cotation à la revente (officielle ou officieuse), nous vous recommandons la prudence. En voici plusieurs raisons :

- Vous pouvez vous lasser plus tard de ces vins et vous retrouver avec plusieurs caisses que vous êtes obligé de boire (c'est d'un ennui !) ;
- Vos goûts peuvent évoluer ou bien (l'éducation de votre palais se poursuivant) vous pouvez découvrir qu'il n'est pas si grand que vous l'aviez cru au début ;
- Le vin peut vieillir plus vite que prévu (cela arrive souvent) et il vous reste plusieurs bouteilles d'un vin qui a passé l'âge.

Sauf pour investir, nous vous suggérons de ne jamais acheter plus d'une caisse du même vin. Nous parlons donc d'achat par caisse uniquement pour quelques rares vins qui ont fait leurs preuves, comme nos favoris. La plupart du temps, nous nous limitons nous-même à trois ou six bouteilles des vins que nous savons apprécier et que nous savons pouvoir vieillir. Si nous n'avons pas pu goûter un vin (ou si nous ne sommes pas certains de vouloir l'acheter) et si nous désirons malgré tout en savoir plus sur ses capacités, nous achetons une seule bouteille et nous la dégustons.

Sauf pour les plus grands (comme le Château Mouton-Rothschild 1982), évitez de trop stocker les vins très demandés par peur de ne plus pouvoir en trouver. Il restera toujours du vin à acheter ! Vous regretterez peut-être de ne pas avoir acheté plus de bouteilles d'un vin lorsque vous en aviez la possibilité, mais vous pourrez vous consoler en sachant que d'autres vins excellents sont produits chaque année. Préparez-vous solennellement à manquer de temps à autre un gros poisson.

Une carte bien ordonnée pour la paix de l'esprit

Que vous ayez ou non prévu de devenir collectionneur, il arrive un moment où vous réalisez que vous êtes passé du statut de consommateur à celui de propriétaire de cave privée. En général, vous vous en rendez compte quand vous commencez à avoir une centaine de bouteilles.

Il vous vient alors à l'esprit l'idée qu'il vous faut gérer votre cave. Voici les premiers arguments qui poussent à mettre en place une gestion de cave :

- Vous trouvez en un clin d'œil la bouteille que vous recherchez ;
- Vous connaissez votre capital (il arrive souvent que des bouteilles disparaissent alors qu'elles ont tout simplement été oubliées dans le fond de la cave !) ;
- Vous pouvez faire visiter votre cave à vos amis (ce qui donne le même genre de satisfaction que lorsqu'on montre les photos du dernier-né).

Plusieurs méthodes sont applicables pour bien stocker ses vins.

La méthode classique pour gérer sa cave consiste à tenir un livre indiquant le nombre de vins de chaque style et leur lieu de stockage. Mais vous pouvez aussi utiliser un ordinateur pour gérer votre cave.

L'informatisation de notre collection de vins s'est avérée bien plus facile que prévu. Nous avons adopté un logiciel de gestion de base de données (FileMaker sur Macintosh, en l'occurrence) afin de créer les fichiers. Voici les champs de données que nous avons définis :

- Millésime
- Producteur
- Nom du vin
- Appellation
- Nom du vignoble

- Région
- Pays
- Type (rouge, blanc, rosé, mousseux, apéritif ou dessert)
- Quantité en cave
- Valeur actuelle (dernière estimation, par bouteille)
- Contenance (pour distinguer les magnums et les fillettes).

Deux champs de totalisation permettent de connaître à tout moment le nombre total de bouteilles en cave ou le sous-total d'une partie de la cave, par exemple les seuls bordeaux rouges, ainsi que la valeur correspondante.

Nous prévoyons encore d'enrichir notre système d'œnophilie assistée par ordinateur (OEAO) en ajoutant quelques champs :

- Date de consommation idéale
- Lieu d'achat
- Date d'ouverture de la bouteille.

La chambre à coucher de vos vins

Si vous êtes un non collectionneur endurci qui ne stocke jamais plus d'un ou deux mois de consommation et qui porte tous ses efforts pour diminuer sa quantité de stock, vous n'avez pas besoin de vous soucier des conditions de stockage de vos vins. Il vous suffira de poser vos bouteilles sur une étagère dans la salle à manger ou ailleurs, en évitant simplement de les mettre trop près d'un radiateur ou de la lumière directe du soleil. Même debout, les bouteilles pourront survivre quelques mois.

En revanche, si vous décidez de collectionner quelques bouteilles, ou si vous vous rendez compte que vous avez commencé à collectionner sans le savoir, prenez un peu de précautions. Si les vins sont mal stockés, vous irez de déception en déception malgré tous vos efforts.

Si vous avez prévu de faire vieillir des grands vins, il vous faut absolument un lieu de stockage dont la température et l'humidité soient constantes. Ces critères sont vitaux si vous vivez dans un environnement où la température est supérieure à 20°C de manière régulière.

De bonnes conditions de stockage évitent à vos vins fins de faner avant d'être à point, et elles vous motivent pour garder des vins jeunes à garder. Si le stockage n'est pas adéquat, soit vous consommerez vos vins fins trop tôt (les amateurs parlent d'infanticide), soit ces vins mourront de bien triste manière dans un cellier ou un garage surchauffé.

La cave naturelle

Vous avez peut-être la grande chance de disposer d'une cave naturelle (vous venez par exemple d'hériter d'un château en Écosse).

Une cave naturelle est un lieu où l'on peut stocker des vins dans un environnement frais (moins de 15°C et bien humide (75 % d'humidité au moins pendant toute l'année). Les Anglais parlent de *cave passive* parce qu'il n'y a rien à modifier pour disposer de conditions optimales. Dans la plupart des pays, on ne peut obtenir une cave naturelle qu'à une certaine profondeur et en utilisant des pierres de taille ou une isolation qui leur soit comparable.

Une cave naturelle est évidemment l'endroit idéal pour stocker du vin. Et une telle cave n'entraîne pas de frais d'entretien.

Si vous ne disposez pas d'un espace pouvant servir de cave naturelle, vous pouvez éventuellement en creuser une ou faire appel à un spécialiste. Ce n'est bien sûr pas une mince affaire (travaux d'excavation, dérangement), mais vous pouvez trouver des ouvrages pour vous aider et des adresses dans les revues.

Les lieux qui peuvent devenir caves à vins

La plupart d'entre nous ne sont pas assez riches pour disposer d'une cave naturelle ou pour en construire une. Mais l'aménagement d'un lieu en une cave à vin dans laquelle l'humidité et la fraîcheur sont maintenues artificiellement peut donner des résultats tout à fait satisfaisants.

Voici les paramètres essentiels que doit offrir un lieu destiné à devenir une cave à vin correcte :

- Ce lieu doit être frais, entre 11 et 15°C ;
- La température doit rester constante ou varier très lentement car les sauts de température ne sont pas bons pour le vin ;
- La zone doit être humide avec un degré d'humidité entre 75 % et 95 % (au-delà de ce plafond, la moisissure apparaît) ;
- Le lieu doit être exempt de vibrations qui peuvent se transmettre aux vins ; évitez les trafics routiers, les démarrages de moteurs comme ceux des réfrigérateurs et machines à laver ;
- Le lieu doit être un peu aéré ;
- La zone doit être sombre, et surtout protégée de la lumière directe du soleil, car les ultraviolets ont un effet néfaste sur le vin ;
- La zone doit enfin être à l'abri des odeurs chimiques telles que celles des peintures et des solvants, de l'essence (la tondeuse à gazon !).

Procurez-vous un hygromètre pour votre cave. Le nôtre affiche le pourcentage d'humidité et une lecture digitale de la température, et nous le consultons presque tous les jours. Vous trouverez des hygromètres dans les catalogues et les magasins d'accessoires pour le vin.

Refusez tout stockage de vin dans un réfrigérateur, même pour les champagnes. Le moteur du réfrigérateur provoque des vibrations et la température trop froide (jusqu'à 1°C environ) va détruire les arômes de vos vins.

Nous avons nous-mêmes aménagé un espace de stockage des vins dans notre cellier. Tant que votre espace est climatiquement contrôlé (naturellement ou non), et correctement isolé (voir plus loin), vos vins seront heureux.

Un lieu frais et humide

Il existe des unités de conditionnement professionnelles. (Vous en trouverez dans les revues et catalogues d'accessoires.).
Il s'agit de climatiseurs couplés à un système d'humidification.

La gamme de modèles leur permet de s'adapter à différents volumes. L'installation doit être réalisée par un professionnel. Ces appareils coûtent entre 460 € et 2 300 € selon la taille.

Le problème de l'humidité

Certains collectionneurs de vin ne s'inquiètent pas particulièrement du taux d'humidité de leur cave. Ils prétendent qu'une trop forte humidité engendre de la moisissure et défigure les étiquettes. Pourtant, un air trop sec entraîne l'évaporation des vins et provoque des fuites par les bouchons, ce qui a pour conséquence l'ouillage (la création d'un grand espace d'air entre le bouchon et le vin). Plus l'ouillage est grand, plus le vin risque de s'oxyder.

Nous avons recommandé entre 75 et 95 % d'humidité et nous sommes persuadés que les conditionneurs d'air, qui abaissent le taux d'humidité jusqu'à 50 %, doivent être bannis de tout lieu de stockage de vin.

Le climat de votre lieu de résidence peut vous permettre de ne pas faire fonctionner votre conditionneur toute l'année. Le nôtre ne fonctionne que de fin mai à fin septembre. Cela nous coûte environ 11 € d'électricité par mois, pendant quatre mois, ce qui est négligeable quand on considère la valeur de ce qui est ainsi protégé. Pendant les mois d'hiver, l'air devient plus sec et nous ne faisons fonctionner que l'humidificateur, ce qui abaisse les frais d'exploitation.

Les casiers à vin

Les systèmes de rangement des bouteilles vont de l'ensemble d'étagères en bois de qualité jusqu'aux casiers en métal ou en plastique. Le choix dépend de la somme que vous désirez y consacrer.

Les casiers en losange (en bois ou en matériau synthétique) sont les plus répandus car ils permettent le stockage efficace dans chaque casier d'une caisse de 12 bouteilles avec une économie d'espace maximale. Ces casiers en losange permettent en outre d'enlever aisément une bouteille où qu'elle se trouve (voir figure 18-1).

Il existe également des casiers individuels ; s'ils vous intéressent, tenez compte du fait que les bouteilles de taille non standard (par exemple les bouteilles de champagne) risquent de ne pas pouvoir entrer dans l'emplacement (et les demi-bouteilles sont trop petites !).

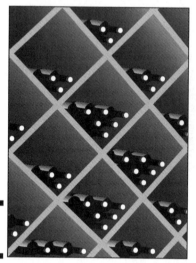

Figure 18-1 :
Casiers à vin en losange.

Certains collectionneurs préfèrent laisser les vins dans les caisses de bois dans lesquelles ils les ont rapportés. (De nombreux grands vins classiques tels que les bordeaux et le porto Vintage sont livrés dans de telles caisses ; pour des caisses vides, demandez gentiment à votre caviste préféré.). Ces caisses en bois forment une protection utile au vin parce qu'il reste dans un environnement sombre dont la température varie encore plus lentement qu'à l'extérieur de la caisse grâce à la masse de bouteilles réunies dans ce petit espace fermé. En revanche, il devient difficile de récupérer une bouteille de la rangée inférieure.

Les caisses en carton ne sont pas recommandées pour stocker le vin. Les produits chimiques utilisés pour fabriquer le carton risquent d'affecter les arômes. En outre, le carton s'altère dans le temps à cause de l'humidité de l'air (et nous supposons que vous maintenez une humidité correcte dans votre cave).

Isolation de la cave

Votre choix en matière d'isolation est un critère encore plus important que celui des casiers.

Nous déconseillons fortement l'utilisation de laine de verre car elle absorbe l'humidité durement élaborée par votre conditionneur. Nous avons su l'aventure d'un amateur chez lequel le poids de l'eau captée par l'isolation du plafond a fini par provoquer l'effondrement du double plafond, ce qui a dû créer un certain chaos dans sa cave.

L'isolation idéale est une épaisseur de 10 centimètres d'une résine thermoplastique appelée polyuréthane. Cette matière est sans odeur, insensible à l'humidité et elle constitue un sceau parfait. Même lorsque votre conditionneur est hors service, la température n'évoluera que très lentement avec ce type d'isolation.

Ni naturelle, ni aménagée ?

Si votre domicile possède un cellier ou une zone indépendante que vous avez pu aménager en cave à vin, vous avez encore de la chance. Mais que faire si vous n'avez aucun espace de ce genre, par exemple dans un appartement sans cave ni cellier ?

Le consommateur typique en appartement a trois choix :

1. Confier le stockage de son vin à la cave d'un ami ou d'un voisin (en supposant qu'il offre les conditions de stockage requises et que vous avez suffisamment confiance dans le fait qu'il ne boira pas vos vins !) ;
2. Louer un espace ou un box dans un entrepôt de vins ;
3. Acquérir une armoire à vin, sorte de cave réfrigérée (avec un moteur sans vibration) qui a ceci de particulier que le propriétaire ne peut pas y entrer.

Les deux premières solutions nous semblent peu pratiques car vous ne jouissez pas d'un accès immédiat à vos vins. Il n'est pas très agréable de devoir prendre la voiture pour « descendre à la cave ». Lorsque la cave se trouve réellement à la cave, l'amateur prend souvent plaisir à venir admirer ses bouteilles ou les montrer à ses amis.

Si nous habitions en appartement, nous aurions choisi la troisième solution, celle de l'armoire à vin. Il en existe de toutes sortes, certaines en bois, d'autres en métal et d'autres encore dans une combinaison des deux. Leur aspect extérieur est en général celui d'un beau meuble, dans un format soit vertical, soit horizontal. Certaines armoires ont des portes vitrées (déconseillé) et toutes peuvent bien sûr être fermées à clé. Les petites armoires à vin contiennent 24 bouteilles et d'autres de grand format peuvent en contenir 2 008, avec de nombreuses tailles intermédiaires. Les prix vont de 800 à 4 600 €. Vous en trouverez les publicités dans les magazines spécialisés.

Si vous prévoyez de construire une cave ou d'acheter une armoire à vin, tenez compte de l'augmentation inéluctable de votre stock. Comme tous les lieux de stockage, les caves à vin ne font que s'étendre avec les années.

Boire (être) ou investir (avoir) ?

Certains vins deviennent très rares avec l'âge et on peut être tenté de les revendre avec du bénéfice. Cette tentation atteint même les plus purs amateurs. Dans de nombreux pays, les particuliers peuvent de nos jours tout à fait légalement revendre leurs vins à des détaillants ou dans les ventes aux enchères. De plus en plus de gens revendent les vins dont ils ne veulent plus ou ceux qu'ils ont acheté dans l'intention affichée de les revendre plus tard. Vérifiez que la législation du pays dans lequel vous vous trouvez autorise un particulier à revendre du vin.

Il est incontestable qu'un faible pourcentage seulement de tous les vins correspond à des vins d'investissement. Certains de ces vins représentent des opérations financières encore plus fiables que les actions ou l'immobilier car leur valeur ne fait qu'augmenter. Et même lorsque le contexte économique est extrêmement morose, il reste toujours des gens qui ont encore un peu d'argent à consacrer à une grande bouteille.

Voici les attributs qui caractérisent les vins d'investissement :

- Leur valeur a été reconnue comme exceptionnelle par tous les magazines et critiques spécialisés ;
- Ils ont une très grande longévité ;
- Ce sont les vins de millésimes très bons à excellents ;
- Ils doivent avoir toujours été stockés dans les meilleures conditions.
- Certains vins d'investissement font également l'objet d'un facteur de rareté : un petit nombre de bouteilles a été produit.

Les vins dans lesquels nous suggérons d'investir

Ce sont sans aucun doute les vins français qui ont le monopole du marché mondial des vins d'investissement. Leur réputation est solidement établie, notamment dans les pays anglo-saxons qui ont plus ou moins inventé le marché du vin d'investissement.

Grands bordeaux rouges (ayant de la classe et une réputation de longévité) :

Château Pétrus	Château Cheval-Blanc
Château Lafite-Rothschild	Château Lafleur (Pomerol)
Château Mouton-Rothschild	Château Trotanoy
Château Latour	Château Palmer
Château Margaux	Château La Mission-Haut-Brion
Château Haut-Brion	Château Ausone.

(Les vins de la première colonne sont de très bons investissements.).

Grands bordeaux blancs (ayant de la classe et une réputation de longévité) :

Château Haut-Brion

Château Laville Haut-Brion

Domaine de Chevalier.

Grands bourgognes rouges (les plus respectables) :
Domaine de la Romanée-Conti (Romanée-Conti, La Tâche, Richebourg)

Domaine Leroy (surtout les grands crus Musigny et Chambertin).

Grands bourgognes blancs (les plus recherchés) :
Montrachet (Domaine de la Romanée-Conti ; Ramonet)

Ramonet (ses autres bourgognes blancs grands crus)

Domaine des Comtes Lafon (Meursault premiers crus)

Coche-Dury (grands et premiers crus)

Raveneau (Chablis grands et premiers crus).

Grands vins des Côtes du Rhône :
Côte Rôtie (Lamouline, Turc Guigal)

Hermitage (La Chapelle de Jaboulet, Le Pavillon de Charoutier)

Cornas (Clape).

Sauternes (le top) :
Château d'Yquem (le grand seigneur, pour investir)

Château Climens

Château Coutet (la cuvée Madame seulement)

Château de Fargues.

Super-toscans et Brunello di Montalcino :

Sassicaia	Solaia
Tignanello	Ornellaia
Masseto	Biondi-Santi Brunello di Montalcino.

Portos Vintage (les quatre grands portugais) :

Taylor Fladgate	Graham
Fonseca	Quinta do Noval (le Nacional seulement).

Le vin le plus recherché d'Espagne :
Vega Sicilia Unico.

Quelques Cabernet-Sauvignon de Californie (les très rares) :

Grace Family Vineyards Cabernet-Sauvignon (tous les millésimes)

Beaulieu Vineyards Private Reserve Cabernet (1970 et antérieurs)

Heitz Marta's Vineyard Cabernet-Sauvignon (1974 et antérieurs).

Les deux grands des antipodes (l'Australie) :

Grange de Penfold (surtout les vieux millésimes)

Shiraz « Hill of Grace » de Henschke.

Ce sont toujours les meilleurs qui partent les premiers

Si vous achetez des vins de garde, il se posera inévitablement la question de savoir s'ils auront fini de mûrir avant vous. Ce n'est pas un problème si vous avez prévu de léguer votre cave à vins à vos héritiers.

Si vous avez le sentiment, lorsque vous commencez à avoir de la bouteille, d'avoir trop de vin en cave, vous pouvez toujours envisager la revente d'une partie de votre patrimoine. Si vous avez été perspicace dans vos achats, vous revendrez facilement et avec un bon profit.

En ce domaine, notre héros est incontestablement le grand écrivain œnologue André Simon. Lorsqu'il s'est éteint à 94 ans, sa cave ne contenait paraît-il plus que deux magnums de vin. Quand on songe à la richesse qu'a dû avoir sa cave, on peut dire que ce grand monsieur savait planifier!

Revendre ses vins

Le vin est une boisson soumise à de nombreuses législations et vous ne pouvez pas nécessairement revendre votre vin dans n'importe quelles conditions. Selon votre lieu de résidence, vous aurez intérêt à consulter les autorités compétentes pour connaître les règles applicables aux particuliers. Dans certains pays, vous ne pouvez vendre qu'à des cavistes ou dans les ventes aux enchères, mais vous pouvez souvent passer des annonces dans les revues spécialisées.

Pour vendre votre vin dans une vente aux enchères ou à un professionnel, tenez compte des éléments suivants :

- Ces gens sont des connaisseurs ; il est inutile d'essayer de leur proposer des canards boiteux dont vous ne voulez plus ;
- Ils supposent a priori que les vins sont stockés dans d'excellentes conditions ; certains refuseront de négocier si vous ne leur en offrez pas la garantie ;
- Tous les intermédiaires demanderont une participation pour leurs services, qui va de 20 à 25 % du prix de vente ;
- Certains pratiquent le dépôt-vente en ne payant le vendeur qu'une fois le vin vendu ; à vous de voir.

Assurer sa cave

Si votre collection de vins devient suffisamment importante pour qu'elle représente une partie non négligeable de vos actifs, vous devez absolument penser à l'assurer. Les assurances habitation classiques ne couvrent évidemment pas les vins de valeur en cas d'incendie et risques divers (certains contrats prévoient quelques milliers de francs – quelques centaines d'euros – malgré tout). Vous devez donc demander un avenant à votre contrat d'assurance pour couvrir vos vins (et éventuellement vos verres en cristal) afin de garder une totale sérénité d'esprit. Les coûts d'assurance d'une cave à vin peuvent être de l'ordre de 0,3 à 0,45 € pour 76 € de vin assuré. Par exemple, si votre cave a une valeur de 46 000 €, la prime d'assurance annuelle sera de l'ordre de 230 €.

Pour faire une estimation de votre cave, notamment des vins âgés, il suffit de prendre en compte les prix pratiqués lors des ventes aux enchères. Pour les vins jeunes, les prix sont disponibles dans les publicités et les guides spécialisés. Vous pouvez bien sûr prendre en compte les argus qui sont publiés dans les revues. Pensez à réviser la valeur du capital assuré tous les trois ans.

La plupart des compagnies d'assurances sont en mesure de vous proposer un avenant à votre contrat d'assurance habitation pour garantir vos vins précieux. Certains courtiers, sans doute grands amateurs de vin, s'en sont même fait une spécialité.

Cinquième partie
La Partie des Dix

« Nous n'irons pas jusqu'à prétendre être ce que vous appelez un vignoble de prestige. Cette année, l'essentiel de notre raisin va servir à produire un bon petit vin d'avril! »

Dans cette partie...

Vous trouverez dans cette partie des réponses rapides et des solutions faciles.

La prochaine fois qu'un ami prétendra qu'un vin cher est toujours meilleur, que rien ne vaut le vin bio ou qu'il paraît que le champagne ne peut pas vieillir, voyez d'abord les conseils qui suivent.

Chapitre 19

Les réponses à dix questions fréquentes sur le vin

Tout au long de nos années d'enseignement œnophile et de conseils aux clients des cavistes, nous avons constaté que les mêmes questions revenaient sans cesse. Voici donc nos réponses.

Qu'est-ce qu'un bon vin ?

Cette question est sans doute la plus fréquemment posée par les clients chez les cavistes. En général, elle signifie pour eux : « Pouvez-vous me recommander un bon vin ? », ce à quoi le vendeur répond généralement par un tir nourri de questions :

- ✔ « Vous préférez le rouge ou le blanc ? »
- ✔ « Quelle somme comptez-vous dépenser ? »
- ✔ « Avez-vous prévu avec quoi vous allez servir le vin ? »

Chaque magasin offre des centaines de bons vins. Il y a vingt ou trente ans, ce nombre était bien moins important, mais les techniques de production
et de viniculture ont suffisamment progressé pour qu'il ne reste que très peu de vins de mauvaise qualité dans le commerce. Ce n'est pas pour autant que tous ces vins vont vous satisfaire. Sachez qu'il reste impossible de faire l'économie du face à face pour savoir si un vin est bon pour vous.
Si vous voulez boire un vin qui vous fasse plaisir, c'est à vous de savoir quelles doivent être les caractéristiques du vin que vous désirez acheter.
Et demandez conseil aux spécialistes.

Quand ce vin sera-t-il bon à boire ?

Combien de fois les cavistes entendent-ils cette question ? Pour la plupart des vins, la réponse est simplement « n'importe quand à compter de maintenant ». En effet, la majorité des vins peuvent être bus dès que vous les achetez. Certains peuvent s'améliorer légèrement si vous les gardez un ou deux ans (et la plupart resteront buvables après) mais cette amélioration ne sera pas suffisamment sensible pour que vous vous en rendiez compte, à moins que vous ne soyez un dégustateur bien expérimenté.

Il en va évidemment autrement des grands vins fins, dits de garde, qui doivent absolument vieillir. En supposant des conditions de stockage correctes (voir chapitre 18), quelques grandes règles peuvent être indiquées :

- Les bordeaux rouges peuvent être gardés 20 ou 30 ans, notamment dans les millésimes 1982, 1986, 1988, 1990, 1995, 1996, 1999, 2000.
- La plupart des bourgognes rouges actuels, à l'exception éventuelle des millésimes 1990 et 1995, seront consommés d'ici 10 ou 15 ans (et les moins chers plus tôt). Privilégier toutefois les vins de propriétaires.
- Les Barolo, Barbaresco et Brunello di Montalcino peuvent être gardés 20 ou 25 ans dans les bons millésimes.
- Les meilleurs bourgognes et bordeaux blancs dans les bons millésimes peuvent s'améliorer en 10 ou 15 ans si les conditions de stockage sont correctes.

Des producteurs recommandés sont indiqués tout au long des chapitres 10 à 12.

Le vin fait-il grossir ?

Un verre de vin sec contient environ 85 % d'eau, 12 % d'alcool éthylique et de faibles quantités d'acide tartrique et d'autres composants. Le vin ne contient aucune graisse.

Douze centilitres de vin blanc sec contiennent 104 calories, et la même quantité de vin rouge en contient 110. Les vins plus sucrés contiennent 10 % de calories en plus selon la douceur ;

les vins fortifiés ont un plus fort taux d'alcool que les vins de table et contiennent donc un peu plus de calories.

De quel cépage ce vin est-il issu ?

La plupart des vins des nouvelles régions viticoles annoncent la couleur en mentionnant le nom du ou des cépages sur l'étiquette, ce nom servant de nom au vin lui-même (parfois ce nom est mentionné sur l'étiquette arrière). Les vins européens traditionnels sont issus de l'assemblage de plusieurs cépages et n'indiquent pas leurs noms : a) les producteurs pensent que le nom du lieu de production est plus important que celui des cépages ; b) les cépages employés sont locaux et leur nom ne suggérerait pas grand-chose à la majeure partie des clients.

Si vous désirez savoir quels cépages sont utilisés pour le Soave, le Valpolicella, le Châteauneuf-du-Pape, le Rioja, les Côtes du Rhône ou tout autre vin européen d'assemblage, vous vous reporterez à nos chapitres 10 à 12.

Quel millésime doit-on acheter ?

Cette question suppose que vous avez le choix entre plusieurs millésimes pour le même vin. En général, un seul millésime est disponible chez le caviste : le millésime courant.

Pour les vins blancs, le millésime courant correspond à des raisins qui ont été vendangés entre neuf mois et trois ans auparavant ; pour les vins rouges, le millésime courant est âgé de un à quatre ans selon le vin.

L'exception remarquable à cette règle concerne les bordeaux rouges classés (voir chapitre 10) ; la plupart des cavistes proposent plusieurs millésimes de ces grands vins. Quelques autres vins fins tels que les bourgognes, les Barolo et les Côtes du Rhône sont également disponibles en plusieurs millésimes, mais plus rarement car les quantités produites sont faibles et les stocks s'écoulent donc vite.

Un Rioja ou un Chianti Classico rouge peuvent sembler offerts en plusieurs millésimes. Si vous lisez correctement l'étiquette, vous constaterez qu'un millésime d'un Rioja est du type *crianza* (deux ans d'âge) alors qu'un autre indique *reserva* (trois ans) et un autre *grand reserva* (cinq ans) ; ce sont trois vins différents et non trois millésimes du même vin. De même, le Chianti peut être offert dans une version âgée *riserva* et une version non *riserva*.

En général, et pour la plupart des vins, le millésime qu'il faut acheter est celui que vous pouvez acheter, le millésime courant.

Existe-t-il des vins sans dioxyde de soufre ?

Le dioxyde de soufre apparaît naturellement dans le vin pendant la fermentation. C'est également le cas dans d'autres aliments fermentés tels que le pain, les gâteaux et la bière. (Différents dérivés de ce composé chimique servent d'agents conservateurs dans les aliments emballés.).

Les viticulteurs utilisent le dioxyde de soufre à différentes étapes de la réalisation du vin car ce produit permet de stabiliser le vin (cela l'empêche de tourner au vinaigre ou d'être altéré par l'oxygène) et il en protège les arômes. Le dioxyde de soufre est un outil essentiel de la viniculture depuis l'époque romaine. Très peu de producteurs s'interdisent d'en utiliser ; la plupart en usent pour éviter tout problème d'altération du vin une fois qu'il est mis en bouteille et qu'il est placé sur les étagères des vendeurs.

Existe-t-il des vins « bio » ?

Il existe des vins « bio », mais reste à définir ce que recouvre ce terme.

Si vous voulez parler des vins produits à partir de raisins de culture biologique, il en existe de plus en plus. De nombreux producteurs s'orientent vers une culture biodynamique de leurs vignobles (mais cette évolution est nécessairement lente). Il s'agit d'abandonner les engrais chimiques, herbicides et pesticides pour adopter des modes de prévention naturels en cherchant à réactiver la vie microbienne naturelle du sol. De nombreux vignobles qui pratiquent la culture bio ne sont pas certifiés « bio » pour autant.

La production de vin selon des méthodes naturelles consiste généralement à utiliser des vins de cépages en culture « bio » sans y ajouter aucun additif chimique. L'utilisation du terme de *vin bio* (*organic wine*) a donc été limitée aux producteurs qui n'utilisent pas de dioxyde de soufre et ils sont très rares (revoyez le chapitre 1 et la question précédente du présent chapitre).

La *biodynamie* est un gage de qualité et de trouver un produit relativement personnalisé. Aujourd'hui, toutes les fabrications de grands vins français utilisent le principe de biodynamie à des degrés variables.

Un groupe de normalisation fédérale des États-Unis, le *National Organic Standards Board*, a récemment autorisé une quantité plus importante de dioxyde de soufre dans les vins bio (jusqu'à 100 parties par million). Avec ce nouveau seuil, de nombreux producteurs peuvent être considérés comme bio. Mais cette décision n'est pas définitive.

Que faut-il en conclure ? Selon ce que vous entendez par vin bio, vous pouvez en trouver ou non. Demandez conseil à votre caviste.

Qu'est-ce que le chêne neuf ?

En lisant les revues spécialisées, vous tomberez rapidement sur une remarque indiquant qu'un producteur utilise du chêne neuf pour faire vieillir son vin et qu'il en est fier. Il s'agit de barriques d'environ 220 litres qui servent à la fermentation ou à l'élevage (vieillissement) des meilleurs vins blancs et à l'élevage des meilleurs vins rouges.

La quantité d'arôme et de saveur de chêne qu'une barrique peut transmettre au vin qui y séjourne (et la quantité de tanins) dépend du nombre d'utilisations de la barrique. Dans certaines régions d'Europe, les producteurs utilisent les mêmes fûts de chêne (ou même des cuves et des foudres) pendant vingt ans ou plus avant de les remplacer. Au bout de quelques années, la paroi intérieure des fûts est recouverte par des dépôts acides cristallisés issus du vin, ce qui fait que le vin n'est ensuite plus en contact avec le bois. Il s'agit là de vieux chêne.

Les producteurs qui disent utiliser du chêne neuf pour leurs fûts les remplacent tous les trois ou quatre ans. Pour diminuer le coût de ces remplacements, ils pratiquent une rotation en ne remplaçant que 20 % de leurs fûts chaque année. Leur population de fûts est donc à 20 % issue de chêne neuf, à 20 % de chêne d'un an, de chêne de deux ans, etc. (Il est d'ailleurs conseillé de mélanger les âges des fûts neufs.). Lorsqu'un producteur remplace 20 % de ses fûts de chêne chaque année, il peut également dire qu'il pratique une rotation sur cinq ans de son chêne. S'il remplace un tiers de ses fûts chaque année, il pratique une rotation sur trois ans.

Qu'est-ce qu'un expert en vin ?

Un expert en vin est une personne ayant une grande connaissance des vins en général (y compris en viticulture et en viniculture) et qui connaît différents vins du monde. Une telle personne est également très pointue dans l'art de la dégustation.

Très souvent, les experts acquièrent leurs connaissances sur le terrain, par leur expérience au travail ou en tant qu'amateurs amoureux du vin. Des filières de formation officielles pour le vin sont cependant proposées par certaines universités aussi bien en œnologie (production du vin) qu'en viticulture. Ces programmes sont intéressants pour ceux qui prévoient de devenir producteurs ou vignerons, mais la masse d'informations scientifiques qui y est dispensée dépasse largement les besoins des amateurs dont l'objectif essentiel est d'élargir leur connaissance des vins.

Le fréquent apprentissage « sur le tas » qui caractérise les experts œnophiles empêche parfois de bien pouvoir juger de leurs capacités réelles. Si quelqu'un prétend être un expert et qu'il connaît effectivement plus de choses sur le vin que vous, votre seul moyen de prouver le contraire consiste à en savoir davantage que lui.

Quand le moment est-il venu d'ouvrir mon vin vieux ?

Il n'existe hélas pas de réponse précise à cette question, parce que tous les vins vieillissent à leur propre rythme. D'ailleurs, deux bouteilles sœurs (même provenance, même millésime, même barrique), stockées dans les mêmes conditions, peuvent vieillir différemment.

Une fois que vous avez clairement identifié le vin pour lequel la question se pose, vous pouvez obtenir des conseils par les moyens suivants :

- Consultez les commentaires des critiques spécialisés (Robert Parker, Michael Broadbent, Clive Coates, etc.). Ils offrent généralement une liste de dates de maturation optimale des vins qu'ils dégustent ; leur grande expérience est généralement très fiable ;
- Si vous n'êtes pas pressé d'obtenir une réponse, écrivez à une revue spécialisée. Les experts de leur comité de rédaction vous répondent dans le courrier des lecteurs. Vous pouvez aussi chercher un forum de discussion approprié sur l'Internet ;
- Appelez le producteur ou écrivez-lui ; il sera généralement très heureux de vous donner son avis sur la date optimale pour déguster son vin. De plus, les producteurs ont généralement plus d'expérience que quiconque au sujet des vins qu'ils produisent ;
- Si vous disposez de plusieurs bouteilles du même vin, ouvrez-en une de temps à autre pour voir comment il se développe. C'est votre palais qui sera le seul guide, car vous pourrez préférer le vin un peu plus jeune ou un peu plus vieux qu'à l'âge optimum prédit par les experts.

Comme les êtres humains, les vins peuvent devenir fragiles lorsqu'ils s'approchent de la fin de leur vie. Tout d'abord, ils détestent voyager. Si vous devez transporter un vin vieux (et vous le secouerez sans doute un peu), vous devez ensuite le laisser reposer pendant plusieurs jours avant de l'ouvrir. (Les bourgognes rouges et tous les autres Pinot Noir sont particulièrement sensibles aux voyages.).

Le bouquet délicat des vins vieux peut être facilement écrasé par des plats et des sauces trop aromatiques. Les meilleurs compagnons des grands vins sont de simples tranches de viande sans sauce ou du fromage sec avec du pain de campagne.

Un vin vieux ne doit pas non plus être rafraîchi (qu'il soit rouge ou blanc). Une température inférieure à 16°C bloque le développement dans le verre.

Vous devez toujours faire décanter les vins rouges ou les portos millésimés (la décantation est décrite au chapitre 8). Vous mettrez la bouteille debout deux ou trois jours avant ouverture pour que les sédiments puissent tomber au fond. Vous devez faire attention à ne pas trop aérer le vin lorsque vous le décantez : un vieux vin se fane rapidement lorsqu'il est exposé à l'air, parfois en moins d'une demi-heure.

Une fois que vous avez décanté un vin vieux, goûtez-le immédiatement afin d'être prêt à le déguster dans un très court délai s'il montre des signes d'affaiblissement.

Chapitre 20
Dix mythes sur le vin à détruire

Tout au long de cet ouvrage, vous avez sans doute rencontré des références à plusieurs des mythes dont nous allons parler ci-dessous.
Il s'agit de croyances erronées au sujet du vin.

Le vin est réservé aux experts

Bien sûr, le vin est une affaire d'expert. Une telle masse d'informations est associée à ce domaine, millésimes, techniques de viticulture et de production, histoire, traditions, géologie, météorologie, nouvelles tendances, qu'une âme d'expert peut aisément en faire son pain quotidien.

Mais le vin n'est pas réservé qu'aux seuls experts. Le vin est destiné à toute personne qui aime le goût du vin.

Le vin est une boisson, une des plus anciennes sur cette planète. Des millions de gens dans le monde entier boivent du vin sans penser particulièrement à ce qu'ils boivent ; c'est tout simplement le vin produit localement dans la région, ou le vin recommandé par un ami, ou bien encore c'est un vin qu'ils ont apprécié.

Le vin est une boisson très simple et naturelle. C'est du jus de raisin fermenté et transformé par un processus naturel. La prochaine fois que vous vous inquiéterez de ne pas en savoir assez pour apprécier, pensez à ceci : si les gens qui sont dans le négoce du vin ne devaient vendre qu'aux seuls experts, l'immense majorité des négociants et des vignerons auraient fait faillite depuis longtemps !

Un vin cher est toujours bon

Comme pour de nombreux autres produits, plus le prix d'une bouteille de vin est élevé, meilleure risque d'être la qualité de celui-ci, en général. Mais cette meilleure qualité ne signifie pas que ce sera le meilleur vin. Expliquons-nous :

- Vos goûts sont personnels et vous pouvez ne pas apprécier un vin que tous les autres apprécient ;
- Un même vin, même cher, n'est pas le plus adapté à toutes les situations.

Vous pouvez sans problème prendre plaisir à déguster un vin à 3 € dans de nombreuses circonstances. Lorsque vous invitez des dizaines de personnes, lors des pique-niques, pour vos repas de vacances après une journée de plage, un vin de haute qualité très cher serait déplacé, sa dégustation étant un moment trop sérieux et trop important pour de telles occasions.

De même, les vins chers sont rarement le meilleur choix dans les restaurants, si l'on tient compte du prix habituellement pratiqué. En ce qui nous concerne, nous recherchons d'abord le vin qui offre le meilleur rapport qualité/prix tout en s'accordant au mieux avec ce que nous avons commandé ou bien nous en profitons pour essayer un vin d'un prix moyen que nous ne connaissons pas encore – et il y aura toujours au moins un vin sur une carte que vous ne connaissez pas.

Le choix d'un vin ne doit pas se faire uniquement en fonction de la qualité. Le meilleur vin, pour votre goût ou pour une certaine situation, peut souvent être un vin pas très cher.

Les vins importés sont inférieurs aux vins français

En France, une grande majorité de gens pensent que tous les vins importés sont inférieurs aux vins français. La richesse et la variété des vins français est telle qu'un amateur de vin français peut très bien ne jamais goûter aucun vin produit en dehors de nos frontières. Pourtant, de grandes joies vous attendent si vous partez à la découverte des vins allemands, espagnols, italiens, suisses, portugais, hongrois ou d'Afrique du Nord. Par cercles concentriques de diamètre croissant, votre voyage vous mènera ainsi jusqu'aux nouvelles régions viticoles (États-Unis, Chili, Argentine, Afrique du Sud, Australie, etc.).

Un de nos amis américains ne boit que des vins français. Il prétend que tous les vins californiens sont inférieurs. Nous nous sommes amusés à lui servir, en cachant l'étiquette, un bon vin californien et à attendre sa réaction lorsqu'il a découvert que c'était un vin californien alors qu'il venait d'en faire l'éloge !

De nos jours, toutes les grandes régions viticoles, historiques ou nouvelles, produisent au moins quelques très bons vins. Le mythe des vins importés est donc devenu une sorte de snobisme.

Le blanc pour le poisson et le rouge pour la viande

C'est une bonne règle générale, mais elle est faite pour être ignorée selon votre bon vouloir. Toute personne qui adhère de manière aveugle à une telle généralisation se prépare à entrer au royaume de l'ennui en buvant toujours la même chose à chaque repas.

Vous voulez essayer un verre de vin blanc avec votre hamburger ? Ne vous gênez pas, c'est vous qui mangez et buvez et pas votre ami ni le serveur qui prend votre commande.

Même si vous êtes un perfectionniste qui recherche le mariage parfait entre un plat et un vin, vous aurez intérêt à emprunter de temps à autre des chemins de traverse. Le meilleur vin pour un saumon grillé est sans doute un rouge, du style Pinot Noir ou Bardolino et pas du tout un blanc. Le veau et le porc s'entendent aussi bien avec le rouge qu'avec le blanc, en fonction du mode de préparation du plat. Et qu'y a-t-il de meilleur avec un barbecue qu'un verre de rosé frais ?

Personne ne peut rien vous dire si vous avez décidé de boire avec tous les plats soit du vin blanc, soit du vin rouge, soit uniquement du champagne ! Il n'y a pas de règle absolue. (Quelques suggestions de mariage ont été données dans le chapitre 17.)

Les notes attribuées aux vins ne mentent jamais

Il est normal de considérer les critiques comme des gens de bon conseil. C'est ce que nous faisons sans arrêt lorsque nous décidons du prochain film à aller voir, du nouveau restaurant à essayer ou du prochain livre à lire.

En général, nous faisons la part des choses entre l'opinion des critiques et nos goûts et expériences personnels. Imaginez un restaurant à viandes rouges qui vient de recevoir trois étoiles et une superbe critique dans les revues spécialisées. Doit-on se ruer sur le téléphone pour réserver ? Bien sûr que non si nous n'aimons pas particulièrement la viande rouge ! Lorsqu'un critique de cinéma donne quatre étoiles à un film, considérons-nous immédiatement que le film nous convient ou vérifions-nous d'abord dans le commentaire s'il n'est pas trop violent, trop bête ou trop sérieux pour nous ? Vous connaissez la réponse à cela.

De nombreux amateurs de vin, dès qu'ils apprennent qu'un vin s'est vu attribuer plus de 90 points sur 100, foncent chez leur caviste. Il est tout à fait compréhensible qu'on ait envie d'essayer un vin ayant reçu une bonne note.

Les notes attribuées par les critiques ne sont rien d'autre que la synthèse de leur opinion personnelle ; les opinions comme les goûts sont toujours différents d'une personne à l'autre.

Le millésime compte / le millésime ne compte pas du tout

La différence d'un millésime à l'autre pour le même vin correspond à la différence dans l'histoire météorologique du vignoble entre les deux années (nous ne tenons pas compte des circonstances exceptionnelles telles qu'un changement de propriétaire). L'importance des variations entre millésimes dépend donc de l'importance des variations climatiques.

Dans certaines régions du monde, ces variations sont importantes et les vins de ces régions subissent des différences entre millésimes. Dans le Bordelais, en Bourgogne, en Allemagne et dans la plupart des régions d'Italie, par exemple, des aléas climatiques peuvent affecter un millésime (gel, grêle, pluie au mauvais moment ou chaleur insuffisante) alors que l'année suivante, aucun ne se produira. Lorsque les variations climatiques sont importantes, la qualité du vin peut varier énormément entre médiocre et exceptionnel.

Dans les régions au climat plus constant (comme la Californie, l'Australie et l'Afrique du Sud), la variation entre millésimes est bien plus faible. Seuls les grands spécialistes des vins de ces régions noteront les différences.

Une autre exception à la notion de priorité au millésime concerne les vins à bon marché. Les vins qui se vendent beaucoup et qui sont produits en grande quantité sont généralement le fruit d'un assemblage entre plusieurs vignobles d'une grande zone. Les variations dans la qualité du vin sont donc atténuées d'un millésime à l'autre.

Les spécialistes du vin sont des experts

Le vin est un sujet très vaste qui touche la biochimie, la botanique, la géologie, la chimie, la climatologie, l'histoire, la culture, la politique, les lois et le commerce. Quelqu'un peut-il être expert dans tous ces domaines simultanément ?

Pour corser l'affaire, il existe des personnes influentes dans le domaine du vin, certains auteurs d'ouvrages notamment, qui n'ont pas pour autant un bagage aussi important qu'il y paraît dans ce domaine. Et les voilà propulsés journalistes spécialisés ou formateurs experts en œnologie. Prudence.

Par ailleurs, les différents aspects du vin ne touchent pas uniformément tout le monde. En fonction de ce que les gens apprécient particulièrement dans le vin, chacun va se spécialiser dans une des disciplines au détriment des autres (vous savez maintenant pourquoi il nous a fallu être deux pour écrire ce livre).

Ne croyez jamais que la même personne puisse répondre à toutes vos questions au sujet du vin de manière précise et actuelle. Il en va comme pour les médecins, juristes, etc. Les professionnels du vin sont spécialisés. C'est une question d'efficacité.

Les vieux vins sont les meilleurs

Ces fameuses rares vieilles bouteilles qui sont vendues aux enchères pour des milliers d'euros, comme des œuvres d'art, fascinent suffisamment l'esprit de tout un chacun. Mais les vieilles bouteilles de vin de qualité sont encore plus rares que les vieilles pièces de monnaie en bon état car leur conservation est plus aléatoire.

L'immense majorité des vins produits dans le monde n'ont pas la capacité de vieillir pendant des décennies. Ils sont tous élaborés pour être bus dans les cinq ans.

Les vins qui ont un potentiel de garde n'atteindront leur grandeur que dans des conditions de stockage optimales (voir chapitre 18).

Le vin sert à se donner du plaisir, et le plus tôt est le mieux.

Les grands vins doivent être mauvais s'ils sont bus jeunes

Si cette rumeur était vraie, ce serait bien pratique pour n'importe quel producteur ayant raté un vin de dire que c'est un grand vin. Il suffirait de prétendre qu'il est supposé avoir bon goût plus tard, ce qui explique qu'il soit exécrable pour l'instant.

Dans le passé, certains des grands vins tels que les bordeaux rouges étaient si forts et si tanniques dans leur jeunesse qu'il était pratiquement impossible de les boire avant qu'ils aient plusieurs dizaines d'années. Jusqu'au millésime 1975 des bordeaux, certains collectionneurs croyaient que le fait qu'ils soient imbuvables jeunes (les vins, s'entend) prouvait qu'ils étaient capables d'une longue garde.

De nos jours, les producteurs pensent qu'un vin de garde doit être équilibré lorsqu'il est jeune pour être équilibré lorsqu'il sera vieux. (La notion d'équilibre a été vue au chapitre 2.). Le vin va sédimenter ou arrondir une partie de ses tanins en vieillissant, mais ceux qui sont très tanniques lorsqu'ils sont jeunes n'ont pas forcément assez de fruit pour rester excellents après que les tanins se seront estompés.

Le fait qu'un vin soit équilibré ne prouve pas qu'il soit buvable. Un grand vin peut avoir beaucoup de tanins étant jeune mais avec beaucoup de fruit ; il sera donc équilibré mais de manière embryonnaire. Vous pouvez ainsi vérifier si le vin est équilibré lorsqu'il est jeune ; vous pourriez même y prendre un certain plaisir, mais sa vraie grandeur se situe loin au-delà de l'horizon.

Les vieux champagnes : des bulles plus vieilles que nous

Nous ne savons pas qui a lancé la rumeur contraire, mais le champagne vieillit très bien, surtout s'il est produit dans un grand millésime.
Nous avons pu déguster deux champagnes millésimés de 1928, un Krug et un Moët & Chandon Dom Pérignon ; ils ne montraient ni l'un ni l'autre de signe de faiblesse. Le plus vieux champagne que nous avons pu goûter, un Pol Roger 1914, était lui aussi excellent.

Mais le champagne demande d'excellentes conditions de stockage. Un grand champagne millésimé peut vieillir plusieurs décennies s'il est stocké dans un endroit frais, sombre et humide. L'âge fait perdre un peu d'effervescence, mais celle-ci laisse la place à une complexité aromatique qui fait penser un peu à celle des grands bourgognes blancs. Les magnums (1,5 litre) vieillissent généralement mieux que les bouteilles de 75 cl.

Pour découvrir un très vieux champagne millésimé de grande classe, vous pouvez vous tourner vers le Krug ou le Salon dans les millésimes 1964, 1973 ou 1976. S'ils sont bien stockés, ils sont magnifiques. Chez Dom Pérignon, vous pouvez également rechercher les millésimes 1961 et 1969.

Voici des suggestions concernant les vieux champagnes.
Le nom de la maison productrice est suivie du champagne
recommandé :

- **Krug** : tous leurs champagnes sont de longue garde ;
- **Pol Roger** : notamment la cuvée Sir Winston Churchill ;
- **Moët & Chandon** : la cuvée Dom Pérignon est de très grande garde si elle est bien stockée ;
- **Louis Roederer** : Cristal, Cristal Rosé et Brut millésimé ;
- **Jacquesson** : Signature et Blanc de blancs millésimé ;
- **Bollinger** : tous leurs champagnes, et notamment le Grande Année, ainsi que le RD ;
- **Gosset** : le Grand Millésime et le Celebrius ;
- **Salon** : un Blanc de blancs remarquable qui demande au moins quinze ans avant d'être consommé ;
- **Veuve Clicquot** : la Grande Dame et le Brut millésimé ;
- **Taittinger** : le Blanc de blancs et le Comtes de Champagne ;
- **Billecart-Salmon** : le Blanc de blancs ;
- **Pommery** : surtout la cuvée Luise ;
- **Laurent-Perrier** : la cuvée Grand Siècle ;
- **Philipponnat** : le Clos des Goisses.

Les grands millésimes récents pour le champagne ont été 1996,
1990, 1988, 1985 et 1982.

Sixième partie
Annexes

« Il me faudrait un vin qui se marie bien avec un amiral à la retraite et sa femme, un auteur à succès de chez Grassimard et un webmestre québécois. »

Glossaire

Accrocheur. Synonyme de *nerveux*.

Acerbe. *Acidité* notable; qualifie un vin plus qu'*incisif* et moins que piquant.

Acidité. Qualité essentielle pour la durée et la vitalité d'un vin. Une insuffisance d'acidité naturelle du fruit rend le vin *plat* et *court*. Un excès d'acidité lui donne du *mordant*, le rend *agressif*. Dans le cas de l'*équilibre* convenable, le *fruité* du vin ressort et sa saveur s'attarde en bouche.

Agressif. Contraire de *tendre* ou de *souple*. Des vins qui semblent agressifs peuvent s'arrondir (devenir *ronds*) après un peu de temps passé en bouteille.

Alcool, alcoolique. L'alcool du vin est l'alcool éthylique, liquide incolore et inflammable.

Allonger. Manipulation illégale qui consiste à diluer ou couper un vin avec de l'eau.

Amertume. 1) Aspect désagréable d'un vin médiocrement élaboré. 2) Caractéristique de certains vins italiens. 3) Conséquence du manque de développement des saveurs d'un vin jeune qui, à sa *maturité*, doit devenir *riche* et *délicieux*. Une pointe d'amertume peut provenir d'un tanin agressif.

AOC. Abréviation courante pour Appellation d'origine contrôlée.

Appellation d'origine contrôlée. L'appellation est garante des contrôles de qualité effectués dans le cadre du premier système national d'appellations vinicoles qui se soit vu appliqué. Les appellations d'origine contrôlées représentent un peu moins du quart de la production française.

Âpre. Plus péjoratif que *grossier*.

Aqueux. 1) Qualifie un vin au-delà de *maigre*. 2) Se dit d'un vin qui présente, à la dégustation, les caractères d'un vin mouillé (*allongé*).

Arôme. Parfois synonyme de bouquet. Devrait être réservé aux parfums *frais* et *fruité* évoquant les raisins plutôt qu'à la viscosité et la complexité qu'implique le vieillissement.

Arrière-goût, arrière-bouche. Saveur et arôme d'un vin qui persistent en bouche.

Assemblage. Mélange des vins d'une même qualité et d'une même origine.

Attaque. Un vin qui présente d'emblée au palais toute la gamme de ses caractéristiques gustatives est *complet* et possède une bonne attaque. S'applique davantage à un vin jeune qu'à un vin *mûr*, et laisse bien auguer de son avenir.

Austère. Se dit d'un vin dominé par l'*âpreté* de l'*acidité* et/ou des *tanins* et qui manque de *fruité*.

Avare. Qualifie un vin au-delà d'*ingrat*.

Ban des vendanges. Date fixée par le commissaire de la République dans chaque département : celle du début des vendanges pour les *AOC*.

Barrique. Désigne un fût en bois d'une contenance approximative de 225 litres (selon la région d'origine). Sert à la *fermentation* des vins blancs et à l'élevage de vins rouges ou des vins blancs.

Bouche. Synonyme de *palais*.

Bouquet. Désigne l'odeur du vin que l'on hume et ses arômes lorsqu'on le goûte. S'applique à la conjugaison des odeurs du vin directement dues à sa *maturité* atteinte en bouteille.

Brûlé. Synonyme moins flatteur de *cuit*. Évoque aussi l'odeur de substances ayant subi un début de calcination.

Brut. Réservé en principe aux vins effervescents, dont l'*acidité* nécessairement élevée (ce qui permet aux bulles de communiquer leur goût au *palais*), exige pour ces vins au moins 10 ans de vieillissement ou leur édulcoration (15 g maximum de sucre par litre).

Centrifugation. Procédé de clarification du vin ou du jus de raisin utilisant la force centrifuge pour éliminer les particules indésirables.

Cépage. Variété de vigne ou de raisin. Certains vins portent le nom du cépage dont ils sont issus, comme les vins d'Alsace, ou les vins dits de cépage, les *varietals* américains.

Cépage, vins de. Au sens français, vin issu **exclusivement** d'un seul cépage. Aux États-Unis, les *varietals* sont le plus souvent des vins dans lesquels on trouve un cépage largement majoritaire.

Chaleur. Évoque le caractère chaleureux d'un vin rouge de bonne saveur et de fort degré *alcoolique*, éventuellement assez mûr et vraisemblablement de style méridional.

Chaptalisation. Adjonction de sucre au jus de raisin frais pour élever le potentiel *alcoolique* d'un vin.

Charnu. Suggère qu'un vin est si corsé et si riche en extrait sec qu'il donne la sensation de pouvoir être *mâché*. On dit des vins souvent charnus riches en tanins qu'ils ont de la *mâche*.

Chocolaté. Décrit souvent de manière subjective odeur et saveur des vins à base de Cabernet-Sauvignon et de Pinot Noir.

Citronné. *Acidité* fruitée et picotante à la langue évoquant le citron, que présentent nombre de vins secs ou demi-secs.

Clairet. Vin dont la robe se situe entre celle d'un rosé foncé et d'un rouge léger.

Climat. Parcelle de terrain isolée et seule de son nom au sein d'un vignoble particulier (terme essentiellement bourguignon).

Complet. Caractère d'un vin qui montre en bouche toutes les qualités de *fruité*, de *tanin*, d'*acidité*, de *profondeur*, de *longueur* voulues et qui atteint à la plénitude.

Complexité. Nuances différentes de goûts et de parfums présentes en nombre dans un vin. De grands vins peuvent faire preuve d'une relative complexité dans leur jeunesse, mais un vin ne développe toutes ses nuances qu'à sa *maturité*.

Corps. Impression de poids dans la bouche que donnent, ensemble, le tanin, le moelleux, le fruité et une certaine richesse alcoolique.

Coulant. Contraire d'*agressif*; presque synonyme de glissant, voire *souple*. Qualifie un vin au-delà de *rond*.

Coupage. Opération qui vise à obtenir un produit plus équilibré, aux caractéristiques stables, par mélange de vins d'origines ou de cépages différents.

Court en bouche. Qualifie un vin possédant un bon nez et un bon goût mais manquant de *finale*.

Crémeux. Plus subtil mais moins flatteur que *vanillé*; caractère probablement laissé par les lactones du chêne des tonneaux d'élevage du vin.

Creux. Qualifie un vin qui manque de réelle saveur en bouche. Définit seulement la sensation de « vide » due à l'inconsistance d'un vin (selon les auteurs français).

Cru. Zone délimitée sur laquelle est produit un vin particulier; désigne un vignoble particulier appartenant, par exemple, à un château du Bordelais; cru classé.

Cuvaison. Phase de la *fermentation* des vins rouges durant laquelle le jus est maintenu au contact des peaux et des pépins du raisin.

Cuvée. 1) Contenu d'une cuve à vin. 2) *Assemblage* de champagne, ou lot spécial de vin.

Délicat. Désigne les caractéristiques d'un vin plein de charme, aux structures tranquilles.

Dosage. Sucre ajouté dans un vin mousseux après son *dégorgement* et dont le taux est soumis à la terminologie en usage sur l'étiquette : *brut*, demi-sec...

Doux. Qualifie le caractère sucré d'un vin.

Dur. Indique une certaine sévérité, souvent due à un excès de *tanin* et d'*acidité*.

Écœurant. Caractère étiolé et visqueux d'un vin doux médiocre, dont la *finale* est lourde et manque souvent de franchise.

Élégant, élégance. Propriété d'un vin possédant de la *finesse* et un certain *style*.

Emphatique. Décrit un *arôme* exagérément *fruité* qu'on attribue souvent aux vins de base californiens.

Encépagement. 1) Ensemble des cépages peuplant un vignoble. 2) Implantation d'un vignoble.

Encre, encré. Se rapporte soit à une opacité particulière de la robe du vin, soit à sa saveur profonde révélant un fort volume de *tanin souple*.

Épicé. 1) Caractéristique de tel ou tel cépage. 2) Apparence d'un bouquet ou d'une bouche complexes, tenant parfois au temps de bouteille atteint par un vin ayant été élevé sous bois. Parmi les traces d'épices habituellement détectées, on notera la cannelle et la noix de muscade.

Facile. Qualité simple et agréable d'un vin probablement *tendre* et à bon marché.

Féminin. Décrit subjectivement un vin dans lequel prédominent des qualités de délicatesse, opposées au poids ou à la force. Vin d'une beauté, d'une grâce et d'une *finesse* frappantes, à la texture de satin, au style exquis.

Ferme. Évoque un certain *mordant*. Un tel vin est de bonne constitution soutenue par son *acidité* et ses *tanins*.

Filtration. Élimination des particules indésirables en suspension dans le vin ou le jus de raisin.

Finale. Qualité de l'arrière-bouche d'un vin et appréciation de sa persistance en bouche.

Finesse. Qualité qui distingue les *vins fins* par rapport à d'autres vins plus ordinaires.

Fins, vins. Vins de qualité ne représentant qu'un faible pourcentage de tous les vins produits, et parmi lesquels les grands vins constituent la véritable élite.

Frais, fraîcheur. 1) Qualité de vins jeunes, légers, pleins d'arômes fluides. 2) Désigne un vin *franc* dont l'*acidité* se manifeste en *finale* par un *arrière-goût* agréable.

Franc. S'applique à un vin dépourvu de toute nuance *sous-jacente* indésirable ou artificielle dans son arôme ou son goût.

Fruité. 1) Vin dominé par les caractères de fruit frais, bouquet qu'on retrouve dans différents vins rouges jeunes. 2) Peut s'appliquer à l'arôme et à la saveur d'un vin qui rappellent le raisin, plutôt qu'au vin même (caractéristique spécifique aux vins allemands.

Fumé. Caractère de certains cépages, notamment le Syrah et le Sauvignon Blanc, et qui peut aussi provenir des fûts de chêne bien chauffé ou se manifester dans un vin non filtré.

Garde, vin de. Vin capable de s'améliorer considérablement lorsqu'on lui permet de vieillir.

Gazéification. Introduction de gaz carbonique dans un vin avant l'embouteillage.

Généreux. S'applique à des vins de haut degré alcoolique (plus ou moins tombé en désuétude).

Gouleyant. Sans prétention, *facile* à boire.

Greffe. Assemblage entre le *porte-greffe* et le scion du *cep producteur*.

Grossier. S'applique à un vin rouge rugueux, pas nécessairement désagréable, mais certainement pas fin.

Incisif. Habituellement dépréciateur pour un vin quand bien même il n'aurait pas atteint sa *maturité*; terme lié à son *acidité*, tandis que son *amertume* l'est à son *tanin*.

Ingrat. Désigne un vin présentant peu de *fruit* et beaucoup trop de *tanin* et d'*acidité*.

Levures. Champignons microscopiques d'importance vitale en vinification. Les cellules de levure sécrètent un certain nombre d'enzymes dont 22 sont indispensables pour mener à bien la *fermentation* alcoolique.

Levuré. Peu flatteur pour la plupart des vins ; mais un *bouquet* de levure peut être souhaitable pour un vin effervescent de bonne qualité, surtout lorsqu'il est jeune.

Lies. Dépôt (cellules mortes de levures) restant dans le fût ou la cuve en cours de *fermentation*.

Liquoreux. S'applique souvent aux vins de dessert onctueux.

Long, longueur. S'applique à un vin dont la saveur s'attarde longtemps en bouche.

Loyal. Plus flatteur que *typique*; s'applique à tout vin d'assez belle qualité de base et de caractère fidèle à ses type et origine qui ne se révèle pas comme *gonflé* ni coupé par tout moyen illégal.

Macération. Phase de la vinification en rouge où, en cours de la *cuvaison*, le jus fermentant est au contact des peaux et des pépins du raisin. Des méthodes de macération avant fermentation s'utilisent de plus en plus pour les vins blancs.

Mâche (vin ayant de la). Qualifie un vin au-delà de *charnu*. Qualité qui s'allie en esprit tantôt à celle d'un vin *riche* (ayant de la bouche), tantôt à une certaine astringence (nécessitant quelque mastication).

Maigre. Qualifie un vin décharné, manquant de *corps* et de *fruit*.

Millésime. Année de récolte d'un vin.

Minéral. Certains vins peuvent avoir une arrière-bouche minérale, parfois désagréable. Le Vinho Verde possède une *arrière-bouche* minérale attrayante, presque métallique, lorsqu'il est issu de certains cépages.

Moelleux. *Rond* et à son apogée.

Mordant. S'applique à un vin *ferme* et à la *finale* agréable, avec une légère dominante acide ou tannique pour les vins rouges.

Mou. Désigne un vin manquant d'*acidité*, terne, faible et *court* en bouche.

Moût. Jus libéré par les raisins dont les éléments seront transformés au cours de la *fermentation*.

Nerveux. 1) S'applique subjectivement de façon habituelle à des vins blancs secs *fermes* et vigoureux mais n'ayant pas encore atteint leur équilibre. 2) Désigne aussi des vins fermes et *frais*.

Nez. Odeur ou parfum du vin comprenant l'*arôme* et le *bouquet*.

Onctueux. Caractérise des vins *riches* et *gras*, notamment certains Chardonnay produits en grande année ou dans une région chaude.

Opulent. Suggère un arôme de *cépage* assez somptueux, très *riche*, ayant beaucoup de bouche sans être *emphatique*.

Oxydation. Processus grâce auquel le vin mûrit dans sa bouteille.

Oxydé. Un vin oxydé se trouve à un stade avancé et prématuré d'*oxydation* ; il peut présenter une odeur de xérès.

Palais. Saveur ou goût d'un vin.

Pasteurisation. Terme générique désignant diverses techniques de stabilisation et de stérilisation.

Pays, vin de. Vin de table réglementé ne pouvant faire l'objet d'un coupage et bénéficiant d'une indication géographique de provenance.

Perlant. Caractéristique d'un vin très légèrement mousseux, mais qui l'est moins que le *crémant* ou le *pétillant*.

Phylloxéra. Puceron parasite de la vigne venu d'Amérique qui a contaminé presque toutes les régions viticoles, détruisant à la fin du XIXème siècle nombre de vignobles. Pour reconstituer ces derniers, il a fallu et il faut encore *greffer* les vignes sur des *porte-greffes* américains résistant au phylloxéra.

Piquant. Qualifie habituellement un vin blanc agréable montrant du *fruité* et de l'*acidité*.

Plat. 1) Caractérise un vin mousseux ayant perdu toute sa mousse.
2) S'utilise aussi à la place de mou, notamment pour un manque d'*acidité* dans la *finale*, pour un vin qui paraît sans caractère, sans fraîcheur.

Plein. Se dit souvent d'un vin corsé, de son corps. Mais un vin peut être léger de corps tout en ayant de la *bouche* – de la saveur et un bon goût. Se dit aussi d'un vin dont la composition est bien équilibrée, riche en tous ses éléments.

Poivré. 1) Qualifie des vins jeunes dont les divers composants sont bruts, manquent encore d'harmonie et se montrent parfois agressifs et picotants au *nez*. 2) Senteur et saveur caractéristiques des vins du Midi de la France, notamment de ceux à base de Grenache.

Porte-greffe. Partie inférieure d'un cep greffé, habituellement résistant au *phylloxéra*.

Profondeur. Désigne tout d'abord une profondeur de goût, en second lieu l'intérêt même présenté par un vin, ainsi que la tonalité appuyée de sa robe.

Race. La *finesse* d'un vin est due à l'heureuse harmonie résultant de la qualité intrinsèque du raisin, de celle du *terroir*, de la compétence et de l'expérience d'un grand vinificateur.

Ratafia. Vin de liqueur obtenu par adjonction d'eau-de-vie de marc à un *moût* de jus de raisin frais.

Réticent. Suggère qu'un vin ne s'exprime guère au double niveau du *nez* et du *palais*. Éventuel défaut de jeunesse pour un vin pouvant bien s'épanouir avec un peu plus de *maturité*.

Riche, richesse. Traduisent l'équilibre plein atteint par le vin entre son *fruit* et sa *profondeur* qui se manifeste au niveau du palais et de la finale.

Robuste. Forme atténuée du terme agressif ; appliquée souvent à un vin mûr à propos de sa nature et non pas de son agressivité de jeunesse.

Rond, arrondi. Qualifie un vin dont tous les angles dus au *tanin*, à l'*acidité*, aux extraits secs se sont arrondis grâce à sa *maturité* atteinte en bouteille.

Saignée. Procédé d'extraction de l'excédent liquide de la cuve de *fermentation* pour obtenir un vin rosé.

Sec. 1) Désigne un vin ne comportant aucune douceur ; n'exclut pas le *fruité*. Les vins aux saveurs de *fruit* très mûr peuvent paraître si *riches* qu'ils donnent parfois l'impression d'avoir quelque douceur. 2) Vin tranquille ne comportant pas de sucre.

Sensuel. Décrit un vin blanc doux et *onctueux* plutôt qu'un vin rouge d'une succulente *richesse*.

Serré. Qualifie un vin *ferme*, au bon taux d'extrait sec et éventuellement de *tanin*, tendu à la façon d'un ressort ne demandant qu'à se détendre et aux possibilités d'évolution meilleures que celles d'un vin *réticent* ou fermé.

Souple. Qualifie un vin *facile* à boire, pas nécessairement *tendre* mais évoquant plus la facilité que la simple *rondeur*. Avec l'âge, le *tanin* vinique s'assouplit, en particulier dans les vins californiens.

Subtil. Qualifie un vin doté d'une personnalité indéniable bien que parfois sous-estimée.

Tabac. S'applique subjectivement aux vins élevés sous bois de chêne, en matière de goût et de *bouquet*.

Tanin, tannique. Termes génériques désignant divers polyphénols contenus dans le vin et provenant de la pellicule du raisin (les plus *souples*), de ses pépins et de sa rafle (les plus âcres) ; ils peuvent aussi provenir du bois neuf des fûts.

Tendre. Équivalent de coulant, voire souple ; se réfère habituellement au fruit d'un vin perçu sur le palais, tandis que le caractère coulant évoque plus la finale.

Terreux. Correspond à une sensation d'assèchement en bouche. Si certains vins donnant cette impression peuvent être agréables, ce n'est pas le cas des vins les plus fins qui doivent être francs.

Terroir. Si ce terme évoque d'abord la terre, sa définition met en jeu tout l'environnement : le sol cultivé, le site, l'altitude, le climat et tout autre facteur pouvant affecter la vie de la vigne.

Typique. Synonyme abusif du qualificatif plus honnête *loyal*.

Vanille, vanillé. Désignent souvent le *nez* et la bouche d'un vin vieilli sous bois de chêne, notamment d'un Rioja.

VDQS. Abréviation pour Vin délimité de qualité supérieure. Dans l'échelle des appellations contrôlées françaises, un VDQS est inférieur à un vin d'*AOC*, mais supérieur à un *Vin de pays*.

Végétal. Qualifie un vin doté d'une certaine *maturité*, souvent un Chardonnay ou un Pinot qui, bien *rond*, a acquis un *bouquet* agréable rappelant des senteurs végétales plutôt que de fruits.

Velouté. Caractérise subjectivement un vin dans lequel le moelleux l'emporte de façon à évoquer, en bouche, le contact du velours.

Vert. Jeune et acerbe (tel le Vinho Verde) ; terme péjoratif mais qui peut aussi indiquer qu'un vin est jeune et peut s'améliorer.

Verve. S'applique souvent à des vins issus du Riesling ; évoque précisément la *vitalité*, la *vivacité* et l'*acidité* de ce *cépage*.

Vineux. 1) Qualifie généralement un vin dont la saveur recèle une richesse alcoolique importante. 2) S'applique aux qualités fondamentales d'un vin, notamment l'odeur et la saveur.

Vinification. Ensemble des opérations effectuées pour élaborer un vin, de la cueillette des raisins à la mise en bouteille.

Vin de table. Vin ne bénéficiant d'aucune classification mais auquel la réglementation impose des normes précises d'*encépagement*, de degré *alcoolique* et d'*acidité*.

Vivacité. Se rapporte habituellement à la *fraîcheur* pleine de jeunesse du *fruit* d'un vin et due à sa bonne *acidité*, ainsi qu'à sa teneur en gaz carbonique supérieure à la moyenne.

Zeste. Caractère vif suggérant une sensation tactile s'associant éventuellement avec une pointe d'arôme d'agrumes.

Index

A
AFNOR, 136
Afrique du Sud, 265
Alcool, 8, 40
   degré d', 9, 17
Allemagne, 239
Alsace, vins d', 203
AOC, 73, 141, 146, 153, 158, 160
Appellation d'origine, 82, 145
Appellations officielles, 2
Argentine, 258
Arômes, 24
Arômes, 32, 33
   associés aux vins, 33
Australie, 259
Autriche, 249
AVA, 275, 276

B
Barbaresco, 212, 214
Barbera, 215
Barolo, 14, 212, 214
Beaujolais, 14, 179, 194
Blush wine, 16
Bollinger, Jacques, 323
Bollinger, Lilly, 323
Bordeaux, 14, 164
   cinquièmes crus, 170
   premiers crus, 168
   quatrièmes crus, 170
   seconds crus, 169
   troisièmes crus, 169
Bouchon, 119
   goût de, 44
Bourgogne, 14, 177
Bouteille,
   ouvrir une, 119
   conservation des, 140
Boutiques spécialisées, 94

C
Cabernet-Sauvignon, 10, 54, 68
Californie, 276
Carte des vins, 105
Casiers à vin, 365
Cave, 7, 351, 363
Cépage noble, 60
Cépages, 1, 2, 10, 26, 53, 74
Chablis, 179, 191
Chais, 47
Champagne, 11, 17, 19, 20, 306
   ouvrir une bouteille de, 127
Chaptalisation, 16
Chardonnay, 10, 22, 54, 59, 62, 178
Charnu, 14
Chianti, 217
Chili, 254
Codalie, 30
Cognac, 74
Consommateur, 2
Côte chalonnaise, 179
Côte d'Or, 179, 184
Côte de Beaune, 185
Côte de Nuits, 184
Cuvée maison, 105

D
Décantation, 382
Dégustation, 24, 33
Détaillant, 3, 89
DO, 141, 146
DOC, 141, 146, 153, 212
DOCG, 212
Dolcetto, 215

E
Espagne, 230
Essence, 24
Étiquetage, normes européennes d', 145

Étiquette, 18, 141

F
Fermentation, 8, 49
   en fût de chêne, 50
Framboises, 8
Fûts de vois, 49

G
Gamay, 178
Gewurztraminer, 66
Grandes surfaces spécialisées, 92
Grappes, 8

H
Hédonistes, 7
Humidité, 365
Hypermarchés, 91

I
IGT, 212
INAO, 136
Intellectuels, 7
Internet, 339

J
Jargon, 46
Jus de raisin, 9

L
Languedoc, vins du, 14
Lanson, 323
Larmes, 26
Laurent-Perrier, 323
LBV, 131
Levures, 8
Liebfraumilch, 13
Loi française, 158

M
Mâconnais, 179, 192
Magasin, 2

Maturation, 9, 49
　en fût de chêne, 50
Maturité, 48
Médoc, vins du, 172
Merlot, 10, 69
Microclimat, 49
Millésimes, 1, 74, 150
Mise en bouteilles à la propriété, 152
Moët & Chandon, 322
Mouton, 173
Mumm, 323

N

Nebbiolo, 71, 212
Nez, 30
Nom de propriétaire, 74
Nouveau Monde, vins du, 253
Nouvelles régions viticoles, 21
Nouvelle-Zélande, 265
Novice, 2

O

Odeur, 27
Oenologue, 1
Oenophiles, club d', 337

P

Palais, 31
Palette, 30
Palissage, 48
Parfum, 24
Pasteur, Louis, 9
Peau (du raisin), 11
Pessac-Léognan, vins de, 172
Phylloxera, 55, 255
Piémont, 212
Pigments, 14
Pinot Gris, 22, 65
Pinot Noir, 69, 178
Plats, 341
Pomerol, vins de, 172
Pommery, 323
Portugal, 236
Producteur, 74

Q

QbA, 141, 146
QWPSR, 160

R

Raisin, 8, 53
Régions viticoles historiques, 21
Rendement, 47
Réserve, 151
Restaurant, 2, 103
Riesling, 22, 63, 240
Rioja, 231
Rituel, 11
Robe, 25
Roederer, 322

S

Saint-Emilion, vins de, 173
Sangiovese, 72
Sauvignon Blanc, 22, 64
Seau à glace, 117
Shiraz, 70
Sigles, 141
Soave, 22
Sonoma, 283
Suisse, 248
Sulfites, 16, 143
Syrah, 70

T

Taille, 48
　en espalier, 48
　Guyot, 48
Tanin, 14, 16, 36, 130
Tempranillo, 72
Terroir, 59, 80, 178
Tire-bouchon, 121
　à vis Screwpull, 121
Tokay, 22, 65
Toscane, 217

U

Vallée de la Loire, 200
Vallée de Napa, 279
Vallée du Rhône, 197
Variété, 54
VDL, 19
VDN, 19
VDQS, 73, 159, 160
VDQS, 73
Vente par correspondance, 336
Vente sur souches, 340
Ventes aux enchères, 335
Verre, 132
　type de, 134
　　Tulipe, 134,
　　Flûte, 134, 135,
　　Ballon, 134, 135,
　　Verre à bordeaux, 136,
　　Verre à bourgogne, 136
　en cristal, 138
Veuve Clicquot, 322
Vignobles, 7
Vin,
　aérer votre, 129
　âge du, 26
　goût du, 29
　odeur du, 27
　prix du, 95
　stockage du, 97
　blanc, 10, 22
　de pays, 73, 159
　de table, 17, 73, 147, 159
　jaune, 10
　rosé, 10
　rouge, 10, 13, 22
　mousseux, 18, 19, 305
　d'appellation, 22
　de cépage, 22
　de dessert, 18
　de liqueur, 18
　de marque, 83
　effervescents, 19
　génériques, 83, 86
　millésimés, 141
　non millésimés, 141
　thématiques, 83, 85
　tranquilles, 17
Viniculteur, 9
Vinification, 26, 47
Viognier, 22
Viticulture, 47
VQPRD, 141, 147, 160
Vranken, 323

W

White Zinfandel, 10, 16

Z

Zinfandel, 70

··· SAGIM · CANALE ···

Achevé d'imprimer en septembre 2005
sur rotative Variquik
à Courtry (77181)

Imprimé en France

Dépôt légal : juillet 2005
N° d'impression : 8796